GUIDE ILLUSTRÉ DE LA NATURE EN FRANCE

GUIDE ILLUSTRÉ DE LA NATURE EN FRANCE

Sélection du Reader's Digest

PARIS • BRUXELLES • MONTRÉAL • ZURICH

Le GUIDE ILLUSTRÉ DE LA NATURE EN FRANCE
est une réalisation de
Sélection du Reader's Digest.

Cet ouvrage a été conçu et réalisé avec la collaboration du
MUSÉUM NATIONAL D'HISTOIRE NATURELLE, SECRÉTARIAT DE LA FAUNE ET DE LA FLORE.

Conseiller de la rédaction
Dominique RICHARD

Coordinateurs
Bertrand GAUVRIT, Emilia GAVAZZI
avec la collaboration d'Isabelle ÉRARD

Auteurs
Secrétariat de la Faune et de la Flore
Jean-françois BRULARD, informaticien, naturaliste
Jacques COMOLET-TIRMAN, ingénieur d'études, ornithologue
Bertrand GAUVRIT, chargé d'études, écologue
Emilia GAVAZZI, ingénieur d'études, botaniste
Patrick HAFFNER, ingénieur d'études, herpétologue
Philippe KEITH, ingénieur agronome, ichtyologue
Hervé MAURIN, ingénieur de recherche, directeur du service
Dominique RICHARD, ingénieur de recherche, écologue

Autres organismes
Jacques BARDAT, chargé de mission au ministère de l'Environnement, docteur ès sciences
Robert GUILBOT, secrétaire général de l'Office pour l'information éco-entomologique
Pierre NOËL, chargé de recherche CNRS au Muséum national d'histoire naturelle, biologiste marin
Bruno DE REVIERS, maître de conférence au Muséum national d'histoire naturelle, algologue
Marie-Charlotte SAINT-GIRONS, présidente honoraire de la Société française pour l'étude
et la protection des mammifères

ainsi que
Farid BENSETTITI, phytosociologue, Arnaud BERGER, écologue, Laurent SPANNEUT, ornithologue

ÉQUIPE ÉDITORIALE DE SÉLECTION DU READER'S DIGEST
Direction éditoriale : Gérard CHENUET

Réalisation de l'ouvrage
Responsable du projet : Servane WATTEL
Direction artistique : Claude RAMADIER
Lecture-correction : Béatrice OMER, Catherine DECAYEUX, Emmanuelle DUNOYER
Iconographie : Nicole TESNIÈRE,
Responsable de la cartographie : Claude PERRIN
Fabrication : Jacques LE MAITRE, Marie-Pierre DE SCEY

Conception du projet
Responsables d'édition : Philippe PELLERIN, Jean-Jacques POTIRON
Direction artistique : Dominique CHARLIAT
Couverture : Françoise BOISMAL

Nous remercions également pour leur collaboration :
Gérard GAGNEPAIN pour la maquette générale,
et Dominique CARLIER (correction), EDITERRA (cartographie),
Camille GIESS (documentation), Chantal HANOTEAU (iconographie)
Marie-Thérèse MÉNAGER (glossaire)

PREMIÈRE ÉDITION

ISBN 2-7098-0582-0

Préface

Peu de gens réalisent à quel point notre pays abrite un échantillonnage vaste et très diversifié de la faune et de la flore d'Europe, dans ses plaines et ses montagnes, ses cours d'eau et ses mers, ses forêts... et même ses villes. Mais comment y voir clair dans toute cette « biodiversité » ? Comment en savoir plus sur l'animal ou la plante observés dans son jardin ou lors d'une randonnée ? Le spécialiste n'est pas toujours présent pour aider l'ami de la nature à différencier des milliers d'espèces, plus extraordinaires les unes que les autres.
La nature est cependant beaucoup plus qu'une juxtaposition d'animaux et de plantes. Elle s'organise en milieux naturels, qui se différencient les uns des autres par des associations d'espèces caractéristiques. C'est cette approche du milieu vivant que vous propose le *Guide illustré de la nature en France.* Chapitre par chapitre, d'excellentes illustrations et photographies vous présenteront, dans leur biotope, les espèces les plus remarquables. En abordant la lecture, vous découvrirez avec plaisir leur intimité, grâce à des textes fourmillant de détails passionnants, rédigés par des spécialistes de la faune et de la flore. Toutes ces données originales ont été collectées récemment sur le terrain par des chercheurs soutenus par la passion de milliers de naturalistes bénévoles.
Certains éléments de ce patrimoine naturel sont très menacés. C'est notre devoir à tous de les protéger et de les respecter, même si, dans certains cas, la cohabitation avec l'homme n'est pas toujours facile.
Laissez-vous faire par la magie de la nature : nous y avons tous nos racines et c'est elle qui garantit à terme notre survie sur la Terre. Et surtout, faites en sorte que les enfants de vos enfants puissent un jour, comme vous, s'émerveiller à leur tour.

HERVÉ MAURIN
Directeur du secrétariat de la Faune
et de la Flore du Muséum national d'histoire naturelle

Sommaire

Les milieux naturels et leurs sites protégés

Les milieux et la plupart des sous-milieux traités au long de cet ouvrage sont représentés ici par quelques sites protégés. Les amoureux de la nature pourront ainsi s'y rendre et découvrir un grand nombre d'espèces animales et végétales dans leur biotope.

ACL Acquisition du Conservatoire du littoral
APB Arrêté préfectoral de biotope : il protège les milieux abritant des espèces remarquables, selon une procédure rapide, par décision préfectorale.
FD Forêt domaniale
SC Site classé
FP Arrêté préfectoral de biotope gouvernant tout un département pour la protection des falaises à faucons pèlerins
PN Parc national
PNR Parc naturel régional
RA Réserve d'association
RN Réserve naturelle

1 Le littoral

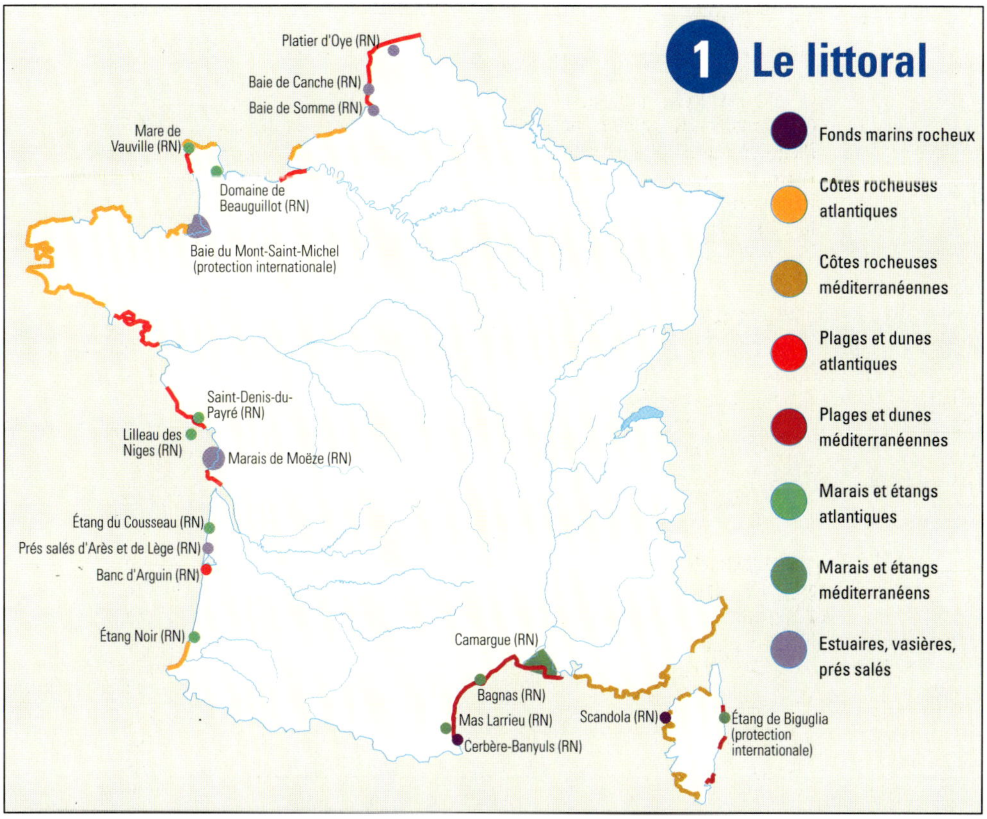

2 Les eaux continentales

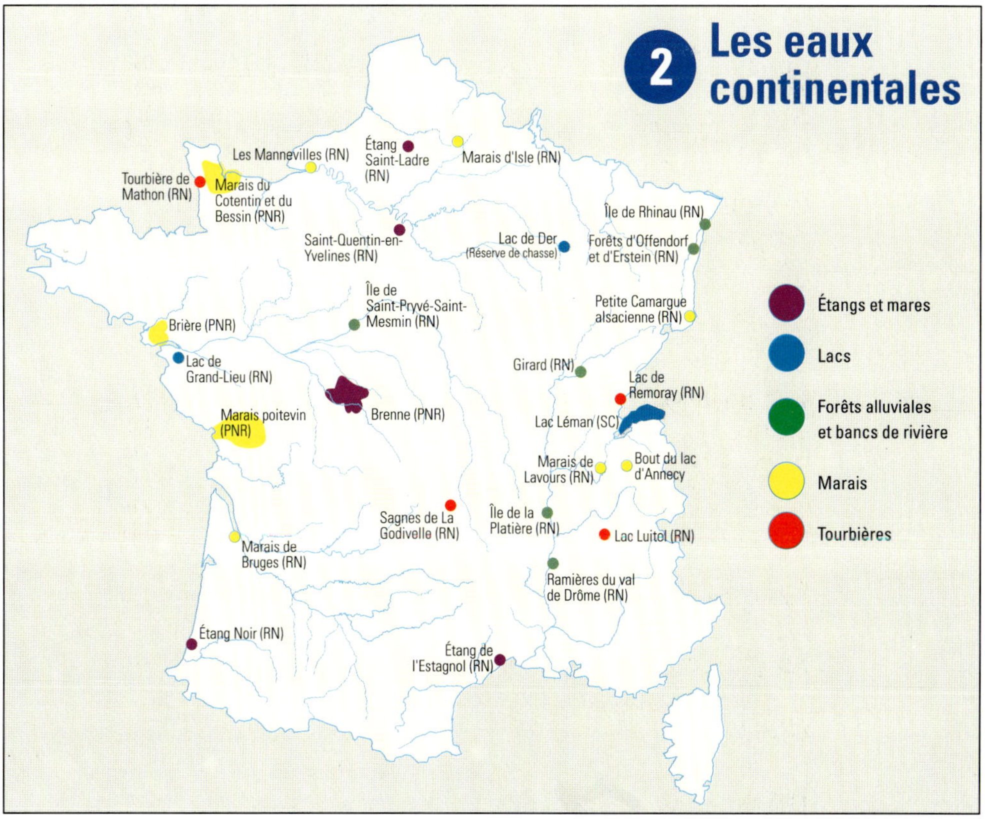

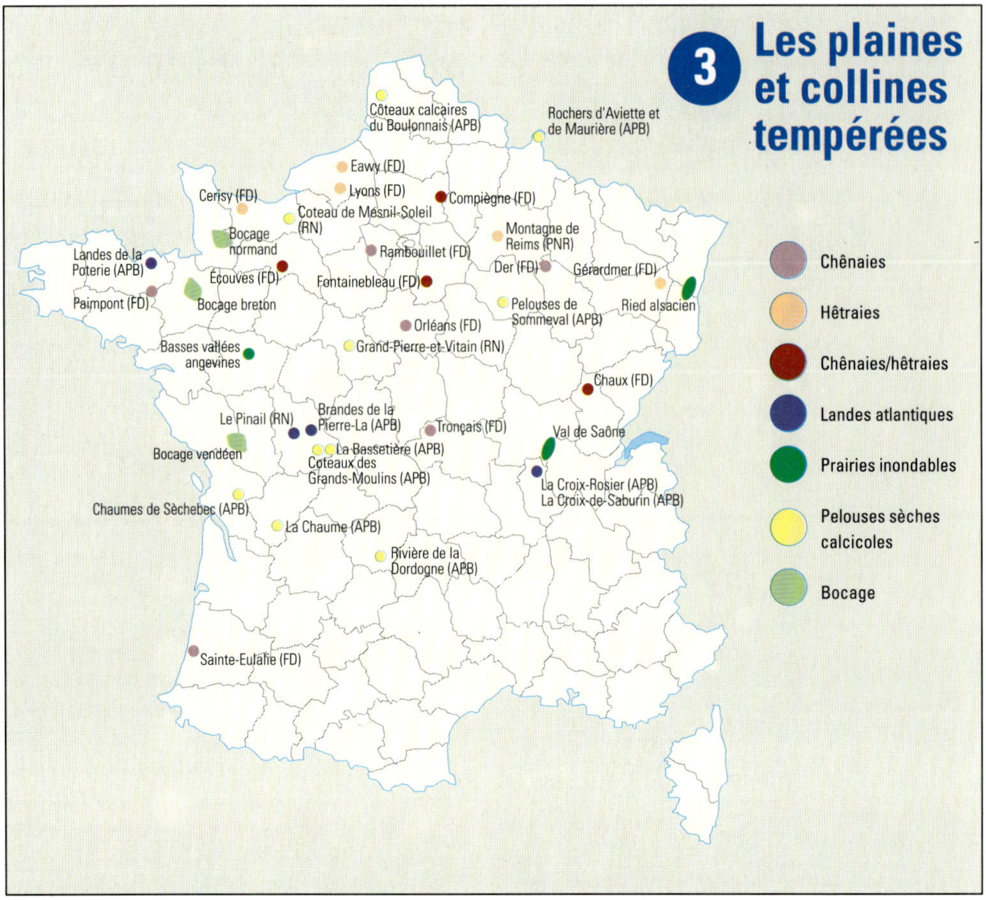
3
Les plaines et collines tempérées
Chênaies
Hêtraies
Chênaies/hêtraies
Landes atlantiques
Prairies inondables
Pelouses sèches calcicoles
Bocage
Côteaux calcaires du Boulonnais (APB)
Rochers d'Aviette et de Maurière (APB)
Eawy (FD)
Lyons (FD)
Compiègne (FD)
Cerisy (FD)
Coteau de Mesnil-Soleil (RN)
Bocage normand
Montagne de Reims (PNR)
Landes de la Poterie (APB)
Rambouillet (FD)
Der (FD)
Gérardmer (FD)
Écouves (FD)
Fontainebleau (FD)
Paimpont (FD)
Bocage breton
Pelouses de Sommeval (APB)
Ried alsacien
Orléans (FD)
Basses vallées angevines
Grand-Pierre-et-Vitain (RN)
Chaux (FD)
Brandes de la Pierre-La (APB)
Le Pinail (RN)
Tronçais (FD)
Val de Saône
Bocage vendéen
La Bassetière (APB)
Coteaux des Grands-Moulins (APB)
La Croix-Rosier (APB)
La Croix-de-Saburin (APB)
Chaumes de Sèchebec (APB)
La Chaume (APB)
Rivière de la Dordogne (APB)
Sainte-Eulalie (FD)

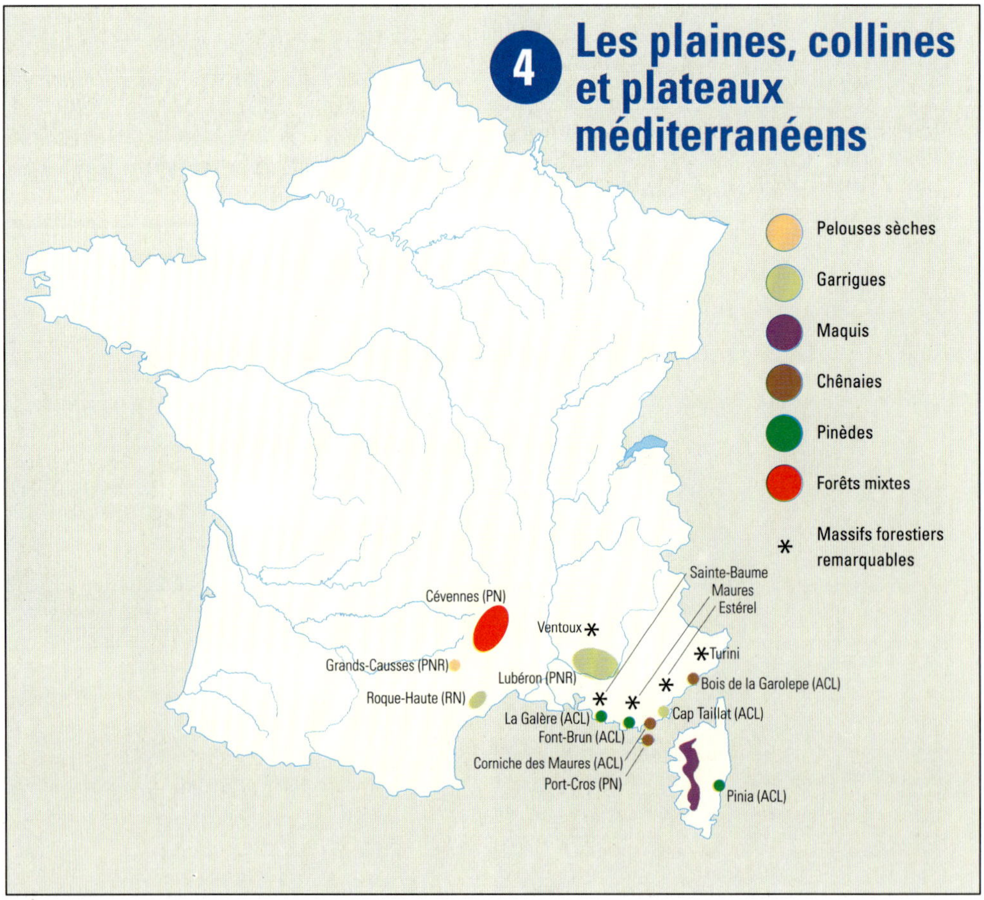
4
Les plaines, collines et plateaux méditerranéens
Pelouses sèches
Garrigues
Maquis
Chênaies
Pinèdes
Forêts mixtes
Massifs forestiers remarquables
Sainte-Baume
Maures
Estérel
Cévennes (PN)
Ventoux
Turini
Grands-Causses (PNR)
Lubéron (PNR)
Bois de la Garolepe (ACL)
Roque-Haute (RN)
Cap Taillat (ACL)
La Galère (ACL)
Font-Brun (ACL)
Corniche des Maures (ACL)
Port-Cros (PN)
Pinia (ACL)

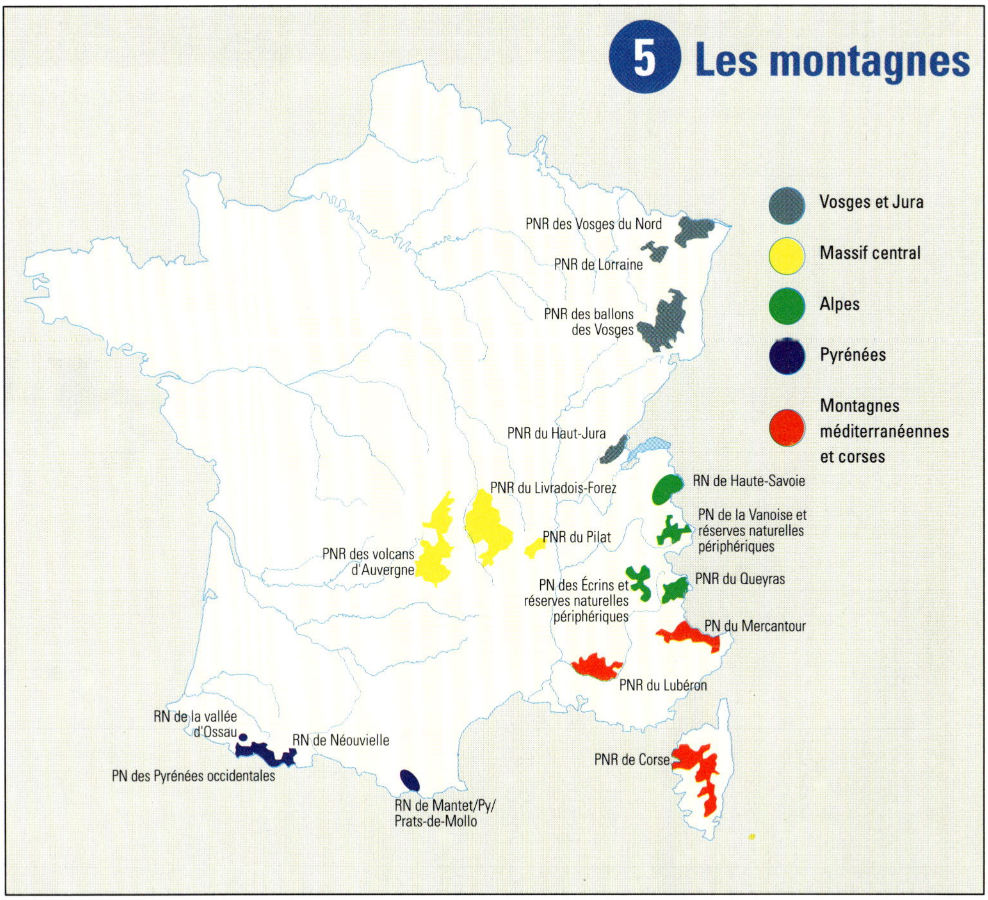
5 Les montagnes
Vosges et Jura
Massif central
Alpes
Pyrénées
Montagnes méditerranéennes et corses
PNR des Vosges du Nord
PNR de Lorraine
PNR des ballons des Vosges
PNR du Haut-Jura
PNR du Livradois-Forez
PNR des volcans d'Auvergne
PNR du Pilat
RN de Haute-Savoie
PN de la Vanoise et réserves naturelles périphériques
PN des Écrins et réserves naturelles périphériques
PNR du Queyras
PN du Mercantour
PNR du Lubéron
PNR de Corse
RN de la vallée d'Ossau
RN de Néouvielle
PN des Pyrénées occidentales
RN de Mantet/Py/Prats-de-Mollo

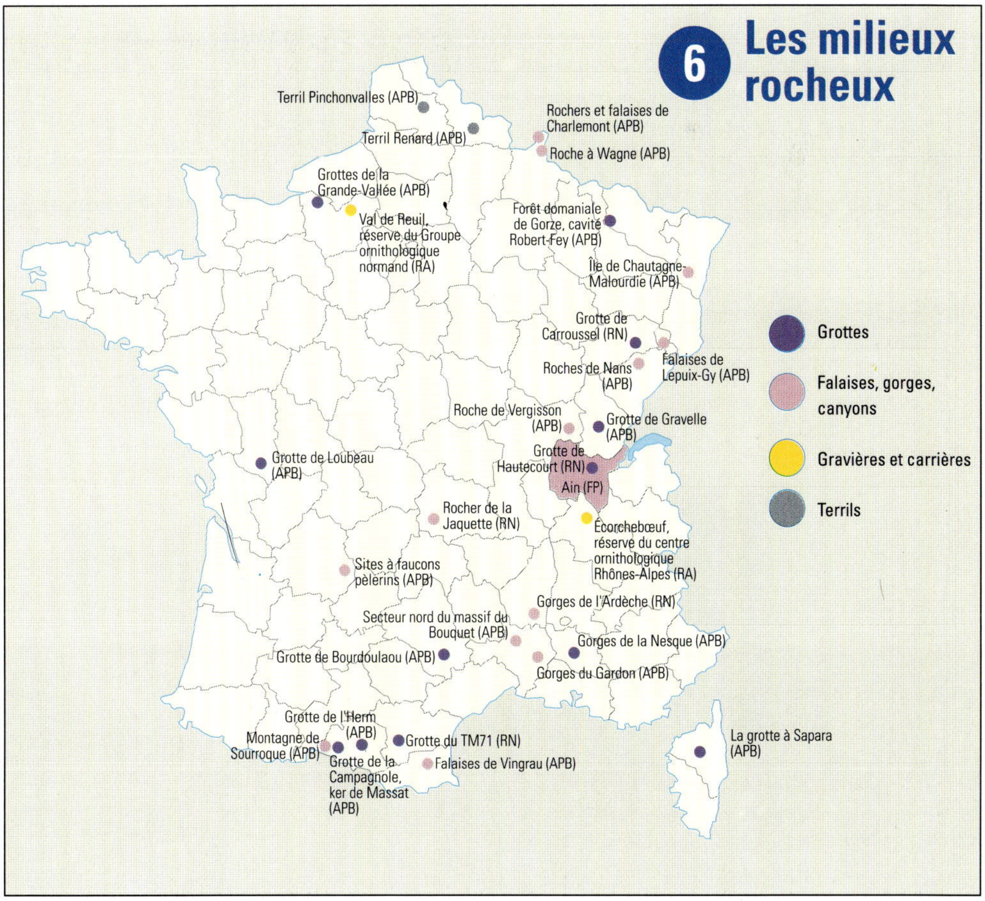
6 Les milieux rocheux
Grottes
Falaises, gorges, canyons
Gravières et carrières
Terrils
Terril Pinchonvalles (APB)
Terril Renard (APB)
Rochers et falaises de Charlemont (APB)
Roche à Wagne (APB)
Grottes de la Grande-Vallée (APB)
Val de Reuil, réserve du Groupe ornithologique normand (RA)
Forêt domaniale de Gorze, cavité Robert-Fey (APB)
Île de Chautagne-Malourdie (APB)
Grotte de Carroussel (RN)
Falaises de Lepuix-Gy (APB)
Roches de Nans (APB)
Roche de Vergisson (APB)
Grotte de Gravelle (APB)
Grotte de Hautecourt (RN)
Ain (FP)
Grotte de Loubeau (APB)
Rocher de la Jaquette (RN)
Écorchebœuf, réserve du centre ornithologique Rhônes-Alpes (RA)
Sites à faucons pèlerins (APB)
Gorges de l'Ardèche (RN)
Secteur nord du massif du Bouquet (APB)
Gorges de la Nesque (APB)
Grotte de Bourdoulaou (APB)
Gorges du Gardon (APB)
Grotte de l'Herm (APB)
Montagne de Sourroque (APB)
Grotte du TM71 (RN)
Grotte de la Campagnole, ker de Massat (APB)
Falaises de Vingrau (APB)
La grotte à Sapara (APB)

Le littoral

La laminaire digitée est une algue très souple fixée au rocher par des crampons.

Le jambonneau hérissé vit planté dans le sable. Il est menacé de disparition.

Le homard possède une pince broyeuse et une pince coupante, plus petite.

La petite roussette est un requin presque inchangé depuis 65 millions d'années.

La rainette verte a le bout des doigts garni de pelotes adhésives.

Le scarabée sacré façonne des boulettes d'excréments ; la femelle dépose son œuf dans l'une d'elles et la larve s'en nourrira.

Le panicaut de mer est le seul chardon du littoral aux nuances bleutées.

Le littoral français présente des formes variées. À l'érosion provoquée par les aléas climatiques s'ajoutent le ressac et les marées, qui jouent un rôle décisif dans sa configuration. Deux fois par jour, la mer se retire. L'espace de terre qui est alternativement couvert et découvert par la mer est la zone intertidale, correspondant à la différence de niveau entre marée haute et marée basse. Sous l'influence de ces forces sont nées des côtes de toutes sortes.

Les rivages de l'Ouest

Les côtes rocheuses sont marquées par les différences de marées, dont l'amplitude peut atteindre une hauteur de 12 m selon la région. Les organismes vivants qui se fixent sur la pierre dans la zone intertidale subissent l'assèchement des heures durant. Le froid, le soleil et la pluie leur infligent des conditions de vie extrêmes. Les espèces animales et végétales qui peuplent les surfaces rocheuses sont adaptées à la force des flots, à l'inclinaison de la pente, à l'orientation par rapport au soleil et, également, à la nature de la roche.

Du niveau supralittoral, soumis aux embruns, au niveau infralittoral, on rencontre un étagement de la faune et de la flore. Ces ceintures reflètent l'importante modification des conditions d'environnement sur quelques mètres : variation de la concentration saline, de la durée de l'assèchement et de la luminosité selon la profondeur de l'eau.

DE DUNE EN DUNE...

Au cours des marées, la mer dépose sur la plage des amas de restes de plantes et d'animaux : la laisse de mer. En pourrissant, ces matières organiques produisent de l'engrais, ce qui favorise la germination des graines apportées par le flot ou le vent. Se forme ainsi une végétation d'herbacées derrière lesquelles le sable se dépose, donnant naissance à une avant-dune, ou dune primaire. Si des plantes résistantes viennent s'y fixer, la dune primaire se consolide et prend de l'altitude. Devenue haute – on l'appelle alors dune blanche en raison de son aspect relativement dénudé –, elle échappe à l'influence des marées. En vieillissant, la dune se couvre d'une végétation continue qui lui donne, de loin, une apparence grisâtre. Elle devient dune grise.

Finalement, la végétation se transforme à nouveau, grâce à un enrichissement de l'humus. Les tons bruns dominent, on l'appelle dune brune.

Les rives limoneuses et sablonneuses se présentent sous forme d'immenses surfaces sans végétation. La faible inclinaison du sol est suffisante pour découvrir une large bande de terrain. Les animaux sont menacés par les mêmes dangers que sur les côtes rocheuses, auxquels il faut ajouter les déplacements de dépôts de sédiments provoqués par les vagues et les courants, et l'absence d'abri sur les couches supérieures. Voilà pourquoi la plupart des inverté-

L'étang de Thau (Hérault), un lieu privilégié pour l'aquaculture.

Double page précédente : la pointe de Pen-hir (Finistère).

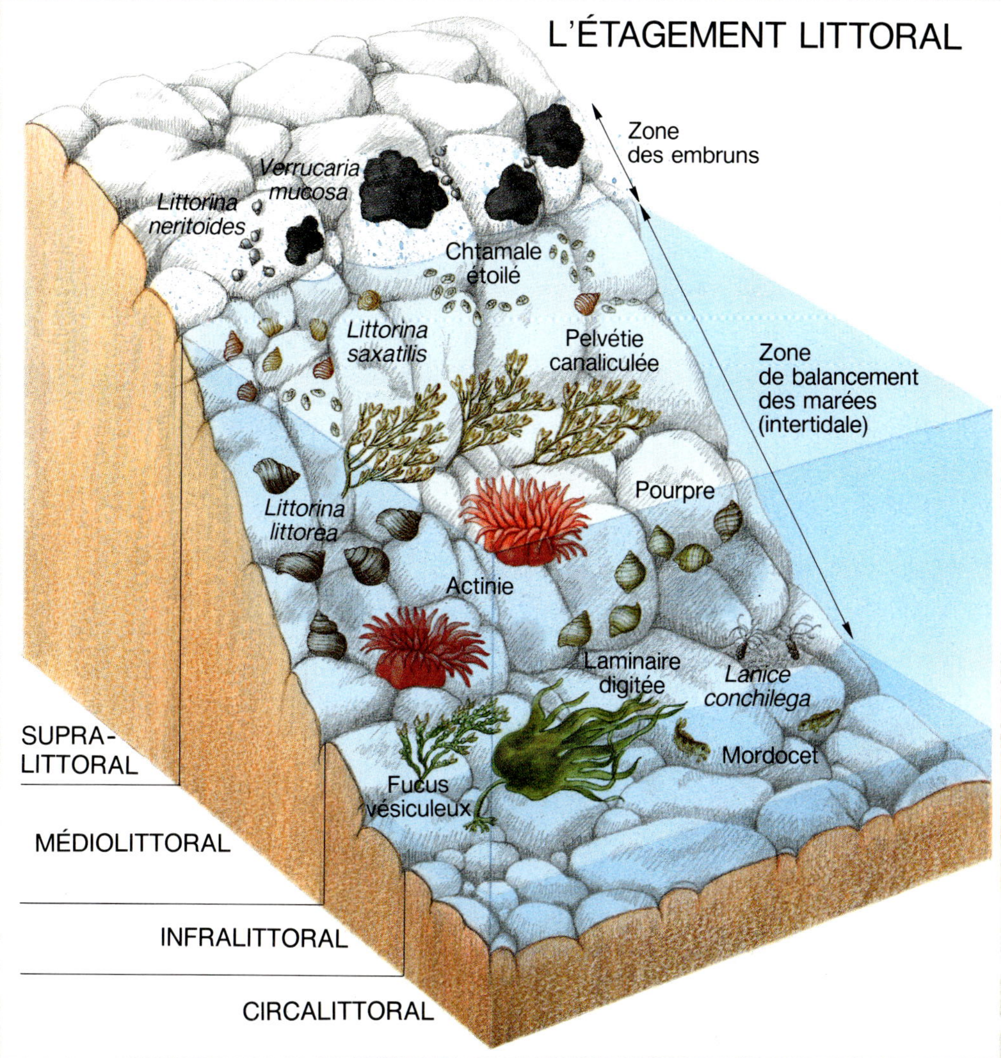

brés et certains vertébrés s'enterrent dans le sol. Ces rives sont fréquemment bordées de hautes dunes.

En longeant la Méditerranée

Sur les côtes rocheuses de notre mer du Sud, les marées ont moins d'influence, leur amplitude ne dépassant pas 60 cm. La concentration saline atteint 3 à 4 g/l de plus que dans l'océan car, dans cette mer intérieure, l'évaporation est supérieure à la quantité d'eau douce que les fleuves déversent. Faune et flore s'y sont adaptées.
La limite inférieure du médiolittoral est souvent marquée par une bande protubérante formée de quelques algues rouges fortement calcifiées : c'est le trottoir, ainsi nommé parce qu'il forme un renflement. Sous ce trottoir commence l'infralittoral, habitat d'une faune qui regroupe des représentants de toutes les familles. Il y a aussi des sols durs secondaires appelés fonds coralligènes. Ce sont surtout des sols de galets agglomérés, des coraux, des colonies de bryozoaires et des vers tubicoles. Cette masse est recouverte d'autres animaux incrustants (mollusques, ascidies, éponges), qui contribuent à la consolider.
Sur les plages de sable, des dunes se forment aussi sous l'influence du vent. À d'autres endroits, d'immenses herbiers de zostères et leur faune spécifique s'étalent sur le sable ou sur la vase. Ces plantes marines possèdent de véritables racines, fleurissent et se reproduisent dans l'eau. L'une d'elles, la posidonie, spécifique à la Méditerranée, fréquente le sable propre et l'eau claire.

LES LAGUNES

Les zones littorales humides accueillent beaucoup de poissons. Ils y émigrent en nombre à la recherche de nourriture ou d'une zone de ponte. Elles sont pour toutes sortes d'oiseaux un habitat permanent, un lieu d'hivernage ou une halte au cours des migrations. Ils doivent se plier au changement des marées : période de repos pendant l'immersion, recherche de nourriture dès que le sol est dégagé, même la nuit.

Étoile de mer commune

Asterias rubens

L'étoile de mer commune est l'astérie la plus répandue sur nos côtes. Elle possède en général cinq bras rattachés à un disque central. Son diamètre peut atteindre de 12 à 40 cm. De couleur brun-rouge, grise ou violette, elle possède quatre rangées de ventouses sur la face inférieure.
L'étoile de mer commune est un grand prédateur. Elle peut s'attaquer à des éponges, des vers, des crustacés, mais c'est avec les mollusques que sa méthode est le plus extraordinaire : lorsqu'elle détecte une moule ou une coquille Saint-Jacques, elle fixe ses ventouses sur la coquille, exerce une traction pour ouvrir les deux valves, puis régurgite son estomac et l'introduit dans le mollusque. L'estomac diffuse alors des sucs digestifs puissants, qui transforment la chair de la proie en une soupe que pourra facilement ingérer le prédateur.

Si elle perd l'un de ses bras, celui-ci repousse.

Son corps est couvert de rugosités.

Éponge perforante

Cliona celata

Des perforations d'environ 2 mm de diamètre

Il est fréquent de trouver sur les plages des coquilles d'huître perforées d'une multitude de petits trous circulaires. C'est une éponge qui en est responsable, *Cliona celata.* On peut l'apercevoir, jaune orangé, au fond des galeries qu'elle a creusées.
La larve de l'éponge perforante est mobile et recherche un support favorable, parfois la coquille d'un animal vivant. Une fois qu'elle l'a trouvé, elle y creuse des galeries en tout sens. Les éponges perforantes participent ainsi au recyclage du calcaire dans la mer. Elles favorisent la fragmentation des coquilles d'animaux morts, et même celle des roches.

Étrille

Necora puber

L'étrille est un crabe de taille moyenne, facilement identifiable à sa carapace vert sombre, ses yeux rouges et ses pattes brun-rouge bordées de bleu. Les derniers articles des pattes arrière sont aplatis et permettent à l'étrille de nager afin d'échapper à ses prédateurs. Très recherchée des pêcheurs à pied, elle se cache la plupart du temps sous les rochers. Mais, surprise à découvert, elle fera face, pinces ouvertes brandies en avant.

Elle a des marques rouges et bleu-noir sur les pattes.

Hymeniacidon sanguinea

Hymeniacidon sanguinea est une petite éponge rouge de 30 cm de long qui s'incruste sur les rochers.
Il y a encore une centaine d'années, on se demandait si les éponges, ces êtres à l'aspect végétal, devaient être rattachées ou non au règne animal. En fait, les éponges, représentants les plus primitifs des animaux pluricellulaires, ne possèdent ni cellules nerveuses ni cellules musculaires, pas plus que de cellules sensitives.

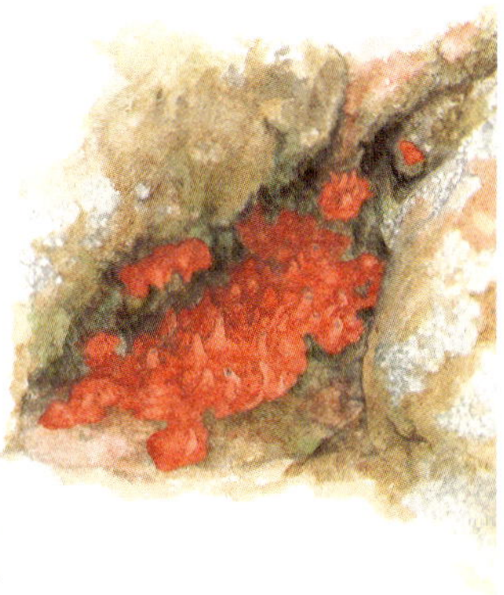

Elle aspire l'eau par de nombreux orifices et retient les particules nutritives.

L'eau est rejetée après la filtration.

Homard

Homarus gammarus

Vivant, le homard est d'un bleu profond. Il possède une grosse pince broyeuse et une pince coupante, plus fine. Bien que puissamment armé, il est extrêmement vulnérable après la mue. En effet, la carapace des crustacés est une sorte de squelette externe dont, pour pouvoir grandir, ils doivent changer. Régulièrement, la carapace se fend à la limite du thorax et de l'abdomen, et l'animal sort en marche arrière de son ancien habit. La nouvelle carapace étant molle – elle durcira en quelques jours –, il doit se dissimuler dans les rochers afin de ne pas se faire dévorer. Le homard se déplace en marchant sur le fond en quête de nourriture mais, en cas de danger, il s'enfuit en se propulsant par de violents mouvements de queue. Les œufs du homard sont de couleur orange. La femelle les porte sous son abdomen jusqu'à l'éclosion. On pêche le homard à l'aide de casiers, où il vient s'abriter mais dont il ne peut ressortir.

Les pinces ont des formes différentes.

Le homard peut atteindre 50 cm de long.

Petite roussette

Scyliorhinus canicula

La petite roussette est un requin de 70 à 80 cm de long, pratiquement inchangé depuis 65 millions d'années. Loin d'être un dangereux prédateur, cet animal lent vit près du fond et se nourrit de crabes, de crevettes et de buccins. Adaptées pour écraser carapaces et coquilles, ses dents n'ont rien à voir avec celles, tranchantes, des requins mangeurs d'homme : petites, nombreuses et carénées, elles peuvent briser les carapaces les plus résistantes. On trouve quelquefois des capsules d'œufs de roussette vides sur la plage, dans la laisse de mer (voir p. 50). Elles sont jaunes, transparentes, rectangulaires et possèdent de longs filaments à leurs extrémités.

Le corps est très effilé vers la queue.

Bouquet

Palaemon serratus

Un crustacé d'une dizaine de centimètres

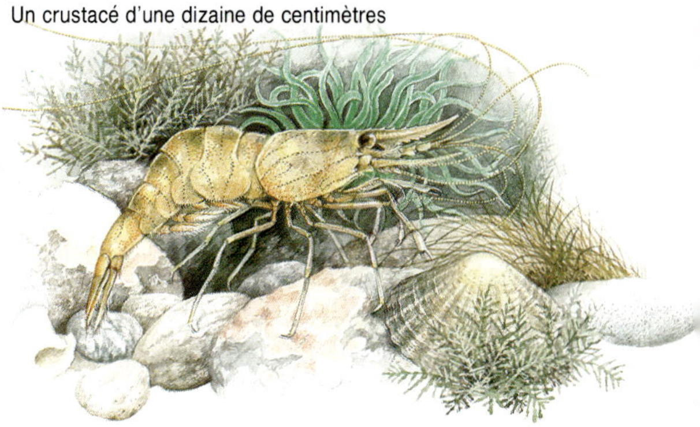

Les deux premières paires de pattes sont munies de pinces.

Le bouquet, ou crevette rose, est difficile à observer dans le milieu marin en raison de son corps translucide. En réalité, le bouquet ne devient crevette rose qu'après la cuisson...
Lorsqu'il se nourrit, il repose délicatement sur ses trois dernières paires de pattes, tandis que les deux premières, munies de pinces, prélèvent des vers ou des algues.
Ce crustacé préfère les fonds rocheux recouverts de végétation. Les jeunes individus circulent toute la journée, à la recherche de nourriture ; les adultes, quant à eux, se tiennent plutôt à l'ombre des parois rocheuses ou des cavités. Les pêcheurs les capturent au filet à main, de préférence la nuit, à la lanterne, pour les livrer de très bonne heure au marché.

Bernard-l'ermite

Pagurus bernhardus

Seules la tête et les pattes sortent de la coquille. Le corps fait 10 cm.

Contrairement aux autres crustacés décapodes, dont l'armure est complète, l'abdomen du bernard-l'ermite est mou. Il doit l'abriter dans la coquille abandonnée d'un autre animal, généralement celle d'un buccin, ou bulot. De nombreux hôtes sont susceptibles de s'installer sur cette coquille, comme l'éponge ***Suberites domuncula*** (ci-dessus), qui peut la recouvrir complètement. Un ver, *Nereis fucata,* pousse l'audace jusqu'à en habiter les dernières spires.

Murène

Muraena helena

L'adulte atteint 1,30 m.

La murène est un poisson carnassier qui se tient caché dans les grottes, les anfractuosités rocheuses ou les amphores immergées, ne laissant dépasser que sa tête.
Elle ne possède pas de glande à venin, mais ses morsures sont dangereuses car elles peuvent provoquer des infections graves. Consommer sa chair, parfois toxique, risque d'entraîner des crampes d'estomac et des troubles nerveux.

Feuille-de-châtaignier

Delesseria sanguinea

Les feuilles mesurent de 10 à 25 cm.

Cette algue délicate apprécie l'ombre, comme de nombreuses algues rouges. Elle est fréquente sous les surplombs ou à l'abri d'autres algues formant des populations denses, telles que les forêts de laminaires. Elle revêt son aspect caractéristique de feuille de châtaignier au printemps. En été, elle se réduit progressivement à ses nervures et de nouvelles lames vont se développer durant l'hiver. Elle représente la famille des délessériacées, dont les membres comptent parmi les plus décoratifs. Avec d'autres jolies espèces appartenant à des familles différentes, comme *Plocamium cartilagineum,* facilement identifiable grâce à ses rameaux disposés à la manière des dents d'un peigne, ces algues servent également à réaliser des tableaux car elles adhèrent au papier en séchant. *Delesseria sanguinea* est utilisé depuis très longtemps pour ses propriétés anticoagulantes.

Cione

Ciona intestinalis

La cione est une petite ascidie qui vit fixée sur les rochers. Qui croirait en l'observant qu'elle fait partie de l'embranchement des cordés, qui regroupe également les vertébrés ? Leur point commun est l'axe squelettique, appelé corde, qui s'étend sur la face dorsale. Cette corde n'existe qu'au stade larvaire, sous la forme d'une queue utilisée pour la nage.

Hauteur : 12 cm

Ormeau

Haliotis tuberculata

Une coquille de 10 cm

L'ormeau craint la lumière et se fixe dans les coins sombres des rochers. Son pied, qui adhère très fortement au support, lui permet de résister aux houles les plus fortes. La force d'adhésion peut atteindre 4 000 fois le poids du mollusque. Si l'on tente de décoller un ormeau sans précaution, la coquille risque de se briser avant que le pied ne lâche prise.

Limace de mer

Aeolidia papillosa

La limace de mer possède un corps orné de longues saillies colorées, dont les extrémités sont chargées de cellules urticantes venimeuses. Ce n'est pourtant pas elle qui les fabrique : ce mollusque se nourrit de méduses ou d'anémones, digère leurs tissus et conserve les cellules urticantes en état de marche pour s'en servir contre ses ennemis. Deux tentacules olfactifs sur la tête lui permettent de détecter sa nourriture.

Elle peut atteindre 12 cm de long.

On la trouve sur les rochers.

Araignée de mer

Maia squinado

L'araignée de mer est un grand crabe bien connu de tous. Sa carapace rose orangé est hérissée de piquants. Ses pinces longues et fines lui permettent d'extraire sa nourriture des plus étroites fissures.
Les araignées de mer se rassemblent l'été dans des eaux peu profondes pour se reproduire. Après la fécondation, la femelle porte ses œufs sous son abdomen, replié sous la carapace. Elle garde ainsi jusqu'à 150 000 œufs durant une période de neuf mois. À l'éclosion, les larves sont planctoniques.

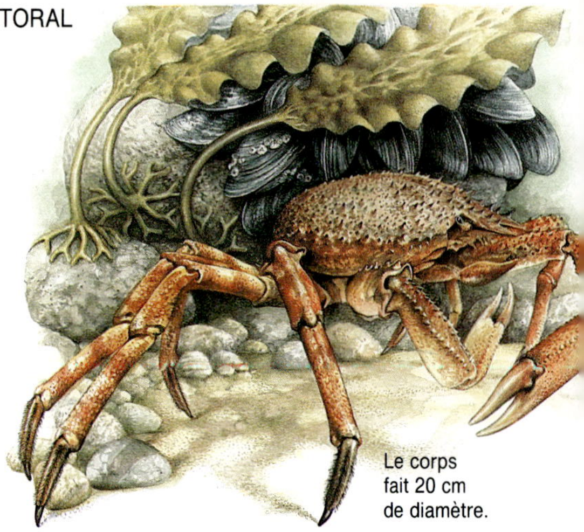

Le corps fait 20 cm de diamètre.

Les jeunes individus se dissimulent en accrochant sur leur carapace toutes sortes de débris qui leur servent de camouflage.

Actinie

Actinia equina

L'actinie est une petite anémone de mer dont il existe une forme rouge et une forme verte. C'est un habitant caractéristique de nos côtes rocheuses, où elle fréquente l'étage médiolittoral. On peut facilement la rencontrer sur les rochers à marée basse car elle supporte parfaitement de rester émergée pendant plusieurs heures.

Des tentacules de 2 cm

Oursin violet

Psammechinus miliaris

Il mesure 4 cm environ.

Ce petit oursin régulier vit sur les rochers, où il se creuse un gîte. Les oursins réguliers ont une bouche, munie de cinq fortes dents, qui s'ouvre sur la face inférieure de leur corps. Ils se nourrissent des petits animaux et des algues qui tapissent les pierres.
À la saison de la reproduction, ils forment des couples. Spermatozoïdes et ovules sont émis dans l'eau de mer, où a lieu la fécondation. L'œuf fécondé donne naissance à une larve planctonique.

Main-de-mort

Alcyonum digitatum

Ce cousin du corail doit son nom aux fragments de colonies arrachés du fond et échoués, qui évoquent parfois la forme d'une main. Chaque colonie est formée de minuscules individus, ou polypes, qui partagent un support de consistance spongieuse. Les polypes capturent leur nourriture à l'aide de tentacules.

Chaque polype apparaît comme une petite fleur de 0,5 cm.

Pieuvre

Octopus vulgaris

De tous les invertébrés, la pieuvre (90 cm) a le plus grand cerveau.

La pieuvre possède huit longs tentacules munis de deux rangées longitudinales de ventouses.
Elle ne quitte son repaire que la nuit pour rechercher sa nourriture. Lorsqu'elle a localisé une proie, elle la saisit rapidement et la paralyse avec sa salive. Puis, de ses puissantes mâchoires, elle inflige de profondes blessures à sa victime avant de la dévorer. Pour se dissimuler des prédateurs, la pieuvre change de couleur.
Le mâle est nanti d'un tentacule adapté pour déposer sa semence dans la cavité palléale de la femelle. Celle-ci ne s'alimente pas durant l'incubation des œufs, qui dure de quatre à cinq semaines, et il lui arrive d'en mourir.

Congre

Conger conger

Le congre est un poisson qui peut dépasser 3 m de long et peser plus de 70 kg. C'est un carnassier solitaire qui se cache dans les anfractuosités des rochers durant le jour et chasse dès le crépuscule. Bien que le congre ne descende habituellement pas au-delà de 100 m, le frai se déroule entre 2 000 et 3 000 m de profondeur. Les adultes meurent après la reproduction et les larves sont disséminées par les courants.

La peau n'a pas d'écailles.

Le congre possède de puissantes mâchoires, et ses morsures, bien que non venimeuses, sont redoutées des pêcheurs.

Asparagopsis armata

Asparagopsis (nom donné en allusion à son aspect de feuille d'asperge miniature) est qualifié d'armé *(armata)* en raison de la forme en harpon de certains de ses rameaux. Il se rencontre fréquemment dans les endroits bien éclairés, sur d'autres algues comme les laitues de mer et les entéromorphes. Très décorative, cette algue comporte des cellules spécialisées contenant un produit iodé qui colore en bleu le papier sur lequel on la fait sécher. Au cours de sa vie, *Asparagopsis* passe par un stade d'aspect très différent qui avait d'abord été décrit comme une espèce différente : *Falkenbergia rufolanosa*. Originaire d'Australie et de Nouvelle-Zélande, l'espèce s'est naturalisée sur nos côtes vers 1925.

Cette algue atteint 30 cm de haut.

Mordocet

Blennius pholis

Une encoche sépare la nageoire dorsale en deux.

Le corps porte des taches plus ou moins sombres.

Le mordocet est un petit poisson ne mesurant pas plus de 15 à 20 cm de long, qui vit dans les anfractuosités des rochers ou sur le fond. Il s'y tient à l'affût, reposant à la fois sur sa queue et sur les rayons de ses nageoires pelviennes, qui forment ainsi une sorte de trépied.
Les mordocets sont curieux et suffisamment familiers pour venir de temps à autre mordiller les pieds des pêcheurs. Extrêmement voraces, ils sont également capables de dénuder les hameçons avec habileté, sans s'y laisser prendre.
Après l'accouplement, la femelle pond le plus souvent sous les pierres ou les algues. Les plus ingénieuses utilisent toutes sortes de réceptacles pour dissimuler leurs œufs, tels que de vieilles bouteilles ou des boîtes de conserve. C'est le mâle qui assure ensuite le soin et la garde des œufs, les ventilant avec ses nageoires afin qu'ils ne manquent pas d'oxygène. Le mordocet n'a aucun intérêt culinaire.

Éponge calcaire

Grantia compressa

Grantia compressa est une éponge calcaire, c'est-à-dire que son corps est soutenu par une multitude de petites baguettes de calcaire, ou spicules. Cela l'oppose aux éponges dont le corps est soutenu par des spicules de silice, ou par des fibres de spongine, comme l'est l'éponge utilisée pour la toilette (voir p. 43). On la trouve sous le surplomb des rochers découverts par la marée.

Longueur : de 2 à 5 cm

Eulalie verte

Les œufs sont gélatineux.

Eulalia viridis

L'eulalie verte est une petite annélide qui peut mesurer de 5 à 15 cm. Son corps présente de 60 à 200 segments en forme de petits cylindres. Elle possède une grande trompe évaginable de couleur rose qui lui sert à se nourrir. L'eulalie verte habite les crevasses des rochers de l'étage infralittoral et il lui arrive de ramper sur les rochers à marée basse. Ses œufs sont fixés sur les algues ou les galets.

Vieille

Labrus bergylta

Les vieilles se montrent sédentaires à l'âge adulte et restent dans la zone côtière. Ce poisson est carnivore. Il peut broyer toute coquille à l'aide de ses dents pharyngiennes. Sa chair, percée de nombreuses arêtes, est très recherchée pour les soupes de poisson.

Mesurant de 30 à 60 cm, elle pèse entre 1 et 2 kg.

Galathée bigarrée

Galathea strigosa

Pinces et pattes sont couvertes d'épines.

Avec ses grandes pinces, la galathée bigarrée (12 cm) ressemble à un petit homard. Mais seules trois de ses paires de pattes sont bien développées, la quatrième étant réduite. De plus, contrairement au homard, elle garde l'abdomen replié. Elle effectue de violents mouvements de la queue pour s'enfuir en nageant.

Elle vit sur les côtes rocheuses, où elle se cache sous les blocs et dans les fissures. Comme beaucoup de crustacés, elle sort la nuit pour se nourrir de divers débris qu'elle trouve sur le fond.

La galathée bigarrée est rouge, avec des lignes bleues, et atteint une douzaine de centimètres de long. Elle est capable de se défendre avec vigueur et même de pincer douloureusement.

Cette espèce est moins commune que *Galathea squamifera,* de petite taille et de couleur vert olive, que l'on rencontre facilement parmi les algues brunes, particulièrement au printemps.

Dulse

Palmaria palmata

Le dulse est abondant, tout particulièrement au niveau de l'infralittoral. Il est fixé sur les roches ou sur d'autres algues, en particulier sur les stipes rugueux et dressés des laminaires nordiques *(Laminaria hyperborea)*, en compagnie d'une algue rouge plus petite, ***Rhodymenia pseudopalmata,*** ou de délessériacées comme ***Phycodrys rubens,*** aux allures de feuille de chêne, ou ***Membranoptera alata.***

Souvent riches en oligoéléments et en vitamines, les algues apportent essentiellement des fibres à notre alimentation. Par rapport à d'autres algues rouges, le dulse possède des teneurs relativement plus élevées en protéines. Il est traditionnellement très apprécié en Angleterre, Irlande, Norvège et Amérique du Nord et, depuis quelques années, en France. C'est une algue très prisée des ormeaux (voir p. 17).

Seiche

Sepia officinalis

Ses œufs adhèrent aux plantes.

Taille : 30 cm

La seiche utilise différentes méthodes pour duper ses prédateurs et ses proies. Tout d'abord, sa peau contient des centaines de pigments colorés qui lui permettent de changer de couleur en quelques secondes et de se confondre parfaitement avec son environnement. Ensuite, elle peut se propulser rapidement vers l'arrière en émettant un jet d'encre noire qui la dissimule à ses ennemis. Ce mollusque possède une coquille interne, ou os de seiche, que l'on peut facilement trouver sur les plages, rejetée par la mer.

Crevette grise

Crangon crangon

La crevette grise quitte son abri la nuit pour se nourrir d'algues ou de petits vers marins ; elle marche alors lentement sur la surface du sable en prospectant. À marée basse, elle quitte la plage en même temps que la mer et revient avec le flot de la marée montante. Durant la période estivale, il est facile d'en capturer en quantité appréciable avec un haveneau.

Pendant la journée, la crevette grise passe le plus clair de son temps enfouie dans le sable jusqu'aux yeux. Pour ce faire, elle fait battre ses appendices abdominaux, les pléopodes, ce qui crée une dépression dans le sédiment à l'intérieur duquel elle s'enfonce.

Elle peut prendre la couleur du sable.

Tourteau

Cancer pagurus

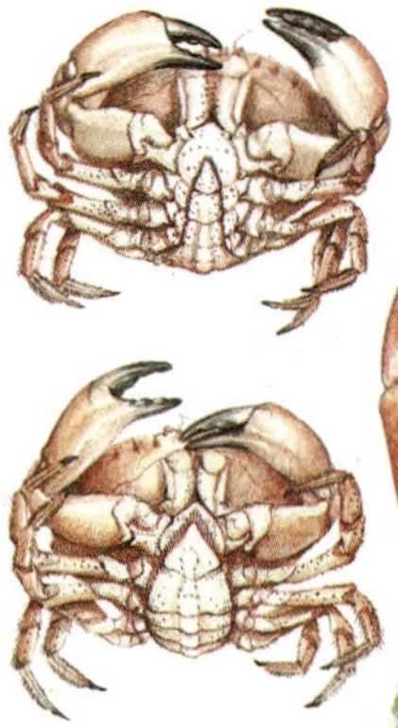

L'abdomen du mâle est étroit, celui de la femelle est large.

Le tourteau peut atteindre 40 cm de large.

Sole

Solea solea

Les nageoires font toute la longueur du corps.

La sole présente une particularité assez extraordinaire puisqu'elle est capable de se métamorphoser.
Alors que la sole adulte est un poisson qui vit sur le fond ou à demi enfoui dans le sable, la sole nouveau-née reste près de la surface. Elle possède, comme la majorité des poissons, un œil de chaque côté de la tête. Mais, au fur et à mesure qu'elle grandit, un œil se déplace pour rejoindre l'autre sur un même côté. Parallèlement, la face supérieure s'assombrit, la face inférieure devient plus claire et la jeune sole gagne le fond. La sole commune peut mesurer jusqu'à 50 cm.

Natice brillante

Natica alderi

La natice est un gastéropode qui vit la plupart du temps enfoui dans le sable. Elle utilise un siphon pour s'alimenter en oxygène. Comme un escargot, elle se déplace grâce à son pied, mais celui-ci est beaucoup plus développé et, complètement déployé, il recouvre presque totalement la coquille. La natice chasse dans le sable, où elle recherche des bivalves fouisseurs. Une fois dénichée, la victime est engluée de mucus. Sa coquille est alors rapidement perforée par une attaque à l'acide, puis par l'action de la radula (langue cornée des gastéropodes).
Les pontes de natice sont aisément reconnaissables : elles se présentent sous la forme de rubans gélatineux où se mêlent les œufs et du sable.

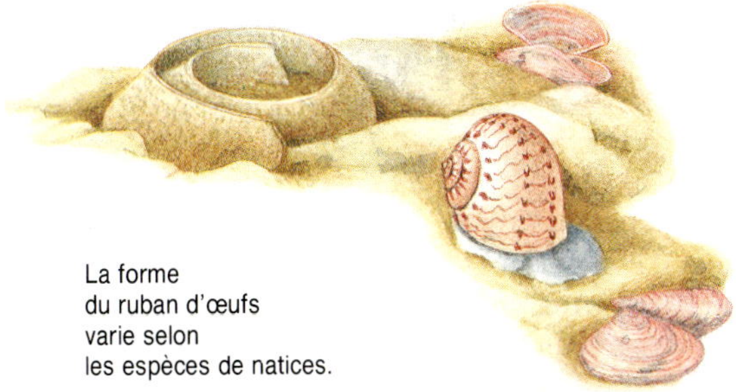

La forme du ruban d'œufs varie selon les espèces de natices.

Une coquille de 1,5 cm

Le tourteau est le crabe le plus connu des estivants. Ceux-ci le recherchent volontiers sous les rochers, à marée basse, pour la finesse de sa chair. Mais il faut être prudent car ses pinces sont d'une puissance exceptionnelle. Le tourteau possède une pince coupante, avec laquelle il peut trancher des bouts de bois de la grosseur d'un doigt, et une pince broyeuse, qui lui permet d'écraser les coquilles de mollusque ou les carapaces de crustacé. Les gros spécimens vivent en eau profonde.
La femelle est en état de reproduire pour la première fois lorsqu'elle atteint l'âge de cinq à six ans. L'accouplement ne peut avoir lieu que juste après une mue, lorsque la carapace de la femelle est molle, ce qui oblige le mâle à patienter parfois plusieurs semaines. Une fois fécondée, elle pond plus de trois millions d'œufs. Mais elle peut différer la fécondation de ses ovules de un à deux ans, période pendant laquelle elle conserve les spermatozoïdes du mâle dans une poche spéciale.

Coquille Saint-Jacques

Pecten maximus

La coquille Saint-Jacques était autrefois l'emblème des pèlerins qui se rendaient à Saint-Jacques-de-Compostelle. Tous portaient une coquille vide dont ils se servaient pour s'abreuver.
Ce mollusque possède de nombreux yeux bleus sur les bords de son manteau. Ceux-ci lui permettent de percevoir lueurs et mouvements. Si un ennemi approche, la coquille Saint-Jacques s'enfuit en expulsant l'eau contenue dans sa coquille et accomplit ainsi de spectaculaires bonds dans l'eau.

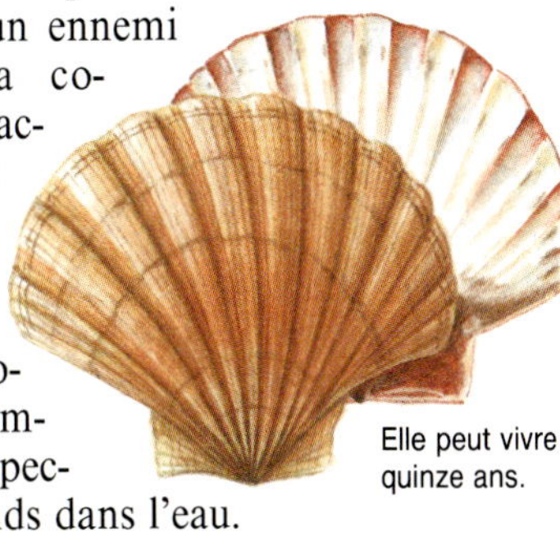

Elle peut vivre quinze ans.

Coryste denté

Corystes cassivelaunus

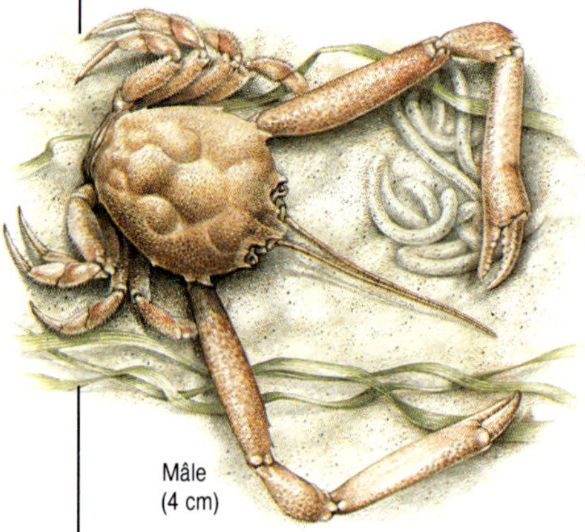

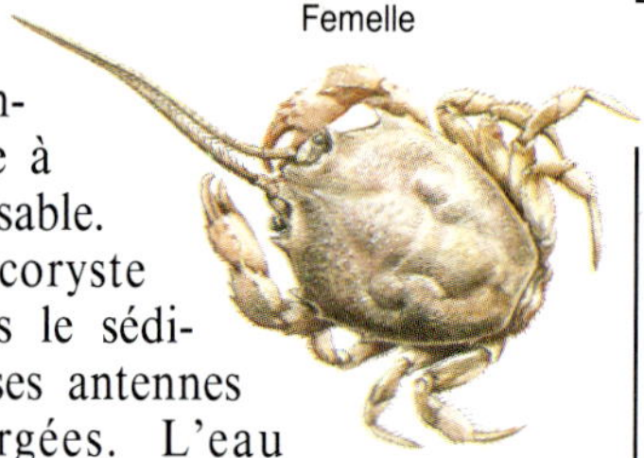

Ce crabe présente une étonnante aptitude à la vie dans le sable. Lorsque le coryste s'enfonce dans le sédiment, seules ses antennes restent émergées. L'eau s'écoule le long de celles-ci jusqu'à la bouche et aux branchies, lui apportant aliments et oxygène ; il demeure ainsi à l'abri des prédateurs.
Les pinces du mâle, démesurées par rapport à celles de la femelle, lui confèrent une attitude agressive : cette particularité lui a valu le nom d'un vaillant chef celte, Cassivelaunus, qui avait farouchement résisté à l'invasion romaine en Grande-Bretagne.

Souris de mer

Aphrodite aculeata

La souris de mer est en fait un ver annelé. Son corps trapu est recouvert d'une sorte de pelage de soies grises. Les soies latérales sont magnifiquement irisées et lui ont valu son nom latin, inspiré par la déesse Aphrodite, née de l'écume. Cette épaisse toison cache quinze paires de plaques dorsales qui forment comme une armure sur son dos.

Jambonneau de mer

Pinna fragilis

Le jambonneau de mer est l'un des plus grands bivalves des mers d'Europe. Il vit planté verticalement dans le sable, solidement fixé par ses filaments, appelés byssus, à quelque rocher enfoui. Il trouve sa nourriture en filtrant l'eau de mer.

Pied-de-pélican

Aporrhais pes-pelecani

Le pied-de-pélican est un petit gastéropode de 3 à 4 cm qui vit sur le sable, la vase ou le gravier. Il se distingue par les trois à cinq expansions en forme d'aile que développe sa coquille.
Ce mollusque vit en général sans se déplacer, agitant avec ses expansions le sol limoneux, dont il extrait des micro-organismes pour se nourrir.
Pour fuir un ennemi, il utilise un mode de locomotion très original : les galipettes. Prenant appui sur la partie antérieure de son pied, il fait glisser la partie postérieure au-dessus de la coquille, et tout son corps bascule par suite du déplacement du centre de gravité. Il peut ainsi accomplir toute une série de galipettes.

La forme de la coquille évoque un pied de palmipède.

Saint-pierre

Zeus faber

Le saint-pierre est un poisson de 30 à 40 cm de longueur, de forme ovale, avec une tache noire sur chaque flanc. Il fréquente les eaux côtières à une profondeur de 10 à 50 m. Le lac de Tibériade abonde en poissons comestibles très variés. L'un des meilleurs est le saint-pierre. Dans Matthieu (XVII, 27), Jésus dit à Pierre de prendre une pièce d'argent dans la bouche d'un poisson pour payer l'impôt au Temple. La légende dit qu'il s'agissait d'un *Zeus faber* et que Pierre y laissa ses empreintes, ce qui aurait permis de reconnaître l'espèce jusqu'à nos jours.

Vu de face, le corps est très plat.

Ce poisson est un mets délicat très prisé en Europe ; il fait l'objet d'une pêche intensive sur les côtes atlantiques.

Torpille noire

Torpedo nobiliana

La queue porte deux nageoires dorsales.

La torpille noire peut atteindre 1,80 m de long et peser jusqu'à 70 kg. Plutôt mauvaise nageuse, elle chasse la nuit en solitaire et passe la journée à demi enfouie dans le sédiment, ne laissant dépasser que ses yeux et ses évents.

La torpille noire possède des organes électriques disposés de part et d'autre de sa tête. Ces organes représentent un sixième du poids total du corps et forment un réseau de cellules important. La face supérieure de ce poisson est positive, la face inférieure négative. Lorsqu'elle chasse, elle se recourbe sur sa proie, afin de lui envoyer une décharge électrique pouvant aller de 45 à 220 V. Ces décharges lui permettent de paralyser ses victimes et lui assurent un système de défense particulièrement efficace contre les prédateurs. L'effet sur l'homme est très désagréable mais, semble-t-il, sans grand danger. Lorsque les décharges électriques sont répétées, elles s'affaiblissent au fur et à mesure. La torpille noire a besoin ensuite de se reposer pour recharger ses cellules électriques. Elle vit entre 10 et 350 m de profondeur.

Herbe de mer

Zostera marina

Les feuilles abritent souvent des œufs de nasse.

L'extrémité des feuilles est arrondie.

Des fleurs discrètes apparaissent en été.

Les feuilles peuvent faire 1 m de long.

Il ne s'agit pas là d'une algue, mais bien d'une plante à fleurs dont le pollen s'agglutine en masses gélatineuses transportées passivement par les courants. L'herbe de mer, ou zostère, forme de vastes herbiers sous-marins sur fonds sableux jusqu'à environ 5 m de profondeur. L'espèce s'accommode aussi bien d'une forte salinité que d'eaux presque douces. Bien répandue, sur la côte atlantique essentiellement, l'espèce a connu une période de régression très critique dans les années 1930, victime d'une maladie à caractère épidémique. Depuis une quarantaine d'années, les herbiers à zostères se sont peu à peu reconstitués.

Lièvre de mer

Aplysia punctata

Ce gros gastéropode brun se rencontre sur le littoral au printemps et en été. Sa coquille réduite est presque totalement cachée par les lobes charnus qui recouvrent son dos. Lorsqu'il est inquiété, le lièvre de mer émet une substance violette que l'on croyait autrefois vénéneuse. Il est hermaphrodite, c'est-à-dire à la fois mâle et femelle.

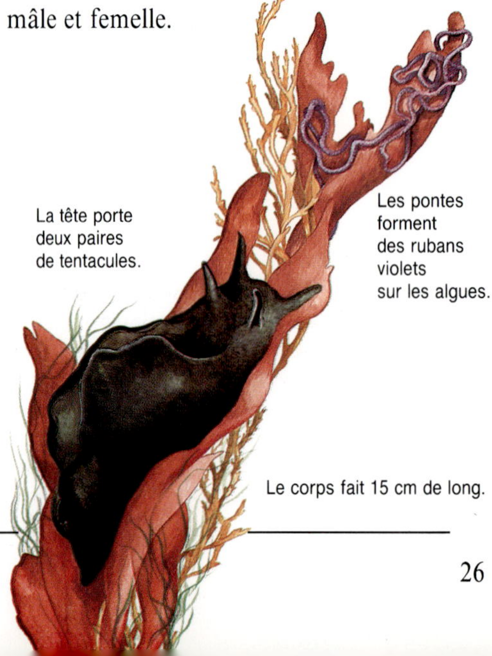

La tête porte deux paires de tentacules.

Les pontes forment des rubans violets sur les algues.

Le corps fait 15 cm de long.

Holothurie

Holothuria forskali

L'holothurie, ou concombre de mer, est une proche cousine des étoiles de mer et des oursins. Elle se déplace lentement à la manière d'une limace et s'enfouit comme un ver de terre. Les holothuries se nourrissent en se gavant de sédiments. Elles trouvent, mélangée au sable qu'elles avalent, la nourriture qui leur convient. Pour se défendre, les holothuries disposent d'une arme originale : le rejet par l'anus de longs filaments gluants et élastiques.

Elle mesure 25 cm environ.

Épinoche de mer

Spinachia spinachia

Elle porte une rangée d'épines sur le dos.

L'épinoche de mer est un petit poisson qui mesure de 10 à 15 cm de long. Au printemps, époque de la reproduction, le mâle devient très territorial. Il commence à construire un nid avec des brins d'algue, puis il y attire la femelle. Une fois qu'elle y a pondu de 150 à 200 ovules, il la chasse afin de veiller seul sur les œufs.

L'incubation durera une vingtaine de jours et les larves fraîchement écloses mesureront 6 mm. Une croissance très rapide permettra aux jeunes épinoches d'être aptes à la reproduction dès l'année suivante.

Callionyme-lyre

Callionymus lyra

Ne mesurant guère plus d'une vingtaine de centimètres, le callionyme-lyre est un petit poisson qui reste souvent enfoncé jusqu'aux yeux dans le sable ou caché sous les pierres et les coquilles, à l'affût pour chasser. Il possède une arme redoutable : un éperon armé de plusieurs épines qui peuvent infliger des blessures douloureuses et lentes à guérir.

Lors de la parade nuptiale, le mâle déploie ses nageoires et ses opercules devant la femelle et tourne autour d'elle en un mouvement spiralé de plus en plus étroit. Au moment de la ponte, le mâle et la femelle remontent à la surface pratiquement à la verticale, bien serrés l'un contre l'autre.

Hippocampe

Hippocampus ramulosus

La tête forme un angle droit avec le corps.

L'hippocampe est un petit poisson d'une quinzaine de centimètres qui possède un squelette dermique constitué de carènes longitudinales et d'appendices filamenteux. Il passe la majeure partie de son temps immobile, cramponné à la végétation à l'aide de sa longue queue préhensile. Lorsqu'il nage, sa nageoire dorsale bat à plus de trente-cinq pulsations par seconde. Elle lui permet d'avancer lentement et majestueusement.

L'hippocampe est capable de bouger indépendamment ses deux yeux et peut ainsi surveiller sans bouger tout ce qui se passe autour de lui. Lorsqu'une proie, tel un petit crustacé, passe à proximité, il la happe en une fraction de seconde. Son long museau tubulaire fonctionne en effet comme une pipette dans laquelle le poisson aspire sa proie.

Chez l'hippocampe, c'est le mâle qui a la responsabilité de la gestation. Après une longue parade nuptiale, la femelle introduit ses œufs dans une poche située sur l'abdomen du mâle. Quatre à cinq semaines plus tard, exerçant de puissants efforts de contraction, le mâle donne naissance à une progéniture parfaitement formée. Les jeunes ne sortiront de la poche que lorsqu'ils seront en mesure de nager, de deux à trois jours plus tard.

L'hippocampe échappe aux prédateurs grâce à ses longs appendices filamenteux et à ses couleurs, qui varient selon la végétation dans laquelle il se trouve. Il lui suffit de quelques secondes pour changer de coloration et se confondre parfaitement avec son environnement.

Cet étrange poisson fut longtemps considéré comme un animal mythique en raison de sa ressemblance avec le cheval. C'est aujourd'hui une espèce à protéger.

Cymodocée

Cymodocea nodosa

Le nom de cymodocée évoque l'une des Néréides, nymphes de la mer de la mythologie grecque. Comme la zostère (voir p. 26), à laquelle elle est souvent associée, c'est une plante à fleurs marine et non une algue. La floraison a lieu d'avril à septembre, mais discrètement, car les fleurs, situées au niveau des gaines foliaires, demeurent peu visibles. L'espèce est dioïque. Peu exigeante, la cymodocée s'accommode de différents types de substrats, qu'elle stabilise à l'aide de ses tiges rampantes. La pelouse ainsi constituée permet le développement, sous forme d'herbiers, de sa remarquable et fragile cousine, la posidonie (voir ci-contre).

Hauteur :
de 15 à 40 cm

Jambonneau hérissé

Pinna nobilis

Cousin méditerranéen du jambonneau de mer *Pinna fragilis* (voir p. 24), le jambonneau hérissé peut atteindre 80 cm de long. Il vit aussi planté dans le sable. La coquille des jeunes individus est décorée d'épines et d'écailles, d'où son nom, qui disparaissent au fur et à mesure de la croissance. Ce jambonneau est un mollusque menacé de disparition. Récolté en grand nombre par les plongeurs il y a encore très peu de temps, il est aujourd'hui protégé par la loi. Cependant, il demeure menacé par la pollution, qui contribue à la réduction de son habitat de prédilection : l'herbier des posidonies (voir ci-contre) et des zostères (voir p. 26).

Sparaillon

Diplodus annularis

Le sparaillon fréquente les eaux méditerranéennes entre 2 et 20 m de profondeur. C'est un poisson de 15 à 20 cm de long, au corps ovale assez haut et comprimé. Les plus gros spécimens se montrent craintifs, méfiants, cantonnés dans des secteurs comportant des abris, qu'ils ne quittent que la nuit ou lorsque la mer est agitée. Quand ils sont porteurs d'ectoparasites, les sparaillons vont se faire « épouiller » par un petit crénilabre du genre *Symphodus* et prennent pour cela une position caractéristique d'invité. Les œufs et les larves flottent parmi le plancton. Après avoir atteint une taille de 1 à 2 cm, les jeunes poissons gagnent les eaux littorales.

Le sparaillon est hermaphrodite et pond à un an et demi.

Posidonie

Posidonia oceanica

Les feuilles atteignent 50 cm de long.

Strictement méditerranéenne, cette plante à fleurs forme des herbiers en bande étroite de Marseille à la frontière italienne et se développe localement de manière plus luxuriante dans certaines rades comme celle d'Hyères. Les tiges souterraines colonisent les fonds sableux en un entrelacs très serré, véritable piège à sédiments, lieu de frai et abri pour de nombreuses espèces de poissons. Les feuilles, en faisceaux très denses, sont le support d'une multitude d'espèces fixées (algues, crustacés, anémones...). Malheureusement fort menacée par le développement des activités portuaires et de loisirs, l'espèce est protégée depuis 1982 au niveau national et depuis 1992 au niveau européen.

Crevette verte

Hippolyte inermis

Dans les algues et les herbes marines se rencontrent de petites crevettes changeant de couleur selon leur environnement. Ce mimétisme est à l'origine de leur nom de caméléon de mer.

Typiquement verte sur les feuilles vertes, cette espèce peut revêtir des colorations automnales... à la chute des feuilles.

En Méditerranée, *Hippolyte inermis* n'habite pratiquement que sur les feuilles des posidonies. Les mâles sont beaucoup plus petits que les femelles, aussi pense-t-on que l'espèce est hermaphrodite, mâle la première année et femelle ensuite.

Elle mesure 4,2 cm.

Sublet

Symphodus rostratus

Le sublet est un petit poisson d'une douzaine de centimètres, au corps allongé et au long museau pointu. Il fréquente les eaux littorales, aux abords des écueils et des herbiers, à une profondeur de 1 à 20 m. Lors de la saison de reproduction, le mâle creuse dans le sable, avec sa bouche, une cuvette à bords relevés qu'il bourre de brins d'algue et recouvre de sable imprégné de salive, fabriquant ainsi un nid hémisphérique dans lequel la femelle pondra une cinquantaine d'œufs. Ensuite, il veillera sur le frai et ventilera les œufs jusqu'à leur éclosion, afin de leur apporter l'oxygène dont ils auront besoin.

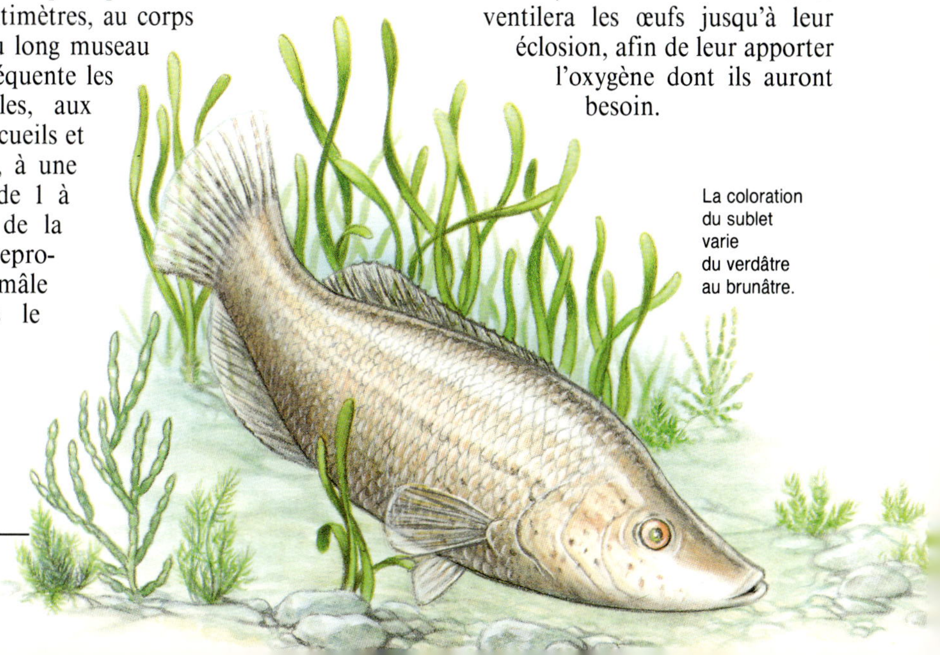

La coloration du sublet varie du verdâtre au brunâtre.

Scorpion de mer

Enophrys bubalis

Le scorpion de mer, ou chabot, est un petit poisson plus ou moins hérissé de crêtes et d'épines, qui mesure une dizaine de centimètres. Ces attributs piquants peuvent infliger des blessures très désagréables, mais qui semblent n'être venimeuses qu'au moment de la reproduction.
C'est un animal plutôt solitaire. Il chasse à l'affût, fondant sur sa proie avec la rapidité de l'éclair. La femelle est deux fois plus grosse que le mâle. Après la ponte, c'est ce dernier qui assure la protection des œufs.

Porte-écuelle

Lepadogaster lepadogaster

Mesurant de 8 à 10 cm, le porte-écuelle est un petit poisson aux lèvres charnues dont la tête se termine en bec de canard. Il ne possède pas d'écailles et est aisément reconnaissable à sa double ventouse de fixation située sur le thorax. Il chasse en effet à l'affût en se fixant sous un rocher ou une racine d'algue. C'est de toute façon un mauvais nageur, car ses nageoires pelviennes se sont transformées en ventouses.
On trouve assez facilement le porte-écuelle à marée basse dans les flaques d'eau au creux des rochers.

Ophiure fragile

Ophiotrix fragilis

L'ophiure est nantie de cinq bras longs d'une dizaine de centimètres rattachés à un disque central. Ces bras, dont la couleur peut varier du blanc au jaune et au rouge, sont garnis de poils hérissés, comme sur une brosse.
Lors de la reproduction, les ovules et les spermatozoïdes sont émis dans l'eau et donnent naissance à des larves pélagiques qui nagent plusieurs semaines parmi le plancton avant de se métamorphoser et de gagner le fond.

Lorsqu'un bras est sectionné, il repousse.

Chondrus crépu

Chondrus crispus

Le chondrus crépu, ou carragheen, ou mousse d'Irlande, aux iridescences bleutées, et le mastocarpus tacheté ***(Mastocarpus stellatus)***, aux segments en forme de gouttière, sont récoltés en mélange sous le nom de lichen ou de goémon blanc. Outre les noms indiqués ci-dessus, le premier est nommé pioca ou pioka dans le Finistère Nord et teil picot dans le Finistère Sud. Des agents de texture très recherchés par l'industrie des produits lactés en sont extraits : les carraghénanes. Lors de son cycle de vie, le chondrus crépu passe par deux stades, impossibles à distinguer pour le récolteur, dont l'un contient un épaississant et l'autre un gélifiant. Utilisée depuis le Moyen Âge pour l'alimentation humaine, cette espèce est cultivée en bassins, en France et au Canada. Un autre genre d'algue rouge, le *Gelidium,* fournit aussi un gélifiant, utilisé surtout en microbiologie : l'agar-agar. ***Porphyra umbilicalis*** se rencontre souvent sous forme d'une membrane noirâtre et desséchée sur les rochers. D'autres espèces de porphyras sont cultivées et consommées au Japon sous le nom de nori et font l'objet d'une industrie florissante. Fré-

Botrylle

Botryllus schlosseri

Le botrylle est un ensemble d'ascidies coloniales installées sur les rochers ou encore sur les algues. Il ressemble à un coussin brodé de petites fleurs. Masse gélatineuse, le coussin lui-même, ou cormus, sert de support. Chaque fleur est appelée cénobie (du grec *koinobion,* vie en commun). Chaque pétale est une petite ascidie qui partage avec les autres un orifice excréteur commun, le cloaque.
Comme la plupart des ascidies, le botrylle a une larve nageuse dont la forme rappelle un têtard de grenouille. Rapidement après son éclosion, la larve se fixe sur un support et fonde une nouvelle colonie. Le fondateur donne naissance par division à deux individus (ou pétales) supplémentaires, qui, à leur tour, procèdent de la même façon. Ainsi, à la quatrième génération, la cénobie compte quinze individus ; tous ne survivent pas. Les cénobies (ou fleurs) d'une colonie se développent de proche en proche à partir de bourgeons émis par leurs prédécesseurs.
Les ascidies sont des animaux filtreurs. Leur corps est occupé en grande partie par une sorte de tamis à travers lequel elles entretiennent un courant d'eau permanent pour collecter leur nourriture.

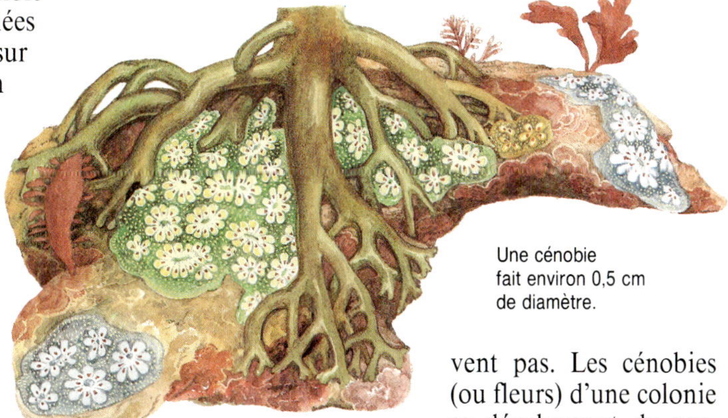

Une cénobie fait environ 0,5 cm de diamètre.

quente à basse mer sur les rochers éclairés, la laurencie poivrée ***(Laurencia pinnatifida),*** ou laurencie en forme de plume, possède une saveur poivrée caractéristique.

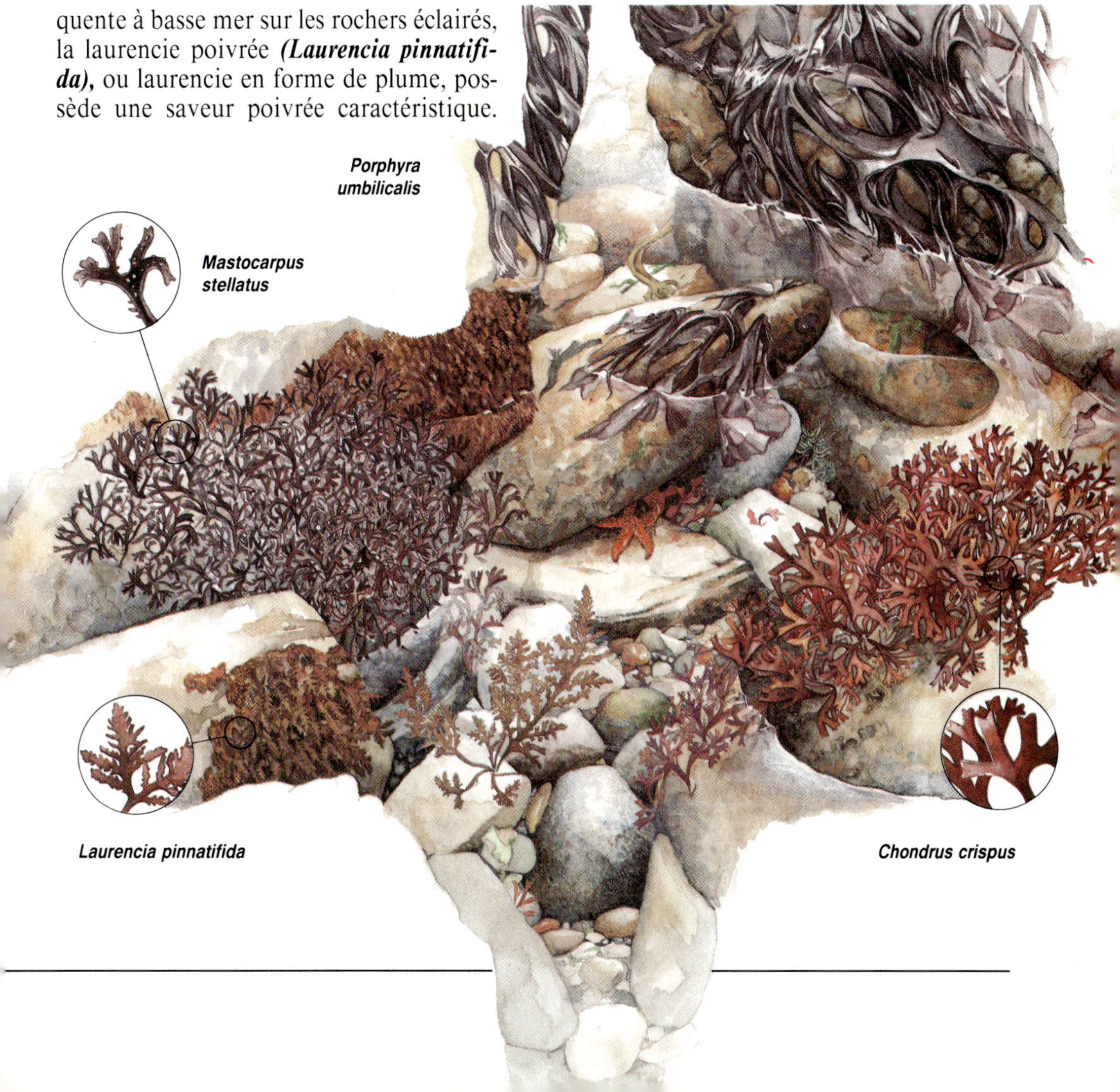

Comatule

Antedon bifida

Peu de créatures du littoral sont aussi élégantes que la comatule. Parente des étoiles de mer, elle porte dix bras, où alternent le rouge et le blanc. Ceux-ci sont animés de mouvements lents et délicats (la comatule est d'ailleurs surnommée danseuse de la mer) et sont implantés autour du disque formant le corps de l'animal. La comatule vit sur les algues et les rochers, fixée à l'aide de sortes de petites pattes, ou cirres, qui se trouvent sur la face inférieure du disque. Elle est capable de nager.

Des bras de 7 à 15 cm

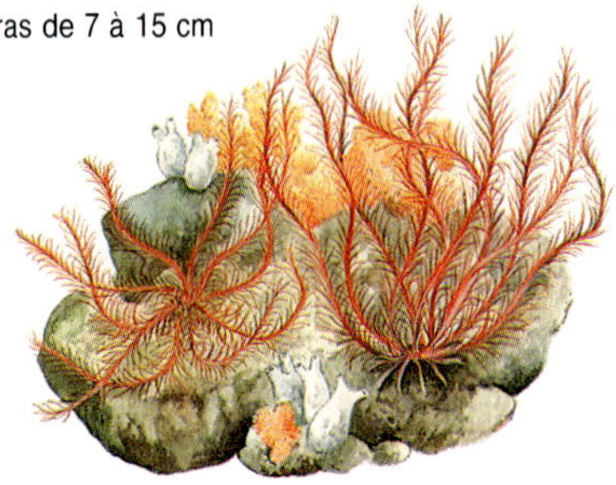

Laminaire digitée

Laminaria digitata

Le thalle peut mesurer jusqu'à 2 m.

Patina pellucida

La laminaire digitée, ou fouet-de-sorcière, possède un stipe (partie de l'appareil végétatif ressemblant à une tige) souple que l'on peut plier sans le rompre. Cette algue est fixée au rocher par des crampons, ou haptères. Les autres laminaires à lame découpée de nos côtes ont, au contraire, un stipe rigide et dressé, ou

Sabelle

Sabella pavonina

On remarque parfois dans les flaques en bordure de mer une sorte de petit tuyau à l'aspect caoutchouteux sortant du sable. Avec un peu de chance et de patience, il est tout à fait possible d'observer le magnifique panache de la sabelle. Ce ver vit caché dans un tube de 25 cm de long environ, fait de mucus et de vase, et ne laisse apparaître que de longs tentacules ciliés, variant du

La partie apparente du tube mesure environ 10 cm.

Lanice conchilega

Dépourvu de tube, le corps est très fragile.

Il peut atteindre 25 cm de long.

Une petite partie du tube émerge du sable.

rouge au violet, qu'il rétracte à la moindre alerte. Ces tentacules lui servent à la fois à respirer et à capter son alimentation.
De nombreuses espèces de vers marins vivent dans des tubes fabriqués avec des matières très diverses. ***Lanice conchilega*** construit le sien à l'aide de grains de sable grossier et de fragments de coquille.

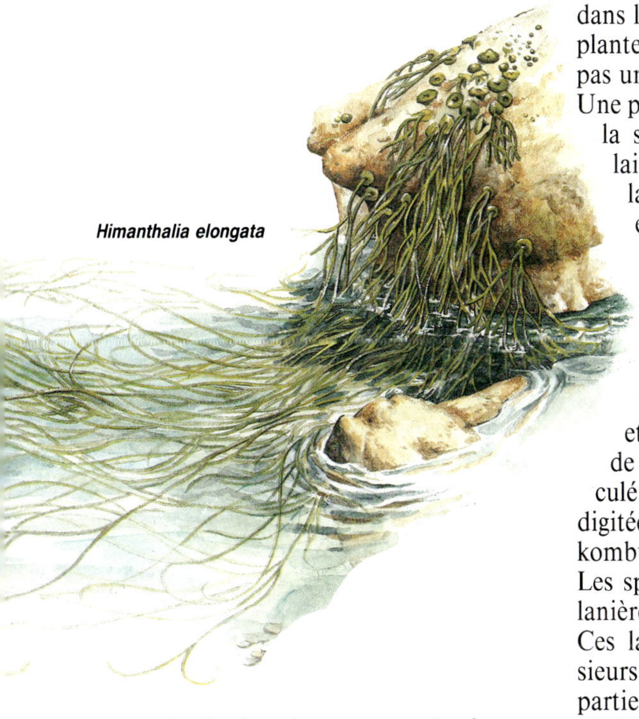

encore un bulbe basal et un pseudostipe aplati. Le crampon n'a qu'un rôle de fixation et ne sert pas à puiser la nourriture dans le sol, contrairement aux racines des plantes terrestres. De même, le stipe n'est pas une tige conduisant la sève.

Une petite patelle, ***Patina pellucida,*** mange la surface colorée des laminaires et y laisse des cicatrices blanchâtres. Les laminaires digitées sont récoltées pour en extraire l'acide alginique, dont les sels sont utilisés dans toutes sortes d'industries, notamment comme épaississant ou gélifiant. Autrefois, leurs cendres permettaient de préparer des savons. Les algues servaient aussi à la préparation de soude et de potasse. La récolte s'effectue avec de petits bateaux munis d'un bras articulé spécial : le scoubidou. Les laminaires digitées sont consommées sous le nom de kombu breton.

Les spaghettis de mer correspondent aux lanières de l'algue ***Himanthalia elongata.*** Ces lanières, qui peuvent atteindre plusieurs mètres de longueur, représentent la partie reproductrice de l'algue. La partie végétative à l'origine de ces lanières, plus ou moins conique et de quelques centimètres seulement, est située à la base.

Pholade

Pholas dactylus

Une coquille de 15 cm maximum

La pholade est une grande spécialiste du perçage. Elle utilise la puissance de ses muscles et les côtes épineuses, semblables à une râpe, de sa coquille pour creuser, par mouvements rotatifs, de longs tunnels dans le bois ou la pierre calcaire où elle séjourne. Ce mollusque sécrète aussi une solution phosphorescente pour attirer le plancton, dont il se nourrit.

Astérie pentagonale

Asterina gibbosa

Cette petite étoile de mer, aux couleurs relativement ternes, se rencontre facilement sur nos côtes. Elle vit sur les pierres, où elle se déplace à la vitesse d'environ 2,5 cm/min. C'est l'une des espèces d'étoiles de mer les plus lentes. Elle ramasse sur le substrat des particules et de petits animaux dont elle se nourrit.

Une étoile de mer de 3 à 5 cm

L'astérie pentagonale est l'une des rares espèces hermaphrodites. Alors que les autres étoiles de mer ont des individus de sexes différents, celle-ci est successivement mâle, puis femelle. Au moment de la reproduction, il arrive que plusieurs mâles accompagnent une femelle. De l'œuf fécondé naîtra une larve planctonique.

Littorine

Littorina saxatilis

Les différentes espèces de littorines illustrent bien l'influence des marées sur la répartition spatiale des êtres vivants du littoral. Chaque espèce habite un niveau déterminé des estrans rocheux en fonction de ses exigences écologiques. Elle y trouve une nourriture composée d'algues qu'elle broute avec sa langue cornée. *Littorina saxatilis* vit là où la marée vient pratiquement deux fois par jour mais parfois pour une courte durée. On la rencontre sur les rochers découverts, en compagnie des balanes et jusque parmi les fucus, un peu plus bas. Une autre espèce, ***Littorina neritoides,*** ne supporte que de brèves immersions lors des marées d'équinoxe. Sa coquille est fine et fragile. Elle vit dans les fissures des rochers arrosés par les embruns.
Au contraire, le bigorneau, ***Littorina littorea,*** et sa cousine la littorine obtuse, ***Littorina littoralis,*** ne survivraient pas à une émersion prolongée. Ces espèces ne quittent donc pas les lieux qui restent très humides en toute circonstance.

Littorina littoralis offre une grande variété de colorations.

Littorina neritoides ne mesure que quelques millimètres.

La coquille de *Littorina saxatilis* est plus pointue que celle du bigorneau.

Sèche, la coquille de *Littorina littorea* est grise.

Fucus vésiculeux

Fucus vesiculosus

Dans les endroits battus par les vagues, le fucus vésiculeux, ou goémon à ampoules, est présent sous une forme particulière, dépourvue de vésicules et fixée au rocher par un stipe très robuste en forme de tronc.

Cette algue peut mesurer 1 m de long.

Dans les sites très abrités, ce varech est remplacé par l'ascophylle noueux *(Ascophyllum nodosum),* ou goémon noir, l'épithète noueux faisant référence aux grosses vésicules disposées dans l'axe des lanières.

L'ascophylle et, dans une moindre mesure, les fucus sont exploités pour l'industrie des alginates et la production de farines d'algue destinées, entre autres, à l'alimentation animale. Les pigments jaunes qu'ils contiennent ont, notamment, la propriété de colorer la viande et de renforcer la couleur du jaune de l'œuf des volailles.

Moule

Mytilus edulis

Les moules s'accrochent les unes aux autres par le byssus.

La moule est parfaitement adaptée à sa vie sur le littoral rocheux. Elle peut surmonter le martèlement des vagues et les risques de déshydratation par le vent et le soleil. Elle s'amarre au rocher à l'aide d'un tissu de fibres, le byssus. Ces fibres sont sécrétées sous la forme d'un liquide gluant qui durcit pour former un système d'ancrage solide mais élastique. Lorsque la marée descend, la moule maintient fermées ses deux valves de façon à former un joint étanche et à rester à l'abri jusqu'à la prochaine marée montante.
Pour se nourrir, elle entrouvre sa coquille, favorisant l'entrée de particules alimentaires contenues dans l'eau ; elle les filtre à l'aide de ses branchies.

Des siphons font circuler l'eau.

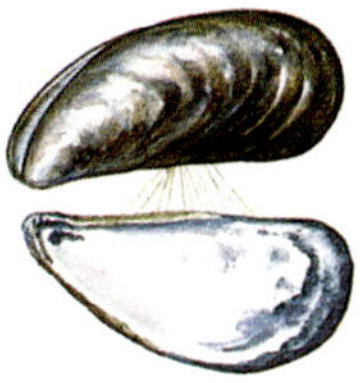

L'intérieur de la coquille est nacré.

Pelvetie canaliculée

Pelvetia canaliculata

Elle mesure environ 15 cm de long.

Les algues brunes de la famille des fucacées (ascophylle, fucus, pelvetie) sont caractéristiques des zones littorales subissant des marées de forte amplitude. Elles y constituent des ceintures disposées de manière étagée. Plus les algues se situent dans les hauts niveaux, plus elles sont fréquemment émergées. C'est le cas de la pelvetie canaliculée (dont les lanières sont en forme de gouttière), qui n'est immergée que lors des hautes mers de grandes marées.

Pourpre

Nucella lapillus

La coquille (3 cm) peut être lisse ou striée de côtes.

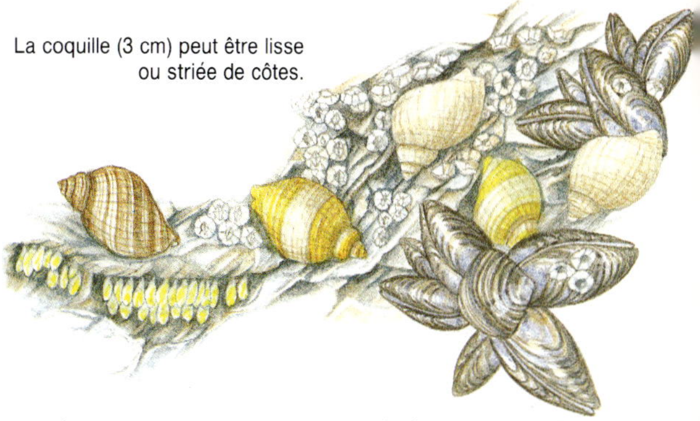

La pourpre est une espèce commune. Elle possède une coquille très robuste dont l'ouverture est fendue d'un siphon, ce qui la distingue des littorines (voir page ci-contre). Elle présente une grande variété de colorations : les teintes vont du blanc au brun-ocre, en passant par le jaune orangé. On rencontre des individus de couleur unie et d'autres portant des bandes alternées de diverses largeurs. Grande prédatrice de balanes et de moules, la pourpre affectionne les côtes rocheuses. Ses œufs sont abrités dans de petites capsules jaunes dont la forme rappelle celle d'une amphore.

Crabe enragé

Carcinus maenas

Le crabe enragé, ou crabe vert, est l'un des animaux les plus communs du bord de mer. Il est facile de distinguer le mâle de la femelle. Chez celle-ci, la face inférieure de la carapace est colorée en orangé et l'extrémité de son abdomen, replié sous le corps, est large et arrondie. Lorsqu'elle porte des œufs, ils forment une masse granuleuse rouge-orange placée sous l'abdomen. Chez le mâle, la face inférieure de la carapace est colorée en vert-jaune et l'extrémité de l'abdomen, également replié sous le corps, est étroite et pointue.
Le crabe vert reste habituellement à proximité de l'eau, mais il peut résister à la dessiccation en se cachant à marée basse sous les pierres humides ou la végétation. Parcourant les rochers, prospectant sous les algues, ce crabe est un nécrophage qui recherche son alimentation dans les débris de la laisse de mer (voir p. 50) ou parmi les invertébrés qui fréquentent les rochers.

La femelle transporte ses œufs sous l'abdomen.

Les jeunes sont marqués de blanc.

Un adulte en position défensive

Laitue de mer

Une algue de 45 cm

Ulva rigida

Le genre *Ulva* (ulve ou laitue de mer) comporte de nombreuses espèces, souvent très difficiles à identifier. Sur nos côtes atlantiques, le nom latin de la plus fréquente de ces espèces est *Ulva rigida.*
Les ulves, surtout abondantes en été, sont utilisées dans des salades à base d'algue. Une ulve flottante se multiplie par fragmentation : la lame, très fragile, se déchire, puis chaque fragment se régénère et développe une nouvelle lame, qui se déchire à son tour.
Cette ulve est devenue une nuisance en recouvrant complètement certaines plages en été ; ce sont les marées vertes, dont on ramasse près de 60 000 t par an.

Ligie

Ligia oceanica

La zone des embruns, au-dessus du niveau des plus hautes marées, est l'habitat favori de la ligie. Ce crustacé ressemble à un gros cloporte de couleur gris-vert. Son corps est aplati, ses yeux et ses antennes très développés. La ligie reste cachée dans les fissures des rochers durant la journée et sort la nuit pour se nourrir de débris organiques. Pour échapper à ses ennemis, elle court d'une fissure à une autre.

C'est un isopode : elle a sept paires de pattes. Elle mesure 2,5 cm.

Les appendices du dernier segment dépassent de la carapace.

Xanthorie murale

Xanthoria parietina

Thalle ridé en rosette

Né de l'union d'un champignon et d'une algue, un lichen n'est pas un organisme unique. Cette étrange association, où les deux partenaires trouvent un bénéfice réciproque, est appelée symbiose. Elle est indispensable à la survie de chaque espèce. La xanthorie murale pousse sur les rochers marins et sur les troncs, les murs et les toits. Son thalle foliacé jaune-orange est lobé à la périphérie. C'est sa zone de croissance.

Guillemot de Troïl

Uria aalge

Expert dans la capture du poisson, cet oiseau de 42 cm plonge et utilise ses ailes pour nager sous l'eau, les pattes ne servant que de gouvernail. Le guillemot de Troïl vit en pleine mer, mais il gagne les côtes rocheuses à la fin de l'hiver pour y nicher en colonic.

En hiver, les joues sont blanches.

Le plumage d'été est entièrement brun sombre dessus.

Verrucaria mucosa

Les lichens du genre *Verrucaria* sont localisés dans la zone de balancement des marées, à la limite entre les domaines marin et terrestre.
Sous le niveau des xanthories (ci-dessus), subissant les embruns, *Verrucaria mucosa* forme des taches verdâtres presque noires régulièrement immergées. Collé sur les rochers, son thalle est lisse, de forme irrégulière et de consistance plus ou moins gélatineuse.

Ce lichen peut former des taches de 30 cm de diamètre.

Patelle

Patella vulgata

Une coquille de 5 cm environ

La patelle est un gastéropode, comme le bigorneau, mais sa coquille conique ne lui permet pas de se mettre à l'abri en se rétractant simplement à l'intérieur. Elle utilise les puissants muscles de son pied pour adhérer au rocher. Comme beaucoup de gastéropodes, elle broute sa nourriture à l'aide d'une langue cornée munie de nombreuses petites dents : la radula. La croissance de la radula est continue, comme celle des incisives des lapins, afin de compenser son usure.

Gazon d'Olympe

Armeria maritima

Cette plombaginacée, encore nommée jonc nain, gazon d'Espagne ou œillet nain, se présente comme un coussinet de feuilles molles, très étroites (1,5 mm), à une seule nervure. Celles-ci contiennent beaucoup de sels minéraux à base d'iode, de fer, de chlorure de sodium, ainsi que de la plumbagone, substance chimique irritante à forte dose, mais à l'action antibiotique et sédative. L'espèce colonise les rochers et les pelouses du sommet des falaises du littoral de la Manche et de l'océan Atlantique. Les colonies se limitent souvent à un fin liseré vert ponctué de rose, sur le rebord étroit des falaises ou sur des escarpements inaccessibles. Mais cette plante peut aussi former de larges tapis sur le littoral breton. Malheureusement, du fait de sa belle floraison, elle est abusivement cueillie et, de surcroît, supporte mal le piétinement. Ces deux facteurs risquent de la faire disparaître sur les côtes très fréquentées.

Macareux moine

Fratercula arctica

Son énorme bec rouge, bleu et jaune et ses pattes orange font du macareux l'un des oiseaux marins les plus colorés et les plus pittoresques. C'est un plongeur émérite, qui peut attraper jusqu'à dix petits poissons sans les avaler, en les bloquant successivement en travers de son bec. Il niche en colonies, creusant une galerie dans les pentes herbeuses du sommet des falaises ou utilisant un ancien terrier de lapin.

Sterne de Dougall

Sterna dougallii

C'est sans doute la plus gracieuse de toutes nos sternes, ou hirondelles de mer, mais aussi l'une des espèces marines les plus rares. Elle niche avec de faibles effectifs sur

Phoque gris

Halichœrus grypus

Le phoque gris est devenu rare en France. Il se reproduit pourtant sur les côtes rocheuses du nord de la Bretagne, autour d'Ouessant. Il y vit en colonies bruyantes et se nourrit de poissons. Il se distingue du veau marin par une tête plus allongée. Au moment de la reproduction, les femelles sont groupées en harems autour d'un mâle.

Fou de Bassan

Sula bassana

Ce magnifique oiseau possède une technique de pêche éprouvée. Volant en formation à bonne hauteur, il scrute l'océan. Dès qu'un banc de poissons est en vue – il recherche surtout le maquereau –, il se met à planer un moment, puis descend en un piqué spectaculaire, vertical ou oblique, et ferme les ailes avant de disparaître dans une gerbe d'écume. La poursuite sousmarine peut durer jusqu'à dix secondes, puis il émerge et rejoint ses congénères.
L'installation des couples dans les corniches et les falaises, où les fous nichent en colonies, a lieu en février-mars. Le site choisi pour le nid est matérialisé au cours d'un rituel où chaque oiseau allonge le cou à droite et à gauche, ailes écartées. D'autres rituels marqueront la parade nuptiale, comme d'ailleurs toute la durée de la nidification, les oiseaux se faisant face avec force salutations... Les nids sont construits en avril : il s'agit de simples entassements d'algues et de débris, régulièrement espacés et défendus par des coups de bec incessants. Mâle et femelle se relaient pour couver l'œuf unique. Celui-ci donnera naissance à un jeune affamé, qui n'hésitera pas à prendre dans le gosier des adultes le poisson qu'ils auront régurgité pour lui.

L'adulte mesure 90 cm. Les sexes sont identiques.

Taille : 38 cm

les côtes bretonnes, parfois en compagnie d'autres espèces. En vol, la sterne de Dougall se distingue par une queue effilée d'une longueur exceptionnelle. La délicate teinte rosée de sa poitrine n'est visible qu'à faible distance, et seulement au moment de la reproduction. Les deux œufs, pondus en mai-juin, sont couvés par le couple.

Chaque année, en automne, elles donnent le jour à un jeune à fourrure blanche, qui naît et est allaité à terre. Les phoques gris sont protégés en France, mais ont à souffrir de la pollution et des dérangements provoqués par la navigation de plaisance.

L'adulte peut atteindre 3 m.

Girelle gracieuse

Coris julis

La girelle gracieuse est un poisson de 25 cm de long. Elle tient son nom de la grâce dont elle fait preuve lorsqu'elle se nourrit : elle prélève les petits vers et les crustacés avec une étonnante délicatesse. Ces poissons vivent en bancs, très actifs, qui s'approchent régulièrement des côtes en quête de nourriture. Le soir venu, à grand renfort de coups de queue, ils s'enfouissent dans le sédiment. Dans le sud de la France, la girelle est abondamment pêchée, à la palangrotte ou aux nasses.

Castagnole

Chromis chromis

Un poisson de 12 cm, à la chair peu estimée

Les castagnoles évoluent en bancs, fidèles à un même site. Lors de la reproduction, le groupe choisit une zone commune de ponte, puis les mâles paradent : ils se déplacent par petits bonds en agitant leur queue, s'efforçant d'attirer l'attention des femelles. Chacun délimite ensuite son territoire, qu'il défend jalousement, et nettoie une surface de ponte. Lorsque la femelle a pondu, elle quitte le nid et c'est le mâle qui s'occupe des œufs.

Oursin diadème

Centrostephanus longispinnus

Des piquants de 10 à 15 cm de long

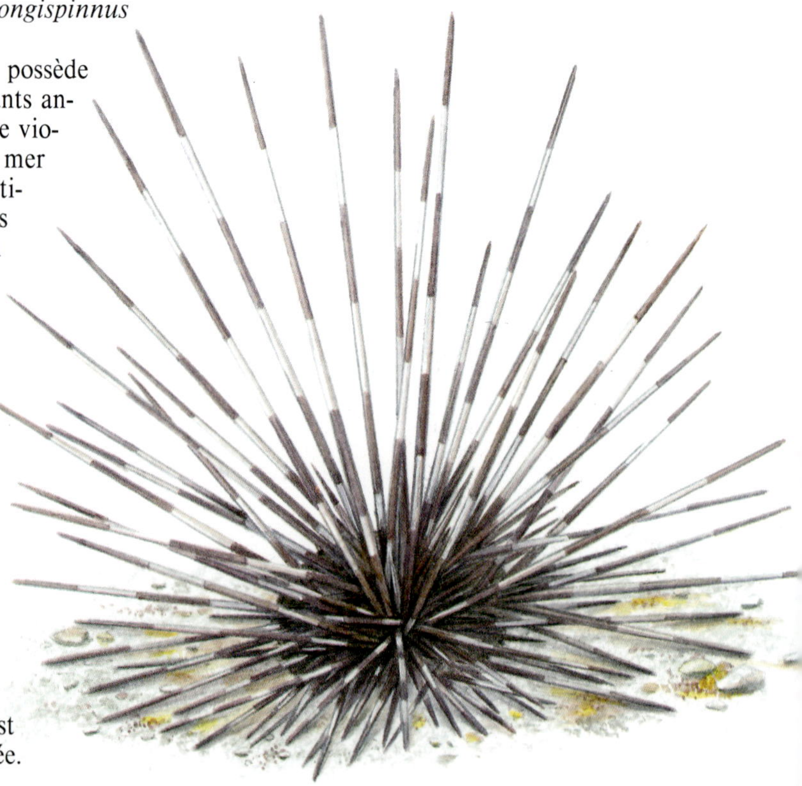

L'oursin diadème possède de très longs piquants annelés de blanc et de violet. Il fréquente la mer Méditerranée, particulièrement dans des sites connus au large de la Corse, de l'Algérie et de la Tunisie. L'espèce vit entre 10 et 200 m de profondeur. Rares dans nos eaux, les colonies ont été les victimes d'une chasse sous-marine importante qui a conduit l'espèce au bord de l'extinction. Elle est aujourd'hui protégée.

Lithothamnium calcareum

En compagnie d'une autre espèce très voisine, *Lithothamnium corralioides,* de couleur plus orangée, cette algue calcifiée constitue le maërl, un sédiment sous-marin dont seule la partie superficielle est vivante. Sa croissance est extrêmement lente (environ 1 mm par an seulement). Malgré cela, 500 000 t de maërl sont exploitées chaque année et utilisées comme amendement calcaire des cultures.

Corail rouge

Corallium rubrum

Les branches font quelques millimètres de diamètre.

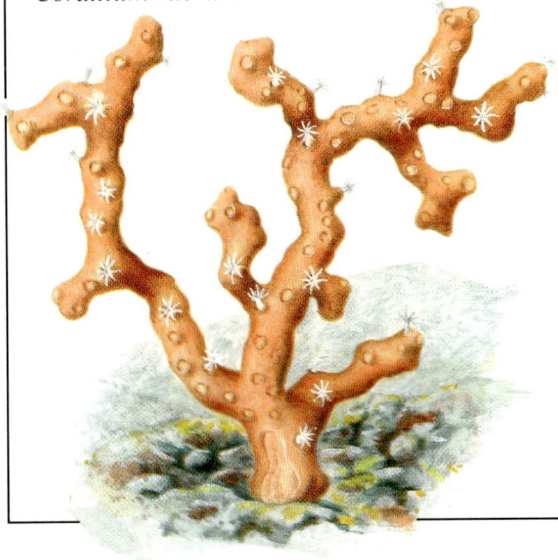

Cette sorte de petit arbre n'est pas un végétal, mais bien une colonie d'animaux proches des anémones de mer. Les individus, petits polypes blancs à huit tentacules, sécrètent un squelette commun, qui doit sa couleur rouge vif à la présence de fer. Utilisé en bijouterie depuis l'Antiquité pour sa couleur et sa dureté, le corail rouge a toujours fait l'objet d'un effort de pêche soutenu. Au fil des siècles, les plongeurs, puis la récolte mécanisée, ont occasionné d'importants dégâts dans de nombreux gisements.
D'autre part, la pollution amenée par les égouts des villes littorales est une menace au moins aussi importante. Elle tue non seulement les polypes, mais également les œufs et les larves, ce qui ne laisse que peu d'espoir de voir les colonies se régénérer un jour.

Gorgone blanche

Eunicella stricta

La gorgone blanche doit son nom à sa ressemblance avec la chevelure de serpents des trois sœurs gorgones de la mythologie grecque : Méduse, Euryale et Sthéno. C'est un cnidaire constitué de colonies de polypes fortement ramifiées.
Ces polypes sont des sortes de petites anémones qui possèdent chacune huit tentacules. Les colonies, de teinte blanchâtre, peuvent atteindre 30 cm de hauteur. Elles sont fixées sous les rochers en surplomb ou dans les grottes.
Les gorgones blanches se nourrissent des particules planctoniques en suspension dans l'eau, qu'elles capturent à l'aide de leurs tentacules. La structure en éventail des colonies leur permet de pêcher sur un territoire étendu.

Le corps, mou, est renforcé de spicules calcaires.

Corallina elongata

Le thalle atteint 8 cm de haut.

Les corallines font partie de l'ordre des corallinales, algues calcifiées auxquelles appartiennent aussi *Lithothamnium calcareum* (voir p. 41) et *Lithophyllum lichenoides* (voir p. 44). Contrairement à ces deux dernières, *Corallina elongata* n'est pas entièrement calcifiée, ce qui fait que les rameaux sont articulés. Des propriétés vermifuges lui sont traditionnellement attribuées. Sous les tropiques, certaines corallinales contribuent à la formation des récifs coralliens.

Cystoseira stricta

Cette algue est commune en Méditerranée occidentale. Elle forme de place en place une ceinture dense facile à observer, juste sous la surface de l'eau (au maximum jusqu'à 30 cm en dessous), dans les endroits éclairés et battus par les vagues. Certaines des très nombreuses espèces de cystoseires (et particulièrement *Cystoseira stricta*) sont extrêmement sensibles à la pollution et constituent ainsi de bons indicateurs biologiques.

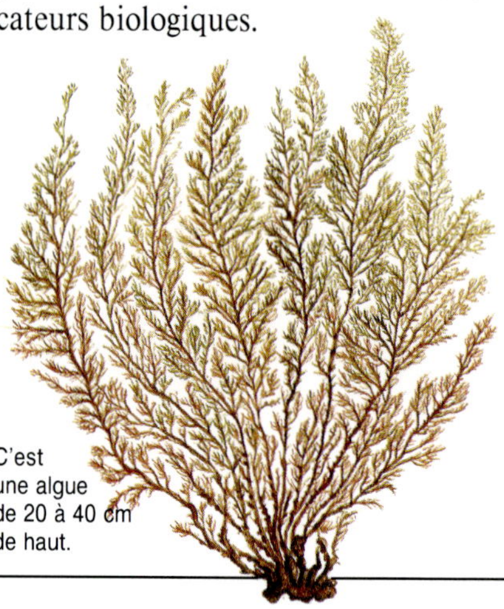

C'est une algue de 20 à 40 cm de haut.

Mérou noir

Epinephelus marginatus

En dépit de sa grosseur – 1,50 m pour 65 kg – et de son apparence placide, le mérou est un prédateur vorace. Il chasse à l'affût en se cachant dans les anfractuosités des rochers et, lorsqu'il a choisi sa victime, se précipite sur elle, ouvre grand sa bouche et l'aspire. Les dents du mérou sont de simples pointes permettant d'assurer les prises sur les poissons qui se débattent ou qui glissent, mais la morsure est rarement fatale et la proie est généralement avalée vivante. Solitaire, ce poisson a un territoire bien délimité. Les mérous changent de sexe durant leur vie. Lorsqu'ils deviennent matures, ce sont tous des femelles capables de pondre des œufs ; mais leur corps contient aussi des cellules sexuelles mâles à l'état embryonnaire. Lorsque le mérou est âgé de sept à dix ans, il se transforme en mâle. Ce poisson a développé des capacités à modifier son apparence pour se confondre avec son milieu grâce à des cellules très riches en pigments colorés. En les activant plus ou moins, il peut changer de couleur plusieurs fois de suite.

Le mérou était encore assez commun dans la région méditerranéenne au siècle dernier, mais cette espèce, très prisée pour sa chair et sa valeur de trophée, s'est considérablement raréfiée sur nos côtes depuis l'apparition de la pêche sous-marine.

La longévité du mérou est de quarante à cinquante ans.

Éponge « de toilette »

Euspongia officinalis

L'éponge est utilisée depuis l'Antiquité, comme l'attestent les représentations retrouvées sur des vases et des fresques. Elle servait pour la toilette, les soins médicaux, le polissage et la peinture. Au Moyen Âge, elle servait également de filtre à air pour se protéger des épidémies. Les éponges peuvent absorber 50 fois leur poids d'eau. Après la récolte, elles sont piétinées, lavées, puis blanchies et séchées.

Padina pavonica

Fréquente dans les emplacements ensoleillés et calmes, cette petite algue en éventail, brune et bordée de poils, paraît généralement blanchâtre car sa face dirigée vers la lumière est pourvue d'un revêtement calcaire. Elle est également ornée de lignes concentriques constituées de poils.
En Méditerranée, elle se rencontre jusqu'à une vingtaine de mètres de profondeur. Préférant les eaux chaudes, *Padina pavonica* est plus rare dans l'Atlantique, où elle ne se développe qu'en été.

Une algue de
2 à 15 cm de haut

Datte de mer

Lithophaga lithophaga

La coquille
atteint 7 cm de long.

La datte de mer est un mollusque perforant. Elle vit dans un puits qu'elle a creusé dans la roche calcaire avec les sécrétions acides de son manteau. Ce solide refuge ne la met pas pour autant à l'abri : sa valeur commerciale a atteint un tel niveau qu'elle est parfois chassée à la dynamite ! Au bord de l'extinction en France, elle est aujourd'hui protégée.

Rascasse brune

Scorpaena porcus

La rascasse brune est un poisson garni d'épines venimeuses. Solitaire, elle vit sur le fond, passant la majeure partie de la journée dans un abri sombre, immobile entre les rochers couverts d'algues, bien camouflée grâce à son mimétisme et à son homochromie avec le milieu. Elle chasse à l'affût, surtout au crépuscule. Dès qu'elle a repéré sa proie, elle fonce sur elle et, rapide comme l'éclair, la met en pièces à l'aide de sa bouche puissante. Toutes les quatre semaines, la rascasse mue, se débarrassant d'une peau incrustée d'algues.

Un poisson de 15 à 30 cm,
à la chair très recherchée

Lithophyllum lichenoides

Lithophyllum signifie littéralement feuille de pierre. Cette algue calcifiée est une composante essentielle, et parfois spectaculaire, du littoral méditerranéen occidental. Elle vit sur les parois rocheuses verticales soumises au ressac. Dans certaines failles ombragées et battues par les vagues, elle constitue en effet un encorbellement typique, connu sous le nom de trottoir, qui peut atteindre 2 m de large. Normalement gris violacé, *Lithophyllum lichenoides* est plus souvent décolorée et blanchâtre.

Chtamale étoilé

Chtamalus stellatus

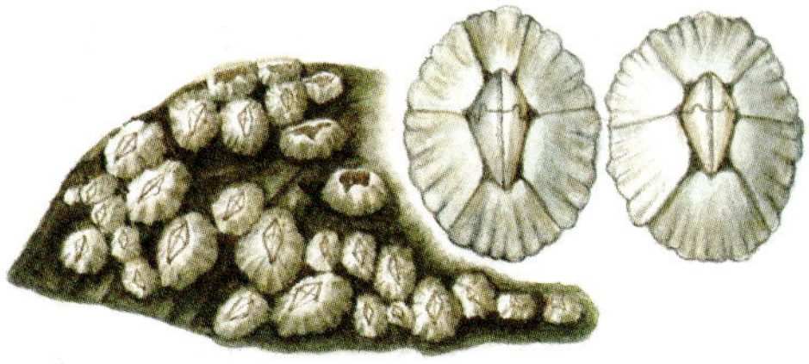

Une carapace de 0,5 à 1,5 cm

Le chtamale étoilé est une balane. Ces animaux sont parmi les plus communs sur les littoraux rocheux, où ils recouvrent parfois totalement la surface des pierres. Bien que leur forme et leur immobilité à marée basse évoquent la patelle (voir p. 37), un mollusque, ce sont des crustacés. Pour comprendre l'anatomie du chtamale, il faut imaginer un crabe collé par le dos à un rocher, entouré d'une carapace conique fermée par un opercule, et dont les pattes seraient remplacées par de longs fouets que l'on appelle des cirres. À marée haute, le chtamale ouvre son opercule et bat l'eau avec son panache de cirres ; c'est ainsi qu'il capture sa nourriture. On distingue les différentes espèces de balanes par les caractéristiques des plaques de la carapace et de l'opercule.

Codium fragile

Tous les codiums présentent une consistance feutrée (codium vient du grec *kôdion,* fourrure) et certains sont en forme de cordon dichotome, comme *Codium fragile, C. tomentosum, C. vermilara.* D'autres codiums prennent une forme de croûte ou de coussinet : *Codium adhaerens, C. coralloides* et *C. effusum.* ***Codium bursa*** est une algue sphérique et creuse. Elle peut atteindre 40 cm de diamètre et vivre jusqu'à quelque 45 m de profondeur. Elle est fréquente en Méditerranée, plus rare dans l'Atlantique.

Codium bursa mesure de 5 à 40 cm de diamètre.

Chiton gris

Lepidochitona cinereus

Contrairement à ce que laisserait penser son apparence, le chiton n'est pas un proche parent des crustacés mais un mollusque, au même titre que la moule ou le bigorneau. Sa coquille est divisée en huit plaques appelées cérames. Le chiton gris se rencontre couramment sous les pierres dans la zone de balancement des marées. Il se déplace en rampant, comme un escargot. Sa nourriture est faite d'algues, qu'il broute à l'aide de sa radula.

La coquille, articulée, est grise, verte ou rougeâtre. Elle mesure environ 2 cm.

Acétabulaire de Méditerranée

Acetabularia acetabulum

Ces petites ombrelles calcifiées, d'un blanc verdâtre et de quelques centimètres de hauteur, sont des algues aisément reconnaissables. Elles se rencontrent dans les endroits bien éclairés, jusqu'à 30 m de profondeur. Le chapeau de l'ombrelle est un appareil reproducteur qui n'apparaît qu'en été. En hiver, l'appareil végétatif est réduit au pédicelle. En raison de leur structure particulière (le pédicelle est une unique et gigantesque cellule ne comportant qu'un noyau basal), les acétabulaires sont très utilisées dans les études de biologie cellulaire.

Oursin comestible

Le diamètre du corps des oursins varie de 4 à 6 cm.

Paracentrotus lividus

L'oursin comestible est l'oursin le plus courant dans la mer Méditerranée. Il creuse souvent la roche avec ses dents pour se ménager une alvéole. Au fur et à mesure que le temps passe, son repaire s'approfondit sans que l'ouverture ne soit élargie, si bien qu'il se trouve au bout d'un certain temps prisonnier de sa grotte. Il doit alors se nourrir des particules en suspension amenées par l'eau de mer.
L'oursin se protège de la lumière en se garnissant de débris d'algues, de petites pierres ou de morceaux de coquillage qu'il maintient comme un parasol au-dessus de lui à l'aide de ses nombreux piquants.

Verrucaria symbalana

C'est son aspect verruqueux qui lui donne son nom. Ce lichen présente un thalle noir légèrement fendillé, couvert de fines fructifications (périthèces), sortes d'urnes de 0,4 à 0,7 mm s'ouvrant par un pore (ostiole) d'où s'échappent les spores à maturité. L'espèce se fixe sur les rochers non friables résistant bien aux intempéries. On la rencontre surtout sur les côtes méditerranéennes, mais elle atteint l'île d'Yeu sur la façade atlantique.

Cormoran huppé

Phalacrocorax aristotelis

Cet oiseau de 75 cm se caractérise par un bec long et mince, aux commissures jaunes.

Le cormoran huppé est un hôte typique des côtes rocheuses en Corse et en Bretagne.
Sédentaire, il ne s'aventure guère en haute mer, pas plus d'ailleurs que vers l'intérieur des terres. C'est en période de nidification que les adultes s'ornent de leur huppe caractéristique, et que leur plumage sombre présente ses plus beaux reflets cuivrés. La ponte comprend généralement trois œufs, déposés sur un nid d'algues et de débris. Les cormorans huppés sont connus pour leur courage vis-à-vis des prédateurs : ils refusent de quitter le nid lors de leurs attaques.

Crabe marbré

Pachygrapsus marmoratus

Ce crabe est un crustacé de taille moyenne qui se reconnaît facilement à sa carapace carrée, de couleur noire à vert sombre, présentant des marbrures claires plus ou moins développées. Ses yeux sont disposés aux angles extérieurs. Il vit parmi les rochers, dans la partie supérieure de la zone de balancement des marées. Il dispose d'une vue précise qui lui permet de repérer les intrus et, bien souvent, le promeneur a juste le temps de le voir disparaître dans une fissure ou sous un bloc. Malheureusement pour lui, cette agilité ne lui permet pas d'échapper au pêcheur déterminé, qui ira le déloger à l'aide d'un crochet métallique.
Commun en Méditerranée, le crabe marbré fréquente également le littoral atlantique du golfe de Gascogne. Durant les années 1920, l'espèce a connu une période d'expansion et a été observée jusque dans le Cotentin. Depuis, elle a nettement régressé et s'est considérablement raréfiée dans le sud de la Bretagne.

Euphorbe petit pin

Euphorbia characias

Avec ses feuilles allongées, coriaces et très rapprochées, cette euphorbe a l'aspect d'un rameau de pin. La tige ligneuse, nue à la base, porte de nombreux petits rameaux florifères sous l'ombelle à fleurs multiples. De forme complexe, les fleurs présentent quatre glandes en forme de croissant, à l'extrémité arrondie et d'un brun rougeâtre. Comme toutes les euphorbes, elle produit un suc laiteux irritant employé pour traiter les verrues.

C'est une plante haute de 50 cm.

Goéland leucophée

Larus cachinnans

Taille : 55 cm

Cousin du goéland argenté, dont il se distingue par ses pattes jaunes, le goéland leucophée est une espèce méditerranéenne qui fait preuve de grandes facultés d'adaptation. Il niche en colonies sur des îlots rocheux, sur les corniches des falaises, voire à proximité des villes, et pond dès le mois d'avril trois œufs tachetés. Les poussins obtiennent leur nourriture en tapotant la tache rouge située sur la mandibule inférieure du bec des adultes.

Perce-pierre

Crithmum maritimum

Encore appelée criste-marine (du grec *krêthmon,* crête marine) ou fenouil marin, cette belle plante de taille moyenne (de 20 à 50 cm) porte des ombelles de dix à vingt rayons ornées de nombreuses petites fleurs vert jaunâtre. De teinte glauque, à port buissonnant, elle possède des feuilles charnues, bien étalées, plus ou moins aplaties, et à divisions très linéaires. La souche, rampante, est surmontée d'une tige striée flexueuse. Les involucres et involucelles offrent de nombreuses bractées lancéolées et nettement recourbées vers le bas. À maturité, le fruit atteint 6 mm de long et présente des côtes saillantes de couleur vert olive à pourpre.

La perce-pierre se développe dans les anfractuosités des falaises et les éboulis stabilisés parfois atteints par la marée, plus rarement dans les sables rudéralisés.

De saveur salée, les feuilles, une fois confites dans le vinaigre, constituent un excellent condiment qui se dégustait autrefois en guise de cornichon.

Le fruit (akène) est couvert de verrues obtuses.

Involucres à nombreuses bractées

Les segments foliaires ont une saveur salée.

Œuf-de-grisard

Echinocardium cordatum

L'œuf-de-grisard est marqué de cinq sillons.

Un œuf-de-grisard (5 cm) vivant ne se rencontre guère sur les plages ou sous les rochers. En effet, il vit enfoui dans le sable, dans des zones rarement ou jamais découvertes par la marée, et ne trahit sa présence que par une légère dépression dans le sable. On trouve parfois son « squelette », ou test, dans les laisses de mer (voir p. 50). Cet oursin grégaire vit en gisements parfois importants, ce qui explique que les tests soient nombreux et groupés. Ses piquants évoquent un pelage – on l'appelle aussi souris-de-sable – et lui servent à se déplacer dans le sable. Il avance ainsi en sous-sol, tel un tunnelier, à une vitesse d'environ 15 cm/h. D'autres animaux, dits commensaux, partagent son terrier : quelques crustacés et le petit mollusque bivalve ***Montacuta ferruginosa*** (ci-contre).

Coque

Cerastoderma edule

La coque vit légèrement enfouie dans le sable ; elle laisse affleurer deux courts siphons qui lui permettent de filtrer dans l'eau les éléments solides pour se nourrir. Si elle est menacée, elle s'enfouit profondément à l'aide de son pied musculeux. Les stries concentriques de sa coquille sont des marques de croissance. Les plus visibles sont dues le plus souvent au ralentissement du développement de l'animal durant les mois d'hiver. Il est ainsi possible de compter l'âge d'une coque, chacune des stries les plus sombres attestant un hiver traversé avec succès.

C'est un coquillage de 5 cm environ.

Couteau

Ensis ensis

Le couteau est un coquillage qui pénètre parfois jusqu'à 1m de profondeur dans le sable. Pour s'y enfoncer, il allonge fortement son pied et l'introduit dans le sédi-

Arénicole

Arenicola marina

On repère l'arénicole sur une plage à marée basse par la présence de petits tas de sable en forme de spaghettis.
Ce ver annélide creuse un terrier en U. Par une extrémité, il absorbe le sable qui pénètre dans la galerie. Ces aliments traversent l'intestin, où sont digérés les micro-organismes qu'ils contiennent. Les déchets sont ensuite rejetés par l'autre orifice du terrier sous forme d'un petit tortillon de sable.
Les arénicoles sont souvent utilisées par les pêcheurs comme appât pour la pêche. Ils les recherchent à marée basse, en creusant dans le sable.

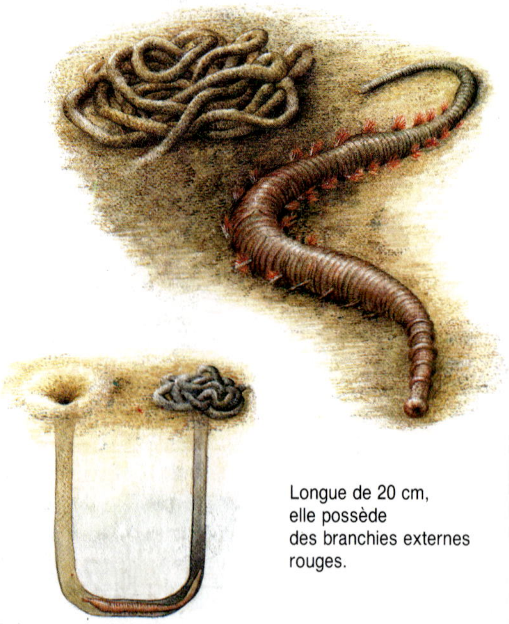

Longue de 20 cm, elle possède des branchies externes rouges.

Huîtrier-pie

Haematopus ostralegus

Malgré son nom, l'huîtrier-pie, ou pie de mer, ne mange que rarement des huîtres. En effet, les bancs naturels étant devenus exceptionnels, il se nourrit en général de moules, de coques, de bigorneaux et autres mollusques. Son bec lui sert à tour de rôle de couteau, de ciseau, de levier ou de marteau ; l'oiseau frappe également les moules sur un substrat dur, ou enclume, pour les briser.
Les huîtriers-pies sont monogames et souvent unis pour la vie : on cite même en exemple un couple resté uni pendant vingt années consécutives.
La ponte, qui a lieu en avril-mai, comporte le plus souvent trois œufs, que la femelle dépose dans une petite dépression creusée par le couple dans le sable ou les galets. Les parents huîtriers sont très attentifs et prennent soin de leurs petits beaucoup plus longtemps que les autres limicoles, au-delà de leur période d'envol.

L'aile porte une barre blanche.

L'huîtrier-pie mesure 42 cm. Les sexes sont identiques.

Il décortique une moule en un instant.

Légèrement recourbée, la coquille peut atteindre 12 cm de long.

ment. L'extrémité du pied gonfle, puis le pied se contracte et entraîne le bivalve vers le fond.
Lorsque la marée est haute, le couteau se tient verticalement et seule la partie terminale de sa coquille sort du sable. Deux petits siphons émergent pour pomper l'eau, qui contient l'oxygène et les aliments dont il a besoin.

Méduse

Aurelia aurita

Bien qu'elles vivent en pleine mer, il est fréquent de rencontrer des méduses échouées sur les plages. On reconnaît *Aurelia aurita* à ses organes reproducteurs rose-violet, en forme de fer à cheval, placés au centre de l'ombrelle. Les méduses se déplacent au gré des courants, mais elles sont capables de nager activement grâce aux mouvements de leur ombrelle. Elles se nourrissent de plancton et de petits poissons qu'elles capturent à l'aide de leurs tentacules urticants. Le cycle de reproduction des méduses est complexe. L'œuf donne naissance à une sorte de petite anémone de mer fixée qui, elle-même, va se diviser en de nombreuses petites méduses. Si l'on place une méduse échouée dans un récipient d'eau de mer, celui-ci sera rapidement envahi par une nuée de petits crustacés, *Hyperia galba,* qui se cachaient dans l'ombrelle.

Elle peut faire jusqu'à 30 cm de diamètre.

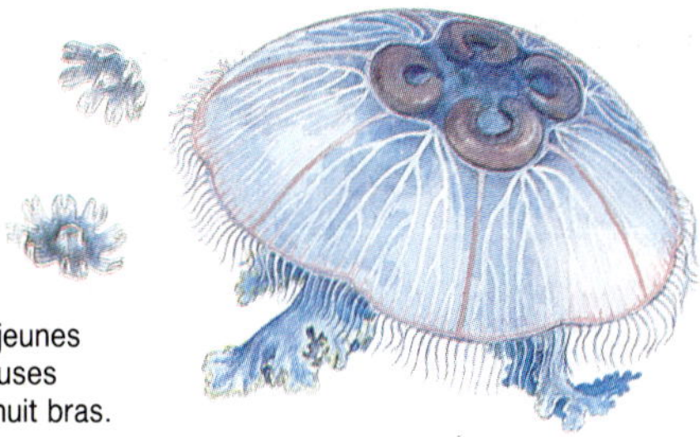

Les jeunes méduses ont huit bras.

Tournepierre

Arenaria interpres

L'adulte (22 cm) en plumage nuptial

Ce petit limicole au plumage bariolé de noir, blanc et roux porte bien son nom : peu farouche, explorant les rivages en trottinant sur ses courtes pattes, il fouille sous les cailloux et parmi les coquillages, et retourne même des pierres dont le poids peut dépasser le sien. Il apprécie particulièrement les laisses de mer (voir ci-dessous) pour l'abondante nourriture qu'elles lui procurent : mollusques, insectes et crustacés, dont les puces de mer (voir page ci-contre).
C'est un grand voyageur qui niche dans le nord de l'Europe, sur des îlots rocheux, souvent à proximité d'oiseaux plus gros, ce qui le contraint à monter une garde de tous les instants sur ses œufs. Le tournepierre n'apparaît sur nos rivages qu'au moment des migrations, solitaire ou en petits groupes. Son plumage multicolore constitue un excellent camouflage, tout au moins lorsque l'oiseau est posé. Au contraire, quand il prend son envol en lançant de petits cris perçants, les motifs contrastés de son plumage d'été apparaissent clairement.

Laisse de mer

À chaque marée, les vagues repoussent toutes sortes de débris en haut des plages. Ce sont les laisses de mer. Celles-ci sont composées en majorité de restes d'algues arrachées plus bas.

Puce de mer

Talitrus saltator

Lorsque l'on soulève les restes d'algues et autres débris enchevêtrés qui forment les laisses de mer (voir ci-dessous), une multitude de petits animaux bondissent en tout sens, puis disparaissent. Ce sont des puces de mer, ou talitres. Ces crustacés trouvent là de quoi se nourrir. Ils habitent un petit terrier creusé dans le sable et sont très habiles à s'y enfouir en cas de danger. Ils utilisent leur dernière paire de pattes pour accomplir de grands bonds qui sont à l'origine de leur nom.

Un petit crustacé de 1 à 1,5 cm

Veau marin

Phoca vitulina

C'est le phoque des ports et des estuaires. Ce mammifère marin était autrefois assez répandu le long des côtes françaises de l'Atlantique. On ne le trouve plus que sur les côtes plates de la mer du Nord et de la Manche orientale (baie de Somme). Plus petit que le phoque gris, il a aussi une tête plus ronde que ce dernier. Il vit en groupes peu bruyants et se reproduit sur les bancs de sable.
L'accouplement a toujours lieu dans l'eau. Les jeunes, un par an, naissent avec une couleur proche de celle des adultes. Ils se nourrissent de poissons.
Par suite d'une chasse trop intensive, les veaux marins s'étaient considérablement raréfiés. L'espèce fait actuellement sa réapparition, malgré une forte mortalité en 1988-1989, due à une maladie virale.

L'adulte peut atteindre 2 m.

Bien que d'aspect parfois repoussant et formées de fragments d'organismes morts, les laisses de mer méritent souvent que l'on s'y attarde car on trouve, sur une bande de quelques mètres de large, les vestiges d'une faune marine très diversifiée. En effet, beaucoup d'animaux, qu'ils soient fixés, fouisseurs ou nageurs, rarement visibles sur leur lieu de vie, sont ici facilement identifiables. La coquille interne de la seiche, dite os de seiche, est le plus connu de ces multiples vestiges.
Le tube parcheminé du chætoptère est également très fréquent, alors que le ver lui-même, trop fragile, n'apparaît jamais sur la plage. Les parties dures de nombreuses espèces sont déposées là : fragments de carapace de crustacé, pinces de crabe, coquilles de mollusque – coquillages, tests d'oursin. On y remarque également les boules blanchâtres des pontes de bulot, les œufs de raie, entourés d'une enveloppe brune résistante, les pontes de seiche, surnommées raisin de mer, les fragments de toutes sortes de colonies animales, souvent confondues avec des algues. Certains objets, comme de gros morceaux de bois, portent parfois, après un long séjour en mer, une faune très particulière composée d'anatifes ou de mollusques perforants.

Cicindèle champêtre

Cicindela campestris

Elle mesure 1,5 cm et peut courir à 60 cm/s.

La cicindèle champêtre court rapidement et de façon très adroite sur les chemins sablonneux. Il ne faut pas essayer d'attraper cet insecte, car il est muni de puissantes mandibules qui peuvent infliger de douloureuses blessures. Les femelles déposent leurs œufs dans le sable. Après l'éclosion, les larves s'enfouissent dans des galeries profondes. Pour s'alimenter, elles se mettent à l'entrée de la galerie, guettent leurs proies, généralement des larves d'autres insectes, les capturent et les entraînent à l'intérieur.

Crapaud calamite

Bufo calamita

Un corps trapu de 6 à 9 cm

Proche parent du crapaud commun, le calamite (ou crapaud des joncs) se reconnaît à sa ligne vertébrale jaune. Ses pattes postérieures sont courtes, aussi lui est-il impossible d'effectuer des bonds. En revanche, il court avec une telle agilité que l'on pourrait le confondre avec un petit rongeur lorsqu'il se déplace à la tombée de la nuit. Le calamite affectionne les terrains légers. Il y aménage des terriers, dans lesquels il demeure pendant la journée, creusés profondément car c'est là aussi qu'il hiverne. On a ainsi trouvé des individus enfouis à 3 m dans le sol.

Au printemps, lorsque les nuits sont douces et humides, le calamite rejoint ses congénères dans la mare pour se reproduire. Les mâles, dotés d'un sac vocal très volumineux, appelleront les femelles dans un grand concert nocturne, pouvant s'entendre à 2 km à la ronde.

Cakile maritime

Cakile maritima

L'espèce, au nom d'origine arabe *(qaqulla)*, se nomme aussi roquette de mer. Cette plante annuelle de la famille des crucifères, haute de 10 à 40 cm, à très longue racine filliforme pivotante pouvant atteindre 1 m de long, affectionne les sables maritimes, en haut des plages, à la limite des marées de vive-eau. Plante glabre à nombreux rameaux étalés et charnus, aux feuilles épaisses vert clair très lobées, le cakile possède un goût salé. Les fleurs sont violettes, très odorantes, et s'épanouissent de juin à septembre. Les fruits, courts (2 cm), forment deux éléments surperposés caractéristiques.

Les fleurs ont des pétales deux fois plus lo que les sépales.

Pourpier de mer

Honckenya peploides

Espèce dédiée au botaniste brandebourgeois du XVIIIe siècle G. H. Honckeny, cette plante haute de 5 à 30 cm est glabre, charnue, à tige primaire rampante s'enracinant aux nœuds. Les feuilles, de couleur vert jaunâtre, sont ovales, aiguës et présentent une seule nervure. Les fleurs, à cinq pétales blancs et sépales charnus, sont isolées à l'aisselle des feuilles, mais réunies par petits groupes au sommet des tiges. Émettant régulièrement des rejets stériles, le pourpier de mer, ou faux pourpier, peut se fixer solidement dans les sols sablonneux. L'espèce colonise les sables maritimes mobiles, en particulier à la base des dunes, où elle peut former des peuplements denses qui stabilisent le sable.

Les fruits, secs, sont de la taille d'un petit pois.

La fleur femelle n'a pas de pétales.

La plante s'étale en un tapis vert brillant.

Roseau des sables

Ammophila arenaria

Cette graminée, dont le nom grec signifie « qui aime le sable » (*ammos*, sable, *philos*, ami), est encore appelée gourbet ou oyat. Espèce vivace de haute taille (de 0,5 à 1 m), elle forme des touffes d'un vert blanchâtre dont les feuilles piquantes, longues de 60 cm, sont enroulées sur elles-mêmes et possèdent une très longue ligule. Grâce à un rhizome particulièrement long et rameux, qui peut atteindre 5 m et s'enracine à chaque nœud, la plante résiste, sur des sables mobiles, aux tempêtes les plus violentes. Même ensevelie sous les sables, elle ne perd pas sa vitalité et réagit en émettant de nouveaux rhizomes. De ce fait, elle sert depuis longtemps à fixer les dunes, auxquelles elle donne un aspect mamelonné tout à fait typique.

Les épis, très denses, contiennent de nombreux épillets.

Tadorne de Belon

Tadorna tadorna

Intermédiaires par la taille entre les canards et les oies, les tadornes (60 cm) apprécient les rivages sablonneux, où ils nichent en général dans un ancien terrier de lapin de garenne. Beaucoup moins végétariens que les oies, ils se nourrissent surtout de mollusques comme l'hydrobie, de vers, de crustacés et d'insectes. Quittant leur lieu de reproduction chaque été pour effectuer une migration de mue, les tadornes issus des différentes populations européennes se rassemblent par milliers au large des côtes allemandes, et sont alors privés de l'usage de leurs ailes pendant près d'un mois. Ils renouvellent ainsi leur plumage, qui ne prendra ses magnifiques couleurs qu'au printemps suivant.

Liseron soldanelle

Calystegia soldanella

Tenant son nom de la forme ronde de ses feuilles (du latin *soldus*, sou, monnaie d'or), cette petite convolvulacée vivace développe une souche grêle, rameuse, longuement traçante sur les sables nus, mobiles et légèrement salés. La tige est courte (20 cm environ), rampante, mais non volubile ; elle atteint parfois 60 cm. Les feuilles sont petites (de 1 à 4 cm), charnues, et arrondies en forme de rein avec deux oreillettes à la base. Les fleurs de ce liseron des sables sont d'un beau rose pâle rayé de blanc aux cinq plis de la corolle. Elles naissent, solitaires, sur des pédoncules anguleux, s'épanouissant de mai à octobre.

Panicaut de mer

Eryngium maritimum

Le panicaut de mer, appelé aussi chardon de mer ou chardon bleu, est le symbole des dunes atlantiques. C'est une plante ombellifère haute de 30 à 50 cm, glabre, aux feuilles inférieures profondément découpées en segments épineux et rigides verts, blanchâtres sur les bords et les nervures. Sur la tige rameuse s'insèrent des feuilles supérieures embrassantes. Les fleurs, blanches puis bleu violacé à maturité, forment des têtes compactes plus ou moins ovales, entourées d'un involucre (ou collerette) verdâtre veiné de violet pâle. Il est formé de quatre à six bractées étroites, allongées, étalées après la floraison. C'est le seul chardon du littoral teinté de bleu ; mais malheureusement, il se raréfie à cause du vandalisme touristique.

Hanneton foulon

Polyphylla fullo

Le hanneton foulon est un magnifique coléoptère noir et blanc. Il est surtout actif au crépuscule, durant lequel les adultes volent droit devant eux à la recherche de taillis de jeunes pins pour se reproduire. La femelle se reconnaît aux cinq courtes lamelles terminant ses antennes (il y en a sept chez le mâle). Après l'accouplement, qui se produit sur l'arbre où le couple s'est alimenté, elle dépose ses œufs par petits paquets dans le sable. Les larves mangent les racines de plantes herbacées, les adultes se nourrissent d'aiguilles de pin.

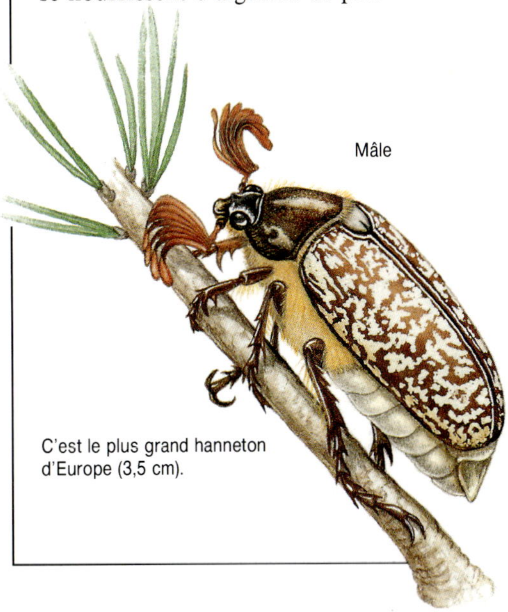

C'est le plus grand hanneton d'Europe (3,5 cm).

Bousier

Geotrupes niger Taille : 1,2 à 2,3 cm

D'un noir soyeux sur le dessus, vert doré ou bleu métallique sur le dessous, ce petit coléoptère fréquente les terrains sablonneux et secs, en particulier les dunes littorales. Le bousier est ainsi nommé parce qu'il participe au recyclage de la matière organique en utilisant les déjections animales les plus diverses, notamment les bouses, le crottin de cheval et les crottes de lapin, de renard ou de sanglier. Il creuse un terrier oblique et peu profond en dessous d'un excrément et y dépose des morceaux de fèces. La femelle pond ses œufs dessus et les larves s'en nourrissent jusqu'à ce qu'elles soient devenues adultes.
On peut trouver des bousiers toute l'année sur les dunes, mais ils ne sont réellement abondants qu'à partir de fin juin, jusqu'en octobre. La nidification est automnale.

Lapin de garenne

Oryctolagus cuniculus

Le lapin de garenne est plus petit que le lièvre (voir p. 203) ; son poids dépasse à peine 2 kg. C'est un mammifère que l'on élève pour sa chair et sa fourrure. Sédentaire et bon fouisseur, il habite des terriers qu'il creuse dans des sols meubles, en terrain découvert. Il se nourrit de plantes herbacées et se montre surtout actif au crépuscule et à l'aube. Ce lapin vit en sociétés hiérarchisées où les mâles sont dominants. L'épizootie de myxomatose de 1953-1960 a décimé les populations françaises, qui demeurent depuis lors soumises à d'importantes variations de densité. C'est cependant un animal très prolifique. Chaque année, la femelle met bas dans une galerie plusieurs portées de quatre à douze lapereaux, qui naissent nus et aveugles.

Ses yeux proéminents lui donnent un large champ de vision.

Il marque son territoire en frottant les glandes de son menton sur le sol.

Traquet motteux

Oenanthe oenanthe

L'un des premiers signes de la venue prochaine du printemps est l'arrivée des traquets motteux en provenance d'Afrique. S'ils fréquentent en grand nombre les dunes atlantiques au moment des migrations, peu s'y installeront. La plupart se contentent d'y effectuer une halte – ils ont parfois parcouru 10 000 km – avant de gagner leurs sites de nidification en secteur rocheux, dans les landes ou les éboulis. Les traquets motteux peuvent en toute saison être reconnus à leur croupion blanc, très visible à l'envol, ainsi qu'à un motif noir en forme de T renversé sur la queue. Le mâle se distingue par un plumage plus coloré et par un bandeau noir sur les yeux.

Ce petit oiseau de 14,5 cm aime pourchasser les insectes en vol.

Devant, le mâle en plumage nuptial.
L'hiver, il devient roussâtre, comme la femelle (derrière).

Argousier

Hippophae rhamnoides

Les baies persistent l'hiver sur l'arbuste.

Cet arbrisseau de 3 m de haut forme des fourrés denses au pied des dunes, sur des sols sableux, calcaires et humides. Ses longs stolons souterrains émettent de multiples rejets, constituant ainsi une remarquable adaptation et un mode de colonisation végétative efficace. Ses rameaux grisâtres sont épineux. Les feuilles lancéolées à nervure unique et au pétiole court sont argentées en dessous, avec des écailles roussâtres. L'espèce comporte des pieds mâles à chatons courts latéraux et des pieds femelles à fleurs verdâtres en grappes denses, donnant des baies comestibles jaune orangé, riches en vitamine C.

Lézard ocellé

Lacerta lepida

Le lézard ocellé est le plus grand représentant de sa famille en Europe : les vieux adultes atteignent presque 1 m de long. Il doit son nom aux ocelles bleus qui ornent les flancs des mâles adultes. Les ocelles sont encore plus visibles chez les jeunes (ils sont alors blanc cerclé de noir et recouvrent aussi le dos). Ce géant est tout à fait inoffensif.

Malgré sa taille imposante (80 cm), il se nourrit surtout d'insectes.

Églantier pimprenelle

Rosa pimpinellifolia

Cette rosacée est un petit arbrisseau souvent prostré, ne dépassant guère 1 m, pouvant parfois présenter des formes naines de 10 cm de haut. Sa souche traçante le fixe solidement au sol sableux ou sur les rochers. La tige est garnie de nombreux aiguillons droits mais très inégaux. Les feuilles sont composées de cinq à dix folioles dentées, petites, ovales à elliptiques, parfois rougeâtres, glanduleuses sur la face inférieure.
D'un blanc jaunâtre à rosé, et inodores, les fleurs, de 2 à 5 cm de diamètre, sont très souvent solitaires. Les sépales entiers, redressés, persistent après la floraison autour du fruit, de couleur rouge violacé à noirâtre, qui présente une forme globuleuse.

Faux fruit de 1 à 1,8 cm de diamètre

Les racines produisent des bourgeons qui donnent naissance à de nouvelles pousses.

Morelle douce-amère

Solanum dulcamara

En mûrissant, les fruits passent du jaune au rouge.

La plante est sarmenteuse, de 1 à 2 m de haut, ligneuse à la base, retombante et peu velue. Les feuilles, ovales-lancéolées, possèdent un lobe de chaque côté de la base. Les fleurs, violettes, ont un onglet vert à la base de chaque pétale. Un petit fruit toxique, ovoïde et rouge se développe à l'extrémité des pédoncules recourbés. La variété *marinum* dispose de feuilles charnues, formant des tapis ou des touffes sur les plages de galets, en particulier dans le Finistère et les Côtes-d'Armor.

Zygène de la spirée

Zygæna filipendulæ

Ce beau papillon de 1,4 à 2 cm d'envergure, appelé aussi sphinx-bélier, visite les fleurs de centaurée et de scabieuse, qu'il butine avec avidité. Dès qu'un nuage voile le soleil, il s'arrête immédiatement de voler. Ses couleurs vives préviennent les prédateurs du danger qu'ils encourent à le dévorer, car son organisme contient du cyanure. La zygène ne pique pas mais sécrète un liquide jaune et nauséabond, fortement toxique, au niveau de ses articulations lorsqu'elle est excitée. Si un lézard capture une zygène, il la recrache et se frotte le museau sur une pierre pour se libérer de cette substance.

La chenille se nourrit de feuilles de trèfle ou de lotier.

Bécasseau sanderling

Calidris alba

Très actifs sur le rivage, les bécasseaux sanderlings poursuivent en trottinant la vague qui se retire. Ils donnent quelques coups de bec, picorant leur nourriture, mais déjà ils courent dans l'autre sens, car la vague suivante s'annonce. Ils s'envolent parfois avec de petits cris, quand une vague imprévue manque de les emporter.
Le nom latin (*alba,* blanc) de ce bécasseau fait référence à son plumage hivernal. Cependant, lorsqu'il niche, en été, dans la toundra arctique, il arbore un plumage nuptial bien différent, à dominante roussâtre. Il construit alors un nid soigné en forme de coupe où quatre œufs seront pondus. Ses manœuvres de diversion sont couramment observées à l'approche d'un prédateur : l'adulte fait semblant d'être blessé à l'aile, afin d'attirer l'attention sur lui et non sur les œufs.

La barre alaire, blanche, est visible été comme hiver.

Les pattes sont entièrement noires.

En été, l'adulte (20 cm) revêt son plumage nuptial.

Grande vive

Trachinus draco

Elle mesure 40 cm.

La grande vive est un poisson de 40 cm de long qui vit sur le fond. Durant la journée, elle guette ses proies enfouie dans le sable. Lorsqu'elle a repéré une victime, elle fonce sur elle à la vitesse de l'éclair.
Elle est redoutée des pêcheurs : les aiguillons de sa première nageoire dorsale et l'épine de l'opercule sont creusés d'un canal relié à une glande à venin pouvant infliger des blessures très douloureuses, avec parfois des complications graves. Son venin est encore actif après sa mort : il faut être très prudent lorsque l'on marche pieds nus sur le sable en zone peu profonde.

Philocheras monacanthus

Plusieurs espèces de crevettes grises de petite taille existent en Méditerranée. L'une des plus communes sur les plages et sur les zones sableuses à très faible profondeur est *Philocheras monacanthus.* Cette espèce, de couleur sable, est caractérisée par une seule épine médiane sur la carapace ; d'autres espèces semblables en ont deux *(bispinosus)* ou trois *(trispinosus)* ; ces dernières existent aussi bien en Méditerranée qu'en Atlantique. Pour échapper à leurs prédateurs, ces crevettes s'enfouissent superficiellement dans le sable.

Taille : 2,5 cm

Soude épineuse

Salsola kali

Encore appelée soude brûlante ou arroche brûlée, cette petite chénopodiacée annuelle de 10 à 60 cm de haut, à tige très rameuse et velue, possède des rameaux verdâtres, parfois striés de rouge. De saveur salée, les feuilles, épaisses à pointe épineuse, sont linéaires et étalées en forme d'alène. Les fleurs sont soit solitaires soit rapprochées en épis de deux ou trois boutons. Cette plante colonise les sables meubles soumis aux embruns, ainsi que les laisses de mer (voir p. 50), à la limite des marées. Elle était autrefois récoltée en grandes quantités, puis séchée et incinérée pour en extraire une masse fluide et alcaline contenant beaucoup de soude, utilisée comme détergent.

Elle avoisine souvent le liseron des dunes et le pourpier.

Dentale

Dentalium entalis

La coquille du dentale est souvent rejetée sur la plage par les vagues. Sa forme allongée, percée à chaque extrémité, évoque une défense d'éléphant. Ce mollusque vit à moitié enfoncé dans le sable, la plus grande ouverture de sa coquille tournée vers le bas. Il laisse sortir un pied lobé et des tentacules filamenteux. Le pied du dentale, creux à son extrémité, donne son nom à la classe des mollusques auquel il appartient : les scaphopodes (pied creux, en grec).

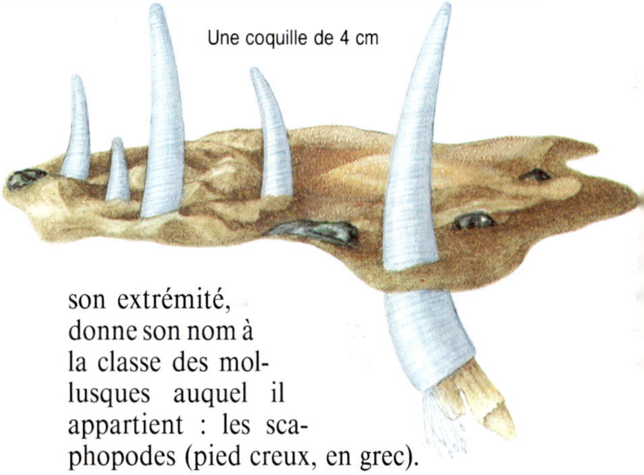

Une coquille de 4 cm

Arroche étalée

Atriplex patula

Cette chénopodiacée annuelle à tige de 0,20 à 1m de long possède des rameaux horizontaux à sa base. Les feuilles sont allongées en forme de hallebarde, avec un limbe en V définissant deux dents dirigées vers la pointe. De couleur verte, légèrement rougeâtre, leur face inférieure est couverte d'une légère pruine farineuse. La variété *salina* possède des feuilles épaisses et blanchâtres. Son inflorescence en panicule produit des glomérules verdâtres. L'espèce affectionne le bord des chemins, les terrains vagues et les zones de décombres.

Les fruits ont deux valves soudées à la base.

Les fleurs, verdâtres, sont unisexuées.

Queue-de-lièvre

Lagurus ovatus

L'épi fait
1,5 cm de haut.

Cette petite graminée annuelle mesure de 5 à 30 cm de hauteur. La plante est couverte de poils mous et possède de nombreuses feuilles planes, vert grisâtre et à courte ligule. L'épi, très typique, ovale, dense et d'un blanc soyeux à longs poils laineux, a donné à cette plante son nom de queue-de-lièvre. L'espèce est parfois cultivée pour son caractère ornemental. Elle est particulièrement utilisée dans la confection des bouquets de fleurs séchées. La queue-de-lièvre colonise les pelouses des complexes dunaires fixés, mais également les champs secs proches du littoral, ainsi que les décombres et le bord des chemins.

Lis mathiole

La graine
est un peu aplatie.

Pancratium maritimum

Haut de 30 à 60 cm, ce lis de mer appartient à la famille des narcisses (amaryllidacées). Portées par une forte tige, ses grandes et superbes fleurs blanches odorantes, en forme d'entonnoir, sont distribuées par groupes de trois à quinze et entourées de feuilles plus longues et contournées. La partie souterraine est formée d'un gros bulbe de 7 cm de diamètre, profondément enterré. Cette très belle plante est, hélas, en voie de raréfaction car elle fait l'objet d'une cueillette excessive. Elle doit donc être respectée.

Scarite géant

Ce bel insecte noir
peut atteindre 3,8 cm de long.

Scarites buparius

Le scarite géant a un aspect robuste très caractéristique. Il mesure en moyenne 3,5 cm, son thorax est plus large que son abdomen et sa tête est armée de puissantes mandibules coupantes. Il est d'un noir luisant. Au printemps et en été, cet insecte creuse de profonds terriers, sinueux et aplatis, dans le sable des plages ou des dunes à l'aide de ses pattes antérieures, qu'il a larges, munies de robustes éperons et très fouisseuses.
Redoutable chasseur, le scarite bondit sur tous les invertébrés qui passent à proximité de son terrier et les déchiquette avec ses mandibules. La nuit, il chasse en dehors de son abri et on peut encore le rencontrer au lever du jour, en quête de quelques petits invertébrés peu rapides.

Attiré par la fermentation, il se laisse fréquemment piéger dans des bouteilles de bière vides laissées par des baigneurs négligents. Le scarite géant a son habitat dans l'ensemble de l'Europe méridionale, et tout particulièrement dans les régions méditerranéennes.

Euphorbe des dunes

Euphorbia paralias

La floraison à lieu de mai à septembre.

Cette belle euphorbe développe une longue racine dure. Pouvant atteindre une hauteur de 20 à 50 cm, elle possède une tige dressée, ligneuse à la base, et marquée ici et là de quelques petits rameaux stériles. Ses feuilles, lancéolées et coriaces, la dissimulent presque totalement. Les fleurs sont regroupées en une ombelle de trois à six rayons qui se dédoublent à leur extrémité. Elles portent des glandes en forme de croissant à pointe effilée. La plante colonise les dunes mobiles car, avec son système racinaire puissant, elle résiste bien à l'ensablement.

Sporobole des sables

Sporobolus pungens

Cette petite graminée possède une très longue souche rampante et écailleuse, produisant de nombreuses tiges feuillées de 10 à 30 cm de haut. Les feuilles sont courtes, raides, enroulées en pointe piquante. La panicule, courte elle aussi, ne dépasse pas 4 cm. À maturité, les graines du sporobole sont expulsées, mais restent suspendues aux épillets. Grâce à ses nombreux rhizomes, dont le développement peut atteindre plusieurs mètres, cette plante, qui avance au plus près de l'eau de mer, commence à fixer les sables humides de la base des dunes.

C'est une espèce pionnière dans la fixation des dunes.

Scarabée sacré

Scarabaeus sacer

Les tibias des pattes antérieures du scarabée sacré sont des outils remarquables. En effet, en période de reproduction, le scarabée sacré mâle s'en sert pour fabriquer de grosses boulettes d'excréments qu'il fait rouler, à l'aide de ses pattes postérieures, en marchant à reculons. Il creuse ensuite un trou dans le sable et y place une boulette afin que la femelle dépose un œuf dessus. Il la remodèle en forme de poire. La femelle aménage une petite chambrette dans le bout rétréci et y dépose un œuf. La larve consomme la boule molle qui l'entoure, puis, arrivée à maturité, accomplit sa nymphose dans son cocon, à l'intérieur de la poire évidée. Ce scarabée était sacré dans l'Antiquité égyptienne en tant que symbole de la résurrection : les Égyptiens le croyaient capable de redonner vie aux excréments... C'est pourquoi des scarabées en pierre étaient fréquemment placés comme amulettes dans les sarcophages.

Taille : de 2,8 à 3,9 cm

Psammodrome d'Edwards

Psammodromus hispanicus

Le psammodrome d'Edwards est, dans le sud de la France, un habitant typique des dunes littorales. On l'appelle également lézard des sables.
Difficile à observer – il parcourt à toute allure les espaces découverts pour se réfugier dans les touffes de végétation – il révèle souvent sa présence par les traces caractéristiques qu'il laisse sur le sable. Lorsqu'il se sent menacé, le psammodrome d'Edwards est capable de s'ensabler. Il peut aussi émettre de petits cris quand il est capturé. Vivant dans des milieux très arides, ce lézard entre en léthargie lors des fortes chaleurs estivales.

Le dos est marqué de quatre bandes claires longitudinales.

Il mesure de 12 à 15 cm.

Alouette calandrelle

Calandrella cinerea

C'est une alouette de petite taille (13,5 cm), au plumage majoritairement brun clair, blanchâtre sur la poitrine. Elle ne possède pas de huppe, mais hérisse parfois les plumes de sa tête. Comme les autres alouettes elle chante en vol ; cependant, son chant, qui est fait de très courtes phrases musicales, est bien différent de celui émis en continu par l'alouette des champs. La calandrelle habite les dunes du littoral, ainsi que les steppes et les plateaux desséchés. Elle construit un nid soigné à l'abri d'une touffe d'herbe, où quatre œufs seront pondus en moyenne. À la mauvaise saison, l'espèce ne laisse que de faibles effectifs en France, la plupart gagnant l'Afrique.

Raisin de mer

Ephedra distachya

Appartenant à la curieuse famille des gnétacées, ce sous-arbrisseau de 40 cm à 1 m de haut présente des rameaux en faisceau d'un vert glauque, composés d'éléments robustes de 2 à 4 cm. Les feuilles sont réduites à une gaine et les petites fleurs femelles, formées d'écailles jaunâtres, produisent des groupes de fruits charnus à deux graines, d'un beau rouge, d'où son nom de raisin. Le raisin de mer forme des gazons épais sur les dunes fixées, précédant souvent des formations ligneuses plus élevées.

Les rameaux sont dichotomiques.

Pin parasol

Pinus pinea

À l'époque romaine, cet arbre d'Asie Mineure devint une essence circumméditerranéenne. On attribua à ce pin des symboles contradictoires : certains voyaient en lui l'indice de la mort car, une fois coupé, il ne repousse pas, alors que sa résistance en milieu sec et son port semper virent sont aussi une promesse d'immortalité. Les feuilles, aiguilles robustes de 15 cm de long, sont groupées par deux. Les fruits, cônes de 20 cm bruns et brillants, libèrent des graines succulentes : les pignons.

Il peut atteindre 20 m de haut.

Pélobate cultripède

Pelobates cultripes

Le pélobate cultripède, qui mesure de 8 à 10 cm, est un bien étrange amphibien : grâce à ses tubercules métatarsiens tranchants, il peut s'enfoncer dans le sable. C'est ainsi qu'il passe le plus clair de son temps enfoui à quelques centimètres dans le sol (mais on l'a trouvé jusqu'à 1 m de profondeur), n'en sortant que la nuit.

Il ne gagne la mare de reproduction que les années favorables. Dépourvu de sac vocal, le mâle émet un chant très peu sonore, comparable aux gloussements d'une poule. Cette discrétion et son mode de vie le rendent très difficile à repérer, et ce n'est bien souvent que ses têtards, les plus gros d'Europe, qui révéleront sa présence.

Tamaris de France

Tamarix gallica

Cet arbrisseau de 2 à 8 m de haut, parfaitement adapté à la vie steppique, possède des feuilles minuscules en forme d'écaille portées par des rameaux grêles, effilés et rougeâtres. Les fleurs, petites mais nombreuses, sont organisées en longues grappes rosâtres s'épanouissant en été et qui attirent les insectes malgré l'absence de nectar et de parfum. Le tamaris de France appartient à une famille qui ne compte pas moins d'une centaine d'espèces du même genre, mais dont seulement neuf sont d'origine sud-européenne. Cette espèce, largement répandue en Provence, Languedoc et Roussillon, remonte le long des cours d'eau dans les départements plus continentaux comme le Vaucluse, la Drôme et l'Ardèche. Souvent plantée à titre décoratif, elle s'est naturalisée jusque sur le littoral du nord-ouest de la France. Plusieurs espèces de tamaris forment des haies autour de nombreuses villas dans les stations balnéaires atlantiques et méditerranéennes.

Fleurs à cinq étamines et trois styles

Petites fleurs de 2 mm de diamètre

Palaemonetes varians

Palaemonetes varians est une crevette d'eau saumâtre caractérisée par l'absence de palpe à la mandibule. Transparente, légèrement tachée de gris-brun, elle atteint 4,5 cm. Elle est localement abondante dans les lagunes côtières, les estuaires, et les marais salants d'Atlantique et de Méditerranée occidentale.

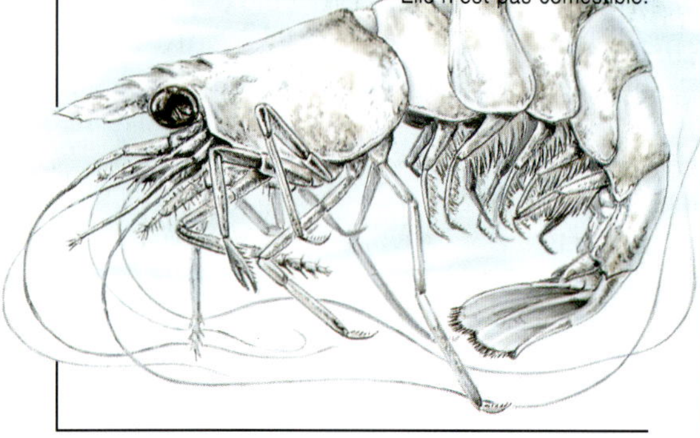

Athérine

Atherina presbyter

Un poisson de 15 à 20 cm

Les athérines fréquentent les eaux peu profondes du littoral ainsi que les lagunes côtières, où elles vivent en bancs à proximité de la surface.

Elles sont souvent pêchées près des côtes ou le long des quais et constituent, dans de nombreuses régions, les poissons les plus utilisés en friture.

Les œufs possèdent de longs filaments qui leur permettent de se fixer aux plantes aquatiques et aux algues.

Plie

Pleuronectes platessa

Mauvaise nageuse, la plie (ou carrelet) se meut par ondulations et recherche les fonds meubles pour se cacher des prédateurs. Elle recouvre son corps de sable et de petits cailloux à grand renfort de coups de nageoire, ne laissant dépasser que ses yeux. La femelle peut produire près d'un demi-million d'œufs, dont un grand nombre sera prélevé par les prédateurs. Ils éclosent au bout de trois semaines, et il faut deux mois aux larves pour prendre leur forme de poisson plat.

La tête porte des tubercules osseux derrière les yeux.

La peau est lisse.

Mulet à grosses lèvres

Chelon labrosus

Sa chair est assez grasse, de qualité variable.

Le mulet à grosses lèvres, ou muge lippu, est un poisson argenté, au corps allongé et qui peut atteindre 60 cm de long.

Il effectue de grandes migrations en quête de nourriture dans les eaux saumâtres des étangs littoraux ou les embouchures des fleuves. Les jeunes restent généralement près de la surface de l'eau. Ils pullulent surtout au printemps et en été ; l'hiver venu, ils semblent entrer en hibernation et cessent de se nourrir.

Les œufs sont pourvus de grosses gouttes huileuses qui leur permettent de flotter près du fond. À l'éclosion, les jeunes se nourrissent de plancton, alors que les adultes préfèrent de petits animaux benthiques, des déchets et des algues, qu'ils raclent dans le fond ou filtrent dans la vase.

Bar

Morone labrax

Le bar, ou loup, était très recherché des Grecs et des Romains, qui le considéraient comme un poisson intelligent, rusé, plein d'astuce, pouvant se démailloter d'un filet et capable de se défaire d'un hameçon. C'est un poisson au corps très allongé, fuselé, qui peut atteindre de 90 cm à 1 m de long. Sa chair est fine et il est aujourd'hui encore très prisé par les pêcheurs.
Les jeunes vivent en petits bancs près des côtes tandis que les adultes, plutôt solitaires, ne s'en rapprochent qu'en été pour se reproduire dans les étangs littoraux.
Les œufs sont munis d'un important vitellus, qui leur permet de flotter dans l'eau et de dériver.

Les bars chassent en bancs.

Bécassine des marais

Gallinago gallinago

Tels de petits avions radiocommandés, les bécassines en parade effectuent des vols circulaires au-dessus du marais, faisant entendre, lors des piqués, un « bêlement » caractéristique produit par la vibration des plumes de la queue. Ce manège singulier est réservé à la saison de reproduction, les bécassines étant par ailleurs très discrètes. Elles n'offrent en général que la vision fugitive d'un oiseau brunâtre qui s'envole en zigzaguant.

Avec son bec, long comme le tiers du corps (27 cm), elle aspire les vers à même la vase.

Cerastoderma glaucum

La concentration en sel de l'eau est un facteur essentiel pour les organismes du littoral. Elle peut diminuer par l'apport d'eau douce ou augmenter à cause de l'évaporation. Certaines espèces supportent mieux que d'autres ces variations. C'est ainsi que *Cerastoderma glaucum* se plaît dans les eaux saumâtres à l'arrière du rivage. Elle y remplace la coque *Cerastoderma edule* (voir p. 48), qui reste cantonnée à des eaux plus salées.

L'intérieur de la coquille (5 cm) est marqué de longs sillons.

Loutre

Lutra lutra

La loutre est un mammifère carnivore semi-aquatique dont le poids peut dépasser 10 kg pour une taille de 1 m. Sa fourrure, marron sur le dos, devient blanchâtre sur le ventre. Elle a des pieds palmés et une queue longue, arrondie et musculeuse. Une trop forte chasse, due surtout à la valeur de sa fourrure, a fait disparaître la loutre de la plupart des cours d'eau français. Elle se maintient dans le Massif central et les zones humides de la région atlantique. On peut également la rencontrer en eau saumâtre. C'est un animal nocturne qui se nourrit essentiellement de poissons. Les femelles mettent bas chaque année une seule portée de deux à quatre jeunes. Les loutres sont entièrement protégées en France, mais souffrent de la pollution, des aménagements hydrauliques et du trafic routier.

L'oreille, l'œil et la narine sont alignés.

Longueur totale : de 50 à 60 cm

Vison d'Europe

Mustela lutreola

Le vison d'Europe est célèbre pour la beauté de sa fourrure, mais c'est l'espèce voisine américaine qui fait l'objet d'élevages. Ce petit mammifère carnivore présente un pelage marron et brillant orné d'un liseré blanc autour du museau. Devenu très rare en France, il ne se rencontre plus que dans le Sud-Ouest. Il sort la nuit et se nourrit de poissons et de rongeurs. La femelle fait une portée annuelle de quatre à six jeunes, gris cendré.

Rainette verte

Hyla arborea

Une grenouille de 4 à 5,5 cm

Grâce aux pelotes adhésives garnissant ses doigts, la rainette verte est capable de grimper avec habileté sur des supports parfaitement verticaux. Elle passe ainsi de longues heures immobile, perchée sur les arbustes, les joncs ou les phragmites. Sa couleur la rend presque invisible dans la végétation. La nuit venue, elle part à la recherche d'insectes qu'elle capture à l'aide de sa langue visqueuse. C'est seulement à la saison des amours que l'on trouve des adultes dans l'eau. À cette occasion, les mâles émettent un chant très sonore, pouvant s'entendre à plusieurs centaines de mètres.

Roseau commun

Phragmites australis

Disposant de rhizomes puissants, longuement rampants, cette grande graminée peut dépasser 5 m de haut. L'inflorescence en forme d'épi, penchée et soyeuse, offre une teinte roussâtre, parfois lavée de violet, et longue de 40 cm. Cela lui donne l'aspect d'un balai, d'où son surnom de canne à balais. La tige non ligneuse est cassante, portant des feuilles larges et planes, rudes aux bords. L'espèce, très vivace, peut constituer dans les marais d'eau douce et saumâtre de vastes prairies hautes, appelées roselières, où s'abritent de multiples espèces animales paludicoles. Sa colonisation s'étend jusqu'au pied des falaises maritimes. Ce roseau fut longtemps exploité pour la fabrication de litières ou la couverture des toitures légères, puis abandonné en raison de la fragilité de ses chaumes.

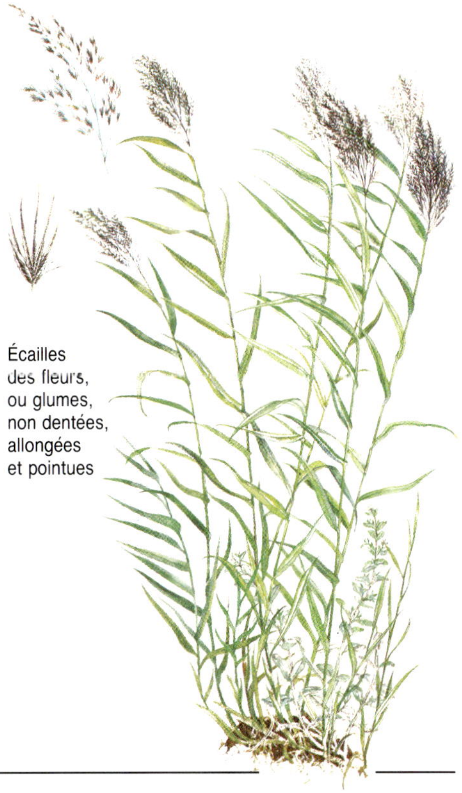

Gorgebleue

Luscinia svecica

Proche parente du rouge-gorge et du rossignol, la gorgebleue est un hôte discret et furtif du marais, sauf quand le mâle chante, perché bien en vue au sommet d'un buisson. Après un prélude de quelques notes détachées, il se lance dans un chant musical et varié, alternant motifs flûtés et notes plus métalliques, et imitant également d'autres espèces.

Saule des vanniers

Salix viminalis

Cet arbre doit son nom aux propriétés de souplesse et de résistance de ses rameaux annuels, qui fournissent l'osier utilisé pour la vannerie. Depuis l'Antiquité, le saule est connu pour soigner fièvres et courbatures grâce au principe actif contenu dans les feuilles et l'écorce qui, isolée, donne l'aspirine. Les feuilles, caduques, vert foncé dessus, gris soyeux dessous, atteignent 20 cm de long sur 1 cm de large. La marge est légèrement dentée et enroulée dorsalement. Les fleurs, unisexuées, sont groupées en chatons mâles ou femelles sur des arbres séparés, dits dioïques.

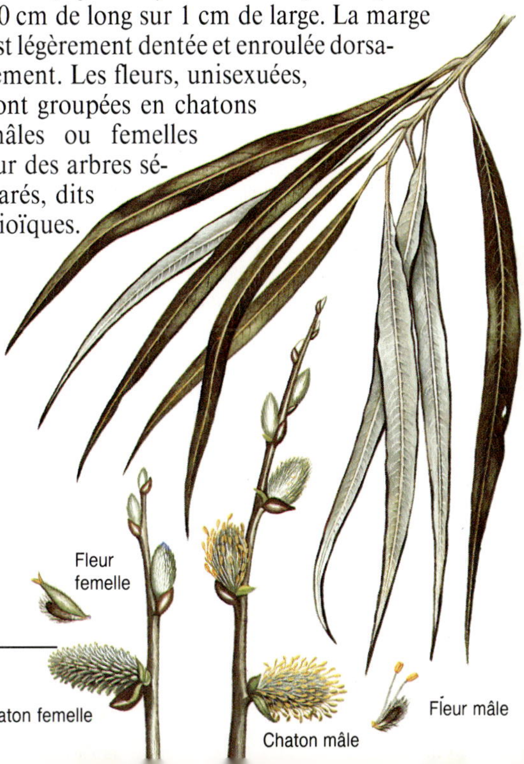

Sympétrum noir

Sympetrum danae

Mâle
(5 cm d'envergure environ)

Dès le mois de juillet et jusqu'à la fin septembre, cet insecte traverse les marais tourbeux et les prairies marécageuses d'un vol vigoureux. Il se pose fréquemment ou pratique un vol stationnaire entre deux déplacements rapides. Le sympétrum noir porte bien son nom : son corps, de couleur généralement sombre, peut devenir noir chez le mâle mature. La femelle est souvent plus claire. Les couples se forment en fin de matinée, rarement avant dix heures, lorsque la chaleur est suffisante. Mâle et femelle volent accrochés quelques instants, puis vont se poser sur les herbes, les feuilles ou les tiges. La femelle se dirige ensuite vers l'eau et y laisse tomber ses œufs, ou les dépose à proximité, sur la terre humide. Ils n'écloront qu'au printemps suivant.

Canard pilet

Anas acuta

C'est sans conteste le plus élégant de tous les canards, avec son cou élancé, sa longue queue effilée et, chez le mâle, la tête brun chocolat contrastant avec le blanc du cou et de la poitrine. Le pilet se nourrit de végétaux, qu'il peut aller chercher à près de 40 cm de profondeur en barbotant. Il fréquente les zones humides du littoral en petits groupes, lors des migrations et de l'hivernage. Très peu d'individus nichent en France.

La tête, brune, porte une virgule blanche.

Mâle (55 cm)

Cistude d'Europe

Emys orbicularis

La carapace fait de 15 à 18 cm de long.

Avec sa carapace aplatie, offrant peu de résistance à l'eau lors de la nage, et ses pattes palmées, la cistude d'Europe est une tortue bien adaptée au milieu aquatique. Elle passe pourtant une grande partie de sa journée à prendre le soleil sur les berges ou sur des objets émergés. Très farouche, elle plonge bruyamment au moindre danger. La cistude s'accouple dans l'eau. Les œufs sont pondus sur la terre ferme, dans des trous creusés par la femelle (de quatre à dix œufs par ponte). La maturité sexuelle est atteinte très tardivement : c'est seulement à l'âge de quinze à vingt ans que les femelles commencent à se reproduire. Comme tous les reptiles de nos contrées, la cistude hiberne. Elle passe la mauvaise saison dans un terrier qu'elle a creusé dans la berge.

Grenouille de Perez

Rana perezi

La grenouille de Perez a longtemps été considérée comme une sous-espèce de la grenouille rieuse. Les deux se ressemblent beaucoup et sont ainsi très difficiles à différencier. La grenouille de Perez est néanmoins beaucoup plus méridionale. C'est pratiquement la seule grenouille verte dans le sud-ouest de la France. Elle est strictement aquatique et apprécie autant les rivières que les étangs, pourvu qu'ils soient ensoleillés. Elle pond assez tard au printemps (avril-mai) et ne forme pas de grands rassemblements. Les années défavorables, la métamorphose des têtards peut être retardée d'un an. Très vorace, la grenouille de Perez fait parfois preuve de cannibalisme.

Elle mesure 12 cm.

Sarcelle d'hiver

Anas crecca

L'envol peut être presque vertical.

Les plumes sous-caudales sont jaunes et noires.

Superbement coloré, le mâle de la sarcelle d'hiver semble avoir été peint : sa tête rousse est ornée d'un bandeau vert cerclé d'or. Il a d'autre part un cri d'appel bref et musical. De petite taille (35 cm), ce canard vole toujours avec des battements d'ailes rapides. Il est l'une des cibles favorites des chasseurs. Les sarcelles d'hiver ne nichent qu'en très faible nombre en France et, comme l'indique leur nom, c'est surtout à la mauvaise saison que l'on peut les observer. Elles fréquentent les marais, les étangs du littoral ou de l'intérieur, en troupes parfois immenses.

Oie cendrée

Anser anser

Les voies migratoires sont transmises de génération en génération.

Taille : de 75 à 85 cm

Les oies cendrées forment des couples fidèles, souvent unis pour la vie. À chaque retrouvaille, mâle et femelle se saluent en recommençant une partie du rituel nuptial, criant avec le cou tendu. Leurs cancanements sont semblables à ceux de l'oie domestique, dont cette espèce constitue d'ailleurs la souche sauvage.

Les spectaculaires vols migratoires des oies cendrées prennent la forme de lignes obliques, ou plus généralement de V ou de chevrons. À la pointe du V, l'oiseau de tête fournit l'effort le plus intense, mais il est régulièrement relayé par l'un ou l'autre de ses congénères. Les oies en migration sont capables de s'élever à de très hautes altitudes, en particulier pour franchir des montagnes. Le plumage de ces oiseaux est à dominante gris-brun, avec, en vol, une large zone pâle, gris argenté, sur la partie antérieure des ailes. Les pattes sont roses et le bec est généralement de couleur orange. L'espèce visite les zones humides du littoral lors des passages migratoires, et quelques individus y hivernent.

Gambusie

Gambusia affinis

La gambusie est un petit poisson de 3 à 5 cm de long, originaire du sud des États-Unis. Il a été introduit en Corse vers 1924 et en Camargue de 1927 à 1931 afin de lutter contre la prolifération des anophèles, moustiques vecteurs du paludisme. Son régime alimentaire est en effet principalement constitué de larves et de nymphes de moustiques. La gambusie est vivipare ; la femelle ne pond donc pas d'œufs, mais donne naissance directement, une trentaine de jours après l'accouplement, à une soixantaine d'alevins parfaitement formés et autonomes.

Theba pisana

Theba pisana est un petit escargot du littoral assez commun en France et qui peut supporter d'importantes variations de température. Il fréquente de préférence les terrains secs et arides en bordure des étangs et résiste plus d'un mois à 34 °C, sans eau. Durant l'été, il recherche des abris où les pertes d'eau sont réduites : sous les pierres ou dans la végétation.

La coquille mesure de 1,2 à 2,5 cm.

Aphanius de Corse

Aphanius fasciatus

L'aphanius de Corse, un petit poisson de 5 à 6 cm de long, est peu exigeant et très résistant aux variations de salinité et aux milieux qui sont périodiquement peu oxygénés. Il vit dans les eaux saumâtres du nord de la Méditerranée, et notamment dans les milieux lagunaires. En France, on le trouve seulement en Corse, où il fréquente les lagunes de Bugulia, Diana, Palo, et les marais salés de Porto-Vecchio. Sa sensibilité au froid limite sa répartition géographique vers le nord. Il se nourrit principalement de larves et de crustacés.

Il est souvent élevé en aquarium.

Aigrette garzette

Egretta garzetta

Gracieux petit héron blanc, l'aigrette garzette doit son nom aux deux ou trois longues plumes qui ornent sa nuque en période de reproduction. Elle est aussi reconnaissable à son plumage immaculé, à ses longues pattes noires aux doigts jaunes et à la souplesse de ses attitudes. Elle aime pêcher dans les eaux calmes et peu profondes. C'est encore en Camargue et sur le littoral méditerranéen qu'elle niche le plus communément, malgré une tendance à l'expansion vers le nord.

Le mâle et la femelle sont identiques. Ils mesurent 55 cm.

Mulet-porc

Liza ramada

Le mulet-porc (ou muge-porc) est très résistant aux changements de salinité. Au printemps, il effectue de grandes migrations en quête de nourriture vers l'amont des cours d'eau. Relativement familiers, ces poissons se déplacent par petits groupes nonchalants, mais sont capables d'effectuer des bonds de plusieurs mètres hors de l'eau lorsqu'ils se trouvent encerclés.

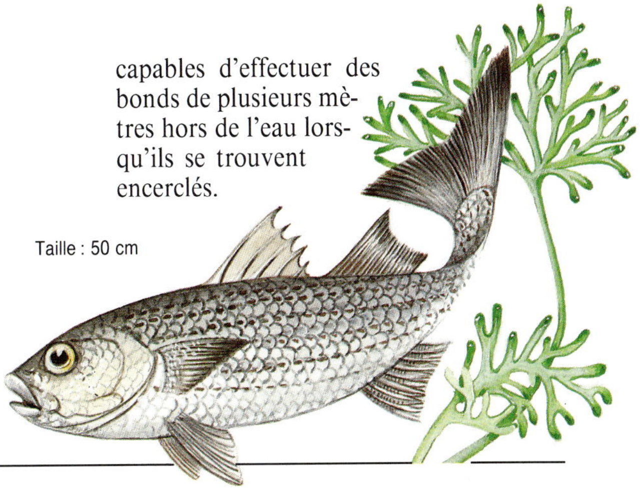

Taille : 50 cm

Spatule blanche

Platalea leucorodia

Sans posséder l'éclat immaculé du plumage de l'aigrette, la spatule n'en reste pas moins un splendide oiseau blanc. En livrée nuptiale, le plumage se colore de jaune au niveau de la gorge, et une belle huppe apparaît. La spatule tient son nom de la forme particulière de son bec, avec lequel elle sabre l'eau des marais et des lagunes. Elle repère ainsi les petits poissons, amphibiens, crustacés et mollusques, qui constituent l'essentiel de sa nourriture. L'extrémité du bec de la spatule blanche, riche en terminaisons nerveuses, lui sert d'organe tactile et de pince souple, et non de filtre, comme le croient certaines personnes. La ponte a lieu en avril-mai, dans un nid construit par le couple. Celui-ci se partage la couvaison des quatre œufs et l'élevage des jeunes, qui s'envolent à six semaines.

L'adulte (85 cm) en plumage nuptial

Pour pêcher, elle avance dans l'eau à lentes enjambées.

Bactra robustana

Bactra robustana est un papillon discret qui ne vit que sur le littoral méditerranéen. La chenille s'alimente avec des tiges du scirpe maritime (voir page ci-contre).
Dix-sept espèces sont actuellement représentées dans la faune paléarctique : la plupart se rencontrent dans la région asiatique et trois seulement vivent en Europe.
L'une d'entre elles provoque d'ailleurs de sérieux dégâts dans les cultures de graminées en région septentrionale.

C'est un petit papillon de 1,5 cm d'envergure.

Hydrophile brun

Hydrophylus piceus

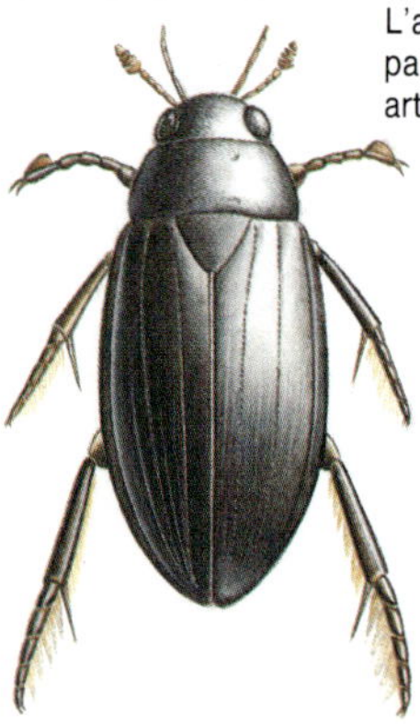

L'adulte est attiré par la lumière artificielle.

La larve, carnivore, possède de puissantes mandibules. Elle mesure 7,5 cm.

Avec un corps de près de 5 cm de long, l'hydrophyle brun est le plus grand de nos coléoptères aquatiques. Il vit dans les eaux dormantes à forte végétation, mais tend à se raréfier en raison de la disparition progressive de son habitat. Ce coléoptère dispose sous son corps d'un réservoir d'air constitué par des poils qui donnent un aspect argenté à l'animal immergé. Cette réserve est réapprovisionnée par ses antennes, qu'il utilise comme une gouttière. La femelle pond ses œufs dans une capsule en forme de poire, accrochée aux plantes.

Ruppie maritime

Ruppia maritima

Dédiée au botaniste d'Iéna H. B. Rupp, cette espèce parente des potamots, encore appelée alguette ou rupelle, vit dans les eaux saumâtres. Ses feuilles flottantes sont d'un vert clair. Les pédoncules floraux, de 5 cm, sont filiformes, flexueux, et portent des petites fleurs verdâtres sans enveloppe florale (ni sépales ni pétales). C'est la variété *brechypus* qui se rencontre dans les lagunes et les marais salants abandonnés de la côte méditerranéenne.

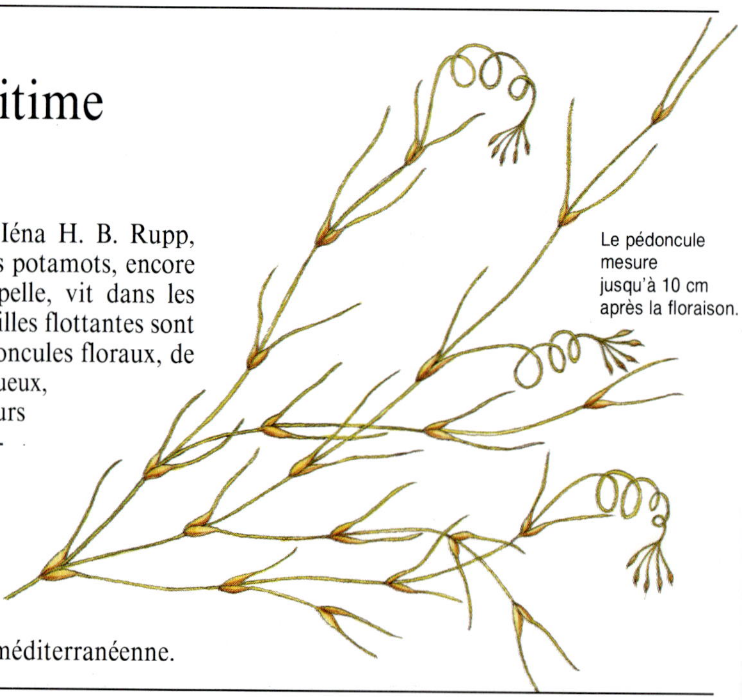

Le pédoncule mesure jusqu'à 10 cm après la floraison.

Scirpe maritime

Scirpus maritimus

Le scirpe est une cypéracée vivace de 0,50 à 1 m de haut, à souche rampante, disposant d'une tige robuste. Les feuilles, linéaires, de 1 cm de large, sont rudes sur leur bord. Les inflorescences terminales, à fleurs bisexuées, sont formées de quelques épis bruns à roussâtres, agglomérés mais divergents. Ce scirpe est assez répandu, colonisant les fossés, les mares et les rivières proches du littoral aussi bien en eau douce qu'en eau saumâtre, et remontant sur de grandes distances les cours d'eau soumis à la marée.

Artémia

Artemia salina

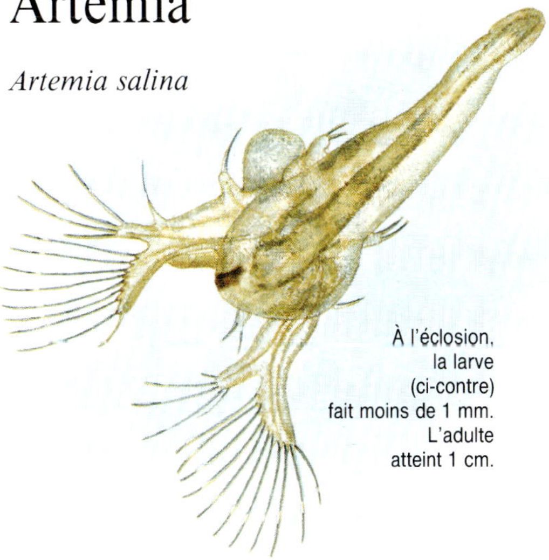

À l'éclosion, la larve (ci-contre) fait moins de 1 mm. L'adulte atteint 1 cm.

Habitante des marais salants, l'artémia supporte de fortes concentrations en sel. Adaptée à survivre dans des milieux qui s'assèchent régulièrement, elle pond des œufs capables de se passer d'eau durant des mois. L'artémia nage sur le dos, captant son alimentation avec ses pattes. Ce crustacé est utilisé comme nourriture vivante en aquariophilie ; on peut l'élever dans des solutions de 3 à 8 % de sel.

Flamant rose

Adulte, le flamant rose peut mesurer jusqu'à 1,60 m.

Phœnicopterus ruber

Magnifiques avec leur coloration rose rehaussée de rouge et de noir sur les ailes, les flamants fréquentent les lagunes et les étangs côtiers méditerranéens. C'est une espèce très grégaire. Ils lancent des cris proches de ceux des oies. L'importance des effectifs en Camargue ne doit pas masquer le fait qu'il s'agit d'une espèce vulnérable, qui se réduit à un faible nombre de colonies nichant sur le pourtour méditerranéen. Des dérangements excessifs peuvent conduire à l'échec total de la reproduction.

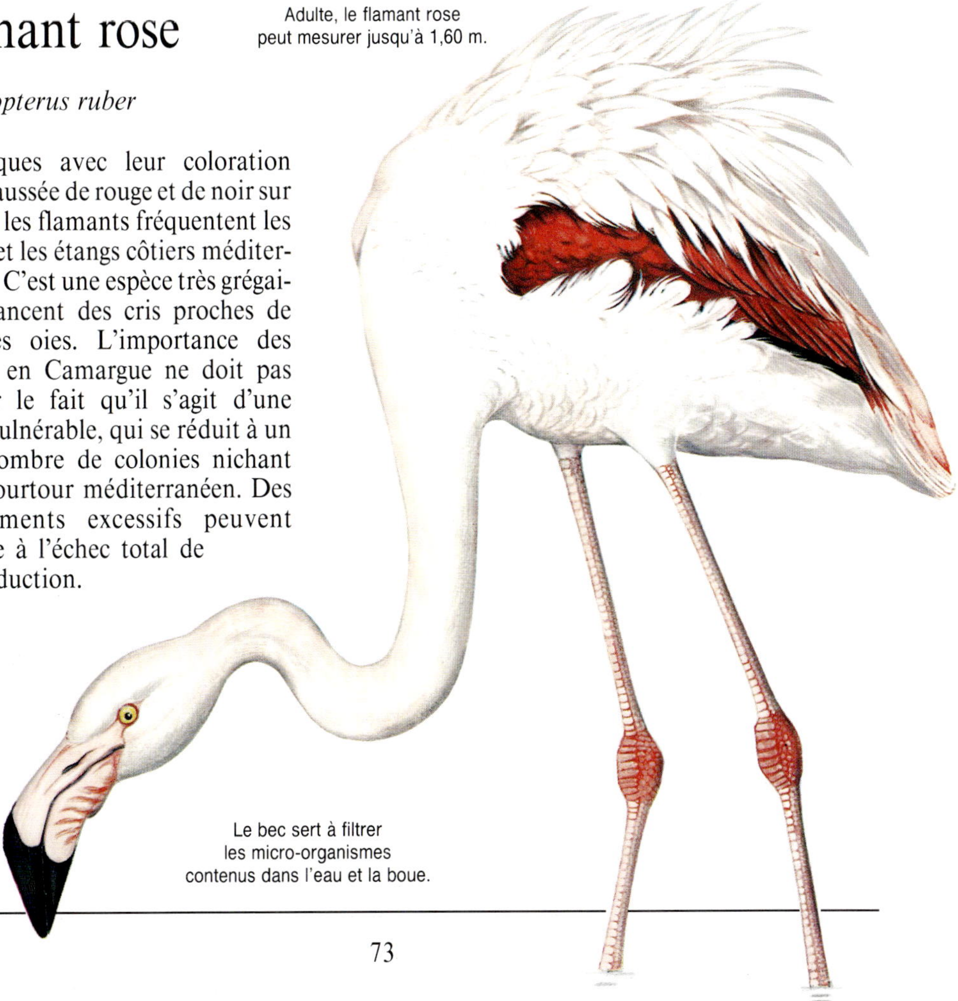

Le bec sert à filtrer les micro-organismes contenus dans l'eau et la boue.

Serpule

Mercierella enigmatica

Le tube calcaire de ce petit ver peut atteindre 2,5 cm de long. L'animal qui se cache à l'intérieur porte un panache de tentacules qu'il utilise pour se nourrir et respirer. Il est capable de disparaitre complètement à l'intérieur de son tube, dont un opercule ferme l'ouverture. *Mercierella enigmatica* affectionne les eaux dessalées des estuaires et des lagunes. Il se fixe sur les plantes et les pierres et développe des colonies parfois importantes.

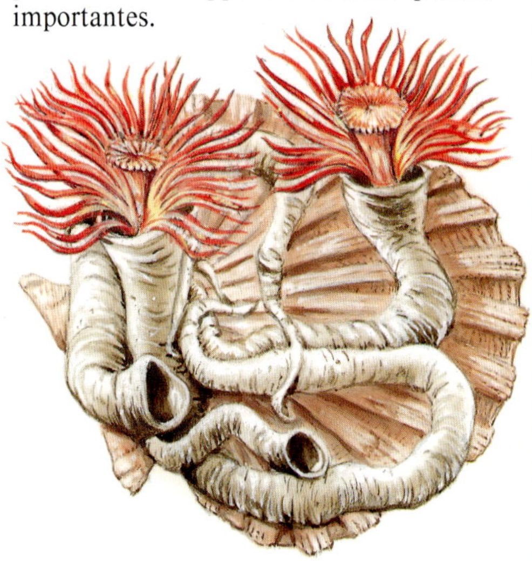

Mésange à moustaches

Panurus biarmicus

Très à l'aise dans les roseaux, les mésanges à moustaches escaladent les tiges avec agilité, lâchant parfois une patte pour la reposer ailleurs, se balançant quelques instants entre deux tiges... Quand elles se laissent observer, il est facile de distinguer le mâle à sa tête gris-bleu et à ses moustaches noires, la femelle se contentant d'une couleur à dominante brune plus discrète. Tous deux participent à la construction du nid, une coupe profonde garnie de roseaux morts, ainsi qu'à la couvaison de la demi-douzaine d'œufs pondus par la femelle. Chez cette espèce, le gosier des poussins est d'une remarquable couleur rouge et noire, avec des rangées de petites taches blanches. Les mésanges à moustaches sont sédentaires et ne se montrent qu'exceptionnellement hors des roselières.

Le mâle (16 cm) a un plumage roussâtre.

Échasse blanche

Himantopus himantopus

Du haut de leurs très longues pattes rouges, ces élégantes échasses semblent se jouer des lois de l'équilibre. À peine revenues d'Afrique en avril, elles organisent un ballet nuptial collectif qui prélude à la formation du couple. Si elles sont capables de changer de secteur de nidification d'année en année, c'est peut-être pour trouver un niveau d'eau optimal. Elles sont en effet habituées à se nourrir dans l'eau, jusqu'à une profondeur d'environ 15 cm.

La finesse du bec et l'éclat de la livrée ajoutent à la grâce de ses attitudes. L'échasse blanche mesure 37 cm.

Rainette méridionale

Hyla meridionalis

Elle peut atteindre 5 cm et est un peu plus élancée que la rainette verte.

La rainette méridionale présente une forte ressemblance avec la rainette verte (voir p. 66). Elle s'en distingue cependant par l'absence de bande sombre sur les flancs et par son chant plus lent. En outre, pendant la période de reproduction, cette espèce forme des rassemblements beaucoup plus importants, dont les chœurs s'entendent à plus de 1 km. La coloration de la rainette méridionale, fondamentalement verte, varie en fonction de l'humidité et de la température. On rencontre – très rarement – des individus bleus.

Couleuvre vipérine

Natrix maura

Bien qu'inoffensive, la couleuvre vipérine est aussi appelée vipère d'eau en raison de sa ressemblance avec les vipères. Ce mimétisme est encore accentué lorsque, en colère, elle élargit sa tête en triangle. Elle se distingue cependant de la vipère par ses pupilles rondes et ses mœurs très aquatiques. Cette couleuvre est très vorace : en été, elle peut avaler une dizaine de tritons en quelques minutes. Sa langue, qu'elle agite sous l'eau, lui servirait de leurre pour capturer ses proies.

La couleuvre vipérine mesure de 50 à 70 cm.

Sangsue médicinale

Hirudo medicinalis

La sangsue médicinale possède de fortes dents qui lui permettent de mordre en perçant la peau. Ses glandes salivaires sécrètent un liquide anticoagulant, qui empêche la plaie de se refermer, et un anesthésiant, qui lui permet de sucer le sang d'un animal sans que celui-ci s'en aperçoive. Les plus gros spécimens peuvent prélever, en une seule fois, jusqu'à cinq fois leur poids.

Verte dessous, elle mesure de 10 à 15 cm.

Guifette noire

Chlidonias niger

Ces oiseaux sont reconnaissables à leur vol souple, leurs ailes argentées et la couleur noire de leur corps durant la saison de reproduction. Comme les sternes, les guifettes noires peuvent se laisser tomber sur l'eau pour pêcher un poisson. Cependant, elles ne plongent pas et se contentent de ce qui se trouve à la surface. Elles se nourrissent aussi d'éphémères, de larves et d'adultes de libellule, d'amphibiens... Nichant en colonies, elles s'associent parfois aux mouettes et aux grèbes à cou noir. Leurs nids sont des plates-formes flottantes de plantes aquatiques, où trois œufs sont pondus au mois de mai ou au début de juin.

En période nuptiale, le corps est noir, avec du blanc sur le bas-ventre. La guifette noire mesure 23 cm.

Campagnol amphibie

Arvicola sapidus

Le campagnol amphibie, ou rat d'eau, est le plus gros de nos campagnols. Les adultes ont un poids supérieur à 200 g. Avec une queue qui atteint les deux tiers de la longueur de la tête et du corps, et une fourrure assez épaisse, ce rongeur n'a besoin d'aucune adaptation particulière à la vie aquatique. On le trouve dans toute la France, sauf dans le Nord, l'Est et la Corse. Il a colonisé les étangs littoraux méditerranéens. Actif de jour et de nuit, il se nourrit de plantes aquatiques et de la ripisylve. Le campagnol amphibie a plusieurs portées annuelles de deux à huit jeunes.

Sa fourrure est grise, longue et lustrée.

Il mesure entre 28 et 35 cm, y compris la queue (12 cm).

Sympétrum méridiona

Sympetrum meridionale

Une libellule de 6 cm

Bergeronnette printanière

Motacilla flava

La bergeronnette printanière est un oiseau migrateur qui aime les espaces découverts, en bordure d'étangs ou de marais. Elle construit un nid au sol, caché derrière une touffe de végétation ou une motte de terre. L'emplacement du nid est difficile à trouver, car les parents sont extrêmement discrets. Ils préféreront toujours attendre, même un long moment, plutôt que de distribuer la becquée en présence d'un prédateur, et cachent généralement leur prise durant l'attente. Plusieurs sous-espèces de bergeronnettes printanières peuvent être observées en France. Elles diffèrent par la coloration de la tête des mâles.

Cet oiseau de 16 cm happe les insectes en vol.

Les jeunes ont du noir sur la gorge.

Le sympétrum méridional n'est vraiment fréquent qu'au sud de la Loire et en Corse. On rencontre les imagos de la mi-juin jusqu'à la fin du mois de septembre. Ils vivent généralement loin de l'eau, dans les prairies et les bois. C'est une espèce migratrice. Le sympétrum est craintif ; il se pose sur les rochers, les branches sèches ou les roseaux jusqu'à 1 m de hauteur. L'accouplement se produit l'après-midi. La ponte s'effectue en vol au-dessus d'endroits peu profonds, et les œufs tombent dans l'eau ou sur le sol humide des berges. Les larves croissent dans les caux stagnantes envahies de végétation, jusqu'à 1 800 m d'altitude.

Canne de Provence

Arundo donax

Cette espèce, d'origine orientale, est d'introduction très ancienne en France. Elle pousse dans les lieux humides sableux. Avec une hauteur atteignant 5 m, c'est l'une des plus grandes graminées d'Europe. Sa tige ligneuse, plus grosse qu'un doigt, dispose de feuilles larges de 2 à 5 cm présentant deux longues oreillettes à leur base. L'inflorescence, qui dépasse 50 cm de long, est de couleur vert blanchâtre ou violacée.

Moustique

Aedes caspius

Le moustique est célèbre pour ses mœurs de suceur de sang ; pourtant, seule la femelle s'en nourrit. Le mâle, en effet, suce la sève des plantes et se montre tout à fait inoffensif. La femelle a besoin d'un repas de sang pour fournir des nutriments à ses œufs. Elle localise ses victimes en détectant les augmentations du taux de gaz carbonique dans l'air, qui révèlent une respiration, donc la présence d'un animal ou d'un être humain. Elle est aussi guidée vers sa cible par l'augmentation de la température et de l'humidité de l'air.

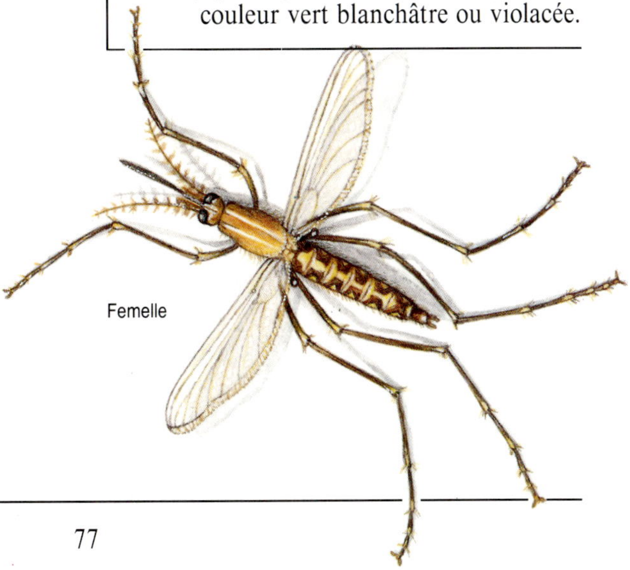

Femelle

Harle huppé

Mergus serrator

La femelle possède une tête brune et une courte huppe.

Le mâle (58 cm) veille sur la nichée.

Le bec mince terminé par un crochet et muni de denticules du harle huppé est une arme redoutable, qui saisit et maintient facilement le poisson. Nichant en Europe du Nord, cet oiseau se montre par petites troupes sur le littoral français lors des migrations et de l'hivernage, fréquentant surtout les eaux salées ou saumâtres ainsi que les embouchures de fleuves.
À la fin de l'hiver, certains mâles se mettent déjà à parader, tendant leur cou brun-roux et leur tête vert foncé doublement huppée, et entrouvrant leurs ailes.

Grèbe jougris

Podiceps grisegena

En voyageant l'été vers les lacs de Scandinavie ou d'Allemagne, on peut facilement observer le grèbe jougris dans son plumage nuptial coloré : une calotte noire et un cou d'une belle teinte rousse accompagnent des joues grises, qui ont donné son nom à l'oiseau.
Le grèbe jougris niche rarement chez nous, mais gagne les côtes françaises, et occasionnellement les plans d'eau de l'intérieur, lors de ses migrations. Son plumage est alors beaucoup plus terne, et il est difficile de le distinguer, à distance, du grèbe huppé (voir p. 102). On peut cependant noter que, contrairement à ce dernier, le grèbe jougris ne présente pas de blanc au-dessus de l'œil.
Il pêche des poissons et des larves d'insecte en plongeant peu profondément, se contentant de nager la tête sous l'eau.

L'adulte (43 cm) dans son plumage hivernal

Nephtys hombergii

Ce ver aquatique a un corps plat, blanc-rose, constitué de nombreux segments qui portent chacun une paire d'appendices, appelés parapodes.

Son dos semble nacré.

Cet annélide peut mesurer jusqu'à 15 cm.

Nephtys hombergii vit enfoui dans le sable et les graviers, où il creuse un réseau complexe de galeries dont l'élaboration lui demande une dizaine de jours. Les galeries sont ensuite entretenues par les passages répétés de l'annélide. On en distingue deux types : les galeries de retrait, pour se protéger des prédateurs, et les galeries d'attente, dans lesquelles le ver chasse à l'affût. C'est en effet un carnivore et un chasseur actif. Pour capturer ses proies – des petits vers et des petits crustacés –, il évagine sa trompe protractile armée de puissantes mandibules.

Avocette

Les ailes, déployées, arborent des motifs noirs.

Recurvirostra avosetta

Taille : 43 cm

Les pattes sont gris-bleu.

L'avocette est un bel oiseau au plumage blanc bariolé de noir, remarquable par son long bec à la pointe relevée, avec lequel elle sabre la nappe liquide pour capturer ses proies, choisies parmi les petits invertébrés. Elle marche avec aisance sur la vase molle, grâce à ses pattes palmées, et peut nager occasionnellement.
De nombreuses avocettes issues de différents pays d'Europe fréquentent nos rivages durant l'hiver, privilégiant les vasières et les baies à sédiments fins. Mais l'espèce reste aussi en France pour nicher, par exemple dans des lagunes côtières.

Rituel d'agression entre trois couples

Flet

Platichthys flesus

Il peut atteindre 50 cm.

Le flet est un poisson plat dont les deux yeux sont du même côté de la tête, généralement le côté droit ; mais le pourcentage de flets ayant les yeux du côté gauche peut aller localement jusqu'à 30 %. Il vit sur le fond, généralement en bancs.
Sa capacité à s'adapter aux eaux douces et aux eaux salées est tout à fait remarquable. Le flet est capable de passer de l'un à l'autre milieu en équilibrant la concentration en sel de ses liquides cellulaires par rapport à la salinité de l'eau dans laquelle il se trouve.

Mye

Mya arenaria

Vivant constamment enfouie dans le sable ou la vase, la mye utilise deux larges siphons pour garder le contact avec l'eau, d'où elle tire sa nourriture et son oxygène. Ces siphons sont jusqu'à deux fois plus longs que sa coquille, qui peut atteindre 15 cm. Munis d'yeux rudimentaires à leur extrémité, ils peuvent se rétracter en cas de danger, ce qui sauve la vie de la mye, car elle ne dispose que d'un pied réduit qui ne lui permet pas de s'enfuir comme le ferait un couteau (voir p. 48).

Nereis diversicolor

Il mesure 12 cm.

Le dos est parcouru d'un vaisseau sanguin rouge vif.

La trompe porte deux grosses mandibules et plusieurs denticules.

Ce ver peut comporter jusqu'à cent vingt segments, eux-mêmes munis d'extensions tenant lieu de pattes, de nageoires et de branchies : les parapodes. La tête comporte des lobes et des antennes. Une légère pression suffit pour que l'animal déploie sa trompe et dévoile de fortes mâchoires. *Nereis diversicolor* supporte de fortes variations de salinité, ce qui lui permet de s'installer jusqu'au fond des estuaires.

Hydrobie

Hydrobia jenkinsi

Les hydrobies sont de petits gastéropodes d'environ 5 mm de haut dont la coquille se ferme à l'aide d'un opercule. Elles fréquentent les eaux courantes, les lagunes et les milieux marins, où elles se nourrissent d'algues microscopiques fixées sur les fonds vaseux ou sur les pierres. Certaines espèces vivent en grandes concentrations dans les estuaires, au point de constituer une ressource non négligeable pour les oiseaux qui vivent à cet endroit. *Hydrobia jenkinsi* vit en eau douce et se rencontre parfois dans les lagunes saumâtres du littoral. Contrairement à la plupart des gastéropodes, elle est vivipare, c'est-à-dire qu'elle donne naissance à des jeunes déjà formés au lieu de déposer des œufs.

Elle vit sur les pierres ou sur la vase.

Barge rousse

Limosa lapponica

Sa démarche pleine de prestance et son long bec légèrement retroussé donnent à la barge rousse une allure singulière. Si une espèce voisine, la barge à queue noire (voir p. 175), laisse quelques nicheurs en France, la barge rousse niche exclusivement en Laponie, dans la toundra marécageuse, visitant les estuaires et les vasières du littoral français à l'automne et au printemps, et parfois en hiver. Elle se reconnaît à l'absence de barre alaire blanche et à sa queue barrée. Elle est encore plus rousse en plumage nuptial. L'été, en Scandinavie, elle se nourrit d'insectes, mais change de régime le reste du temps, capturant des vers marins, des mollusques et des crustacés. La femelle, dont le bec est sensiblement plus long que celui du mâle, sonde la vase humide jusqu'à près de 10 cm de profondeur pour se nourrir.

La troupe descend en spirale.

Les deux sexes sont identiques.

L'adulte (38 cm) revêt son plumage nuptial au printemps.

L'hiver, le plumage est tacheté de gris-brun.

Pluvier argenté

Pluvialis squatarola

Plumage nuptial

Plumage d'hiver

Taille : 27 cm

Grand migrateur, le pluvier argenté niche dans les lointaines toundras arctiques de la Sibérie, du Groenland et du Canada, et peut être observé en migration sur les rivages de tous les continents. Il parcourt jusqu'à 25 000 km en un an. Son plumage nuptial est étonnamment contrasté : la gorge et la poitrine sont noires alors que le dos présente un aspect argenté dû à une mosaïque de taches blanches et d'autres plus sombres. En hiver, lorsque cet oiseau est chez nous, le noir a disparu, sauf un motif en losange sous les ailes, utile pour l'identification en vol. Les pluviers argentés parcourent alors les vasières à la recherche de vers marins, qu'ils chassent à vue en s'aidant probablement de leur ouïe.

Paragnathia formica

Dans les fissures des microfalaises qui se forment à la limite du shore et de la slikke, on trouve facilement *Paragnathia formica.* Le mâle de ce petit crustacé isopode ressemble à une grosse fourmi et les femelles qui l'accompagnent ont le corps déformé par les œufs.
Les larves de *Paragnathia* vivent dans l'eau avant de venir à terre pour muer. Elles mènent une vie de parasite sur les branchies de certains poissons, s'y fixant pour se nourrir de leur sang.

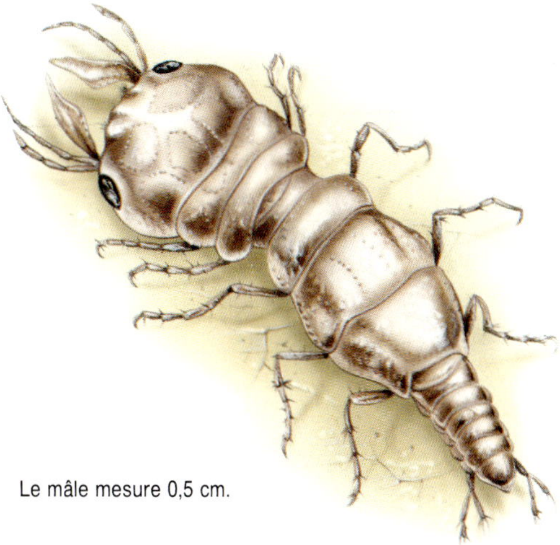

Le mâle mesure 0,5 cm.

Courlis cendré

Numenius arquata

L'appel mélancolique du courlis cendré peut être entendu presque toute l'année, dans les landes humides et les marais, ses lieux de nidification, comme dans les estuaires et les vasières, où beaucoup font escale ou passent l'hiver.
Au tout début du printemps, les mâles décrivent de grands cercles en vol afin de délimiter leur territoire de nidification. Le chant commence par des sons graves, au moment où l'oiseau prend son essor, puis s'amplifie en un trille aigu et liquide ; il s'estompe lorsque l'oiseau descend gracieusement sur ses ailes tremblantes. Le nid est une dépression peu profonde dans la végétation ; il accueillera quatre œufs vert pâle tachés de sombre. Les jeunes le quittent peu après l'éclosion, mais ne voleront qu'à l'âge de cinq à six semaines. Le long bec recourbé du courlis lui sert à sonder la vase et à saisir ses proies : insectes, vers, amphibiens, mollusques et crustacés.

Le croupion, blanc, est visible en vol.

Le courlis cendré mesure 55 cm. Les deux sexes sont identiques.

Bécasseau maubèche

Calidris canutus

Les adultes (25 cm) se parent des couleurs nuptiales au printemps.

Les jeunes ont des liserés pâles sur les plumes du dessus.

À la fin de l'été, les bécasseaux maubèches qui fréquentent nos rivages ont un plumage gris, parfois encore teinté du roux de la livrée nuptiale. Une troupe de ces oiseaux constitue toujours un spectacle fascinant, particulièrement quand ils prennent leur essor dans un grondement d'ailes. Dans le ciel, ils forment un nuage gris clair qui s'assombrit brusquement lorsque les oiseaux virent et montrent ensemble la partie supérieure, plus sombre, de leur plumage. Plus grand que les autres bécasseaux, mais relativement court sur pattes, le bécasseau maubèche apprécie les vasières pour la provende de petits mollusques qu'elles lui procurent.
Certains passent l'hiver sur les côtes françaises, mais tous gagneront au printemps leurs territoires de nidification arctiques. Les femelles y pondront quatre œufs, couvés trois semaines par le couple.

Macoma balthica

Macoma balthica vit enfoncé dans les sols vaseux et sablonneux, en eau peu profonde. Avec ses longs siphons, il palpe le sol à la recherche de particules nutritives, qu'il aspire, filtre, puis assimile.

Taille : 2,5 cm

L'intérieur de la coquille de cette espèce est rouge vif et cette coloration est interrompue sur la face externe par de larges bandes concentriques blanches. Mais la couleur de la face visible peut varier et l'on trouve des spécimens roses, jaunes ou entièrement blancs.

Aster maritime

Aster tripolium

Cette belle composée biannuelle possède une souche fibreuse trapue. Les tiges, plus ou moins rameuses, développent des capitules pétiolés à deux types de fleurs. Elles sont tubuleuses et jaunes au centre, en forme de languette (ligules), violettes, lilas ou blanches sur le pourtour. Les feuilles, à trois nervures, sont charnues, lancéolées ou spatulées et toujours glabres. L'espèce colonise, parfois abondamment, les vases et les prés salés littoraux.
À maturité, chaque fruit, de couleur brun jaunâtre, porte une longue aigrette. C'est ainsi que l'on peut admirer en automne de véritables prairies ponctuées de multiples toupets blanc roussâtre.

Capitule de 2 cm

Elle atteint une hauteur de 10 à 60 cm.

Bécasseau variable

Calidris alpina

C'est sans doute le plus courant des bécasseaux. Fréquentant assidûment les vasières et les estuaires au cours de ses migrations, il y fait preuve de grandes facultés d'adaptation. Son emploi du temps suit de plus près le rythme imposé par les marées que l'alternance du jour et de la nuit. C'est au moment de la marée haute qu'il s'accorde quelques heures de repos, sur des bancs de sable élevés ou à l'intérieur des terres. Le groupe prend ensuite un essor collectif pour regagner les zones de nourrissage riches en annélides et en petits mollusques. La recherche de nourriture est encore active au clair de lune. Elle a souvent lieu dans les bancs de varech pourrissants.
Sur leurs territoires de nidification du nord de l'Europe, les adultes présentent une plaque ventrale noire caractéristique, qui peut subsister assez tard en automne chez certains individus.

C'est aux premiers jours de l'été qu'ils commencent à apparaître sur nos côtes.

Ils ont le dos roux en été. Les adultes mesurent 17 cm.

Corophium volutator

Appelé termite par les ostréiculteurs, cet amphipode de taille modeste (de 6 à 8 mm de long) a un corps non comprimé latéralement. Il est caractérisé par un fort développement des sept articles des antennes postérieures ; ces dernières peuvent atteindre la longueur du corps chez le mâle.
Corophium volutator est de couleur blanchâtre, avec des nuances brunes. L'espèce vit à l'intérieur de tubes en U dans la vase des étiers. Euryhaline, elle se rencontre communément dans les sables vaseux, les eaux saumâtres, les estuaires et les marais salants. La fréquence maximale se situe dans la moitié supérieure de la zone de balancement des marées.
Les mues de ces crustacés sont parfois si nombreuses qu'elles forment de véritables cordons littoraux.

Lavignon

Scrobicularia plana

Ce mollusque aime les sols vaseux et vit principalement dans les baies riches en matières organiques et dans les eaux saumâtres des estuaires. La coquille plate, gris sale ou jaune, est fréquemment présente dans ce type de milieu. Du lavignon, on ne voit que les siphons, bien plus longs que le corps, que ce bivalve enfouit dans le sol et étend vers la mer. Avec ses siphons, il palpe le sol à la recherche de nourriture et aspire, en même temps que l'oxygène, de l'eau, des débris d'algues et des détritus.

Une coquille de 5 cm au maximum

Soude maritime

Suaeda maritima

Cette plante herbacée ne dépasse pas 50 cm de hauteur. Sa tige dressée, durcie à la base, possède des feuilles charnues et courtes (3 cm), à section semi-cylindrique. La couleur dominante, vert glauque, s'accompagne parfois d'un lavé rougeâtre. Les feuilles placées à l'aisselle des petites inflorescences globuleuses sont beaucoup plus courtes. La floraison a lieu du mois de juillet au mois de septembre.
La plante ne noircit pas en se desséchant. Elle affectionne particulièrement les terres salées : le sommet des prés salés, les talus des marais salants ou encore les lieux pierreux des estrans marins. Elle colonise également les vases salées draguées et les polders récents.

Gravelot à collier interrompu

Charadrius alexandrinus

Tel un petit bolide, le gravelot à collier interrompu court sur le sable, tellement vite que ses pattes en deviennent invisibles. Quand il s'arrête, il est enfin possible de détailler son plumage : manteau fauve pâle, front et dessous blanc pur, bandeau noir. Il présente aussi une amorce de collier sombre de part et d'autre de la poitrine.

Taille : 16 cm

Obione faux pourpier

Halimione portulacoides

L'obione est un sous-arbrisseau de taille modeste (de 20 à 50 cm), à tiges couchées très rameuses, qui arbore une teinte blanchâtre argentée. La feuille est recouverte de nombreux poils vésiculeux gorgés de sel lorsqu'elle est jeune et qui se dessèchent ensuite. Ils permettent l'excrétion du sel, néfaste aux jeunes tissus, et protègent la feuille de la dessiccation en réfléchissant la chaleur solaire. Les fleurs s'épanouissent de juillet à octobre. Sur les vases des marais salants et des prés salés, l'obione peut couvrir de vastes étendues, inondées aux grandes marées. On peut aussi rencontrer l'obione faux pourpier au bord des lagunes et sur les rochers, ainsi que sur les parements disloqués des digues. Il peuple l'ensemble des littoraux français.

Bernache nonnette

Branta leucopsis

Qu'elles volent ou restent au sol, les bernaches nonnettes sont rarement silencieuses. Elles cancanent tout en pâturant dans les prés salés et émettent de temps à autre des jappements comparables à ceux d'un petit chien. Mais c'est en prenant leur envol qu'elles sont le plus bruyantes. Très facilement reconnaissables à leur manteau sombre, leur cou noir et leur « visage » blanc, pouvant faire penser à celui d'une religieuse, elles nous rendent rarement visite pendant la mauvaise saison, se nourrissant dans les prés salés ou, à défaut, dans d'autres types de prairies littorales. Leur nourriture préférée reste les herbes inondées lors des marées hautes. Elles nichent au Groenland et au Spitzberg.

Elles se livrent à de bruyantes parades nuptiales.

L'adulte mesure 63 cm.

Lavande de mer

Limonium vulgare

Encore appelée saladelle, cette plombaginacée vivace, haute de 10 à 80 cm, possède de grandes feuilles ovales, élargies au sommet. Elle émet une hampe florale formant des épillets dressés dans un même plan vertical et portant de une à trois fleurs, à la corolle d'un beau bleu violacé. La plante se dessèche sans flétrissures et conserve ses couleurs, d'où son surnom évocateur d'immortelle bleue.
Ce limonium est le plus répandu ; il peut former de vastes colonies parfaitement reconnaissables à la teinte vive des corolles. On lui attribue des propriétés astringentes.

Salicorne vivace

Arthrocnemum perenne

Son nom vernaculaire, d'origine latine, signifie plante à rameaux salés et charnus (*sal,* sel, et *cornu,* corne). Cette espèce vivace de 20 à 30 cm de haut est ligneuse à la base. Avec ses rameaux cylindriques, trapus, d'un vert foncé devenant rougeâtre, elle a l'aspect d'un coussin. Les feuilles, tout comme les fleurs, sont opposées et discrètes, les inflorescences étant plaquées sur la tige entre des écailles. La floraison a lieu en juillet et en août et donne de petites graines couvertes de poils crochus permettant à la plante de se fixer dans les sols vaseux. Par incinération, toutes les salicornes produisent de la soude, dont on se servait pour fabriquer du savon. Les jeunes pousses, marinées dans le vinaigre, donnent un condiment fort apprécié.

Les fleurs sont incluses dans la hampe charnue.

L'espèce est très résistante au gel.

Les eaux continentales

La carpe commune, à l'écaillure variable, peut vivre de quinze à vingt ans.

Le dytique bordé, coléoptère aquatique, fait des provisions d'air à la surface de l'eau.

Le rubanier possède de longues racines qui maintiennent les berges.

La drosera à feuilles rondes est une plante carnivore qui vit dans les tourbières.

Le caloptéryx éclatant est une jolie demoiselle au vol papillonnant.

Le triton crêté est le plus aquatique et le plus grand de nos tritons. Il mesure 18 cm.

Le castor est une espèce protégée depuis 1905. De multiples réintroductions ont permis de sauver ce rongeur de 30 kg.

Depuis le lac froid, à fond obscur, jusqu'aux mares et étangs chauds et peu profonds, avec les fleuves et les rivières qui courent de la source jusqu'à l'estuaire, les eaux continentales françaises offrent une large gamme de milieux aquatiques.

Les eaux dormantes

Elles forment des biotopes fermés de dimensions variables. Le lac se distingue de l'étang par une étendue d'eau suffisamment profonde pour comporter une zone inaccessible à la lumière, donc exempte de toute végétation.

Les lacs de plaine sont riches en végétaux. Près des rives, les joncs forment des îlots ménageant des canaux d'eau libre où les poissons trouvent abri et nourriture. Plus loin des berges, les plantes flottantes abritent un peuplement piscicole dense et très diversifié. À partir de 12 m de profondeur, là où les plantes sont immergées, l'invasion végétale commence à s'estomper et les poissons circulent librement.

Les lacs de basse montagne, aux rives abruptes et à la végétation peu développée, sont généralement clairs et bien oxygénés. Ils renferment des salmonidés, ce qui leur donne une grande importance économique. Les lacs de haute montagne, souvent situés à plus de 2 000 m, sont couverts de glace une bonne partie de l'année et, de ce fait, pauvres en oxygène et en végétation. On n'y trouve que peu d'espèces qui peuvent supporter ces conditions.

Les mares et les étangs, chauds en été, parfois asséchés par le soleil, n'accueillent que des espèces capables de s'adapter à ces changements. Elles s'accommodent de plans d'eau très petits et très peu oxygénés, allant même jusqu'à survivre un certain temps sous une croûte de boue.

À Queuille (Puy-de-Dôme), un méandre formé par la Sioule. Ci-dessous, la tourbière de Bravouse (Vosges).

Les eaux vives

Le cours d'un fleuve, qui transporte de l'eau depuis la montagne jusqu'à la mer, est une succession de biotopes divers divisés en six zones. Celles-ci reposent sur des limites nécessairement fluctuantes, et les recouvrements sont nombreux en ce qui concerne les espèces de poissons. Mais on ne rencontrera jamais une espèce typique des estuaires au niveau de la source d'un fleuve. Chaque zone porte le nom d'un poisson, qui n'est pas forcément présent à ce seul stade de l'évolution du cours d'eau, mais dont la concentration est suffisante pour qu'il serve à la nommer.

De sa source, le torrent se précipite vers la vallée, creusant son lit dans la roche. C'est le stade supérieur, appelé zone à truites. Les eaux y sont très pauvres : ici, pas de plancton, et les végétaux aquatiques se fixent difficilement. Lorsque la jeune rivière a fini de dévaler la montagne, la pente s'adoucit et la puissance du courant diminue. Le cours d'eau devient plus paisible et se met à décrire des méandres. Le courant reste toutefois assez fort pour provoquer une forte érosion des berges. Cette zone est baptisée, à cause du poisson qui domine, zone à ombres.

Au stade suivant, le lit du fleuve est devenu plus large et plus profond. Le courant reste fort et l'eau bien oxygénée. C'est la zone à barbeaux. Un peu plus en aval, le fleuve grossit et le fond de son lit est presque exclusivement meuble. Il charrie de nombreuses alluvions et ses eaux sont riches en substances nutritives, qui se déposent près des rives. Ces éléments en suspension favorisent la prolifération du plancton. La brème y étant l'espèce la plus courante, cette zone est nommée zone à brèmes.

La zone des grémilles et des flets n'est qu'une brève transition avec le cours inférieur du fleuve et diffère très peu de la zone précédente. Enfin, la zone d'eau saumâtre est caractérisée par une variation périodi-

Double page précédente : le lac du Bourget (Savoie).

Forêt alluviale (Bas-Rhin). Ci-dessous, le torrent du col d'Arsine (Hautes-Alpes) va se jeter dans la Guisane.

que du taux de salinité de l'eau, due à l'alternance des marées. Poissons et autres animaux s'y adaptent.

En bordure de ces eaux en mouvement, les forêts alluviales, inondées par les divagations des fleuves, sont des milieux riches. Les bancs de rivière attirent moins d'espèces en raison de la pauvreté du substrat.

MARAIS OU TOURBIÈRE ?

Le marais est une surface herbacée ou boisée, la plupart du temps gorgée d'eau, et occupée par des formations végétales typiques. Pour ce qui est des marais herbacés, la végétation est surtout composée de laîches, de joncs ou de mousses (bryophytes).

La tourbière constitue un cas original de marais où dominent les sphaignes, un groupe de mousses spécialisées, à la multiplication végétative verticale permanente. Elles ne se dégradent que très lentement du fait des eaux acides et peu minéralisées, du manque d'oxygène et des températures basses qui règnent dans ce milieu. C'est l'accumulation de ces sphaignes au fil des siècles, parfois sur plusieurs dizaines de mètres d'épaisseur, qui fournit la tourbe, cette matière spongieuse et légère appréciée des jardiniers.

Triton alpestre

Triturus alpestris

Le mâle (8-9 cm) en livrée nuptiale. La queue représente la moitié de la longueur du corps.

Malgré son nom, le triton alpestre n'est pas un animal typiquement montagnard. Il peut même se rencontrer jusqu'en bord de mer. Il est vrai cependant qu'il est le seul triton, dans nos contrées, à avoir colonisé lacs et abreuvoirs d'altitude. Et quand il vit en plaine, il préfère les eaux fraîches et ombragées. Voilà donc une espèce qui craint la chaleur. Quand vient pour lui le temps de se reproduire, le mâle se pare d'une superbe livrée : c'est alors sans conteste le plus bigarré de nos tritons. À haute altitude, les larves attendent parfois deux ans avant de se métamorphoser. Certains individus verront même leurs caractères larvaires persister lorsqu'ils arrivent à la maturité sexuelle : ils sont atteints de néoténie. Le triton alpestre mange toute sorte d'insectes et de vers mais aussi des larves de triton et des têtards.

Ranatre

Ranatra linearis

Le corps de cette punaise carnassière est très allongé.

La ranatre, qui peut mesurer jusqu'à 3,5 cm, est une punaise adaptée à la vie aquatique. Elle possède à son extrémité postérieure un petit tube de 2 cm de long qui amène l'air dans son système respiratoire. Pour s'approvisionner en oxygène, elle met la tête en bas, de sorte que son tube affleure la surface de l'eau. Son corps, très étroit, lui permet de se dissimuler dans les plantes aquatiques, d'où elle surveille le passage de ses proies. Elle les capture à l'aide de sa première paire de pattes, transformées en pattes ravisseuses. Lorsque son milieu s'assèche, la ranatre vole vers un autre plan d'eau.

Potamot nageant

Potamogeton natans

Plante submergée, le potamot nageant colonise les eaux stagnantes ou à très faible courant. Il a deux formes de feuilles : les flottantes, qui sont ovoïdes ou arrondies, et les immergées, qui forment des lanières étroites. Les fruits sont pourvus de petits réservoirs d'air qui leur permettent de flotter et de dériver. Une fois imbibé d'eau, le fruit tombe dans la vase, où germent les graines.

Il pousse souvent en compagnie du myriophylle en épi (voir p. 96).

Canard colvert

Anas platyrhynchos

Le colvert (58 cm), souche du canard domestique, s'est remarquablement adapté à la vie urbaine, au point de devenir l'un des oiseaux les plus familiers des pièces d'eau. Il est bien plus farouche dans nos campagnes, où les chasseurs en font le gibier d'eau par excellence. Le tir se fait souvent à la tombée de la nuit, lors de la passée, c'est-à-dire au moment où le colvert quitte sa retraite diurne – un plan d'eau tranquille – pour gagner en vol ses lieux de ravitaillement. Il mange la nuit dans les champs ou les marais, parfois même jusque dans les forêts de chênes, car il raffole des glands. Les couples se forment en automne après la mue et c'est la femelle qui choisit le mâle.

Le mâle abandonne la femelle dès qu'elle se met à couver.

Planorbe

Planorbarius corneus

On la rencontre parfois hors de l'eau.

La planorbe se plaît dans les eaux dormantes riches en végétation qu'elle consomme et sur laquelle elle dépose ses œufs. Elle porte une seule paire de tentacules rétractiles, à la base desquels sont situés les yeux. La coquille, enroulée en spirale dans un plan, peut atteindre 3 cm de diamètre. La respiration est assurée par un seul poumon. Mais la présence d'un taux important d'hémoglobine dans le sang, donnant une couleur rougeâtre à l'espèce, lui permet de fixer plus facilement l'oxygène de l'eau (lui évitant de remonter souvent à la surface) et de survivre dans les eaux polluées.

Nénuphar blanc

Nymphaea alba

C'est une plante vivace des eaux calmes, à rhizome épais et ramifié, sans tige aérienne. Les feuilles, de 10 à 30 cm de diamètre, flottent et sont reliées au rhizome par un pétiole pouvant atteindre 2 m. Épanouies entre juin et septembre, les fleurs, symboles de pureté depuis les temps anciens, sont blanches, très décoratives et légèrement parfumées. Le nom de genre, *Nymphaea,* vient du grec *numphê,* nymphe, divinité des eaux.

La plante est solidement ancrée sur le fond par son rhizome.

Carpe commune

Cyprinus carpio

La carpe commune se nourrit surtout sur le fond et utilise ses quatre barbillons, localisés autour de la bouche, pour repérer vers, crevettes et insectes enfouis dans la vase. Son écaillure peut être variable : la carpe miroir porte de grosses écailles irrégulièrement réparties, la carpe cuir n'en a pas. La forme sauvage de l'espèce est originaire d'Asie. Bien que l'on ne connaisse pas avec précision la date de son introduction en France, on pense qu'elle fut importée par les Romains durant l'occupation de la Gaule.

Elle mesure ent 50 et 60 cm et peut vivre de quinze à vingt ans.

Demoiselle bleue

Enallagma cyathigerum

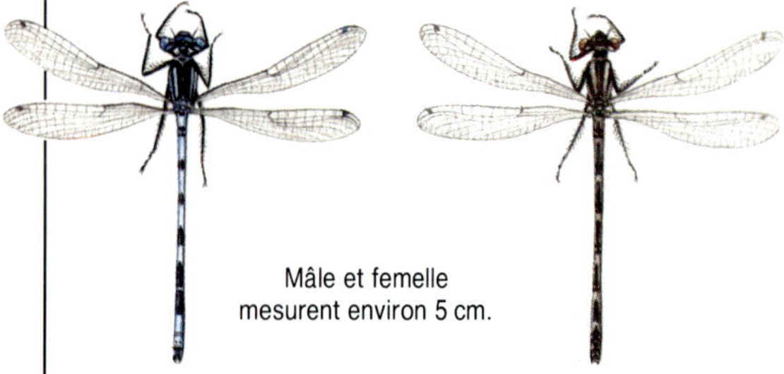

Mâle et femelle mesurent environ 5 cm.

La demoiselle bleue a un cycle de vie divisé en deux modes distincts : une phase aquatique et une phase aérienne. À l'état de larve, elle est brune et vit entièrement sous l'eau, où elle chasse de petits invertébrés pour assurer sa croissance.
Le moment de la transformation est spectaculaire. La larve grimpe le long d'une tige et sort de l'eau. Une fente se forme le long du dos et l'adulte, bleu, s'extirpe doucement de son enveloppe larvaire. Il étend alors progressivement ses ailes froissées, qui s'irriguent de sang.

Massette à larges feuilles

Typha latifolia

La massette, ou quenouille, est une plante vivace de grande taille (plus de 2 m). Elle est commune au bord des étangs, des lacs, des marais, des fossés et des mares, partout où le fond vaseux est riche en matières organiques. Elle y domine ses voisines en balançant au vent ses épis cylindriques, comparables à de gros cigares : ce sont les épis femelles, surmontés immédiatement par les épis mâles, grêles et clairs. C'est une espèce cosmopolite, présente dans toute la France, sauf dans le Midi. Elle fleurit de juin à août. Après la pollinisation, les épis femelles se transforment en une masse duveteuse blanche portant des fruits soyeux et simulant une quenouille. Très décorative, la massette est utilisée pour les bouquets secs. Il faut pour cela récolter les inflorescences avant maturité, les faire sécher et les fixer avec de la laque.

Fleurs mâles en épis

Les fleurs femelles sont formées d'un ovaire dont la base est pourvue d'une aigrette de soies.

Grenouille verte

Rana esculenta

La grenouille verte présente une sexualité bien compliquée. Issue d'une hybridation entre la grenouille de Lessona et la grenouille rieuse (voir p. 105), elle ne peut avoir une descendance fertile qu'en se reproduisant à son tour avec l'une des deux espèces parentales. C'est pourquoi, en France, il y a presque toujours des grenouilles de Lessona dans les colonies de grenouilles vertes.

Elle mesure environ 10 cm et porte un sac vocal de chaque côté de la tête.

Butome

Butomus umbellatus

Les inflorescences sont composées d'une trentaine de fleurs.

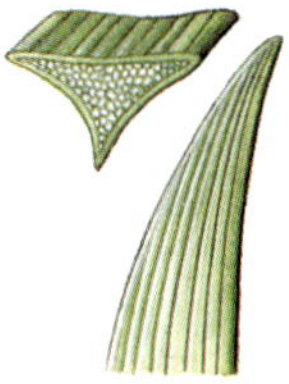

Feuilles longues à section triangulaire

Cette plante vivace de 0,50 à 1,50 m pousse dans les eaux peu profondes. Ses feuilles émergent d'une touffe provenant d'un rhizome sous la vase et rappellent celles d'un jonc, d'où ses autres noms de jonc fleuri et jonc des rivières. Le butome est le seul représentant de la famille des butomacées en France. Ses jolies fleurs rose vif s'épanouissent de juin à août. Ses fruits sont des follicules qui libèrent des semences légères flottant sur l'eau. C'est une plante très spectaculaire, appréciée également dans les jardins paysagers.

Héron cendré

Ardea cinerea

Légalement protégé depuis 1975, le héron cendré a vu ses effectifs quadrupler depuis cette date, ses bruyantes colonies étant maintenant disséminées dans presque toute la France. Qui n'a pas vu sa silhouette grise immobile dans les roseaux ou déambulant à pas lents dans l'eau peu profonde, à la recherche du poisson, qui constitue l'essentiel de son régime ? En hiver, il n'est pas rare de le voir chasser dans les labours, ses proies principales devenant les micromammifères et les vers de terre. Le héron niche surtout dans les arbres. La femelle construit une épaisse plate-forme avec des branchettes apportées par le mâle. Les parents se partagent la couvaison – qui dure de vingt-cinq à vingt-huit jours – des trois à cinq œufs, et l'élevage des jeunes.

Le héron cendré mesure 90 cm. Le mâle et la femelle sont identiques.

Vespertilion de Daubenton

Myotis daubentoni

Charmante petite chauve-souris qui vit à proximité de tous les milieux humides français, le vespertilion de Daubenton est encore assez mal connu. Il chasse les insectes à la surface de l'eau avec force pirouettes aériennes, et pêche également des crustacés et de petits alevins. Comme toutes les autres chauves-souris, il est uniquement nocturne, inoffensif et totalement protégé par la loi.

Il mesure de 4 à 5 cm, avec une envergure de 20 à 25 cm.

Loche d'étang

Misgurnus fossilis

Un poisson de 15 à 25 cm de long

La respiration branchiale de ce poisson, qui vit dans la vase, est secondée par une respiration intestinale. Lorsque l'eau est pauvre en oxygène, la loche d'étang remonte à la surface et avale de l'air. L'oxygène est absorbé au passage par l'intestin, qui joue le rôle d'un poumon, et l'air ressort en bulles par l'anus.

Anax empereur

Anax imperator

L'adulte de cette libellule est un formidable chasseur aérien qui capture la plupart de ses proies en vol. Il consomme les petites sur place tandis qu'il dévore les plus grosses sur son reposoir. Ses yeux immenses, qui possèdent près de trente mille facettes, ont un champ de vision très large et lui permettent de détecter des proies jusqu'à une douzaine de mètres de distance. Bien que ses ailes battent dix fois moins vite que celles d'une abeille, il peut voler à 30 km/h.

La larve de l'anax empereur, qui est aquatique, est également un redoutable prédateur. Elle se propulse en expulsant de l'eau par son intestin et capture ses victimes avec sa puissante mâchoire protractile, armée de crochets. Très vorace, elle vit près du fond et se nourrit non seulement d'insectes aquatiques et de vers de vase mais aussi de têtards et de petits poissons.

La femelle est plus petite que le mâle.

Le mâle, qui fait 10,5 cm de long, est d'un bleu brillant.

Gyrin

Gyrinus natator

Ce coléoptère aquatique est un redoutable prédateur. Chacun de ses yeux est divisé en deux parties superposées : la partie supérieure lui permet de voir ce qui se passe à la surface de l'eau ou au-dessus de lui, la partie inférieure regarde vers le fond. Il repère ainsi ses proies aisément.
Les gyrins vivent en groupes sur les eaux stagnantes. Ils passent la plupart de leur temps à tournoyer à la surface en quête de victimes. L'adulte se nourrit principalement de moustiques et de leurs larves.

Chaque œil est divisé en deux parties.

Le gyrin (6 mm) a des pattes très courtes en forme de rame.

Grande douve

Ranunculus lingua

Ses tiges rampantes naissent dans la boue et se dressent parfois jusqu'à 2 m de haut. Elle est commune dans les marécages d'Europe et d'Asie. La floraison, qui dure de juin à août, donne une fleur de 5 cm de diamètre de la couleur du beurre. Comme la plupart des renoncules, la grande douve est une plante toxique. Elle reste cependant une espèce très décorative, protégée en France.

Lentilles d'eau

Les lentilles d'eau ne dépassent pas 2,6 cm de diamètre.

Lemna minor

Très communes sur les eaux calmes et riches, les lentilles d'eau peuvent être flottantes ou submergées. Elles forment des articles qui ressemblent à des lentilles, avec une seule racine, et créent parfois de véritables tapis à la surface des eaux, particulièrement sur les mares. Les lentilles d'eau ne fleurissent que dans les endroits ensoleillés et se reproduisent surtout par multiplication végétative.

Perche-soleil

Lepomis gibbosus

Originaire d'Amérique du Nord, cette perche est un petit poisson d'une vingtaine de centimètres aux reflets nacrés verdâtres à ivoire et aux petites taches brun-jaune à orange. Elle fut introduite en Europe en 1877 et s'est acclimatée dans de nombreuses régions, où elle fréquente les eaux tièdes et riches en végétation des rives.
Les œufs (entre 2 000 et 3 000) sont pondus près de la rive, dans des nids plats, et incubent en cinq-six jours. Le mâle et la femelle montent la garde jusqu'à ce que les alevins soient autonomes.

En période de reproduction, le mâle arbore des couleurs vives.

Grèbe à cou noir

Podiceps nigricollis

Hôte des étangs envahis de végétation aquatique, le grèbe à cou noir présente un contraste saisissant entre son terne plumage hivernal et sa livrée nuptiale, orange et noire, avec des oreillettes jaunes. Il aime nicher au sein des colonies de mouettes, profitant de leur agressivité à l'égard des prédateurs. Si, malgré elles, ces derniers réussissent à s'approcher, le grèbe à cou noir recouvre ses œufs de débris végétaux avant de s'éloigner de son nid.
En hiver, l'espèce se rencontre surtout sur le littoral, bien que le lac Léman accueille plusieurs milliers d'individus.

Hydre verte

Hydra viridissima

Parente des anémones et des méduses, l'hydre d'eau douce n'existe qu'au stade du polype. Sa base, rétrécie, forme un pied qui se fixe sur les plantes aquatiques et se détache pour se déplacer. L'hydre verte doit sa couleur aux algues unicellulaires présentes dans ses cellules. Elle capture de petits animaux grâce aux cellules adhésives et piquantes situées sur ses tentacules. Les **daphnies,** filtreuses au corps transparent, en sont les plus nombreuses victimes. Leur nage saccadée, due à des antennes biramées, leur a valu le surnom de puces d'eau.

Myriophylle en épi

Myriophyllum spicatum

C'est une espèce immergée, vivace, à tige ramifiée, mesurant de 0,50 à 2,50 m de long. Son rhizome rampant s'enfonce dans la vase jusqu'à 6 m de profondeur. Les feuilles, immergées, sont très divisées et disposées en verticilles autour de la tige. Leur grand nombre a donné son nom au genre : en grec, *murias* signifie innombrable et *phyllon,* feuille. À la floraison, entre juin et août, de petites fleurs se forment, regroupées en épis. De couleur rose, elles s'ouvrent hors de l'eau.
Le myriophylle se multiplie de manière végétative par des turions qui se détachent de la plante mère. Plante de décoration utilisée pour les bassins et les pièces d'eau, dans les parcs et les jardins, elle devient vite envahissante.

Gardon

Rutilus rutilus

Le gardon se reconnaît à son corps bombé et à son œil rouge, très coloré dans la partie supérieure. Il vit en groupes importants dans la végétation aquatique. La période de frai se déroule en avril-mai ; la tête des mâles s'orne alors de petits tubercules nuptiaux. Toutes les femelles d'un même groupe pondent, en même temps, de 50 000 à 100 000 œufs chacune. Les œufs se collent sur des plantes aquatiques, des racines ou des pierres et l'incubation dure de quatre à dix jours, selon la température. Le gardon atteint sa maturité sexuelle à trois ans et peut vivre une dizaine d'années.

Le gardon (15-20 cm) est recherché des pêcheurs pour la qualité de sa chair.

Argyronète

Argyroneta aquatica

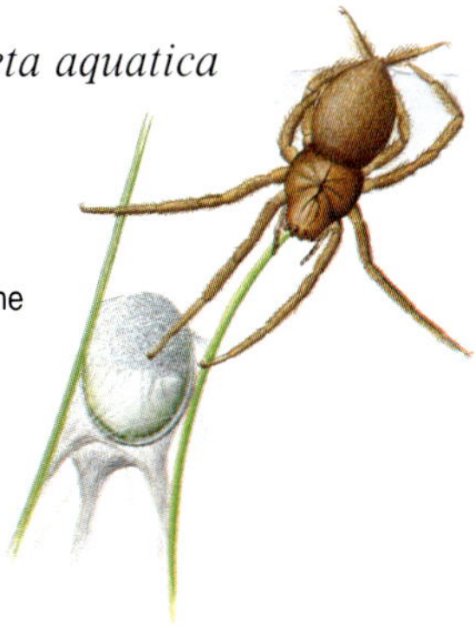

Elle vit dans la cloche et y stocke ses proies.

L'argyronète est une araignée de 1,3 cm qui vit sous l'eau. Elle y construit une cloche en soie d'environ 2 cm de diamètre et remonte régulièrement à la surface pour faire une provision d'air frais : dès que des petites bulles d'air se sont accrochées à ses poils, l'araignée redescend et les dépose dans sa cloche. Ce sont les femelles qui construisent ces cloches entre les plantes aquatiques. Elles y vivent le jour et en sortent la nuit pour chasser les insectes aquatiques. Au moment de la ponte, elles en consolident la paroi supérieure pour y déposer leurs œufs et les surveiller d'en bas.

Utriculaire commune

Utricularia vulgaris

Cette plante vivace, qui mesure de 15 à 45 cm de haut, est dépourvue de racines. De la famille des lentibulariacées, elle est aussi appelée lenticulaire ou mille-feuille des marais. Pourvue de petites vésicules translucides remplies d'air, ou utricules, elle flotte sur des eaux très lentes ou dormantes. Les utricules, qui se trouvent au niveau des feuilles immergées, lui servent également à capturer de minuscules crustacés, dont elle absorbe ensuite les produits de décomposition, car c'est une plante carnivore qui ne sécrète pas de sucs digestifs. Elle fleurit du mois de juin à septembre. Sa fleur, jaune d'or, possède des sépales rougeâtres.
La plante se multiplie de façon végétative en émettant des bourgeons.

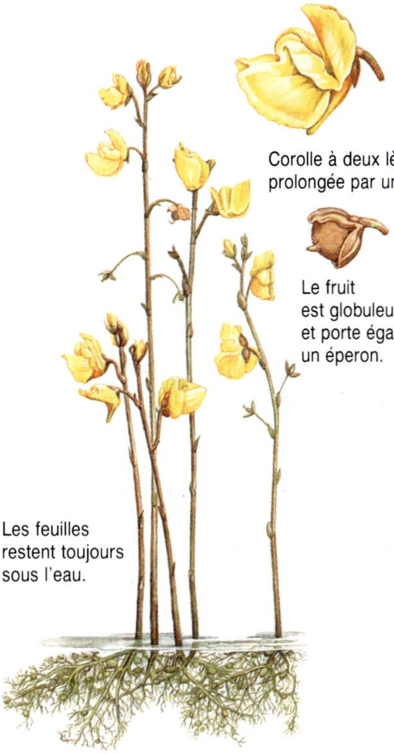

Corolle à deux lèvres, prolongée par un éperon

Le fruit est globuleux et porte également un éperon.

Les feuilles restent toujours sous l'eau.

Riccia flottant

Riccia fluitans

Cette fragile petite hépatique possède un thalle aux rameaux très fins (1 mm de large) se divisant en deux à leur extrémité. Elle appartient au cercle très fermé des hépatiques flottantes. Au printemps, le riccia peut former des peuplements très importants à la surface des eaux calmes moyennement chargées en nutriments. Ce sont des cavités dans le thalle qui lui permettent de flotter. Les spores sont libérées lors de la destruction annuelle de celui-ci. Le riccia vit aussi sur les sols très humides, produisant alors sur sa face inférieure de minuscules filaments de fixation, ou rhizoïdes.

Gerris lacustre

Gerris lacustris

Le gerris est capable de se déplacer sur l'eau en exploitant la tension de surface. Ce phénomène est dû aux liaisons entre les molécules d'eau, qui sont plus fortes que les liaisons entre l'eau et l'air, et qui créent une sorte de film élastique pouvant supporter des objets très légers. Ses longues pattes, sur lesquelles son poids est parfaitement réparti, et l'extrémité de ses pattes, recouverte de poils hydrofuges, empêchent le gerris de couler.

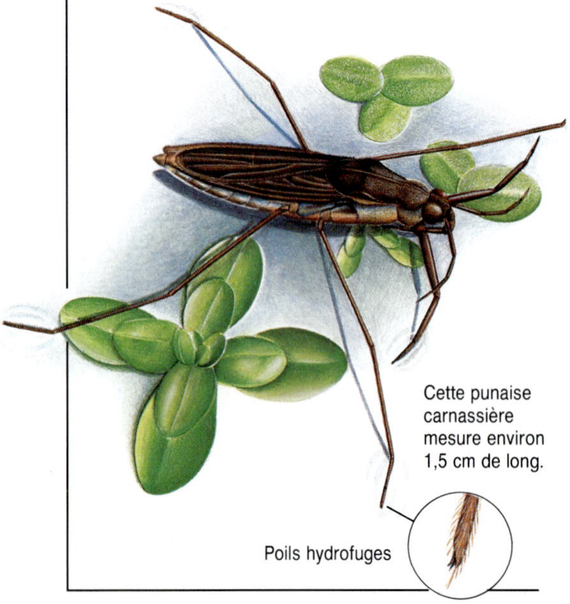

Cette punaise carnassière mesure environ 1,5 cm de long.

Poils hydrofuges

Rubanier

Sparganium erectum

Le rubanier est une plante vivace de 0,30 à 1 m de haut. Il pousse sur les bords vaseux des marais et des mares et le long des petits cours d'eau. Son système racinaire très développé protège les berges de la destruction et offre aux poissons un bon endroit pour frayer. Le rubanier possède une tige dressée, ramifiée à sa partie supérieure, et des feuilles très longues et larges à la base. Celles-ci étaient utilisées pour les petits travaux de jardin tels que ligaturer les greffes ou botteler les légumes.

Fleurs mâles au sommet, fleurs femelles en dessous

La base des feuilles engaine la tige.

Rat musqué

Ondatra zibethicus

Ce gros campagnol (il mesure 60 cm et pèse jusqu'à 1,8 kg), d'origine américaine, fut introduit chez nous au début de ce siècle pour sa fourrure. Bon nageur, il creuse souvent son terrier dans les berges, en plaçant presque toujours l'entrée sous l'eau pour se protéger des intrus. Ou encore, il se construit, dans les plantes aquatiques, une hutte de 1 à 2 m de diamètre. Le rat musqué se nourrit parfois de coquillages, dont il utilise les coquilles pour faire son nid.

Tanche

Tinca tinca

La tanche est un poisson au corps massif, trapu, de couleur brun-vert, qui peut atteindre 50 cm de long. Elle vit en solitaire. Craignant la lumière, elle passe la journée près du fond et ne devient active qu'à la tombée de la nuit.
Le mâle se distingue de la femelle par des nageoires pelviennes nettement plus longues. La période de frai a lieu de mai à juillet.
Les œufs, très petits (de 0,8 à 1 mm de diamètre) mais nombreux (jusqu'à 800 000), adhèrent à la végétation aquatique. Après une incubation de trois à quatre jours éclosent de petites larves munies d'un organe adhésif sur la tête. Cet organe leur permet de se fixer sur les plantes, jusqu'à ce qu'elles aient épuisé le contenu du sac vitellin dont elles se nourrissent.

La tanche se nourrit d'invertébrés aquatiques capturés dans le fond.

Poule d'eau

Gallinula chloropus

Cet oiseau farouche habite des plans d'eau entourés d'une végétation dense, où il se sent à l'abri. En hiver, la poule d'eau vainc sa timidité et n'hésite pas à se rapprocher de l'homme pour pouvoir se nourrir suffisamment. Apeurée, elle est capable de plonger, laissant alors son bec hors de l'eau pour respirer. Ses grands doigts lui permettent de marcher sur les nénuphars (voir p. 91), de grimper à un buisson et, bien que non palmés, de nager correctement.

On remarque la ligne blanche sur les flancs. Mâle et femelle sont identiques (32 cm).

Sa fourrure est épaisse et douce.
La queue mesure environ 25 cm.

Éphémère

Ephemera danica

Le cycle de vie de l'éphémère a lieu en deux étapes distinctes : une phase aquatique, qui peut durer deux ans, et une phase aérienne, qui peut ne durer que quelques jours. La larve est aquatique et s'approvisionne en oxygène à l'aide de branchies disposées de part et d'autre de son abdomen. Au fur et à mesure qu'elle grandit, des fourreaux alaires apparaissent sous sa peau. Lorsque ceux-ci ont atteint la taille adéquate, la larve gagne la surface de l'eau ; sa peau se fend, un insecte ailé émerge et, phénomène peu commun chez les insectes, prend son envol immédiatement. Ses ailes sont grossières et couvertes de poils imperméables ; on parle alors d'individu subadulte. Après quelques heures, l'insecte mue encore et le véritable adulte apparaît, les ailes dénuées de poils.

Il fait une envergure d'environ 4 cm.

La larve vit deux ans dans l'eau.

Aselle aquatique

Asellus aquaticus

Ce petit crustacé vit dans des eaux chargées en matières organiques, voire un peu polluées. Mais il ne sait pas nager. Le mâle transporte souvent la femelle, plus petite, accrochée sous son abdomen.

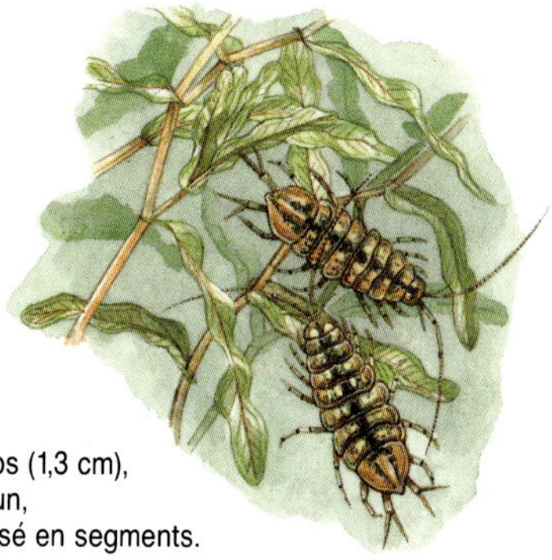

Le corps (1,3 cm), gris-brun, est divisé en segments.

Élodée du Canada

Elodea canadensis

Plante aquatique immergée, l'élodée forme des tapis denses dans les eaux bien oxygénées des lacs, étangs et canaux de toute l'Europe. Originaire d'Amérique du Nord, elle a été introduite en Irlande en 1836. C'est une plante dioïque, les organes reproducteurs mâles et femelles étant portés par deux pieds distincts. L'espèce est stérile en Europe, car seuls des individus femelles y furent introduits. Sa reproduction se fait alors de manière végétative : en automne, des bourgeons se forment et tombent au fond de l'eau pour donner de nouveaux plants au printemps. Extrêmement envahissante, l'élodée du Canada est aussi appelée peste d'eau.

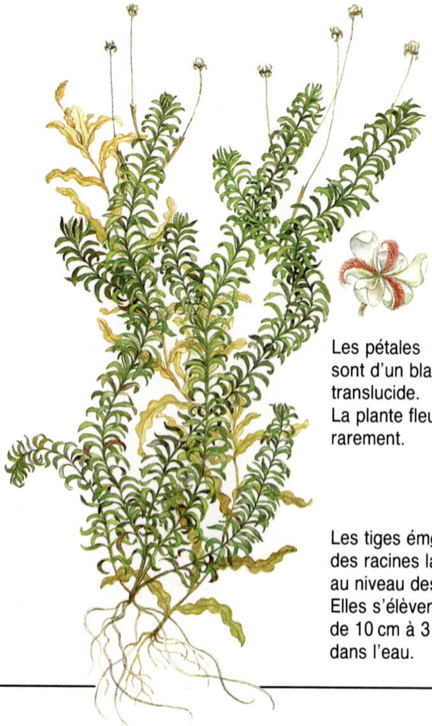

Les pétales sont d'un blanc translucide. La plante fleurit rarement.

Les tiges émettent des racines latérales au niveau des nœuds. Elles s'élèvent de 10 cm à 3 m dans l'eau.

Omble chevalier

Salvelinus alpinus

L'omble chevalier est un poisson allongé dont le dos se bombe légèrement avec l'âge. D'origine boréale, l'espèce est lacustre sous nos climats et autochtone dans plusieurs lacs (Léman, Bourget). D'une façon générale, la reproduction a lieu en décembre entre 20 et 80 m de fond, mais des pontes printanières ne sont pas exclues.
L'omble chevalier a fait l'objet de soutiens d'effectifs dans les plans d'eau où il est autochtone (lac du Bourget) et d'introductions pour la pêche dans des lacs et retenues artificiels des Alpes, des Pyrénées, du Jura, des Vosges et du Massif central. Son extrême sensibilité à la pollution (c'est une espèce d'eau froide qui a besoin de beaucoup d'oxygène) le rend particulièrement vulnérable à la dégradation de la qualité des eaux des milieux lacustres profonds. Sa chair est d'une très grande finesse.

L'omble chevalier peut mesurer jusqu'à 80 cm.

Lavaret

Coregonus lavaretus

La chair du lavaret est très savoureuse.

Le lavaret est un poisson de 20 cm au corps élancé et fusiforme. Sa tête est conique et porte une petite bouche pointue formant une sorte de nez. Les lavarets vivent en groupes. Les bancs se déplacent dans l'eau en fonction de l'emplacement du zooplancton. En France, les lavarets ne sont autochtones que dans le lac Léman et le lac du Bourget. Cependant, au siècle dernier, cette espèce a fait l'objet d'introductions nombreuses dans plus de vingt lacs et retenues des Alpes, du Jura, du Massif central et, récemment, des Vosges.

Isoète lacustre

Isoëtes lacustris

Il y a sept espèces d'isoètes en France. Ces plantes, qualifiées aujourd'hui de reliques, abondaient à l'ère primaire, comme en témoignent les fossiles découverts dans des gisements de charbon.
On trouve généralement l'isoète lacustre dans les eaux froides et pauvres, entre 2 et 6 m de profondeur. Cette plante herbacée présente de longues feuilles étroites disposées en rosette. Elle se fixe au sol grâce à un axe tubéreux.

Chaque plant pousse séparément et peut atteindre 15 cm de haut.

Ablette

Alburnus alburnus

L'ablette est un poisson d'une douzaine de centimètres qui fréquente les eaux stagnantes, du nord des Pyrénées à l'Oural. Ce poisson de surface vit en bancs, soit près des rives, soit au milieu du plan d'eau. Il évite les eaux troubles ou trop envahies par la végétation.
En période de frai, le mâle porte un petit tubercule nuptial sur la tête. La ponte (de 5 000 à 6 500 œufs) se déroule en eau peu profonde, près des rives graveleuses ou dans les cours d'eau qui alimentent le plan d'eau ou s'en écoulent.

Le corps est couvert de grandes écailles très brillantes. L'ablette est un excellent poisson de friture.

Grèbe huppé

Podiceps cristatus

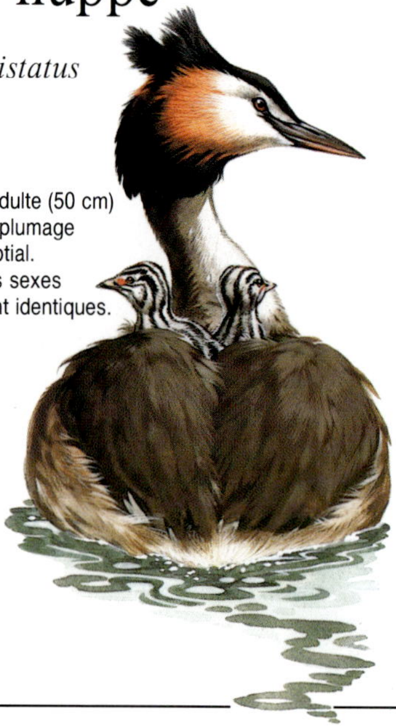

L'adulte (50 cm) en plumage nuptial. Les sexes sont identiques.

L'espèce niche sur les eaux douces ou saumâtres du pourtour méditerranéen et de la moitié nord de la France. En hiver, le gel oblige certains grèbes à fuir vers les bords de mer, mais la plupart se regroupent sur les grands lacs : des milliers stationnent sur les réservoirs de la Champagne, plus de 10 000 sur le lac Léman ! Dès le mois de février, le grèbe huppé acquiert sa magnifique collerette, qu'il déploiera lors de la parade nuptiale. Au cours de celle-ci, le couple se dresse, poitrine contre poitrine, en secouant la tête, puis l'un des partenaires plonge pour rapporter une offrande d'herbes aquatiques.
Le nid est un amas de plantes et de vase, en partie flottant. Les poussins le quittent rapidement, mais, ne sachant plonger qu'à l'âge de six semaines, ils voyagent sur le dos d'un des adultes pendant que l'autre s'occupe du nourrissage.

Poisson-chat

Ictalurus melas

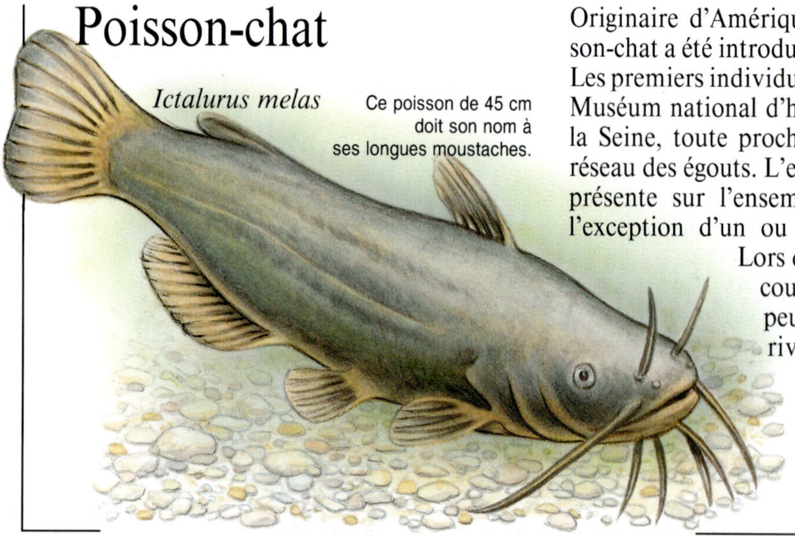

Ce poisson de 45 cm doit son nom à ses longues moustaches.

Originaire d'Amérique du Nord, le poisson-chat a été introduit en France en 1871. Les premiers individus se sont échappés du Muséum national d'histoire naturelle vers la Seine, toute proche, en empruntant le réseau des égouts. L'espèce est maintenant présente sur l'ensemble du territoire, à l'exception d'un ou deux départements. Lors de la reproduction, le couple aménage un nid peu profond près de la rive et surveille les quelque 1 000 à 3 000 œufs. Après l'éclosion, les alevins se regroupent en masse dense.

Æshne des joncs

Aeshna juncea

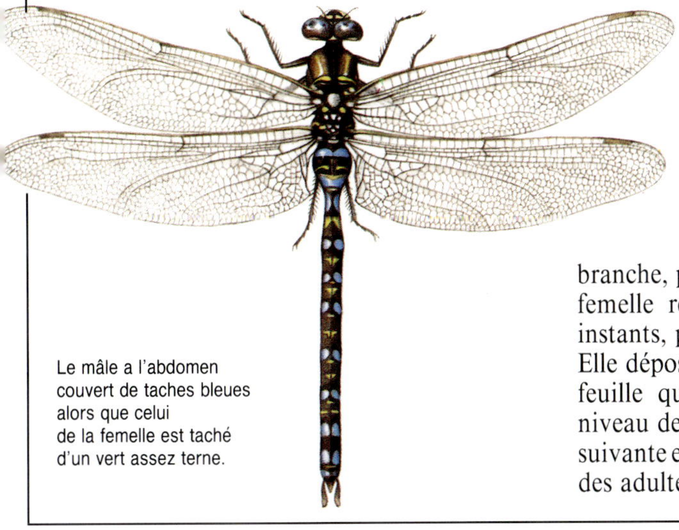

Le mâle a l'abdomen couvert de taches bleues alors que celui de la femelle est taché d'un vert assez terne.

Cette libellule de grande taille (9,5 cm d'envergure) se rencontre entre 800 et 1 500 m d'altitude. Mâles et femelles fréquentent les zones où poussent joncs et laîches de différentes espèces. Tôt le matin, les mâles se mettent en chasse. Les femelles arrivent vers 9 heures. Les accouplements s'effectuent immédiatement en vol et durent de cinq à dix minutes. Après l'accouplement, le couple se repose une heure sur une pierre ou une branche, puis le mâle repart vers l'eau. La femelle reste encore immobile quelques instants, puis rejoint les touffes de laîche. Elle dépose ses œufs en chapelet dans une feuille qu'elle incise juste au-dessus du niveau de l'eau. Les œufs écloront l'année suivante et les larves donneront naissance à des adultes trois ans plus tard.

Chironome plumeux

Chironomus plumosus

Ce moustique ne pique pas. La larve, de couleur rouge grâce à un pigment proche de l'hémoglobine, est connue des pêcheurs sous le nom de ver de vase. En effet, elle peut vivre dans les fonds vaseux des eaux stagnantes. Elle mesure jusqu'à 2 cm.

C'est un bon appât pour les pêcheurs.

Scirpe des lacs

Scirpus lacustris

Plante hydrophyte et vivace, le scirpe des lacs colonise les rivières à débit lent et les eaux dormantes (parfois jusqu'à 3 m de profondeur). C'est une espèce grande et robuste qui peut atteindre 3 m de haut. Le scirpe des lacs est envahissant par le développement rapide de son rhizome rampant. Bien que ressemblant beaucoup au jonc, il n'appartient absolument pas à la même famille. Il fleurit généralement de mai à juillet. Sa tige est pleine, spongieuse et souple. On l'utilisait autrefois pour calfater les tonneaux, d'où son surnom de jonc des tonneliers, et couvrir les chaumières.
Le scirpe des lacs est une espèce cosmopolite, fréquente dans toute la France en dessous de 1 500 m d'altitude. Il en existe une variété ornementale cultivée, à tiges zébrées de vert et de blanc.

Les épillets, assez gros, sont brun rougeâtre et ovoïdes.

En écartant les bractées, on découvre les trois étamines et le fruit.

Potamot à feuilles crépues

Potamogeton crispus

C'est une plante rampante pourvue de nombreuses tiges souterraines. Elle se distingue du potamot nageant (voir p. 90) par la forme unique de ses feuilles, qui sont ondulées. Particulièrement jolies, translucides, immergées, elles ondulent gracieusement sur l'eau, d'où l'autre nom de potamot ondulé donné à la plante.
La floraison s'étale de mai à octobre. Les fleurs sont groupées en épis qui donneront des fruits munis d'un long bec. La reproduction s'effectue soit par les graines, soit par des bulbes. Ceux-ci hivernent dans la vase et produisent de nouveaux plants au printemps.

Gammare des ruisseaux

Gammarus pulex

Il est courant de donner à ce petit crustacé de 2,5 cm le nom de crevette d'eau douce. Les gammares ne sont pourtant pas des crevettes, mais appartiennent à l'ordre des amphipodes, regroupant des espèces marines et d'eau douce. Les gammares possèdent tous un corps allongé, comprimé latéralement et incurvé. *Gammarus pulex* est un représentant commun, vivant dans des eaux douces assez claires, où il se nourrit de débris. Il nage couché sur le flanc, mais on le rencontre le plus souvent sous les pierres ou parmi la végétation. La femelle possède une poche incubatrice ventrale où elle pond de huit à trente œufs, qui s'y développent jusqu'à l'éclosion.

Sandre

Stizostedion lucioperca

Le sandre, grand prédateur de nos rivières, est originaire d'Europe centrale. Sa première capture en France est signalée en 1888 dans le Rhin. La maîtrise de la reproduction artificielle et du transport des pontes ont été à l'origine de son extension, par les sociétés de pêche, à l'ensemble du réseau hydrographique français.

Épinoche

Gasterosteus aculeatus

L'épinoche se reproduit entre fin mars et début août, lorsque la nourriture pour les jeunes est abondante. Le mâle se pare alors de couleurs vives et s'attribue un territoire. Il construit un nid à partir de débris végétaux sur le fond ou parmi la végétation aquatique. Il essaie ensuite d'y attirer des femelles par des allées et venues incessantes, en les poussant vers le nid. Lorsqu'une femelle a pondu ses ovules (de soixante à six cents), le mâle les féconde, puis il chasse sa partenaire hors du nid. Il gardera les œufs jusqu'à l'éclosion, puis les jeunes durant quelques semaines, jusqu'à leur indépendance.

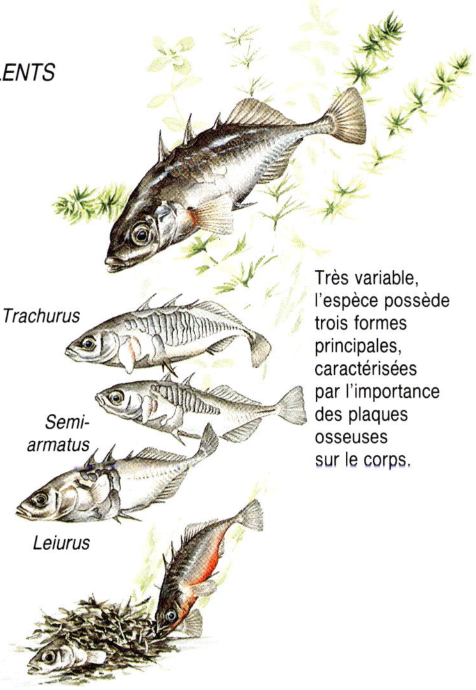

Très variable, l'espèce possède trois formes principales, caractérisées par l'importance des plaques osseuses sur le corps.

Le mâle surveille le nid pendant que la femelle pond.

Grenouille rieuse

Rana ridibunda

Sa peau est fortement verruqueuse.

La grenouille rieuse doit son nom à son chant puissant, dont certains motifs évoquent des ricanements. C'est notre plus grosse grenouille autochtone (elle peut exceptionnellement atteindre 15 cm de long). Extrêmement aquatique et diurne, elle aime prendre le soleil sur les berges des étangs ou des rivières lentes. Au moindre danger elle saute promptement dans l'eau, pouvant alors effectuer des bonds atteignant près de 2 m.

En France, elle n'était à l'origine présente que dans l'Est. Élevée pour la consommation, elle fut introduite çà et là sur notre territoire et étendit ensuite considérablement son aire de répartition.

Musaraigne aquatique

Neomys fodiens

Petit mammifère au nez pointu et aux dents acérées, la musaraigne aquatique nage grâce aux poils natatoires de sa queue et de ses pattes. Elle se nourrit surtout de petites proies aquatiques qu'elle tue avec sa salive toxique. L'espérance de vie de cette musaraigne dépasse rarement un an.

Elle mesure de 7 à 9 cm, sans la queue. La femelle a plusieurs portées de cinq à dix petits entre avril et octobre.

Renoncule aquatique

Ranunculus aquatilis

Les fruits sont penchés vers le fond de l'eau.

Comme la plupart des plantes aquatiques, la renoncule s'enracine dans la boue. D'une longueur variant de 0,40 à 1,50 m, sa tige est faiblement ramifiée. Elle est reconnaissable à ses deux types de feuilles : les premières sont lobées et flottantes, les secondes, en lanières fines, sont immergées. C'est pour cela qu'elle a longtemps porté le nom de *diversifolius* (à feuilles variées). De mai à août, pendant la floraison, elle forme de très jolis tapis flottants, à fleurs blanches tachées de jaune. La renoncule aquatique (du latin *rana,* grenouille) est aussi surnommée grenouillette. Elle préfère les eaux à faible courant ou dormantes et, exceptionnellement, pousse dans des chemins temporairement inondés. On l'utilise en pisciculture, car elle est très appréciée des poissons.

Limnée d'eau

Limnaea stagnalis

Elle peut vivre jusqu'à trois ans.

Appelée aussi limnée des étangs, c'est l'un des gastéropodes les plus fréquents des eaux douces d'Europe. Sa coquille en spirale pointue mesure de 5 à 6 cm de haut et de 2 à 3 cm de large. Les yeux sont situés à la base de deux larges tentacules non rétractables. La limnée d'eau vit dans une végétation abondante qu'elle broute avec sa radula, qui croît au fur et à mesure de son usure. Elle se déplace sur un film visqueux à l'aide de son pied musculeux. Amphibie pulmoné, ce gastéropode doit régulièrement remonter à la surface pour respirer. Il pond ses œufs en masses gélatineuses sur les pierres et les plantes aquatiques.

Cresson officinal

Nasturtium officinale

Ses tiges, dont la base rampe dans l'eau, sont creuses. Le cresson est très commun en France, jusqu'à 2 000 m d'altitude. Riche en vitamines et en sels minéraux, il est aussi cultivé dans des cressonnières. Il faut éviter de le consommer à l'état sauvage, car il peut transmettre la distomatose, une maladie parasitaire.

Les pétales, blancs, sont presque deux fois plus longs que les sépales.

La plante, généralement haute de 10 à 50 cm, peut atteindre 1 m.

Brème commune

Abramis brama

La brème est un poisson à corps haut et fortement comprimé latéralement qui peut atteindre de 70 à 80 cm de long. Les adultes se tiennent dans les eaux profondes pendant la journée, et s'approchent du bord au crépuscule pour y trouver leur nourriture.
Au printemps, les bancs de brèmes prêtes à frayer se réunissent parmi la végétation.

Les femelles pondent de 20 000 à 60 000 œufs, qui incubent en une semaine.

Les mâles développent des tubercules sur la tête et le corps au moment du frai.

Grémille

Gymnocephalus cernua

Elle se nourrit d'invertébrés benthiques, d'œufs et d'alevins.

La grémille, ou perche goujonnière, est un petit poisson de 25 cm de long. Son opercule possède un long et vigoureux aiguillon et sa nageoire dorsale est soutenue par douze à seize rayons épineux qui peuvent infliger de douloureuses blessures. Elle est particulièrement résistante à la pollution de l'eau et vit généralement en bancs dans les eaux profondes. Originaire d'Europe centrale et orientale, la grémille a d'abord été cantonnée aux départements de l'est de la France. Depuis le XIXe siècle, son aire de répartition s'est étendue à la faveur du développement des canaux. Frite, sa chair est de bonne qualité.

Grèbe castagneux

Tachybaptus ruficollis

Nain parmi les grèbes, le castagneux ressemble à une grosse boule de plumes. Il est difficile à observer, car il quitte peu la végétation touffue du bord des eaux. Surpris à découvert, il est capable de plonger et de replonger sans arrêt pour échapper à l'intrus. Bien souvent, le seul moyen de le repérer est le rire sonore qu'il émet à l'époque des amours. Comme tous les grèbes, il construit son nid avec des plantes pourrissantes, dont la fermentation produit des gaz assurant la flottaison. Sa nourriture est constituée de petits animaux aquatiques : poissons, insectes et larves diverses.

L'adulte (25 cm) en plumage nuptial

Bouvière

Rhodeus sericeus

La bouvière est un petit poisson de 5 à 8 cm au corps haut et comprimé latéralement. Elle vit en bancs dans les eaux lentes peuplées de moules d'eau douce des genres *Unio* et *Anodonta,* se nourrissant de végétation et d'invertébrés.
En période de frai (avril-juin), le mâle – la gorge, la poitrine et le ventre teintés de rouge et le dos de vert-bleu – choisit un territoire renfermant une moule d'eau douce. La femelle dépose ses ovules (une quarantaine) dans la cavité palléale du bivalve, à l'aide de son long ovipositeur. Le mâle libère sa semence à proximité du mollusque, dont le siphon inhalant entraîne les spermatozoïdes en même temps que l'eau à l'intérieur de la cavité. Les ovules sont alors fécondés. L'incubation dure de deux à trois semaines, puis les alevins abandonnent la moule qui les abritait pour nager en eau libre. La répartition de la bouvière en France dépend donc essentiellement de la présence des mollusques qui abritent la ponte. Ce poisson devient adulte vers l'âge de deux ans.

La moule d'eau vit à moitié ensevelie dans le sédiment.

Fegatelle conique

Conocephalum conicum

Elle pousse sur les sols frais à mouillés.

Cette bryophyte appartient à la classe des hépatiques, plus particulièrement à celles formant un thalle, c'est-à-dire une lame verte constituant le tissu végétal de la plante. La fegatelle possède un thalle rigide de quelques centimètres, assez coriace, dont chaque rameau se divise en deux. La face dorsale, brillante, est creusée de nombreuses petites cavités aérifères à ouverture proéminente, séparées par des cloisons minces dessinant un réseau polygonal tout à fait caractéristique. La plante se reproduit au moyen de spores qui sont diffusées par une capsule en forme de cloche.

Dytique bordé

Dytiscus marginalis

Les adultes de ce coléoptère restent le plus souvent sous l'eau et ne remontent à la surface que pour prendre une provision d'air, ce qu'ils font quatre à sept fois par heure. Les œufs sont enfoncés par la femelle dans la tige de plantes aquatiques. À l'éclosion, les larves possèdent de puissantes pinces avec lesquelles elles attrapent et sucent leurs proies, telles que des insectes aquatiques, des petits poissons ou de jeunes tritons.

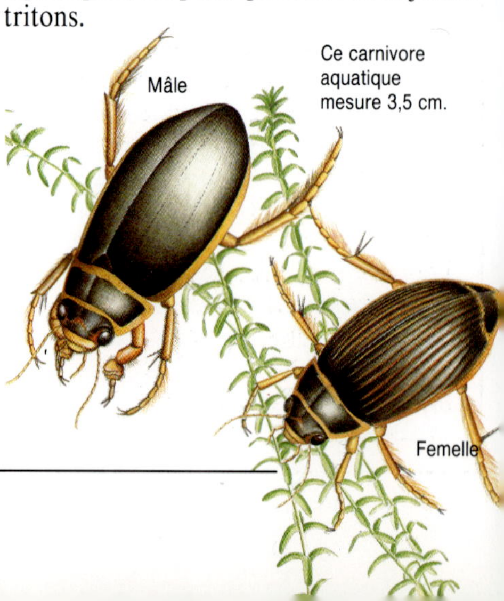

Lycope d'Europe

Lycopus europaeus

Le lycope d'Europe est une plante vivace robuste qui pousse dans les marais, près des rivières et des cours d'eau lents. La légende prétend que les diseurs de bonne aventure utilisaient le colorant noir contenu dans le suc pour avoir l'air d'étrangers venus de pays lointains. Occupant le même habitat que les menthes, il leur ressemble beaucoup, mais n'a aucune odeur.

Saule blanc

Salix alba

Reconnaissable le long des rivières à sa silhouette aux reflets argentés et à ses feuilles pubescentes et soyeuses, c'est le plus grand des saules : il peut atteindre 25 m de haut et avoir un tronc de 1 m de diamètre. À la floraison (avril-mai), les fleurs sont regroupées en chatons et apparaissent en même temps que les feuilles. Nombreuses furent les façons d'utiliser le saule au cours des siècles. L'osier des vanniers, employé dans l'artisanat, provient de ses branches souples. Son écorce, riche en tanins, était utilisée pour la préparation des peaux ; on en extrayait aussi le salicoside, ancêtre de l'aspirine d'aujourd'hui.

Écrevisse à pattes rouges

Astacus astacus

Cette écrevisse était très répandue au siècle dernier dans toute l'Europe centrale ; en France, elle fréquentait surtout les régions du Nord-Est. Victime de la peste des écrevisses, qui a décimé les populations au début du siècle, elle est aujourd'hui assez rare. Pour la reproduction, la femelle se met sur le dos et le mâle dépose ses spermatozoïdes sur son ventre. Elle porte ses œufs pendant près de six mois.

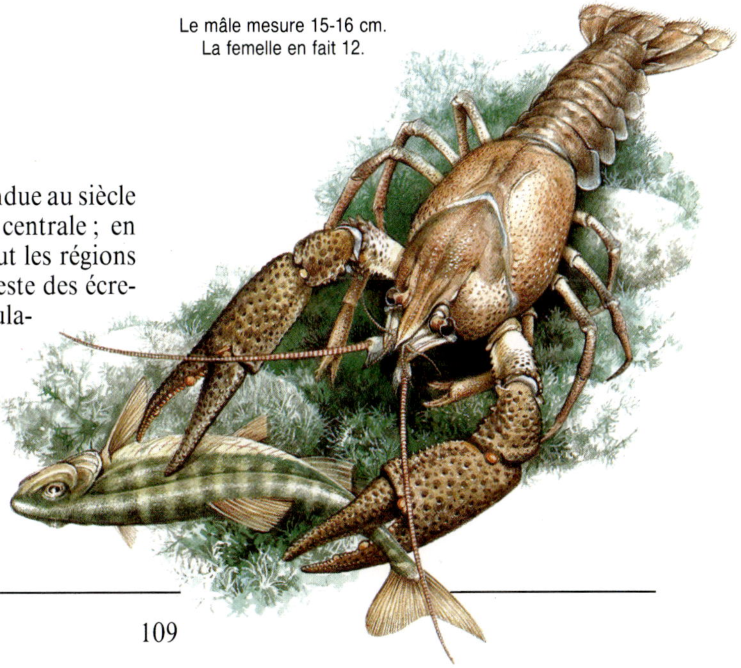

Lysimaque vulgaire

Lysimachia vulgaris

Elle s'élève à une hauteur de 0,60 à 1 m.

C'est une jolie plante vivace que l'on trouve sur les berges des rivières ainsi qu'au bord des marais et des fossés. Elle possède un rhizome rampant portant des stolons et une tige dressée peu ramifiée. En période de floraison (juin-août), ses belles fleurs jaune d'or illuminent les lieux humides. On la cultive dans les jardins. Son nom vulgaire de chasse-bosse lui vient de la faculté qu'elle a d'effacer les contusions. Autrefois, on la dispersait autour du bétail pour le calmer et on la faisait sécher, puis brûler, pour repousser les insectes. La lysimaque s'emploie aussi en teinturerie.

Puliculaire dysentérique

Pulicaria dysenterica

Cette plante vivace, velue, haute de 20 à 70 cm pousse dans les prairies humides et les marécages et sur les berges des cours d'eau. Elle donne, de juin à septembre, des fleurs regroupées en plusieurs capitules jaunes. Son odeur désagréable et son goût âcre et amer font qu'elle n'est jamais pâturée. Nommée aussi herbe de saint Roch et herbe à la dysenterie, elle était utilisée contre les diarrhées. Mêlées à celles de l'arnica, ses fleurs en décoction sont efficaces en compresse sur les bosses et les contusions.

Les feuilles supérieures, auriculées, embrassent la tige.

Les feuilles inférieures, molles, se rétrécissent vers le pétiole.

Caloptéryx éclatant

Calopteryx splendens

C'est une espèce très commune que l'on peut observer de mai à septembre le long des petits cours d'eau lents. Le vol papillonnant de cette belle demoiselle en facilite l'observation. La femelle dépose ses œufs sur des plantes aquatiques : renoncule (voir p. 106), myriophylle (voir p. 96), etc. Les petits cours d'eau étant sujets à de fortes variations de niveau, la femelle n'hésite pas à pondre au fond afin de protéger ses œufs de la sécheresse. Le mâle (ci-contre) et la femelle, aux ailes vertes, mesurent 6 cm.

Martin-pêcheur

Alcedo atthis

Un éclair bleu vif qui suit le cours de la rivière est souvent la seule vision que l'on ait du martin-pêcheur. S'il se perche sur une branche morte, il y reste immobile jusqu'à ce qu'un poisson arrive à sa portée. Notre pêcheur se jette alors à l'eau pour saisir sa proie dans son redoutable bec et remonte sur son perchoir pour achever sa victime et l'avaler tout rond.
Le nid est un tunnel de 1 m de profondeur qu'il creuse dans les berges meubles des rivières. Son principal ennemi est l'hiver, car les adultes sont sédentaires et condamnés à mourir de faim en cas de gel prolongé.

Cet oiseau multicolore mesure 16 cm.

Le bec de la femelle est un peu rouge à la base.

Anguille européenne

Anguilla anguilla

L'anguille européenne adulte est jaune durant sa vie en rivière.

Ce poisson se reproduit dans la mer des Sargasses, à 5 000 km des côtes européennes. Après l'éclosion, les larves migrent vers l'Europe. Quelques semaines avant leur arrivée, elles deviennent civelles et gagnent les estuaires. Elles remontent ensuite les cours d'eau, où elles s'installent, prenant leur apparence d'adulte (anguilles jaunes). Elles resteront sédentaires pendant quatre à huit ans.
Après cette période, le ventre devient argenté et les yeux plus grands. C'est l'anguille argentée qui va descendre le cours d'eau et rejoindre la mer des Sargasses pour se reproduire.

Ragondin

Myocastor coypus

Le ragondin, ou myocastor, est un envahisseur aquatique venu d'Amérique du Sud. Ce gros rongeur moustachu a été introduit en France pour sa fourrure. Relâché dans la nature, il s'est largement propagé en suivant les rivières. Les dégâts qu'il cause en creusant dans les berges entraînent sa destruction.

Le mâle mesure environ 60 cm, plus 30 cm pour la queue.

Aulne glutineux

Alnus glutinosa

Ce bel arbre forme souvent de véritables galeries le long des cours d'eau et constitue de splendides ripisylves en plaine comme en basse montagne. C'est une espèce euro-sibérienne présente dans toute la France. L'aulne possède la faculté de fixer l'azote du sol, au même titre que les espèces de la famille des légumineuses, grâce aux nodosités présentes sur ses racines. Aussi l'utilise-t-on en sylviculture pour restaurer des sols très humides et pauvres en azote. Son bois, imputrescible, fut souvent utilisé dans la construction des maisons sur pilotis. On raconte même que la moitié de Venise fut construite sur du bois d'aulne.

Notonecte

Notonecta glauca

La plupart des prédateurs de surface, comme le gerris (voir p. 98), marchent sur l'eau. Il en va différemment pour la notonecte. Elle vit sous la surface de l'eau et nage sur le dos. Lorsqu'un insecte tombe à l'eau, la notonecte est alertée par les vibrations qu'il génère en se débattant. Nageant rapidement vers sa victime, elle plante son rostre en forme d'aiguille et injecte un venin paralysant. C'est un mélange d'enzymes digestives qui commencent immédiatement à attaquer les tissus et les transforment en une soupe épaisse que la notonecte aspire à l'aide de son rostre. Cette punaise aquatique mesure environ 1,5 cm de long.

Perche fluviatile

Perca fluviatilis

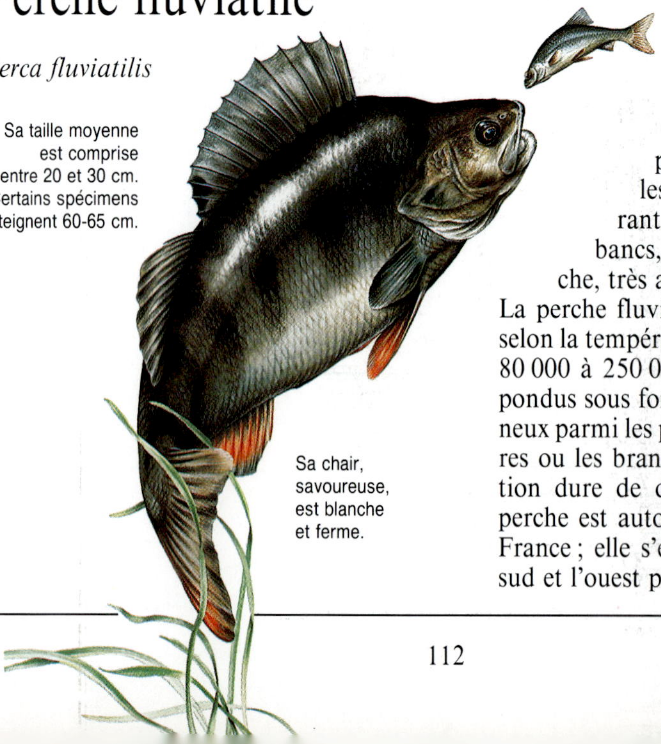

La perche fluviatile est un poisson au corps assez haut, dont les flancs brun-gris possèdent de six à neuf bandes transversales sombres. C'est un poisson sédentaire qui aime les eaux claires à faible courant. Les jeunes vivent en bancs, les vieux étant, en revanche, très attachés à leur solitude.

La perche fluviatile fraie de mars à juin, selon la température de l'eau. Les œufs (de 80 000 à 250 000 par kilo de poids) sont pondus sous forme de longs rubans gélatineux parmi les plantes aquatiques, les pierres ou les branches immergées. L'incubation dure de deux à trois semaines. La perche est autochtone dans le nord de la France ; elle s'est ensuite étendue vers le sud et l'ouest par les canaux.

Rotengle

Scardinius erythrophtalmus

Bien que le rotengle consomme de la matière végétale, la majorité de sa nourriture est constituée d'insectes et de petits crustacés aquatiques qu'il vient happer en surface. En effet, sa bouche, oblique et pointue, est particulièrement adaptée pour gober tout ce qui tombe dans l'eau ou ce qui vit en surface, comme les larves de moustique. Les rotengles, qui vivent dans des eaux isolées, peuvent coloniser toute une région. Collés aux pattes des oiseaux aquatiques, leurs œufs, ramassés dans un plan d'eau, sont déposés dans un autre, donnant naissance à une nouvelle population de rotengles.

C'est un poisson de 15 à 25 cm. Ses yeux jaunes le différencient du gardon (voir p. 97), qui les a rouges.

Tubifex tubifex

Comme tous les annélides, ce petit ver de 4 à 8 cm possède un corps divisé en segments successifs, ou métamères. Il est apode et oligochète. *Tubifex tubifex* – également ver d'aquarium – vit dans un tube muqueux, principalement dans la vase des eaux stagnantes ou lentes. L'espèce y forme des amas rouges. L'hémoglobine donnant cette couleur permet à l'animal de vivre dans des eaux pauvres en oxygène.

Il vit à moitié enfoui dans la vase.

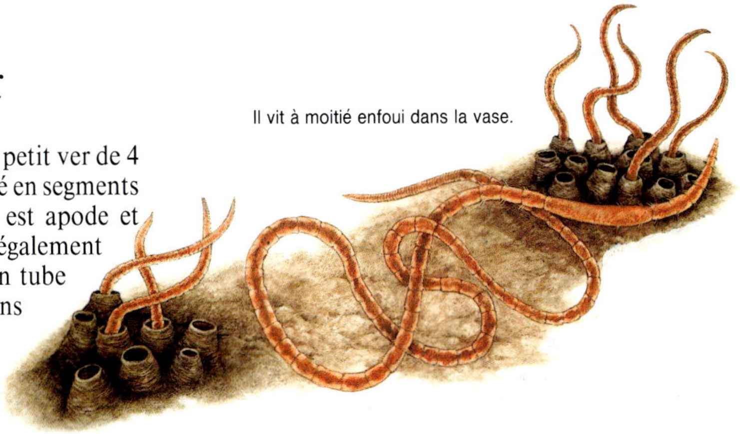

Chaque segment est recouvert de soies peu nombreuses.

Salicaire commune

Lythrum salicaria

Les fleurs de la salicaire sont une véritable curiosité botanique : elles se présentent, selon les plantes, sous trois types caractérisés par la longueur des étamines et des stigmates, la disposition variée des deux verticilles d'étamines et la grosseur des grains de pollen. Un insecte qui pénètre dans une fleur reçoit automatiquement une charge de pollen qu'il ne pourra abandonner que sur les stigmates d'une fleur de l'un des deux autres types. Ainsi, l'autofécondation de la plante est rendue impossible. C'est une espèce commune en France.

Tige quadrangulaire

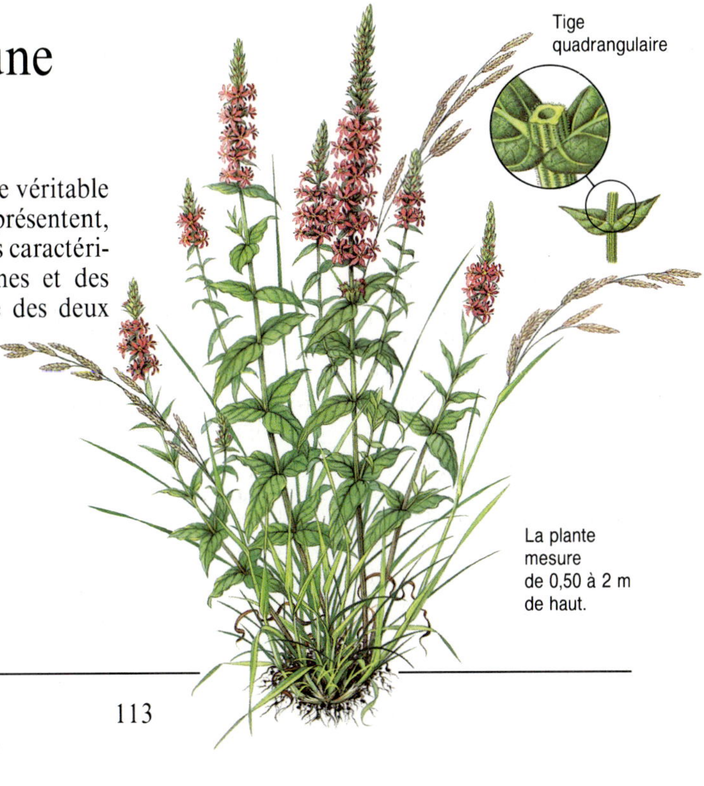

La plante mesure de 0,50 à 2 m de haut.

Bergeronnette des ruisseaux

Motacilla cinerea

Cette espèce niche uniquement près des cours d'eau rapides, mais quitte ce milieu dès la fin de la reproduction. En hiver, elle fréquente en effet des endroits très différents et parfois même éloignés de l'eau : labours, jardins, dépôts d'ordures... En février, elle remonte déjà les rivières pour découvrir un site de nid adéquat. Celui-ci est toujours construit près de l'eau, dans un trou ou sous un pont. Les jeunes quittent le nid avant l'âge de deux semaines, mais leur longue queue met quarante jours à pousser. Adultes, ils mesureront 18 cm.

Renoncule flottante

Ranunculus fluitans

Seules les fleurs émergent de l'eau.

Cette plante ne pousse que dans les cours d'eau rapides. Sa tige, ramifiée, mesure 5 m. Elle est fortement enracinée dans la vase. Ses feuilles, très découpées, forment de longues lanières souples qui restent sous l'eau. De juin à août, elle donne de petites fleurs blanches pourvues de nombreux pétales.

Barbeau fluviatile

Barbus fluviatilis

Ce poisson peut atteindre 90 cm de long pour un poids de 10 kg.

Le barbeau est un poisson au corps et au museau très allongés, qui possède d'épaisses lèvres charnues et quatre barbillons sur le bord supérieur de la lèvre. Il fréquente les cours d'eau clairs, rapides et riches en oxygène, au fond sablonneux ou graveleux. Il vit généralement en bancs et se tient dans la journée au fond de l'eau, au plus fort du courant. Durant la nuit, les bancs de barbeaux se dispersent pour s'alimenter : mollusques, insectes divers et œufs de poisson, ainsi que petits poissons pour les adultes. Les barbeaux passent l'hiver en petits groupes dans les parties profondes des cours d'eau, sous les pierres ou les racines, en état de semi-hibernation.
Une espèce voisine, le barbeau méridional *(Barbus meridionalis)*, cantonnée sur le pourtour méditerranéen, est particulièrement résistante et peut survivre pratiquement sans eau, dans des rivières à sec, pendant plusieurs mois.

Elmis aenea

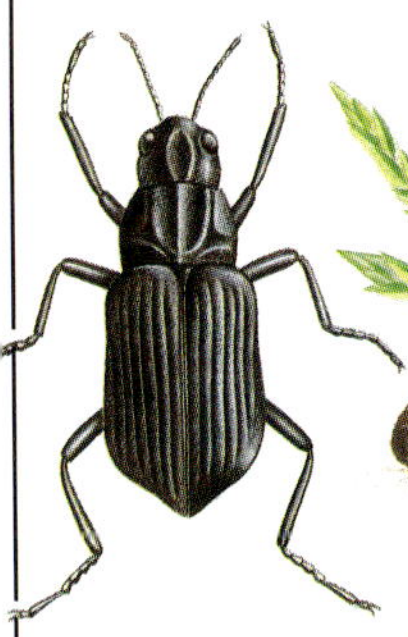

Il a des reflets de bronze.

La larve fait 4 mm de long.

Ce coléoptère minuscule (2,5 mm) vit dans l'eau mais ne nage pas. Il passe son temps à circuler dans les herbiers, les algues, les mousses, les anfractuosités, ou encore sous les pierres, qu'il ne quitte que lorsqu'elles commencent à sécher.

Le système respiratoire d'*Elmis aenea* est ingénieux : un revêtement de poils hydrofuges lui permet de maintenir autour de son corps une fine couche d'air contenant de l'oxygène, lequel est directement en contact avec ses organes respiratoires, les stigmates. Cette pellicule fonctionne comme une branchie ; elle puise dans l'eau environnante l'oxygène nécessaire à la survie de l'insecte, qui n'a ainsi jamais besoin de remonter à la surface pour reconstituer ses réserves.

Phrygane rhyacophile

Rhyacophila sp.

Les phryganes adultes sont aériennes, alors que les larves sont aquatiques. À la différence des autres espèces de phryganes, la larve de la rhyacophile ne construit pas de fourreau pour protéger son corps mou des prédateurs. Elle se déplace librement sur les cailloux, à la recherche de petits organismes à ingérer.

La larve mesure 2,5 cm.
L'imago atteindra 1,5 cm d'envergure.

Vandoise

Leuciscus leuciscus

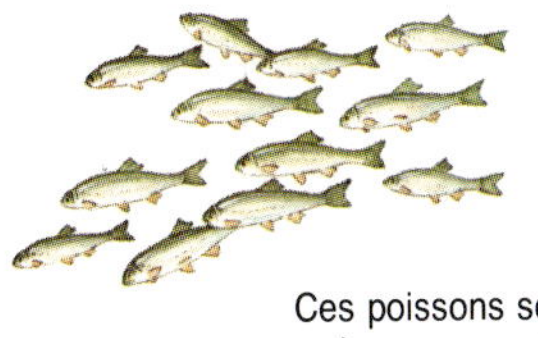

Ces poissons se déplacent en bancs assez importants.

La vandoise vit dans les eaux fraîches et vives. C'est un poisson d'une vingtaine de centimètres, aux flancs argentés, au dos bleuté, qui vit en bancs près de la surface et qui est l'un des meilleurs nageurs de la famille des cyprinidés.

La période de frai se déroule en avril-mai, sur fond sableux ou rocheux. À cette occasion, les mâles arborent sur tout le corps des tubercules nuptiaux finement granuleux. La femelle pond de 3 000 à 25 000 œufs d'environ 2 mm, qui se fixent sur les plantes aquatiques et les pierres et incubent en trois semaines. De croissance lente, la vandoise vit entre sept et dix ans. La maturité sexuelle survient généralement à la fin de la troisième année.

Ce poisson se nourrit de plancton, de vers, de mollusques, de petits insectes aquatiques et aériens et de débris végétaux. Sa chair, qui contient de nombreuses arêtes, n'est pas très recherchée dans nos régions. Il existe en Europe de nombreuses sous-espèces ou formes géographiques de la vandoise.

Véronique des ruisseaux

Veronica Beccabunga

Cette plante a souvent une partie immergée dans l'eau. Sa tige, d'abord rampante puis dressée, est cylindrique. Elle s'enracine souvent au niveau des nodosités inférieures, d'où partent de nouvelles tiges, ce qui donne à la plante un aspect touffu. De nombreuses grappes de fleurs bleues, parfois blanches, l'ornent en période estivale. Elle préfère les eaux peu profondes, bien oxygénées, sur sol acide. Bien qu'amères, les feuilles peuvent être consommées cuites pour remplacer le cresson, d'où son autre nom de cresson de cheval. Présente dans presque toute l'Europe, la véronique des ruisseaux est commune en France.

Les quatre lobes sont inégaux.

Le fruit, ou capsule, a quatre valves.

La plante s'élève à une hauteur de 20 à 60 cm.

Caloptéryx vierge

Calopteryx virgo

Cette libellule vit aux abords des ruisseaux à eaux vives et bien oxygénées. Le développement de sa larve dure deux ans. Les adultes se retrouvent la nuit accrochés sous les feuilles des buissons des rives, le corps pendant verticalement. Les mâles délimitent leur territoire par des points de repère : feuille, tige immergée, pierre... L'intrus, vite repéré, est pourchassé. Lorsque le caloptéryx vierge aperçoit un insecte, il quitte brusquement son observatoire, le capture et revient le dévorer sur sa feuille.

Femelle

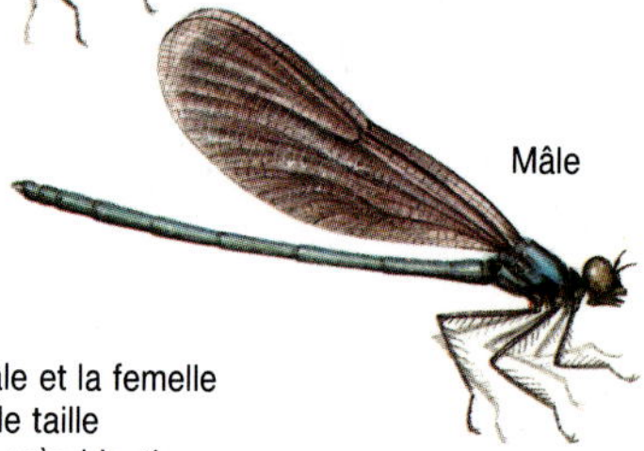

Mâle

Le mâle et la femelle sont de taille à peu près identique (4,5 cm environ).

Ombre commun

Thymallus thymallus

L'ombre commun est un poisson qui peut atteindre 50 cm et possède une nageoire dorsale particulièrement haute et longue. La période de frai se situe entre mars et juin. La femelle creuse un nid sur un banc de gravier inondé. Elle y pond entre 3 000 et 4 000 ovules et les enfouit lorsqu'ils sont fécondés. L'incubation dure une quinzaine de jours. La maturité sexuelle survient entre la première et la troisième année chez le mâle, à la quatrième chez la femelle.

Les jeunes vivent en bancs.

Il a des reflets pourpres.

Lote de rivière

Lota lota

La lote de rivière est un poisson au corps allongé qui peut atteindre 1 m de long pour un poids de 5 kg. Elle fréquente les eaux claires et fraîches en compagnie de la truite (voir p. 122). Elle vit sur le fond et s'active au crépuscule et pendant la nuit, d'où la difficulté à la pêcher. Sa chair et son foie sont pourtant savoureux.

Ce poisson est le seul membre de la famille des gadidés, famille de la morue, qui soit essentiellement dulçaquicole.

La femelle pond un million d'œufs par kilo de son poids ; ils ont un vitellus important et flottent librement dans l'eau. Après l'éclosion, les larves continuent de flotter, puis, lorsqu'elles ont atteint 6 à 7 mm, elles descendent sur le fond.

La lote possède une très longue nageoire dorsale.

Simulie

Simulium sp.

Les pupes ont des filaments branchiaux.

Les larves filtrent l'eau pour se nourrir.

Les simulies sont de petites mouches noires, bossues, de 2 à 5 mm de longueur. Seules les femelles se nourrissent de sang et leurs piqûres produisent des enflures sous la peau. Les mâles, quant à eux, se nourrissent de sucs végétaux.

Les adultes vivent au bord des cours d'eau, où on les rencontre entre mai et septembre. Au moment de la reproduction, des essaims de mâles se forment au-dessus de l'eau à la recherche des femelles.

Les œufs sont pondus sur les pierres. Les larves gagnent ensuite les plantes aquatiques sur lesquelles elles se fixent, serrées les unes contre les autres, attrapant au passage les particules alimentaires transportées par le courant.

Callitriche

Callitriche hamulata

Le nom de callitriche vient du grec *kallos,* beauté, et *thrix,* cheveu. La plante possède en effet des tiges grêles et des feuilles tellement fines qu'elles rappellent une chevelure. Les fleurs, de couleur verdâtre, sont unisexuées et situées à l'aisselle des feuilles supérieures. Celles-ci sont, chez la plupart des callitriches, en rosettes flottantes étoilées. Le genre est facilement reconnaissable, mais les différentes espèces le constituant le sont moins, car les feuilles et les fruits diffèrent de l'une à l'autre.

Les tiges atteignent 70 cm.

Lamproie de Planer

Lampetra planeri

La lamproie de Planer n'est pas un poisson, mais un membre du groupe des agnathes (mot signifiant sans mâchoire). Elle possède à la place de la bouche un disque buccal qui ressemble à une ventouse. Celle-ci permet aux autres lamproies de s'accrocher aux poissons et de leur sucer du sang. Mais cette lamproie n'est pas un parasite, puisque la larve filtre les micro-organismes et que l'adulte ne se nourrit pas. Les larves vivent dans la vase durant trois à cinq ans, puis se métamorphosent en adultes : les yeux se développent et l'appareil digestif s'atrophie.

Goujon

Gobio gobio

C'est un petit poisson de 10 à 12 cm muni de grands yeux. Sa mâchoire supérieure porte un barbillon court de chaque côté. Il vit en bancs, à faible profondeur en été, à des profondeurs plus importantes en hiver.
La période de frai se déroule en mai-juin ; le mâle arbore alors un tubercule nuptial sur la tête. Les œufs, de 1 000 à 3 000 par femelle, sont pondus en eau peu profonde. Le goujon sert principalement de nourriture aux poissons prédateurs.

Fontinale des ruisseaux

Fontinalis antipyretica

C'est probablement l'une des plus grandes mousses (bryophytes) d'Europe, puisque ses rameaux peuvent atteindre 70 cm. D'un vert foncé, très souvent fixée sur un support rocheux ou sur les racines des arbres, elle est régulièrement immergée ou éclaboussée, et peut vivre jusqu'à 3 m de profondeur. Cette très belle espèce possède des feuilles tristiques, c'est-à-dire insérées sur trois rangs, et repliées en deux sur elles-mêmes. Elle est dioïque. Lorsque la fontinale des ruisseaux est entièrement submergée, elle produit rarement des capsules. La forme *gracilis* est présente dans les torrents de montagne.

Vairon

Phoxinus phoxinus

Le ventre du mâle (8-10 cm) rougit pendant la période du frai.

Ce petit poisson aime les eaux rapides, claires, propres et bien oxygénées. C'est un opportuniste qui peut manger pratiquement tout ce qu'il trouve. Mais, bien qu'il lui arrive de brouter les plantes aquatiques sur les pierres, c'est un prédateur qui préfère se nourrir de petits invertébrés tels que des crevettes, des vers ou des larves aquatiques d'insecte. Il est même capable de bondir hors de l'eau pour saisir un insecte au vol.
Ses mœurs, qui le poussent à venir manger en surface, l'exposent malheureusement à certaines attaques venues du ciel, telles celles du martin-pêcheur (voir p. 111).

Les adultes migrent en bancs, remontant le cours du fleuve pour frayer sur des graviers.

Vallisnérie

Vallisneria spiralis

La vallisnérie est une plante vivace immergée qui se reproduit hors de l'eau. Elle possède des pieds mâles et femelles séparés. Les feuilles sont rubanées, entourant une tige spiralée qui émerge et porte une fleur femelle. À la floraison, les fleurs femelles s'épanouissent à la surface de l'eau tandis que les boutons floraux mâles se détachent d'un épi immergé et remontent à la surface grâce à l'air contenu dans leurs tissus. La vallisnérie est fréquente en région méditerranéenne et se raréfie à mesure que l'on monte vers Paris.

Elle mesure de 60 à 80 cm de haut.

Ancyle fluviatile

Ancylus fluviatilis

À la belle saison, l'ancyle se fixe sur les rochers, où il trouve une température optimale.

Ce petit mollusque de 5 à 8 mm vit dans les eaux douces de toute l'Europe. Il se fixe sur les pierres, mais reste difficile à apercevoir en raison de sa couleur proche de celle de son substrat. Il se nourrit principalement d'algues vertes. Sa coquille, caractéristique, est conique avec la pointe dirigée vers l'arrière et légèrement vers la droite. Cet animal possède une cavité pulmonaire ; pourtant, il ne consomme que l'oxygène de l'eau et n'a pas besoin de remonter à la surface pour respirer. À l'approche de la mauvaise saison, lorsque la température diminue, l'ancyle fluviatile se cache sous les pierres et se prépare à hiverner.

Planaire blanche

Dendrocoelum lacteum

Les planaires sont des vers aquatiques plats, au corps ovale plus ou moins allongé et de petite taille (2,5 cm pour *Dendrocoelum lacteum)*. Elles sont dotées d'un système nerveux central et ont la possibilité de se reproduire sexuellement. Elles vivent cachées sous les pierres et dans les débris végétaux, se déplaçant par glissement à l'aide de nombreux cils vibratiles. Les différentes espèces ont des exigences écologiques assez strictes.

Les planaires parasitent les poissons.

La tête est presque carrée.

Loche franche

Noemacheilus barbatulus

La loche franche est un petit poisson (12 cm) au corps cylindrique, qui possède six barbillons sur la lèvre supérieure. Sédentaire, elle vit au fond de l'eau, dans la zone à truites des cours d'eau rapides. Elle se cache parmi les pierres pendant la journée et est active la nuit.

La période de frai se déroule en avril-mai. Les poissons des deux sexes s'ornent alors d'un tubercule nuptial finement granuleux sur la face interne des nageoires pelviennes. Les œufs sont gardés jusqu'à l'éclosion par le mâle. La loche franche est un régal pour les gourmets.

Saumon

Salmo salar

Le saumon vit en mer et se reproduit en rivière. La manière dont il retrouve son chemin à travers 2 000 km d'océan pour rejoindre la rivière qui l'a vu naître est encore un mystère. On peut néanmoins attribuer une partie de cet exploit à son odorat très performant. Le saumon suit l'odeur de sa rivière natale jusqu'à l'embouchure. Il remonte ensuite la rivière sans s'alimenter, franchissant rapides et cascades, en effectuant jusqu'à 40 km par jour pour se reproduire sur son lieu de naissance. La durée de la migration est fonction de la situation des zones de reproduction. Par exemple, pour le bassin de la Loire ou de la Dordogne, les frayères sont éloignées de plusieurs centaines de kilomètres de la mer.

Le saumon, qui atteint jusqu'à 1,20 m pour un poids de 20 kg, est capable de faire des bonds de 3 m pour franchir les chutes d'eau.

Cincle plongeur

Cinclus cinclus

Malgré ses courtes ailes, cet oiseau de 17 cm vole rapidement.

Absent de l'ouest de la France, le cincle plongeur, ou merle d'eau, affectionne les torrents caillouteux. Toutefois, lors des hivers rigoureux, il descend le cours des rivières jusqu'à trouver un endroit favorable. Cet oiseau possède une particularité étonnante : il plonge et marche au fond de l'eau, même contre un fort courant ! C'est pour lui la meilleure façon de se nourrir, car il est grand consommateur d'insectes et de larves aquatiques.
Son nid est placé dans un trou au bord de l'eau : c'est une boule de tiges et de feuilles entrelacées, avec une entrée latérale. La femelle couve seule et se nourrit toutes les heures. Les petits quittent le nid à l'âge de trois semaines sans savoir voler, mais en étant déjà d'excellents nageurs !

Même les jeunes de l'année aiment guetter les proies au milieu d'un torrent.

Racomitrium aquaticum

Les capsules, brunes, dépassent à peine des feuilles.

Cette bryophyte aquatique, fixée sur des rochers siliceux par de puissants rhizoïdes (filaments servant de racines aux mousses), résiste fort bien aux courants violents des torrents. Elle affectionne tout particulièrement les éboulis éclaboussés au pied des chutes d'eau.
Ses rameaux de 4 à 12 cm portent de nombreuses feuilles de couleur vert jaunâtre, oblongues, entières, au bord enroulé formant une sorte de bourrelet plus ou moins épais. Les cellules foliaires, très allongées, ont une paroi très épaisse et fortement sinueuse, ne laissant qu'une place réduite au contenu cellulaire.

Écrevisse à pieds blancs

Austropotamobius pallipes

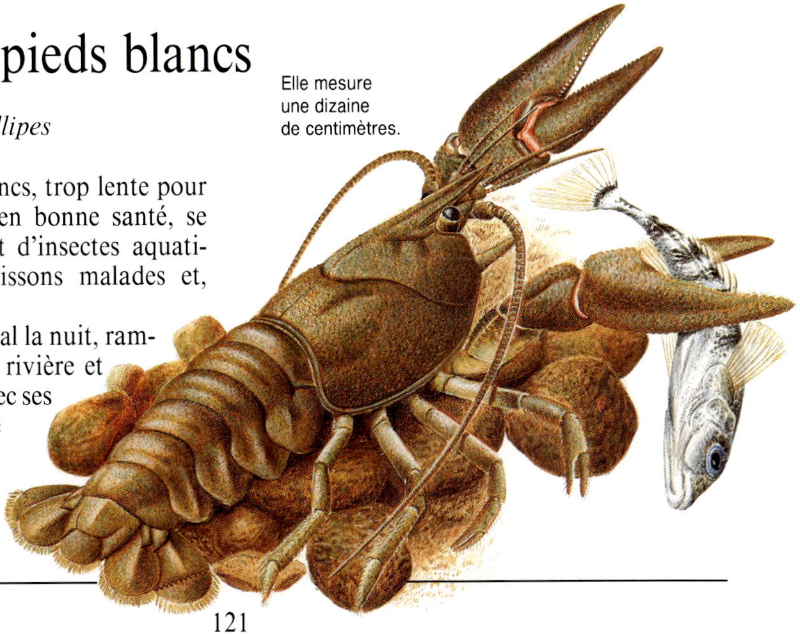

Elle mesure une dizaine de centimètres.

L'écrevisse à pieds blancs, trop lente pour chasser des animaux en bonne santé, se nourrit principalement d'insectes aquatiques, de vers, de poissons malades et, même, de cadavres.
Elle prospecte en général la nuit, rampant sur le fond de la rivière et capturant ses proies avec ses grandes pinces. Elle broie ensuite la nourriture en pulpe à l'aide de ses puissantes mandibules.

Truite fario

Salmo trutta fario

Elle mesure de 25 à 40 cm. La femelle pond 1 000 œufs par kilo de poids, dont dix adultes seront encore vivants trois ans plus tard.

La truite est une espèce très polymorphe, dont les variations sont souvent liées aux changements d'habitat qu'elle est susceptible d'accomplir. Il existe en France trois sous-espèces : la truite de mer, *Salmo trutta trutta,* forme migratrice qui part engraisser en mer et revient se reproduire en eau douce ; la truite fario, *Salmo trutta fario,* forme sédentaire de la première, qui effectue tout son cycle en eau douce ; et la truite à grosses taches, *Salmo trutta macrostigma* (voir p. 138), qui n'existe qu'en Corse. La truite fario est la plus répandue des trois sous-espèces. Ses flancs portent des taches noires et des points bruns. Présente sur l'ensemble du territoire français, elle fréquente aussi bien les cours d'eau d'altitude que les cours d'eau rapides de plaine. Très appréciée des pêcheurs, elle fait l'objet de nombreux alevinages à partir d'individus élevés en pisciculture.

Apron

Zingel asper

L'apron, aussi appelé roi-poisson, est un proche parent de la perche (voir p. 112). Son corps, long de 15 à 20 cm, est fin et fuselé et possède trois bandes noires transversales sur sa partie postérieure. C'est un poisson très rare et endémique du bassin du Rhône, qui vit dans les eaux claires et oxygénées, où il affectionne particulièrement les zones abritées.

Il fraie en mars-avril.
La ponte a lieu sur des bancs de sable, en eau peu profonde.

Larve d'éphémère

Ecdyonurus dispar

Cette espèce d'éphémère habite les cours d'eau claire au fond caillouteux, et parfois les lacs présentant les mêmes qualités. La larve rampe sur les pierres, sa forme aplatie lui évitant de trop subir l'influence du courant. De part et d'autre de l'abdomen se trouve l'appareil respiratoire. Il est formé de lamelles : les trachéobranchies. Les éphémères ont une vie larvaire aquatique de un à trois ans. L'adulte (imago), aérien et volant, ne vit que quelques jours, durant lesquels il se consacre exclusivement à la reproduction, sans même se nourrir. Fait unique chez les insectes, le dernier stade larvaire donne naissance à un presque adulte (sub-imago) ailé, plus terne que l'adulte, qui doit subir une dernière mue pour parvenir à une maturité complète.

Elle se caractérise par trois cerques.

Scapanie ondulée

Scapania undulata

Les deux lobes sont arrondis.

Cette petite hépatique à feuilles ne dépasse guère 3 cm. Le genre *Scapania* est caractérisé par ses feuilles, qui possèdent deux lobes dont l'un, replié sur lui-même, est souvent nettement plus petit que l'autre. Le grand lobe a de courtes dents sur le bord. La scapanie ondulée vit dans les cours d'eau plutôt acides et peu pollués.

Il passe la journée tapi sur le fond et se sert de ses deux nageoires pelviennes pour rester immobile sur le substrat. Il ne sort qu'au crépuscule, pour parcourir le fleuve en zigzaguant à la recherche de sa nourriture, composée de vers, d'insectes aquatiques et de petits mollusques.
Au siècle dernier, l'apron fréquentait 1 700 km de cours d'eau dans tout le bassin du Rhône. Les modifications du milieu naturel (pollution, barrage...) l'ont fait disparaître de la presque totalité de son aire : il ne fréquente plus aujourd'hui que 380 km de cours d'eau.

Grande perle

Perla bipunctata

La grande perle est un petit insecte plécoptère de 2 à 3 cm de long. Les adultes volent près des cours d'eau de mai à juillet.
L'accouplement a lieu sur les berges, puis la femelle plonge son abdomen dans l'eau et dépose des petits paquets d'œufs qui descendent sur le fond. À l'éclosion, les larves se plaquent à la surface des pierres pour éviter que le courant ne les emporte.

La nymphe émerge au bout de deux à trois ans.

Chabot

Cottus gobio

Toutes les nageoires du chabot sont pourvues de rayons épineux ; ses nageoires pectorales sont plus développées que les autres. Il fréquente les eaux rapides, bien oxygénées et peu profondes. Le jour, il se cache sous les galets, les pierres ou les racines. En cas de danger, il parcourt rapidement une petite distance puis se dissimule à nouveau. Il ne sort qu'au crépuscule pour chercher sa nourriture : sa grande bouche lui permet d'engloutir de petits invertébrés benthiques ou des alevins d'autres espèces.

La bouche de ce poisson de 10 à 15 cm fait le quart de la longueur de son corps.

Laîche à épis pendants

Carex pendula

C'est une plante vivace, en touffe, qui colonise les habitats marécageux, les forêts alluviales et autres zones humides. La floraison s'étale de mai à juillet. La tige est triangulaire, comme pour toutes les espèces de la famille des cypéracées. Il est conseillé d'éviter de tirer sur les feuilles, car les bords en sont extrêmement tranchants.

Aromie musquée

Aromia moschata

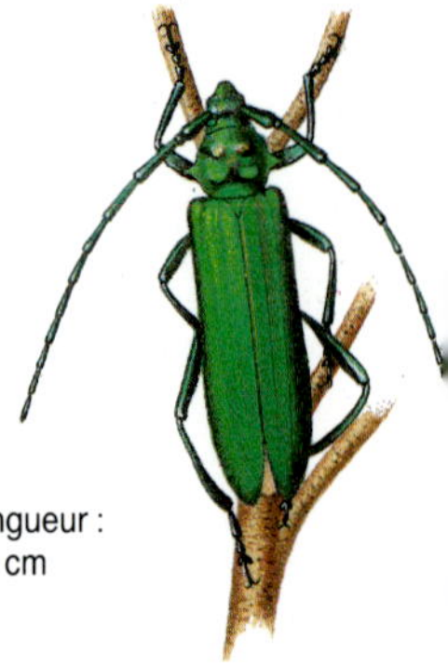

De juin à août, les adultes de ce coléoptère fréquentent les berges des rivières bordées d'aulnes, de peupliers et de saules, avec toutefois une prédilection pour ces derniers. Les larves vivent dans les branches et, si elles sont nombreuses, y causent d'importants dégâts en creusant des galeries. Ces animaux sécrètent une substance à odeur musquée résultant de la transformation chimique d'un acide végétal.

Grande queue-fourchue

Cerura vinula

Ce papillon velu de 6 à 8 cm d'envergure vole de fin avril à début juillet. La femelle recherche essentiellement des saules et des peupliers pour y déposer ses œufs. La chenille de la grande queue-fourchue est caractéristique, les deux extrémités étant relevées au repos. La dernière paire de fausses pattes abdominales, modifiée en organe de défense, forme une queue. Inquiétée, la chenille adopte une attitude menaçante : elle rétracte la tête et dévagine

Couleuvre d'Esculape

Elaphe longissima

Asclépios, dieu de la médecine chez les Grecs (devenu plus tard Esculape chez les Romains), portait dans sa main droite un bâton entouré d'un serpent. On croit aujourd'hui qu'il s'agit de cette belle et grande couleuvre arboricole à la brillante livrée. C'est aussi la couleuvre d'Esculape qui s'enroule autour des caducées d'Hermès et des médecins.

Ce serpent constricteur mesure de 1,10 à 1,60 m, rarement 2 m. Il se nourrit de rongeurs et d'oiseaux.

Saule fragile

Salix fragilis

Salix fragilis tire son nom de la fragilité de ses rameaux jeunes, qui se détachent facilement des tiges âgées. Arbre ou arbrisseau, il dépasse rarement 14 m de hauteur. C'est une espèce eurasiatique très commune en France, sauf en zone méditerranéenne. Ce saule colonise en priorité le bord des cours d'eau. Il supporte les inondations et résiste bien aux crues torrentielles, qui le font plier sans le casser. Le saule fragile appartient à la famille des salicacées, qui comprend des centaines d'espèces différentes. Certaines atteignent à peine une dizaine de centimètres, alors que d'autres peuvent s'élever à plus de 25 m de haut.

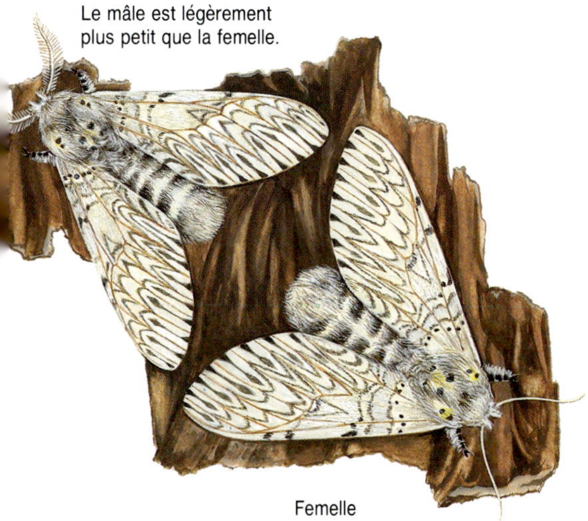

deux longs filaments, vivement colorés en rouge, en les agitant en tout sens. Elle peut également projeter un liquide acide sécrété par les glandes thoraciques. La métamorphose se réalise dans un cocon très solide, bien camouflé dans la fente d'une écorce. Pour s'en extraire, au printemps suivant, le papillon doit d'abord l'humecter d'une sécrétion spéciale.

Frêne commun

Fraxinus excelsior

Ce grand arbre, à port élancé, peut atteindre 30 m de haut, avec un tronc de 1 m de diamètre. Essence de lumière, le frêne résiste bien au froid et bénéficie d'une croissance rapide. Cette espèce eurasiatique peut pousser jusqu'à 1 500 m d'altitude. Absente en région méditerranéenne, elle y est remplacée par *Fraxinus angustifolia.* Le feuillage dense du frêne commun fournit un bon fourrage pour le bétail. Son bois est apprécié des ébénistes, et les plus belles billes sont déroulées en bois de placage. Ses feuilles servent à faire la frênette, une boisson rafraîchissante.

Sésie apiforme

Sesia apiformis

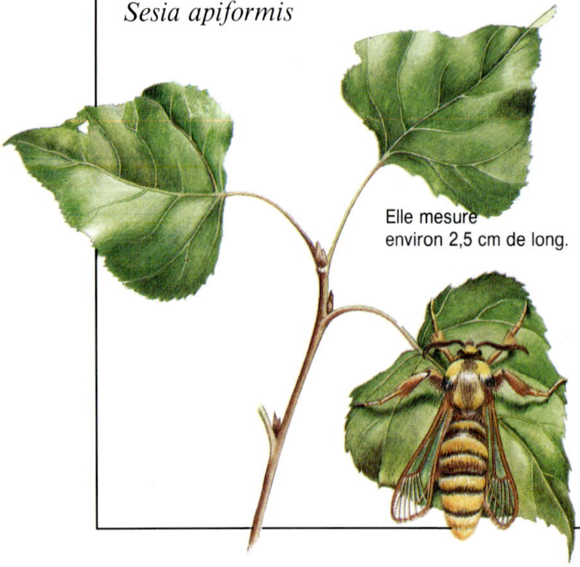

Elle mesure environ 2,5 cm de long.

La sésie apiforme, ou sésie-frelon, ressemble davantage à un frelon qu'à un papillon. Dans la famille des sésiidés, dont ce papillon de nuit fait partie, toutes les espèces ressemblent à des hyménoptères (guêpes, abeilles, frelons) et présentent, comme eux, des ailes transparentes, étroites, allongées et dépourvues d'écailles. Cet étrange papillon fréquente les forêts alluviales ou les berges de cours d'eau plantées de peupliers noirs et de trembles. Il vole de fin mai à début juillet durant les heures les plus chaudes de la journée, émettant le même bourdonnement qu'un frelon. Comme les sphinx, la sésie apiforme pratique le vol stationnaire pour butiner. La femelle abandonne ses œufs en vol au pied des peupliers et des saules. Les chenilles se nourriront de leurs racines jusqu'à la métamorphose, qui aura lieu trois ans plus tard.

Scrofulaire aquatique

Scrophularia aquatica

La scrofulaire aquatique est commune dans toute l'Europe. *Scrophularia* vient de *scrophulae,* qui signifie éruptions cutanées. Comme les autres scrofulaires, elle aurait des propriétés médicinales : les herboristes médiévaux l'utilisaient contre les scrofules, tumeurs des ganglions du cou. Elle est cependant vénéneuse.

Elle atteint 1 m de haut.

La tige est creuse.

Le fruit est pointu au sommet.

Sphinx du peuplier

Laothoe populi

Ce papillon de 7 à 9 cm d'envergure est très commun en France près des cours d'eau, mais on le rencontre aussi en zone urbaine. L'adulte ne se nourrit pas. Au repos, les ailes postérieures dépassent vers l'avant les ailes antérieures, lui donnant l'aspect d'une feuille morte. La tache rouge brique de l'aile postérieure est ainsi dissimulée, le sphinx du peuplier ne la dévoilant que lorsqu'il se sent dérangé. L'espèce compte deux générations par an, l'une de mai à juillet, l'autre en août. La chenille, verte, possède une corne recourbée à l'arrière. Des lignes jaunes en diagonale ornent son dos. Elle affectionne principalement les saules et les peupliers.

Les sphinx sont des papillons de nuit au vol rapide, dont la majorité vit sous les tropiques.

Il montre le rouge de ses ailes postérieures à la moindre alert

Loriot d'Europe

Oriolus oriolus

Dès le mois de mai, les grands arbres des forêts alluviales résonnent du chant mélodieux du loriot. Seul représentant européen d'une famille tropicale, c'est un oiseau difficile à observer, ses belles couleurs se fondant dans le clair-obscur des hauts feuillages. Il se nourrit d'insectes et de fruits, et se baigne parfois dans la rivière en plongeant du haut d'un arbre.
Le nid, en forme de nacelle, est construit par la femelle à la fourche d'une branche. Elle y pond quatre œufs blancs, marqués de quelques taches. À la fin de l'été, la migration conduira toute la famille jusqu'en Afrique orientale.

Peuplier blanc

Populus alba

Arbres souvent de grandes dimensions (ils peuvent s'élever jusqu'à 30 m), les peupliers blancs sont plantés comme essences d'alignement ou d'ornement. Les fleurs, regroupées en chatons mâles ou femelles, sont portées par des plants différents. Les fruits mûrs laissent échapper des graines avec de longs poils (coton). Le peuplier blanc forme de belles ripisylves le long des rivières dans le midi de la France. Ses formations linéaires sont reconnaissables au mouvement de leur feuillage, argenté sur le dessous. De croissance rapide, le peuplier blanc est aussi cultivé pour son bois, utilisé en menuiserie et dans la fabrication de la pâte à papier.

Eupatoire à feuilles de chanvre

Eupatorium cannabirum

C'est une plante vivace, vigoureuse, à feuilles opposées, ce qui est peu fréquent chez les composées. Les fleurs pourpre rosé forment un bouquet terminal. La présence de cette eupatoire témoigne de l'humidité de l'habitat, car elle se développe en bordure des rivières et sur des sols inondés et marécageux. Ses feuilles fraîches ont des vertus cicatrisantes.

Les fleurs sont regroupées en corymbes denses.

Elle mesure de 0,30 à 1,20 m.

Les capitules sont petits, en corymbe ample et dense.

Viorne obier

Viburnum opulus

Le viorne obier, ou viorne aquatique, est reconnaissable à ses inflorescences en ombelles, dont les fleurs centrales sont petites et celles du pourtour, grandes mais stériles. Les horticulteurs ont créé de cet arbre ornemental une variété à grosses boules blanches appelée viorne boule-de-neige. Cette espèce des forêts et des buissons affectionne les lieux humides sur sols argileux. Elle est répartie dans toute la France, sauf dans le Midi, et pousse jusqu'à 1 500 m d'altitude. Elle mesure entre 2 et 4 m.

Ail des ours

Allium ursinum

Cette plante à bulbe pousse souvent en tapis très dense, dans les lieux humides des forêts alluviales de toute l'Europe, et imprègne l'air d'une odeur d'ail caractéristique. Comme l'ail cultivé *(Allium sativum)*, plante médicinale par excellence, l'ail des ours contient des vitamines A, B1, B2 et C. Les feuilles fraîches soulagent les maux d'estomac et font baisser la tension.

Hémérobe aquatique

Osmylus fulvicephalus

Ses longues ailes tachetées et ses 5 cm d'envergure font de l'hémérobe aquatique un insecte très facile à reconnaître. Ce joli névroptère vole de mai à août, de préférence en soirée mais également le jour. Il ne s'éloigne guère de l'eau ni surtout des berges boisées, dont il recherche l'ombre. Cela explique sa présence fréquente sous les ponts des rivières. Les larves de l'hémérobe vivent aussi à proximité de l'eau, où elles se nourrissent. Elles chassent principalement d'autres insectes, ainsi que des larves de diptères tels que les chironomes, vivant dans la mousse et dans les débris.

Castor

Castor fiber

Pesant jusqu'à 30 kg, le castor est le poids lourd des rongeurs d'Europe. Il se distingue du ragondin (voir p. 111) par sa queue très aplatie et son aptitude à amasser des branchages ; mais il est moins habile dans cet art que son cousin, le castor canadien, spécialiste ès huttes et barrages. Menacée de disparition au début du siècle, l'espèce est protégée depuis 1905. Elle est maintenant sauvée, grâce en particulier aux réintroductions effectuées en divers point du territoire. Les couples de castors passent toute leur vie ensemble. La femelle domine les

Gobe-mouches gris

Muscicapa striata

Le gobe-mouches gris s'installe dans les forêts riveraines, les parcs et les boisements clairs au mois de mai. À l'affût sur un perchoir dégagé, il se tient bien droit, attentif à tout ce qui l'entoure. Dès qu'un insecte volant passe à sa portée, il s'élance à sa poursuite, l'engloutit avec un claquement de bec caractéristique, puis retourne généralement sur le même perchoir. C'est un redoutable chasseur de mouches et autres diptères, mais aussi de papillons, de libellules et de guêpes... Lors de la formation du couple, le mâle offre souvent une proie à sa compagne.

L'adulte mesure 13 cm. Les deux sexes sont identiques.

Les jeunes prennent leur envol à deux semaines.

Semi-aquatique, la larve atteint 2 cm de long.

Taon des pluies

Haematopota pluvialis

Ce taon s'approche de ses victimes en silence.

Le taon des pluies est une petite mouche de 1 cm dont la piqûre, infligée par la femelle, est très douloureuse. Après un vol nuptial de courte durée, les taons s'accouplent au sol. Puis les femelles cherchent des mammifères afin de leur prélever le sang nécessaire au développement des œufs. Ceux-ci sont déposés par paquets sur les plantes des berges. Les larves vivent dans l'eau et respirent par la peau.

membres du groupe, y compris le mâle. L'accouplement a lieu dans l'eau. Deux à quatre petits naissent chaque printemps et restent deux ans dans le nid parental. Ces rongeurs aquatiques fréquentent les eaux calmes bordées de fourrés. Bûcherons infatigables grâce à leurs fortes incisives, ils consomment écorces d'arbre et rameaux en hiver, feuilles et plantes le reste de l'année.

Un rongeur de 0,75 à 1 m de long, sans la queue.

Pellia epiphylla

Cette hépatique à thalle forme des rosettes de 1 cm de large présentant une fausse nervure constituée par un épaississement cellulaire central, très apparent sur la face ventrale. Celle-ci porte de petites radicelles (rhizoïdes) qui fixent la plante sur les sols frais et humides.

Balsamine géante

Impatiens glandulifera

On appelle également cette plante originaire d'Asie balsamine de l'Himalaya. Elle fréquente les lieux humides des bancs de rivière. La floraison s'étale de juillet à octobre. À maturité, le fruit explose bruyamment et les graines sont projetées à plusieurs mètres. La plante est également pollinisée par des abeilles attirées par son nectar.

Avec une hauteur de 1 à 2 m, c'est la plus grande des balsamines.

Cresson doré

Chrysosplenium oppositifolium

On trouve du cresson doré dans toute l'Europe, sauf dans les régions méditerranéennes. La floraison a lieu de mars à juin. Les touffes, compactes, forment des tapis gazonnants et deviennent jaune d'or à la floraison, d'où son autre nom de dorine. Les fleurs sont dépourvues de pétales et possèdent quatre sépales verdâtres et un réceptacle muni de nectaires. Il existe une espèce voisine, à feuilles alternes *(Chrysosplenium alternifolium),* dont la répartition géographique est plus continentale.

Les tiges florifères se dressent de la masse rampante des rameaux feuillés, qui s'enracinent de place en place. Le cresson doré mesure de 10 à 30 cm.

Chevalier guignette

Actitis hypoleucos

Un vol saccadé, ailes arquées, au ras de l'eau, un sifflement aigu et clair, *thididi,* voilà le chevalier guignette qui se pose sur la rive, puis cherche des insectes en trottinant et en hochant la queue. Dès le mois d'avril, il anime de sa présence les îles et les bancs de la rivière, où certains individus resteront peut-être pour nicher. Le nid est une légère dépression dans la végétation pionnière, garnie d'herbes ou de feuilles sèches. La femelle y pond, en mai-juin, quatre œufs, couvés surtout par le mâle.

Sterne pierregarin

Sterna hirundo

Dès le mois d'avril, le vol gracieux de la sterne pierregarin peut être observé au-dessus des rivières. En mai, les adultes s'installent pour nicher en colonies sur des îlots fluviatiles ou lacustres. Les jeux nuptiaux comprennent des poursuites en vol, puis un échange de poisson vient sceller la formation du couple.
Le nid, une simple dépression grattée dans le sable, accueille trois œufs en mai-juin. L'éclosion survient au bout de trois semaines et les jeunes ne tardent pas à quitter le nid. Cependant, ils ne volent qu'à l'âge d'un mois, et réclament souvent la nourriture jusqu'au moment du départ migratoire, en août-septembre.

Plumage d'été

Plumage d'hiver

Elles se nourrissent de poissons qu'elles attrapent en plongeant.

L'adulte (37 cm) en plumage nuptial. Mâle et femelle sont identiques.

Libellule commune

Gomphus vulgatissimus

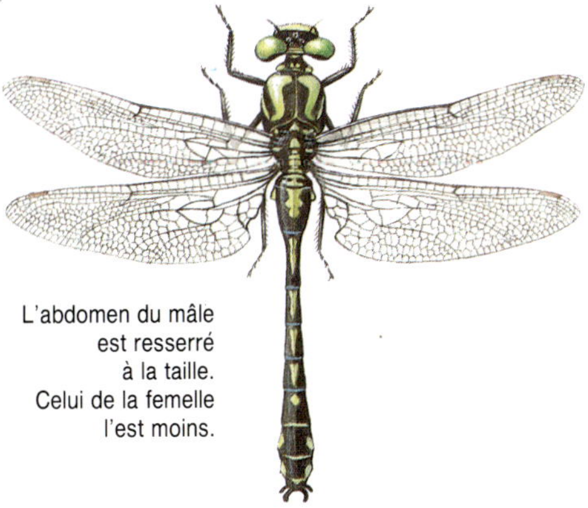

L'abdomen du mâle est resserré à la taille. Celui de la femelle l'est moins.

La libellule commune fréquente les forêts inondées, les rivières, les lacs et les fossés restés à l'état naturel. Ses ailes, de grande envergure (6,5 cm), lui permettent de parcourir de longues distances et il lui arrive de rester loin des étendues d'eau.
Elle vole de début mai à fin juillet, mais ne vit pas plus de quatre semaines. La femelle pond ses œufs près des berges ; elle soulève son abdomen, éjecte jusqu'à 500 œufs, puis s'envole de 20 à 30 cm au-dessus de l'eau, laissant son abdomen toucher de temps en temps la surface. Les œufs tombent alors lentement sur le fond. Ils se développeront, ainsi que les larves, sous l'eau, qui doit être très riche en substances nutritives. Les adultes apparaîtront après trois ou quatre hivers.

Le gracieux chevalier guignette mesure 19 cm. Mâle et femelle sont identiques.

Dès la fin de l'été, la plupart des guignettes migrent vers l'Afrique.

Héron pourpré

Ardea purpurea

On le différencie du héron cendré par sa taille un peu moins élevée et les teintes marron de son plumage.

Le héron pourpré est un grand migrateur qui fréquente nos contrées d'avril à octobre. Il est disséminé dans toute la France, sauf dans le Nord-Ouest, et est bien plus rare que le héron cendré (voir p. 93). Qui plus est, sa discrétion le rend difficile à voir : il pêche au sein des massifs de roseaux, où ses longs doigts lui permettent de se déplacer avec assurance.

Son nid est un assemblage de chaume et de tiges, établi au plus épais d'une roselière ou, parfois, sur des buissons de saules. La femelle pond de trois à six œufs bleu-vert qui éclosent au bout de un mois, à plusieurs jours d'intervalle. Comme tout héron qui se respecte, le pourpré alimente ses petits en régurgitant la nourriture qu'il stocke dans son œsophage. À l'âge de trois semaines, les jeunes se dispersent dans le marais, mais ne gagnent leur indépendance que cinq semaines plus tard.

Libellule déprimée

Libellula depressa

Son nom lui vient de son abdomen aplati.

Femelle

La libellule déprimée (7,5 cm d'envergure) arrive à maturité sexuelle quelques jours après l'éclosion. L'accouplement a toujours lieu en vol et dure moins d'une minute. Pendant la ponte, le mâle vole au-dessus de la femelle et chasse les autres mâles, tandis que la femelle continue à se déplacer. Les œufs sont ainsi dispersés en différents plans d'eau, ce qui permet aux larves de se nourrir et de se développer plus facilement qu'elles ne le feraient groupées dans un même étang.

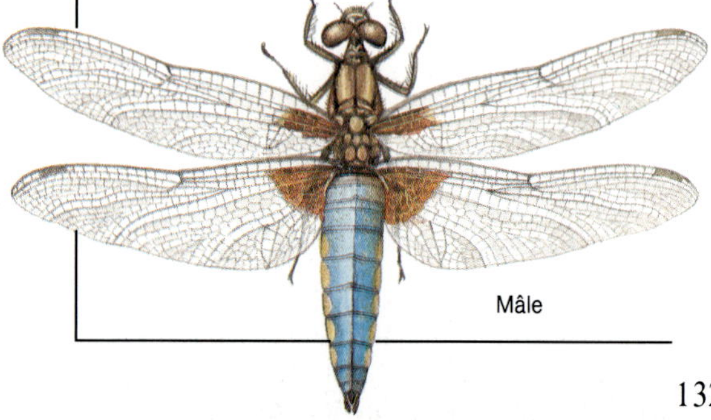

Mâle

Cladion

Cladium mariscus

C'est une plante de 1 à 2,50 m vivace et vigoureuse. Très coriaces, les feuilles sont garnies de dents acérées qu'il faut éviter de toucher. Ses petites fleurs sont hermaphrodites, mâles dans la partie supérieure. Autrefois très abondant, le cladion se raréfie de plus en plus en raison de l'assèchement des zones marécageuses et des coupes fréquentes dont il fait l'objet.

Inflorescence en trois à dix fascicules pédonculés

Feuilles raides, pliées en gouttière, bordées de dents acérées

Fleur petite, à deux étamines et trois stigmates

Les feui sont fan au bout.

Triton crêté

Triturus cristatus

Sa peau est verruqueuse.

C'est le plus grand de nos tritons (il peut atteindre 18 cm). C'est aussi l'un des plus aquatiques : bien que la plupart des individus passent l'hiver sur terre (sous des souches, des tas de pierres, l'humus ou la mousse), d'autres restent toute l'année dans l'eau. C'est même le seul triton dont les jeunes peuvent être observés dans l'eau avant leur maturité sexuelle.

Hydromètre

Hydrometra stagnorum

Grâce aux nombreux poils hydrophobes recouvrant ses pattes et son corps, l'hydromètre compte parmi les punaises amphibies marchant sur l'eau. Elle mesure jusqu'à 1,2 cm et possède un corps et une tête très allongés. Elle consomme des insectes aquatiques et des larves de moustique, qu'elle capture avec son rostre piqueur à la surface de l'eau, ou au-dessous.

Les ailes, ordinairement vestigiales, sont parfois bien développées.

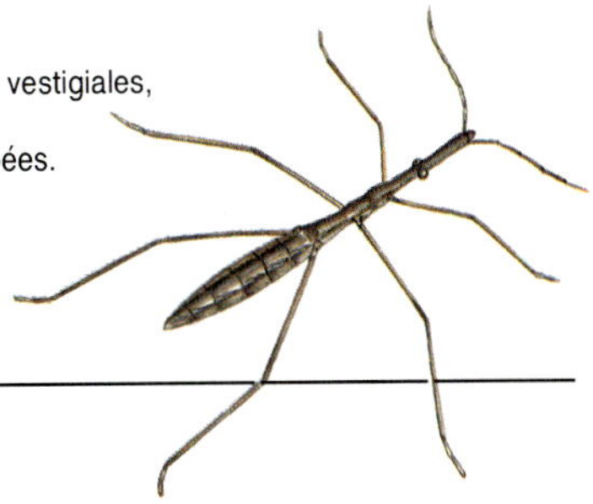

Marchantie protée

Marchantia polymorpha

Chaque lobe est marqué d'une ligne médiane noirâtre. La reproduction s'effectue par de petites capsules en forme de parapluie. La marchantie protée se bouture grâce à ses corpuscules verts (propagules), libérés sur le dessus du thalle.

Le thalle mesure une dizaine de centimètres.

Écuelle d'eau

Hydrocotyle vulgaris

L'écuelle d'eau tire son nom du grec *hudôr,* eau, et *cotulê,* écuelle, en raison de la forme de ses feuilles. Celles-ci sont arrondies, légèrement creusées au centre, crénelées sur les bords et se dressent au bout de longs pétioles poilus.

C'est une plante vivace à tiges grêles, blanchâtres, rampantes, enracinées à chaque nœud, parfois flottantes. Elle ne mesure que de 6 à 20 cm. En période de floraison, entre juin et septembre, s'épanouissent de petites fleurs presque invisibles à l'œil nu. Son fruit (2 mm) est pointillé de brun et muni de dix côtes saillantes.

L'écuelle d'eau est très toxique pour l'homme et le bétail. Elle est répartie essentiellement dans les marais des régions atlantiques, et se fait plus rare dans l'Est et les régions méditerranéennes.

Elle se plaît aussi bien à l'ombre qu'au soleil mais redoute la sécheresse de l'air.

Busard des roseaux

Circus aeruginosus

La silhouette de ce busard rappelle celle de la buse (voir p. 292), mais sa queue est plus longue et son mode de chasse différent. Alors que la buse reste à l'affût sur son perchoir, prête à fondre sur le campagnol éloigné de sa galerie, le busard vole au ras du sol, les ailes relevées en V, et se laisse tomber sur la proie qu'il découvre par hasard. À l'origine habitant des grandes roselières, mais menacé par l'assèchement des marais, le busard des roseaux s'adapte depuis peu aux plaines cultivées et établit son nid dans les céréales. La parade nuptiale est spectaculaire : le mâle s'élève à grande hauteur, puis tombe en piqué et exécute des loopings, le tout accompagné de cris aigus et de sifflements.

Appelé aussi harpaye, il mesure 50 cm.

Mâle (la femelle a la tête blanc crème)

Petite douve

Ranunculus flammula

Feuilles lancéolées, glabres, souvent dentées

Fruits à bec court et obtus

C'est une plante vivace aux tiges souvent couchées. Haute de 10 à 50 cm, elle fleurit de mai à septembre. On la rencontre en Europe et en Asie, dans les marais et les étangs peu profonds. Le terme *flammula* signifie flamme ; en effet, la saveur de la petite douve est brûlante et ses feuilles peuvent provoquer de véritables brûlures sur la peau.

Couleuvre à collier

Natrix natrix

La couleuvre à collier aime l'eau. On l'observe souvent près des zones humides (rivières lentes, étangs, marais). Elle nage très bien et peut rester immergée plus d'une demi-heure, bien que préférant généralement garder la tête hors de l'eau. On l'a même vue en mer à 40 km de la côte. Elle chasse souvent à terre (des grenouilles et des crapauds essentiellement) et peut aussi s'aventurer sur des terrains assez secs. Elle est donc nettement moins aquatique que sa cousine, la couleuvre vipérine (voir p. 75). Excellente actrice, elle simule à merveille la mort quand elle se sent en danger.

Mesurant de 0,70 à 1,30 m, elle porte le plus souvent un collier jaune ou blanchâtre.

Helobdella stagnalis

Helobdella stagnalis est une sangsue de 1,5 cm de long, qui parasite des crustacés, des escargots et des larves d'insecte aquatique. Comme tous les annélides achètes, elle a un corps allongé sans parapodes ni soies et est hermaphrodite. Elle possède autour de la bouche une ventouse qui lui sert d'organe de succion. La ventouse postérieure sert à la fixation. La sécrétion des glandes buccales contient de l'hirudine, une substance empêchant la coagulation du sang de leur hôte.

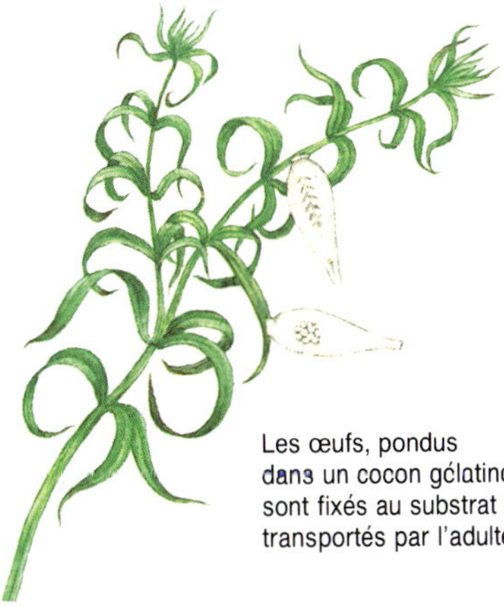

Les œufs, pondus dans un cocon gélatineux, sont fixés au substrat ou transportés par l'adulte.

Dolomède

Dolomedes fimbriatus

Une araignée aquatique de 2,5 cm de long

Le dolomède est une araignée qui aime vivre au bord de l'eau. En cas de danger, il s'enfuit en courant sur l'eau et peut même y plonger. Il ne construit pas de toile, mais poursuit ses proies, composées essentiellement de petits animaux aquatiques. Les femelles transportent le cocon rempli d'œufs dans leurs mâchoires. Juste avant l'éclosion, elles le suspendent à une plante et veillent sur lui. Une fois nées, les petites larves grimpent sur le dos de leur mère, qui les emporte partout avec elle.

Jonc noueux

Juncus articulatus

Cette plante vivace, qui colonise les milieux plus ou moins marécageux, se multiplie rapidement de manière végétative. De taille moyenne, mesurant environ 80 cm, elle a un port de graminée, sa tige est cylindrique, rigide et glabre.
Les feuilles, engainantes, sont de couleur vert foncé. De petites fleurs en inflorescences ornent la plante de juin à septembre. La dissémination du pollen est anémophile, c'est-à-dire qu'elle se fait par le vent. En revanche, la dispersion de la plante revient aux animaux : à maturité, les graines tombent sur le sol humide, ce qui les rend collantes ; elles s'accrochent alors facilement aux pattes, plumes et pelage des animaux, qui les transportent au gré de leurs déplacements.
Le jonc noueux est réparti partout dans l'hémisphère Nord. On l'utilise souvent comme lien en vannerie, d'où son nom latin, tiré de *jungere,* qui signifie joindre. Il existe en France une trentaine d'espèces de joncs.

Les feuilles sont creuses et divisées à l'intérieur par des cloisons transversales perceptibles au toucher.

Damier de la succise

Eurodryas aurinia

Ce beau papillon, aux ailes postérieures marquées de points noirs, se rencontre souvent dans les marais tourbeux mais aussi les prairies sèches et fleuries. Les chenilles se développent dans une toile communautaire sur les plantains, les scabieuses – et notamment la succise – et les centaurées. Au printemps, elles apparaissent en grappes denses. Ce papillon vit environ un mois, durant lequel il vole lentement de fleur en fleur. L'espèce est très vulnérable ; le drainage et l'assèchement de son habitat principal entraînent son déclin. Le damier de la succise compte parmi les insectes protégés en France.

C'est un papillon de 4,5 cm d'envergure.

Les œufs sont pondus en groupe sur le dessous des feuilles de scabieuse et de plantain.

Vison d'Amérique

Mustela vison

Le vison d'Amérique fut introduit et élevé en France pour sa fourrure dès 1916. De nombreux individus s'échappèrent des fermes d'élevage et ne tardèrent pas à se reproduire. Non content de voler des poissons aux pêcheurs, ce vison dévore aussi les oiseaux aquatiques. Il est sans doute responsable de la raréfaction de son cousin, le vison d'Europe (voir p. 66). Déclaré nuisible en Bretagne, le vison d'Amérique illustre le danger potentiel que peuvent représenter les espèces introduites.

Il mesure 40 cm, sans la queue.

Grande phrygane

Phryganea grandis

Avec 6,5 cm de c'est la plus grande des phryganes.

Comme certains papillons de nuit, et à l'instar des autres phryganes, la grande phrygane a des ailes membraneuses couvertes de poils. Pendant leur très courte vie, ces insectes volent le soir et la nuit. Les femelles pondent dans l'eau. Les larves sont éruciformes et végétariennes. Elles se construisent un fourreau à l'aide de petits fragments végétaux disposés en spirale, et traînent ensuite cet abri mobile avec elles. Le jour, ce papillon se tient immobile dans la végétation.

Fissident des marais

Fissidens adianthoides

Ce genre de bryophyte se caractérise par des feuilles opposées sur deux rangs s'insérant dans le même plan. Chaque feuille, en forme de carène de bateau, est prolongée par une lame apicale s'opposant à une lame dorsale. La tige, dressée, de 2 à 6 cm, possède des feuilles pointues et déchiquetées pourvues de grandes et de petites dents à leur extrémité. Ce fissident forme des touffes éparses vert foncé sur la terre humide. La capsule, oblongue, se dresse au bout d'un pédoncule prenant naissance latéralement à la tige.

Gesse des marais

Lathyrus palustris

De la famille des papilionacées, la gesse des marais est une plante vivace que l'on rencontre dans les roselières et les marais tourbeux des régions froides. Elle mesure de 0,25 à 1,50 m et ses feuilles pourvues de vrilles lui permettent de s'accrocher à d'autres plantes. En période de floraison, entre juin et août, de jolies grappes de fleurs, d'abord couleur pourpre, virant ensuite au bleu, embellissent les marais. Cette espèce devient de plus en plus rare à cause de l'assèchement de son habitat.

Le système radiculaire est peu profond.

Rousserolle turdoïde

Acrocephalus arundinaceus

De retour en mai de l'Afrique tropicale, où elle a passé l'hiver, la turdoïde émet son chant rauque et puissant au sommet d'un roseau, *kara-kara-kara-kric-kric-kric.* C'est la plus grosse des rousserolles ; de la taille d'une petite grive (18,5 cm), elle passe pourtant inaperçue en raison de son plumage neutre et uni. La nidification ne débute que lorsque les roseaux ont atteint une taille suffisante pour camoufler le nid. Celui-ci est fait de tiges et de fibres, préalablement humidifiées pour permettre leur tressage. Les fixations sont assez lâches pour que le roseau pousse sans déplacer le nid. Ultime précaution, la femelle aménage un bourrelet sur le bord intérieur pour empêcher la chute des œufs ou des poussins en cas de vent violent. Douze jours après l'éclosion, les petits s'aventurent aux abords du nid, mais ils doivent encore apprendre à voler et à se nourrir seuls avant de le quitter.

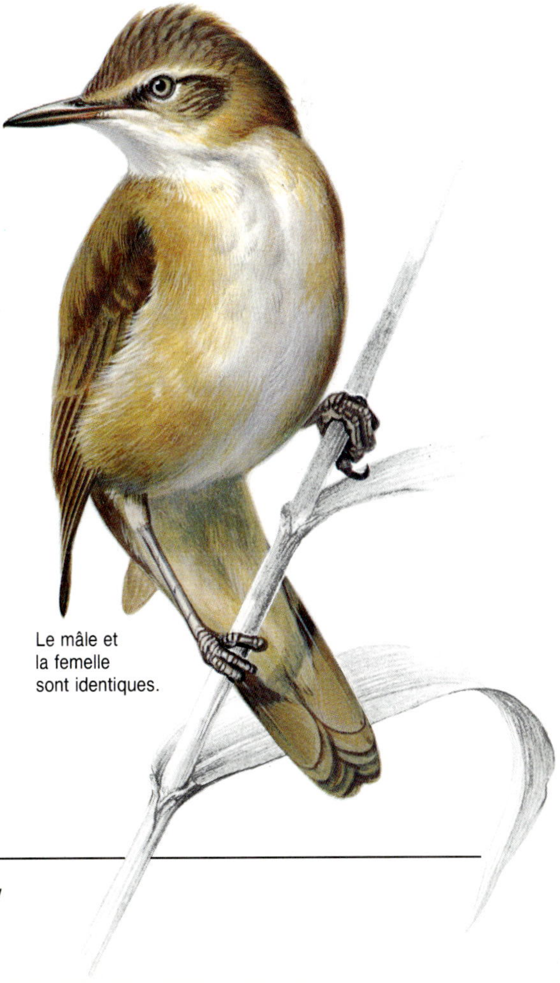

Le mâle et la femelle sont identiques.

Nèpe cendrée

Nepa cinerea

C'est une punaise aquatique de 2 à 3 cm, qui capte l'oxygène à la surface par un long tube situé à l'extrémité de l'abdomen. Elle attrape ses proies avec sa première paire de pattes antérieures, d'où son autre nom de scorpion d'eau.

Épipactis des marais

Epipactis palustris

C'est une plante vivace de la famille des orchidacées qui habite dans les prés humides et les marais tourbeux alcalins. On l'appelle également helléborine des marais. Elle mesure de 20 à 30 cm ; ses feuilles sont ovales. Les fleurs pendent en grappes sur un côté. Elles sont blanches, rosées à la base, le labelle (lèvre inférieure) est blanc strié de rouge avec une tache au sommet. Les sépales sont pourpres. C'est une espèce commune en France mais qui devient plus rare en plaine.

Laîche écailleuse

Carex lepidocarpa

On l'appelle laîche jaune pour la couleur de ses épis, ou laîche écailleuse pour la forme de ses fruits (*lepidocarpa* signifie à fruit écailleux). C'est une plante vivace avec une tige dressée atteignant 75 cm. Ses feuilles, de couleur vert-jaune, sont étroites. En période de floraison, entre mai et juillet, chaque tige porte des inflorescences en épi. Seul l'épi terminal, mâle, est toujours pédonculé ; à la base des épis femelles, le fruit possède un bec recourbé de couleur jaunâtre. La plante forme des touffes lâches sur les sols calcaires humides. Elle est répartie dans toute l'Europe et en Afrique du Nord, dans les plaines et montagnes. Il existe une grande variabilité morphogénétique au sein du genre *Carex* due aux nombreuses hybridations naturelles.

Leste fiancé

Lestes sponsa

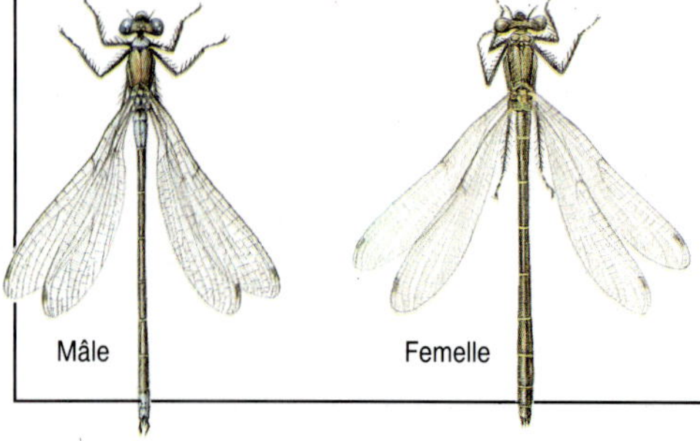

Le leste fiancé est une petite libellule de 3 cm de long. Bien que commun, il est difficile à voir dans le milieu naturel, car ses ailes sont pratiquement transparentes et son abdomen très fin.

L'accouplement et la ponte ont lieu lorsque le soleil est au plus haut. Le mâle s'accroche à la femelle et la saisit à la nuque par l'extrémité de son abdomen. Toujours liés l'un à l'autre, ils volent ainsi en tandem, d'où le nom de fiancé. La femelle injecte ensuite ses œufs fécondés dans la tige d'une plante à l'aide de sa tarière.

Parnassie des marais

Parnassia palustris

Cette plante vivace colonise les marais tourbeux, les prairies et landes humides. On la retrouve également en altitude et parfois sur les dunes côtières. La parnassie des marais mesure entre 10 et 40 cm. De juillet à septembre, elle porte une jolie fleur blanchc solitairc sur un long pédoncule. Cette fleur a la particularité d'attirer les insectes pollinisateurs par de fausses étamines ressemblant à des glandes nectarifères. Ses graines sont minuscules, et l'on peut en compter plusieurs centaines de milliers par gramme. La plante a des vertus thérapeutiques, notamment contre les diarrhées et les inflammations oculaires.

Hygrobia hermanni

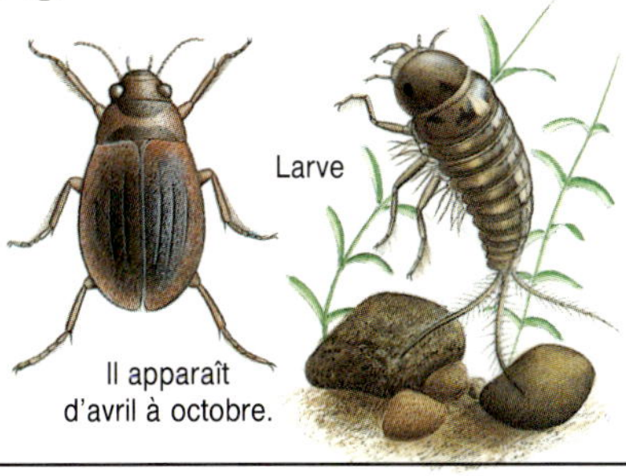

Hygrobia hermanni est un petit coléoptère aquatique d'environ 1,3 cm, au corps très convexe. Ses yeux sont proéminents et ses pattes velues. On le rencontre d'avril à octobre dans les marais, mares et étangs boueux. L'adulte et la larve se nourrissent de divers invertébrés. L'identification d'*Hygrobia hermanni* est facilitée par le petit cri, produit par le frottement de l'extrémité de l'abdomen contre les élytres, qu'il émet lorsqu'il est inquiété.

Butor étoilé

Botaurus stellaris

Le butor étoilé est difficile à observer car il vit retiré sous le couvert des vastes roselières. Sa présence est révélée par son chant impressionnant, qui ressemble au bruit que l'on fait en soufflant dans une bouteille vide, d'où son surnom de bœuf des marais, et qui s'entend à 5 km de distance ! Surpris par l'homme, le butor dresse son long cou et s'immobilise, confiant en son camouflage. En France, sa population est de plus en plus morcelée par le drainage des marais. Il ne subsiste que quelques centaines de couples, dont les principaux refuges sont les étangs du Nord-Est et de la Camargue. L'un des facteurs de mortalité les plus importants est le gel hivernal : ces oiseaux ont un faible instinct migratoire et meurent souvent de faim.

Linaigrette à feuilles étroites

Eriophorum angustifolium

Fruits à l'aspect cotonneux

Inflorescence composée de plusieurs épillets, ovoïdes et penchés

La linaigrette, hôte des tourbières et des marais mais également des bords d'étang et des sources, appartient à la famille des cypéracées. C'est une plante vivace, à longs rhizomes, souvent présente sur des sols siliceux en régions froides. Les tiges, dressées, portent à leur extrémité des inflorescences en épis, qui deviennent remarquables lors de la maturité des fruits. Ceux-ci s'entourent de houppes de soie laineuse qui recouvrent la tourbière d'un véritable manteau blanc duveteux, d'où le nom savant de la linaigrette, tiré du grec *erion,* laine, et *phêro,* je porte.
L'espèce possède de multiples noms vernaculaires tels que jonc à coton, jonc de soie, herbe à coton, lin des marais...

Fadet des tourbières

Coenonympha tullia

Taille : 3-4 cm

Nommé aussi daphnis, ce papillon est un hôte typique des prairies humides et des tourbières. Il vole lentement en juin et juillet à la recherche de graminées, sur lesquelles il dépose ses œufs – séparément ou en lignes. La chenille s'alimente le jour, principalement de linaigrettes (ci-dessus). La destruction de son biotope, ou sa modification, raréfie cette espèce de façon alarmante. Elle compte parmi celles qui sont protégées en France. Ce fadet présente plusieurs formes distinctes en Europe.

Lézard vivipare

Lacerta vivipara

Ses écailles dorsales, légèrement imbriquées ou carénées, offrent un contact rugueux.

Contrairement à ce que laisse entendre son nom, ce lézard est, dans la majeure partie de son aire de répartition, ovovivipare. Il produit des œufs qui sont incubés dans le ventre de la femelle. Les jeunes, déjà formés au moment de la ponte, déchirent, à peine mis au monde, la fine membrane qui les enveloppe. Cette particularité permet à ce lézard de vivre dans des régions froides. C'est même le seul reptile à vivre au-delà du cercle polaire arctique. Dans le sud de son aire de répartition, où il y a suffisamment de soleil pour que ses œufs puissent être incubés dans le sol, il est ovipare.

C'est l'unique lézard dont certaines populations sont ovovivipares et d'autres ovipares. D'apparence menue, il peut mesurer de 12 à 18 cm de long.

Canneberge

Vaccinium oxycoccos

Cet arbrisseau à feuilles coriaces mesure entre 15 et 20 cm. On le trouve rampant parmi les mousses et les sphaignes des tourbières de plaine et de montagne dans presque toute l'Europe et, en France, il apparaît en Alsace, dans les Vosges, le Jura et le Massif central.
Les tiges, grêles, portent de petites feuilles alternes de couleur blanchâtre, argentées en dessous. Les fruits, qu'il ne faut cueillir qu'après les premières gelées, sont des baies rougeâtres et acides qui noircissent en vieillissant. Ils sont consommés sous diverses formes : confitures, garnitures de tarte, vin digestif. Ils sont riches en vitamine C et connus depuis longtemps pour leurs vertus antiscorbutiques.

Leucorrhine douteuse

Leucorrhinia dubia

Cette libellule, caractérisée par sa face blanche, s'éloigne très peu des tourbières, où elle vole de mi-mai à mi-août. Les mâles, posés sur la végétation, contrôlent leur territoire. L'accouplement est réalisé en vol. Quelques minutes plus tard, la femelle passe au-dessus de l'eau en en touchant la surface avec l'extrémité de son abdomen. Ses œufs tombent alors sur le fond ou sur les plantes aquatiques. Ils donneront des larves, puis de nouveaux adultes, que l'on rencontre principalement sur les reliefs.

Drosera à feuilles rondes

Drosera rotundifolia

La drosera est une plante carnivore qui attire les insectes par les poils rouges recouvrant ses feuilles. Véritables tentacules mobiles, ils sont terminés par une goutte visqueuse qui piège les proies. Une fois la victime engluée, les poils se replient et la plante la digère.

Pipit des arbres

Anthus trivialis

Cet oiseau de 15 cm est exclusivement insectivore et passe donc la mauvaise saison dans les savanes africaines. Quand il chante, le pipit des arbres monte verticalement à coups d'ailes rapides, puis redescend comme un parachute pour se poser au sommet d'un arbre et surveiller son territoire. Le nid est caché dans les bruyères et contient de quatre à six œufs de couleur variable. La femelle couve pendant deux semaines et se nourrit seule lors de courtes pauses, une douzaine par jour. Les jeunes quittent le territoire avant l'âge de un mois, ce qui permet deux couvées par an.

Canche bleue

Molinia caerulea

C'est une grande graminée vivace qui peut atteindre 2 m et pousse dans les lieux humides sur des sols acides. Espèce nordique, elle est commune en France, sauf en région méditerranéenne. Elle forme de grandes touffes serrées (touradons). Son système racinaire apparaît en butte audessus du niveau de l'eau. On l'appelle canche bleue pour la couleur vert-bleu de ses feuilles, mais, en automne, elle vire au jaune d'or.

Bruyère des marais

Erica tetralix

La bruyère des marais est une plante vivace et vigoureuse qui peut vivre une vingtaine d'années. Le nom de *tetralix* lui vient de la disposition de ses feuilles en quatre rangées autour de la tige. La propagation de la plante se fait par marcottage naturel : à mesure qu'ils grandissent, les rameaux se couchent et s'enracinent en touchant terre, donnant naissance à de nouveaux pieds. De jolies fleurs roses ornent la plante de juin à octobre. La plante mesure de de 40 à 80 cm.

Grassette commune

Pinguicula vulgaris

Cette plante carnivore mesure de 5 à 15 cm. Elle possède des feuilles basales succulentes qui jouent le rôle de piège à insectes ; les bords, imbibés d'un liquide visqueux sécrété par des glandes, sont recourbés à l'intérieur. Une fois l'insecte posé sur la feuille, celle-ci se referme sur lui pour le digérer.
La grassette commune produit des fleurs violettes à deux lèvres, d'où son autre nom de violette des marais. On la trouve dans la majeure partie de l'hémisphère Nord, mais en France elle est surtout répartie sur l'étage montagnard.

Les lobes de la lèvre inférieure de la fleur sont divergents.

La feuille se referme sur l'insecte.

Grenouille des champs

Rana arvalis

Elle ne mesure pas plus de 8 cm.

La grenouille des champs ne subsiste plus qu'en de rares stations d'Alsace et du Territoire de Belfort. Elle ressemble beaucoup aux grenouilles rousse et agile (voir p. 156). Elle s'en distingue surtout par son museau plus court, mais pointu (on l'appelle aussi grenouille oxyrhine, du grec *oksurrhis,* qui a le nez pointu), et sa bande vertébrale claire. En livrée nuptiale, bon nombre de mâles ont une couleur bleue caractéristique.

Gentiane des marais

Gentiana pneumonanthe

Elle doit son nom à Gentios, roi d'Illyrie, qui aurait découvert les propriétés médicinales des gentianes ; autrefois, ses fleurs étaient utilisées pour le traitement des maladies pulmonaires, d'où son nom savant de pneumonanthe, qui vient du grec *pneumôn,* poumon, et *anthos,* fleur. De nombreuses feuilles étroites, à une seule nervure, ornent la tige dressée. Entre juillet et octobre, les fleurs s'épanouissent, grandes et solitaires, à l'aisselle des feuilles supérieures. La corolle, d'un bleu intense, a la forme d'un long tube s'évasant en cinq lobes. De plus en plus rare, cette gentiane se rencontre dans les prairies marécageuses, les tourbières ou les landes humides jusqu'à 1 500 m. Disséminée de façon inégale en France, elle est protégée dans plusieurs régions. Cette gentiane est cultivée comme plante ornementale.

Fleurs pédonculées réunies en un épi lâche

Hauteur : 10-60 cm

Mouron des marécages

Anagallis tenella

Petite plante vivace mesurant entre 5 et 15 cm, le mouron des marécages occupe les milieux tourbeux et les sables humides en Europe atlantique. Les tiges sont grêles, parfois rampantes, et s'enracinent au niveau des nœuds. Les fleurs, de couleur rose pâle, sont riches en nectar (pollinisation entomophile) et s'épanouissent de mai à septembre. À maturité, le fruit s'ouvre, exactement comme un couvercle, pour libérer des graines. Celles-ci sont vénéneuses.

Sizerin flammé

Carduelis flammea

Anciennement confinés dans les Alpes et sur le littoral du Pas-de-Calais, les sizerins flammés français nichent depuis peu dans les tourbières de l'Est. En hiver, ceux venant d'Europe du Nord et d'Angleterre se dispersent dans toute la France continentale. Ils se nourrissent alors de graines d'aulne et de bouleau, mais on les trouve aussi dans les prés parmi les bandes de passereaux granivores. À l'époque des amours, le mâle marque son territoire en

Sphaigne denticulée

Sphagnum denticulatum

Ce genre unique est représenté en France par trente-cinq espèces. Toutes sont inféodées aux tourbières ou aux landes tourbeuses. La tige possède des faisceaux de rameaux groupés de deux à six. Elle s'accroît en permanence au sommet et se dévitalise à la base sans pourrir.

Campagnol souterrain

Pitymys subterraneus

Le campagnol souterrain habite surtout la moitié nord de la France et fréquente les paysages ouverts ou à boisement clairsemé, les marais, les landes, les jardins... Il creuse profondément ses galeries, pourvues de nombreuses issues, qu'il bouche par mauvais temps. S'il se déplace en surface en quête de nourriture, il ne s'éloigne guère des entrées de son terrier afin de mieux fuir les gros carnivores et les rapaces. Grand amateur de plantes, il les consomme plutôt par la racine, sous terre, pour ne pas s'exposer aux prédateurs. Il ne dédaigne pas à l'occasion les graines et les baies. Comme chez tous les campagnols, les femelles sont très prolifiques et élèvent de trois à huit portées de deux à quatre jeunes par an. Ils pèsent moins de 2 g à la naissance et ouvrent les yeux à onze jours.

Le croupion rosé et les doubles barres blanches sur les ailes sont caractéristiques.

Le mâle (12 cm) est plus coloré que la femelle.

volant comme un papillon et en poussant des trilles incessants. Le nid est une coupe d'herbes et de mousses, reposant sur une assise de rameaux ; il est construit à plus de 2 m de hauteur par la femelle, qui y couvera, seule, de quatre à six œufs.

Æshne bleue

Aeshna cyanea

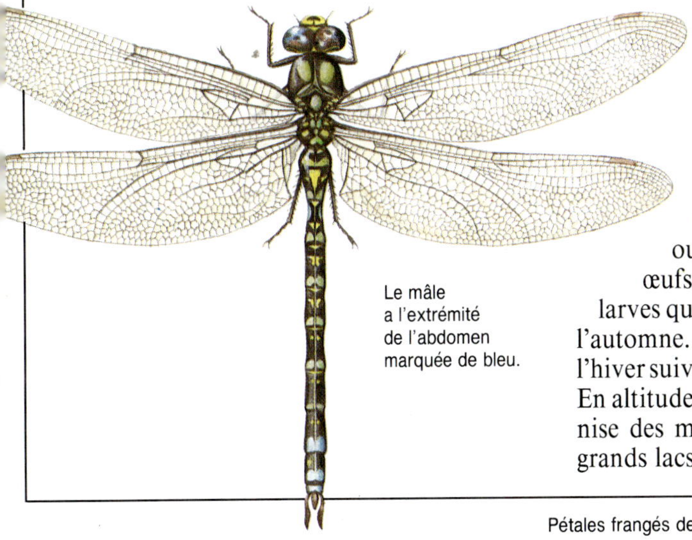

Le mâle a l'extrémité de l'abdomen marquée de bleu.

Cette æshne de grande taille (11 cm d'envergure pour 8 cm de long) vole de la fin juin à la fin octobre. L'adulte, bon voilier, n'hésite pas à s'éloigner fort loin des eaux qui l'ont vu naître. Il arrive alors que la chasse l'entraîne jusqu'au cœur des villes et dans les habitations. Les adultes reviennent vers les milieux aquatiques pour s'accoupler. Les femelles pondent leurs œufs à la fin de l'automne dans diverses eaux stagnantes, allant du réservoir ou de la mare aux petits lacs. Les œufs hivernent, puis donnent des larves qui se développent du printemps à l'automne. Les adultes apparaissent après l'hiver suivant, soit deux ans après la ponte. En altitude, jusqu'à 1 400 m, l'espèce colonise des milieux plus étendus comme les grands lacs ou les tourbières.

Trèfle d'eau

Menyanthes trifoliata

Le trèfle d'eau, ou ményanthe, est une plante vivace à souche épaisse immergée. Les feuilles et l'inflorescence émergent de l'eau. Les fleurs, à cinq pétales, sont grandes, blanc rosé et bordées de cils blancs caractéristiques. Elles apparaissent en grappes et peuvent fleurir une première fois d'avril à juillet et une seconde fois en automne. Le trèfle d'eau est utilisé comme plante ornementale et médicinale. On lui prête des vertus contre l'atonie digestive, les fièvres, les rhumatismes et les problèmes de peau. Il fait actuellement partie des plantes protégées.

Pétales frangés de filaments

Fruits surmontés d'un long style jusqu'à maturation

Hauteur : 20-40 cm

Les plaines et collines

Le geai des chênes, qui se nourrit de glands, cache ses provisions dans des cavités.

La cétoine dorée est un coléoptère de coloration métallique, aux nuances variées.

Le chevreuil est le plus petit de nos cervidés. Les jumeaux sont fréquents chez cette espèce, qui se reproduit une fois par an.

empérées

Le genêt à balais produit des gousses qui explosent en été.

Le mulot, petit rongeur nocturne, peut parcourir jusqu'à 400 mètres en une nuit.

La salamandre tachetée émet une sécrétion toxique dont le prédateur se souviendra...

Le sceau-de-Salomon laisse apparaître ses jolies fleurs campanulées d'avril à juin.

Les plaines et collines tempérées représentent un milieu qui témoigne des incessantes interactions de l'homme avec son environnement au cours des siècles.

Le royaume du chêne

Alors que la forêt couvrait deux tiers de notre territoire à l'époque gauloise, elle connut d'intenses périodes de défrichement entre le Moyen Âge et le milieu du XIXe siècle, d'une part pour l'utilisation du bois à divers usages, d'autre part au profit de l'extension des territoires cultivés. Par la suite, l'essor industriel, le développement des transports et la croissance urbaine continuèrent à engendrer des prélèvements importants sur la forêt mais furent compensés par de meilleurs rendements agricoles – donc une moins grande emprise sur les surfaces boisées – et par l'utilisation d'autres combustibles minéraux. De plus, de gros efforts de reboisement furent réalisés

Le hêtre est, après le chêne, l'arbre à feuilles caduques le plus répandu en France.

sous le Second Empire, puis après la Seconde Guerre mondiale.

Dans ces paysages tempérés, la forêt naturelle renferme des essences à feuilles caduques, les conifères provenant généralement de plantations. C'est le chêne qui est le roi : il détient à lui seul 31 % de la forêt française. À cette espèce dominante se mêlent d'autres arbres, comme le charme, et de nombreux arbustes à fruits, remarquables réservoirs de nourriture pour la faune.

Le hêtre, plus sensible aux excès climatiques, a été favorisé par l'homme dans des boisements presque purs dans le nord-ouest du pays, mais il se trouve le plus souvent en mélange avec le chêne en plaine et avec le sapin en montagne. Le sous-bois des hêtraies est peu développé en raison de la faible luminosité.

Rien n'égale, en fin d'été, la splendeur pourpre des floraisons de bruyères.

Les milieux menacés

Témoin des défrichements passés, la lande fut longtemps entretenue par des incendies volontaires pour développer le pâturage. Dominés par les bruyères, callunes et genêts, ces milieux ouverts sont favorables à une faune et à une flore très particulières. De nos jours, les landes disparaissent sous l'effet de plantations intensives de conifères, comme dans le Sud-Ouest. C'est également dans ce type de milieu que sont établis camps et aérodromes militaires.

Alors que la flore des landes préfère les sols acides, tout autre est celle qui caractérise les pelouses sèches sur terrains calcaires. Celles-ci, très riches en espèces végétales et donc en insectes, mais de faible valeur agronomique, étaient autrefois consacrées au pâturage, surtout ovin, les meilleures terres étant réservées aux cultures, et les prairies fauchées se localisant dans les fonds inondables. L'abandon progressif de cette activité, l'extension de la vigne et l'urbanisation sont autant de causes de raréfaction de ces pelouses. Quant aux prairies inondables, elles disparaissent du fait de la canalisation des rivières.

Du bocage traditionnel aux grands espaces productifs

Le bocage, caractéristique de l'ouest du pays, a payé un lourd tribut à la mécanisation et à l'intensification de l'agriculture. Il est peu à peu réhabilité depuis qu'on reconnaît son rôle de protection contre l'érosion des sols, les inondations, le vent et l'insolation du bétail.

Si les paysages de grands champs ouverts, aux blés dorés, aux colzas lumineux et aux tournesols géants, enchantent le regard et rassurent par l'abondance de la production,

Double page précédente : les roches de Ham (Manche).

En Bourgogne, les vastes étendues de champs forment un lumineux patchwork.

force est de constater que la vie sauvage y est très réduite du fait de la monotonie des habitats disponibles et, surtout, de l'effet des herbicides et des pesticides. De nombreuses plantes messicoles, compagnes des cultures traditionnelles, ont disparu de notre flore. Des programmes dits « agri-environnementaux » se mettent en place, prévoyant, dans certains cas, le maintien, en bordure des champs cultivés, de franges de végétation spontanée : coquelicots, bleuets, nielles font peu à peu leur réapparition. Cependant, l'agriculture connaît actuellement de profondes mutations, marquées en particulier par une sévère déprise. Pratiquée avec discernement, la friche, qui résulte des mises en jachère longue imposées par les excédents communautaires, pourrait être favorable à un enrichissement de la faune et de la flore sauvages.

LA TERRE SE REPOSE

La déprise agricole est un abandon de parcelles agricoles au rendement insuffisant. La végétation spontanée y reprend vite sa dynamique et les stades arbustifs cèdent rapidement la place aux stades forestiers. D'un milieu ouvert, on passe progressivement à un milieu fermé dont la richesse biologique s'amoindrit. Il peut être intéressant d'introduire sur ces espaces de grands herbivores, notamment des races rustiques d'ovins, de bovins, d'équins, pour pratiquer un pâturage extensif.

La mise en jachère se traduit par des mises en repos temporaires des terres, d'une durée variant de un à vingt-cinq ans. Cette mesure est imposée par les instances européennes dans le but de limiter la surproduction de certaines denrées. Malheureusement, ces terres ainsi libérées ne sont pas pour autant toujours favorables à la vie sauvage, car on y autorise les herbicides.

L'espace d'un été, un pied de coquelicot peut produire quatre cents fleurs.

Chouette hulotte

Strix aluco

Son ouïe fine et sa vision nocturne lui permettent de localiser ses proies.

La chouette hulotte (38 cm) possède un plumage souple qui lui assure un vol parfaitement silencieux. Elle part en chasse à la nuit tombée, surprenant surtout des petits mammifères et des oiseaux. Elle apprécie beaucoup les forêts de chênes avec de vieux arbres. Elle se retranche dans l'ombre pendant le jour car la lumière l'éblouit. Lorsque les petits passereaux la découvrent dans sa retraite diurne, il arrive qu'ils se liguent pour la houspiller. C'est souvent dans une cavité d'arbre que la chouette hulotte va pondre, généralement de deux à quatre œufs au total, qu'elle dépose à plusieurs jours d'intervalle. Cela explique la grande différence de taille qui peut exister entre les jeunes. Le célèbre hululement du mâle peut être entendu à plus de 1 km. La femelle s'associe à ces appels en un duo qui résonne dans le silence nocturne.

Grand capricorne

Cerambyx cerdo

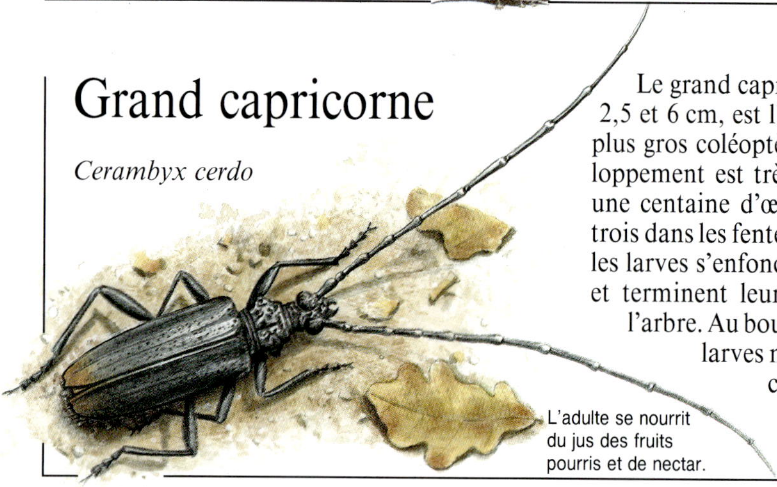

L'adulte se nourrit du jus des fruits pourris et de nectar.

Le grand capricorne, qui mesure entre 2,5 et 6 cm, est l'un des plus beaux et des plus gros coléoptères d'Europe. Son développement est très long. La femelle pond une centaine d'œufs par groupes de un à trois dans les fentes de l'écorce d'un chêne ; les larves s'enfoncent ensuite sous l'aubier et terminent leur croissance au cœur de l'arbre. Au bout de trois à quatre ans, les larves mesurent 10 cm de long et creusent une galerie en angle droit, où elles deviennent adultes.

Fougère mâle

Dryopteris filix-mas

L'espèce, haute de 40 cm à 1 m, possède une souche très épaisse et gazonnante. Comme la plupart des fougères, elle développe plusieurs frondes, sortes de feuilles en forme de crosse à leur naissance et qui se déroulent au fur et à mesure de leur croissance. Le rachis (équivalent du pétiole) est très écailleux. Le limbe, lancéolé, formé de lobes, est deux fois divisé. Chaque pinnule est dentée, portant à maturité de petits parapluies sur la face inférieure. Ceux-ci, en se desséchant, se replient vers le haut et libèrent des spores, car les fougères ne produisent ni fleurs ni graines. La fougère mâle est commune sur l'ensemble du territoire mais occupe surtout les sous-bois frais au sol varié. Elle évite la région méditerranéenne, sauf en altitude.

Pinnules dentées

Les écailles du rachis sont roux clair.

Chêne pédonculé

Quercus robur

On reconnaît ce chêne à ses feuilles au pétiole très court, presque inexistant, prolongé par deux oreillettes à la base, et aux longs pédoncules qui supportent les glands.
Arbre noble par excellence, le chêne pédonculé fut vénéré par bien des peuples. Son culte, établi dès le début du Ier millénaire par les Celtes, inspira la légende de Saint Louis, qui, au XIIIe siècle, aimait rendre la justice sous un chêne.
Le mot latin *robur* signifie robuste, terme qui caractérise l'architecture de cet arbre. Les feuilles et la jeune écorce, très riches en tanin, sont astringentes et hémostatiques.

Geai des chênes

Garrulus glandarius

Les cris rauques du geai des chênes signalent à tous les habitants de la forêt le passage d'un intrus, mais sa voix peut se faire plus douce quand il chante en sourdine près du nid. Les glands, qu'il cueille dans l'arbre ou ramasse par terre, composent plus de la moitié de sa nourriture. En cas de surplus, il cache des provisions dans la cavité d'un arbre ou dans le sol.
Lors des jeux nuptiaux, les oiseaux se poursuivent en criant avec des battements d'ailes lents, puis le mâle tourne autour de la femelle en hérissant ses plumes. La ponte comporte six œufs, déposés dans un nid de branchages. Après un peu plus de deux semaines de couvaison, ils donnent naissance à des jeunes qui resteront trois semaines au nid. Sédentaire, le geai est tout de même sujet à certains déplacements hivernaux en cas de disette.

Sceau-de-Salomon

Polygonatum multiflorum

Son nom vernaculaire se rapporte à son rhizome charnu, renflé et noueux, dont chaque renflement correspond à la cicatrice de la tige florifère des années précédentes. L'allusion à Salomon, connu pour sa sagesse et ses conseils, viendrait des propriétés antalgiques du rhizome. Cette plante vivace de 20 à 60 cm de hauteur fleurit d'avril à juin. Elle affectionne les sols neutres, jusqu'à 1800 m d'altitude.

Pic mar

Deudrocopos medius

À l'inverse de la plupart des autres pics, le pic mar fréquente peu les troncs mais plutôt les rameaux élevés des grands chênes. Il ne tambourine pas, mais lance dès la fin de l'hiver un chant plaintif. Il possède également un cri caractéristique, un *ptik-pteuk-pteuk* en série, dont la première note est plus élevée.
Le plumage coloré est commun au mâle et à la femelle. Tout au plus celle-ci présente-t-elle une calotte rouge un peu moins vive. Les parades nuptiales débutent par de bruyantes poursuites entre les arbres. Le nid est une cavité forée de préférence dans un chêne, où cinq ou six œufs seront pondus. Les deux adultes participent au forage de cette cavité, comme d'ailleurs plus tard à la couvaison et au nourrissage des jeunes. Ceux-ci s'envolent à l'âge de trois semaines.

Le pic mar mesure 20 cm. Avec sa calotte rouge, ses flancs noir et blanc et ses sous-caudales rosées, c'est un oiseau particulièrement coloré.

Potentille faux fraisier

Potentilla sterilis

Cette discrète rosacée est souvent confondue avec le fraisier sauvage, mais elle en diffère par ses pétales plus courts que les sépales et ses feuilles à long pétiole, dont les folioles possèdent de huit à douze dents symétriques. La plante est couverte de poils mous étalés qui lui donnent un aspect soyeux. Espèce de demi-ombre, la potentille faux fraisier vit sur des sols peu acides à basiques, mais plutôt frais. Sa floraison a lieu de février à mai. Elle donne des fruits secs, jamais charnus.

Lucane cerf-volant

Lucanus cervus

Le mâle du lucane cerf-volant se reconnaît facilement à ses impressionnantes mandibules. Il les utilise lorsqu'il se bat contre un autre mâle pour conquérir une femelle. Les deux mâles luttent jusqu'à ce que l'un d'entre eux se retrouve sur le dos, incapable de poursuivre le combat. Juin et juillet sont les mois les plus favorables pour observer des cerfs-volants. C'est à cette époque qu'ils se reproduisent. Les œufs sont déposés dans de vieilles souches et mâles et femelles meurent peu de temps après la reproduction.
L'adulte se nourrit de la sève qui suinte des arbres en la léchant.

Le mâle peut mesurer jusqu'à 2 cm.

Les mandibules de la femelle sont beaucoup plus petites.

Loir gris

Glis glis

Ce loir ressemble quelque peu à l'écureuil, mais il est gris sur le dos, blanc sur le ventre et beaucoup plus petit. Pour un poids de 100 g, il mesure environ 15 cm pour la tête et 12 cm pour la queue. C'est un arboricole qui pénètre cependant souvent dans les maisons, où, en compagnie d'autres congénères, il se livre à de tapageuses disputes et poursuites nocturnes.
Le loir gris se nourrit de fruits et d'insectes, et engraisse en automne pour hiberner ensuite. Les femelles ont une ou deux portées par an de deux à huit jeunes.

La queue, gris-brun, est très touffue.

Tordeuse verte du chêne

Tortrix viridana

Ce petit papillon de 2 à 2,5 cm ne vit qu'une semaine.

La chenille s'enroule dans les feuilles de chêne et en descend par un fil de soie.

À la fin du mois de juin, ce papillon vole en essaim à la cime des chênes. Les femelles déposent leurs œufs dans la frondaison. Ils écloront au mois de mai suivant. L'éclosion des jeunes chenilles coïncide exactement avec l'épanouissement des premiers bourgeons du chêne. En fin de développement, la chenille attaque les feuilles et les enroule pour former un cornet, consolidé par un réseau de fils soyeux. C'est dans ces feuilles tordues qu'aura lieu la métamorphose. Lorsque les populations de tordeuses vertes deviennent trop importantes, les chenilles descendent de branche en branche en tissant un fil de soie au fur et à mesure.

Jacinthe des bois

Hyacinthoides non-scripta

Cette élégante liliacée, aux belles fleurs bleues en grappes inclinées, développe sa hampe florale de 20 à 40 cm en avril et mai dans les bois de l'ouest de la France. Elle forme souvent des peuplements denses et étendus dans les chênaies établies sur des sols peu acides, frais et filtrants.

Les fleurs forment des clochettes bleues odorantes.

Charme commun

Carpinus betulus

L'expression « se porter comme un charme » rend hommage à la grande vitalité et à la force du charme commun (20-25 m). Le marcottage naturel de ses branches, ses nombreux rejets de souche, sa résistance aux maladies et à toutes les tailles en ont fait l'arbre idéal pour constituer des haies, ces charmilles si recherchées au siècle dernier et chantées par maints poètes. Il est aussi un hôte habituel de nos forêts, vivant en compagnie du chêne. Son bois, renommé pour sa dureté, servait à faire les jougs d'attelage chez les Romains. Il est aujourd'hui utilisé dans la fabrication des outils et, surtout, des étals de boucher. Ses feuilles virent au vieil or en automne.

Les feuilles sont lancéolées et caractérisées par dix à quinze paires de nervures.

Les fruits (akènes) sont logés à la base de grandes bractées foliacées.

Escargot de Bourgogne

Helix pomatia

On le trouve souvent sur les murs en ruine.

Malgré son nom, cet escargot ne vit pas seulement en Bourgogne mais dans les bois, les haies et les jardins de toutes les régions. Son épaisse coquille brunâtre peut atteindre 5 cm de diamètre ; il est ainsi l'un des plus gros mollusques terrestres d'Europe. Fort apprécié des gastronomes, il est élevé et engraissé dans ce but. Les escargots sont hermaphrodites. Ainsi, chacun des partenaires est à la fois mâle et femelle, et pond de quarante à soixante-dix œufs.

Blaireau

Meles meles

Le blaireau est l'un des plus fidèles des animaux. Il est très attaché à son conjoint, qu'il n'abandonne jamais. Sa fourrure est rêche, plus foncée sur le ventre que sur le dos. On le trouve dans toute la France (sauf en Corse) ; il vit en groupes ou en clans dans des galeries terrestres propres, car les excréments sont enterrés à l'extérieur dans des pots. Ce mammifère nocturne hiberne en famille. Il se nourrit d'invertébrés, de petits mammifères, de fruits et de céréales. La femelle met bas de deux à sept jeunes, aveugles et couverts de poils blancs, une fois par an. L'espèce est classée gibier, sauf dans quelques départements où elle est protégée.

Le mâle mesure environ 80 cm.

Lombric

Lumbricus terrestris

Le lombric, qui vit jusqu'à 1,80 m dans le sol, peut mesurer 30 cm.

Le lombric, ou ver de terre, se nourrit principalement de matière végétale en décomposition à la surface du sol. Il transporte ces aliments dans son terrier, soit pour les manger aussitôt, soit pour en constituer des réserves. En cas de disette, il peut se nourrir de la terre, qu'il avale à mesure qu'il se fraie un chemin ; il en extrait les éléments nutritifs et rejette le reste par l'autre extrémité de son tube digestif. Ce ver contribue à la fertilité des sols car il y facilite la circulation de l'air et de l'eau. Dans les terres grasses des prairies, on peut trouver plusieurs centaines de lombrics par mètre cube.

Grimpereau des jardins

Certhia brachydactyla

Le grimpereau des jardins se déplace avec agilité le long des troncs grâce à ses ongles robustes et à sa queue rigide, qui lui sert d'appui. Il monte en spirale, en inspectant chaque recoin et crevasse. C'est ainsi qu'il trouve les insectes dont il se nourrit. Une fois qu'il a fini l'inspection d'un arbre, il s'envole pour gagner la base d'un autre tronc, lançant parfois des petits cris grinçants. Il est répandu dans les forêts comme dans les jardins.

C'est l'un des plus petits oiseaux européens (12 cm).

Violette de Rivin

Viola riviniana

Le nom de cette violette est dédié au médecin et botaniste allemand Rivinus (1652-1723), professeur à Leipzig. Elle vit dans les sous-bois jusqu'à 1800 m d'altitude, sur des sols plus ou moins acides, parfois assez secs. Ses feuilles, longuement pétiolées, sont cordées, à sommet ogival large, et possèdent des dents très obtuses. La fleur ne dépasse pas 2,5 cm ; deux pétales sont dressés vers le haut, les trois autres dirigés vers le bas, ce qui distingue les violettes des pensées, dont le port des pétales est inversé. D'un bleu plus ou moins soutenu, la corolle s'achève à sa base par un tube fermé appelé éperon, de teinte blanc jaunâtre, à peine lavé de bleu. Cette violette s'épanouit d'avril à mai. Les petites graines sont dispersées par les fourmis.

Cette plante ne dépasse pas 12 cm de hauteur. Les feuilles sont aussi larges que longues.

Grenouille agile

Rana dalmatina

De la couleur des feuilles mortes, ne mesurant que 9 cm, cette grenouille forestière est bien difficile à apercevoir lorsqu'elle se cache dans la végétation des sous-bois. Quand le danger est trop près, elle s'enfuie à grands bonds, dont certains dépassent 2 m. Si on parvient à la capturer, elle émet un jet d'urine, ce qui lui a valu le nom de grenouille pisseuse. Elle ne gagne l'eau que pour se reproduire.

Elle peut s'accoupler dès janvier.

Stellaire holostée

Stellaria holostea

Les pétales sont échancrés jusqu'au milieu.

Son nom latin vient de *stella* (étoile), car la fleur possède cinq pétales très échancrés et étalés. Haute de 10 à 60 cm, la tige quadrangulaire permet l'insertion des couples de feuilles à angle droit les uns par rapport aux autres, ce qui lui donne un aspect particulier. Plante d'ambiance semi-ombragée, elle aime les sols frais à assez secs. La stellaire holostée est présente dans une grande partie de la France.

Russule dorée

Russula aurata

C'est un champignon à lamelles d'une dizaine de centimètres de haut, appartenant à la classe des basidiomycètes. Le chapeau, encore appelé carpophore, de 5 à 9 cm de diamètre, légèrement déprimé en son centre, arbore sur sa face supérieure une belle couleur rouge orangé. Ce sont les lamelles blanc crème à crête jaune safran qui ont donné son nom à ce champignon. Elles libèrent des spores de couleur ocre. La russule dorée est comestible. Sa chair blanche, de saveur un peu âcre à maturité, devient rapidement molle et spongieuse. Ce champignon pousse à la fin du printemps et en été dans les forêts de feuillus plus ou moins sèches.

Le pied, couleur citron, est spongieux et fragile.

Hypnée cyprès

Hypnum cupressiforme

Cette mousse vivace, à tige rampante de 2 à 6 cm, porte de nombreuses feuilles en forme de lance, à pointe fine recourbée vers le bas, qui donnent aux rameaux l'aspect de griffes. Plante sans fleurs, elle produit des spores contenues dans une capsule émergeant à l'extrémité d'un long pédoncule. L'espèce colonise les souches et les troncs pourrissants.

Elle est parfois très abondante sur les arbres.

Cerf élaphe

Cervus elaphus

Le cerf élaphe, ou cerf noble, est un grand ongulé qui pèse jusqu'à 200 kg et atteint 1,40 m à l'épaule. Les mâles portent des bois ramifiés qui tombent au printemps et repoussent aussitôt pour atteindre leur développement maximal en automne, pendant le rut. Il vit en hardes et se nourrit d'herbe et de rameaux. La femelle a un jeune, le faon, par an. Il deviendra hère, puis daguet à l'apparition des premiers bois. La chasse au cerf est réglementée.

Les mâles se livrent à des combats spectaculaires au moment du rut.

Petite pervenche

Vinca minor

Cette apocynacée, haute de 15 à 20 cm, porte de nombreux noms vernaculaires tels que violette de serpent, violette des sorciers ou bergère. Ses tiges couchées et radicantes, atteignant 2 m, couvrent de larges surfaces. Entre mars et avril s'épanouissent de belles fleurs bleu violacé à cinq pétales tronqués au sommet, sur un fond de feuillage vert brillant. Plante ornementale par excellence, elle fait l'objet de nombreuses variétés horticoles aux grandes fleurs cuivrées ou pourpres. L'espèce sauvage occupe les chênaies établies sur des sols frais, peu acides à alcalins. Dans les endroits ombragés, elle forme souvent un tapis décoratif sur de grandes étendues.

Les tiges forment des stolons qui s'enracinent.

Pic noir

Dryocopus martius

À l'origine oiseau des forêts de montagne, le pic noir s'est adapté à vivre également dans les hêtraies de plaine. C'est le plus grand de nos pics (48 cm). De tempérament farouche, il vit solitaire sur un territoire de plusieurs centaines d'hectares. Cependant, les couples se forment à la fin de l'hiver. Le tambourinage, si puissant que l'on peut l'entendre à 2 km, joue un grand rôle dans la rencontre nuptiale. Le nid est une loge spacieuse, à entrée ovale, creusée dans un grand hêtre ou dans un sapin par le mâle et la femelle. La ponte comprend quatre œufs blancs et luisants, couvés principalement par le mâle. L'éclosion survient après environ douze jours. La nourriture apportée par les parents comporte surtout des fourmis et des larves de coléoptères. Il arrive de voir un jeune sortir la tête dans l'ovale de la cavité, au moins durant la dernière semaine de son séjour au nid, qui est d'environ quatre semaines.

Seul le mâle porte une calotte rouge, cette couleur revêtant uniquement la nuque de la femelle.

Gloméris

Glomeris marginata

Ce myriapode (animal aux nombreuses pattes) possède un corps large et bombé de douze segments, portant de dix-sept à dix-neuf paires de pattes et deux courtes antennes noires. Le gloméris, ou faux cloporte, mesure environ 1,5 cm et vit dans la litière de feuilles mortes dont il se nourrit. Quand il est inquiété, il se met en boule, tête et pattes protégées par les plaques rigides de son squelette externe.

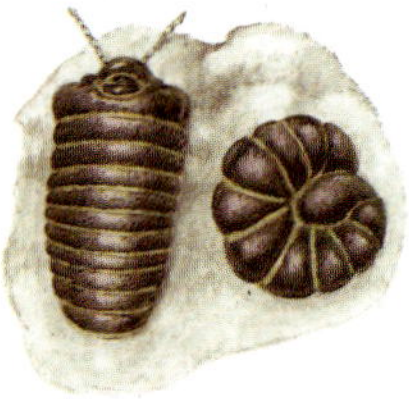

Le gloméris peut être noir ou brun-noir.

Néottie nid-d'oiseau

Neottia nidus-avis

Le nom de cette orchidée vient de son système racinaire, en forme de nid d'oiseau (*neottia :* nid, en grec).

C'est une plante vivace, haute de 15 à 40 cm, qui fleurit entre mai et juillet. Sa forte tige, dénuée de feuilles, possède des écailles engainantes. À son sommet, les fleurs à labelle bilobé forment un épi dense. Entièrement beige roussâtre, sans chlorophylle, la néottie nid-d'oiseau parasite certains arbres mais, le plus souvent, se nourrit des litières en décomposition. L'espèce recherche les sols limoneux peu acides dans les forêts de basse altitude.

Plante sans feuilles vertes, représentée ici avec le carex des bois.

Hêtre

Fagus sylvatica

C'est, après le chêne, l'essence à feuilles caduques la plus répandue en France. Présent dans toute forêt naturelle tempérée, le hêtre en reflète l'état de stabilité optimal (climax). On extrait de ses fruits, les faînes, une huile comestible très fine. Les propriétés médicinales du hêtre sont diverses. La créosote, goudron tiré du bois, est un puissant antiseptique utilisé dans les sirops. L'écorce a une action fébrifuge et astringente.

Hachette

Aglia tau

Au printemps, les mâles parcourent les forêts à si vive allure qu'il est impossible de les suivre longtemps du regard. Les femelles attendent, immobiles, dissimulées dans le feuillage, et produisent des substances odoriférantes destinées à attirer les mâles. Dès qu'un papillon a repéré le signal, il s'approche progressivement de la femelle, guidé par ses antennes plumeuses capables de détecter dans l'air l'augmentation de concentration de ces substances.

Clavaire pilon

Clavariadelphus pistillaris

La famille des clavaires comprend des champignons claviformes (en forme de massue), simples ou en groupes, peu rameux à rameux, souvent mous et charnus. Le clavaire pilon est l'un des plus gros puisqu'il mesure entre 8 et 25 cm de haut. Il est très renflé au sommet, atteignant de 2 à 5 cm de large. D'abord lisse, puis un peu rugueux, de couleur variant du jaunâtre à l'ocre, il vire à maturité à l'orangé soutenu et se couvre de petites pellicules. Comme pour tous les clavaires, la production des spores s'effectue sur toute la partie renflée, appelée hyménium.

Ce champignon se développe dans la litière des forêts de feuillus en individus isolés, rarement en peuplements denses. Il est parfois consommé jeune mais, à cause de sa chair molle légèrement amère, il est considéré comme un comestible de médiocre qualité.

Pigeon colombin

Columba oenas

On le reconnaît à sa livrée gris-bleu, son croupion gris et ses courtes barres alaires. Il mesure 32 cm.

Ce petit pigeon arboricole niche dans les cavités des arbres, et cette exigence conditionne sa répartition. Il n'est jamais aussi commun que le pigeon ramier. S'il habite parfois les grands parcs, c'est surtout un oiseau forestier. En hêtraie, il apprécie beaucoup les anciennes loges de pic noir, qu'il s'approprie parfois en roucoulant devant l'entrée, et dont il garnit le fond de quelques branchettes. De mars à septembre, le colombin trouve le temps d'élever plusieurs nichées (trois, voire quatre) de deux petits. Déchirant leur coquille blanche au bout de dix-sept jours de couvaison, les jeunes prennent leur essor à l'âge de trois semaines.

Carabe pourpré

Carabus violaceus

Le carabe pourpré mesure de 2,5 à 3,5 cm de long. Commun dans presque toutes nos grandes forêts humides, il se cache l'hiver sous la mousse dans l'attente du printemps. C'est un redoutable prédateur, toujours à la recherche d'un ver de terre, d'une limace, d'un escargot ou d'une chenille. Pour se défendre, il projette par l'anus un liquide corrosif malodorant à base d'acide butyrique, qui provoque une sensation de brûlure sur les muqueuses.

Il pond sous la mousse et les feuilles.

Cèpe de Bordeaux

Boletus edulis

Ce champignon haut de 5 à 25 cm, au chapeau brun fauve, comme tous les bolets, possède sur sa face inférieure des tubes d'où s'échappent à maturité des spores brun olivâtre. Le pied, trapu, est parcouru par un réseau de veinules blanchâtres resserrées au sommet. Le cèpe de Bordeaux vit en symbiose avec certains arbres. Commun en plaine, dans les clairières forestières, il est abondant dans les hêtraies et les sapinières de montagne. L'espèce est considérée comme un comestible de premier ordre depuis l'Antiquité.

Jeune, il a la forme d'un bouchon de champagne.

Le chapeau peut atteindre 25 cm de diamètre

Houx commun

Ilex aquifolium

Les fruits ont quatre ou cinq noyaux.

Toujours vert (sempervirent), haut de 2 à 10 m, le houx croît lentement mais vit près de trois cents ans. Il produit facilement des rejets et se marcotte naturellement. Ses feuilles sont coriaces, souvent épineuses, luisantes dessus et mates dessous. Les fruits (drupes) charnus, rouges ou jaunes, sont regroupés vers le sommet des rameaux. Très attirants mais toxiques, ils possèdent cependant des vertus vomitives et purgatives. L'écorce du houx servait autrefois à la confection de la glu des oiseleurs. Son bois fin est prisé en marqueterie.

Limace marginée

Limax marginatus

Les limaces possèdent deux paires de tentacules : une paire portant un œil au sommet et une autre sensible aux substances chimiques. À l'inverse des escargots, elles n'ont plus de coquille visible. Chez *Limax marginatus,* cette coquille est atrophiée et enfouie sous le bouclier dorsal, ou manteau, qui porte l'orifice pulmonaire de ce mollusque terrestre. La limace marginée doit son nom aux deux bandes noires qui ornent ce manteau. Le reste du corps, long de 7 cm, est marron et présente une bande blanche sur le dos. Elle fréquente les bois et les forêts, notamment de hêtres, et consomme des champignons et des lichens. Elle ne sort que par les nuits humides ou par temps pluvieux.

Sa longévité est de deux à trois ans.

Campagnol roussâtre

Clethrionomys glareolus

Ce petit rongeur est un hôte des bois et des haies. Le campagnol roussâtre pèse de 20 à 30 g et mesure environ 15 cm de long, dont 5 cm pour la queue. On le trouve dans toute la France, sauf en Corse. Surtout nocturne, il mange des graines, des pousses et des baies. Les femelles mettent bas plusieurs portées de deux à sept jeunes par an. Cette espèce ne présente pas de pullulations cycliques et reste ignorée des agriculteurs, car elle occasionne peu de dégâts. Ces campagnols sont plus grands en montagne qu'en plaine.

Il stocke les aliments dans son terrier ou dans un trou.

Chevreuil

Capreolus capreolus

Le chevreuil est le plus petit de nos cervidés ; il mesure 70 cm au garrot et ne dépasse pas 25 kg. Les bois des mâles sont courts et peu ramifiés. Complètement développés en mai, ils tombent au début de l'hiver. Les chevreuils sortent au crépuscule pour brouter buissons, branches basses des arbustes et ronces. Solitaires, ils se réunissent par petits groupes en hiver. Le rut a lieu en juillet-août et les jeunes naissent en mai-juin de l'année suivante. Les jumeaux sont fréquents et il arrive même de voir des triplés. On trouve les chevreuils dans toute la France, sauf en Corse ; leur chasse étant réglementée, les effectifs sont en très nette augmentation.

Le brocard (mâle adulte), en livrée d'été

Thuidie à feuilles de tamaris

Thuidium tamariscinum

Elle forme des tapis de 10 cm d'épaisseur.

Cette mousse en forme de petit arbuscule est d'une rare élégance. La tige est couverte de petites et fines excroissances, appelées paraphylles, qui forment un feutrage dense. Ses feuilles, longues de 1 mm, sont nervées et pointues. Grâce à sa tige primaire rampante, la thuidie forme de vastes tapis dans les sous-bois. Elle est adaptée à une grande variété de milieux forestiers, depuis les aulnaies jusqu'aux hêtraies de pente. Elle peut aussi coloniser les berges des ruisseaux, les bois pourrissants et la base des troncs. Commune sur l'ensemble du territoire français métropolitain, la thuidie est plus rare en région méditerranéenne.

Aspérule odorante

Asperula odorata

Cette petite rubiacée, de 10 à 30 cm de haut, contient de la coumarine et servait autrefois à parfumer le linge ou à aromatiser les liqueurs. Les apothicaires la recommandaient en décoction pour ses propriétés diurétiques, calmantes et antispasmodiques. Sa tige quadrangulaire porte des groupes de six à huit feuilles oblongues et pointues. Au sommet s'épanouissent des fleurs blanches en forme d'entonnoir. Ses fruits sont hérissés de nombreux petits poils crochus.

Elle fleurit d'avril à juin.

Épipactis à larges feuilles

Epipactis latifolia

Avec 1 m de haut, c'est l'une des plus grandes orchidées de la flore française. Supportée par un puissant rhizome, la tige, discrètement velue, possède des feuilles larges à la base, devenant de plus en plus étroites vers le haut. Les fleurs, petites, en épis très allongés, sont plus courtes que les bractées (petites feuilles étroites), situées à leur aisselle. Le labelle, rose violacé, ne dépasse pas les autres pièces florales. La plante se rencontre jusqu'à 1 500 m d'altitude dans les endroits ombragés.

Le labelle a la forme d'un cœur.

Rossignol philomèle

Luscinia megarhynchos

Il se distingue par son dos brun et sa queue rousse.

De retour en avril-mai de son séjour hivernal en Afrique tropicale, le rossignol philomèle chante jour et nuit. À la nuit tombée, alors que tous les autres oiseaux se sont tus et que seul subsiste parfois un accompagnement de grillons, il devient le soliste tant célébré par les poètes, alternant sifflements langoureux et roulades. Il apprécie les sous-bois denses, qui lui permettent de cacher son nid, une coupe soignée reposant sur une assise plus grossière de feuilles mortes. La ponte complète comprend généralement cinq œufs brun olive, couvés deux semaines par la femelle. Les jeunes quittent le nid à onze ou douze jours, avant de savoir voler. L'adulte mesure 16 cm.

Salamandre tachetée

Salamandra salamandra

Les adultes de la salamandre tachetée sont très peu aquatiques. Au terme de la gestation, parfois plusieurs mois après l'accouplement (qui est terrestre), les femelles gagnent un point d'eau pour y déposer leurs larves. Mais elles ne s'immergent jamais totalement : ces piètres nageuses risqueraient de se noyer ! Cette salamandre émet une sécrétion cutanée toxique : les couleurs vives dont elle est parée ont alors valeur d'avertissement.

Son corps massif, d'aspect verruqueux, peut atteindre 30 cm.

Pouillot siffleur

Phylloscopus sibilatrix

Dès son retour, en avril, le pouillot siffleur volette dans les ramures des hêtres, répétant inlassablement son trille à finale accélérée, à moins qu'il ne lance ses notes plaintives, *diu-diu,* ou qu'il ne se mette à pourchasser des insectes.
Le nid, construit par la femelle avec des feuilles mortes, des fibres et des crins, est une sorte de boule ouverte sur le côté où le couple élèvera une nichée de six ou sept jeunes.

Il mesure 16,5 cm.
Mâle et femelle sont identiques.

Le pouillot siffleur niche sur le sol.

Oreillard commun

Plecotus auritus

Des oreilles démesurées, qui représentent les trois quarts de son envergure (22 à 26 cm), caractérisent cette chauve-souris. L'oreillard commun est arboricole l'été et gîte dans les arbres creux. L'hiver, il préfère les grottes. Son alimentation consiste surtout en microlépidoptères, qu'il chasse par son système d'écholocation. C'est une espèce protégée qui ne génère qu'un jeune par an.

Il peut vivre plus de douze ans.

Grillon des bois

Nemobius sylvestris

Le grillon des bois est actif de jour comme de nuit. Il ne creuse pas de terrier, comme la plupart de ses congénères, mais vit parmi les feuilles sèches de la litière des forêts de feuillus, sur lesquelles il court en sautillant.

Il est plus fréquemment observé vers les lisières au début de la journée et dans le sous-bois le soir.
Les ailes du mâle sont réduites et ne lui permettent pas de voler. Pour attirer une femelle, il émet d'abord un chant fort, puis un chant doux. Lorsque la femelle s'approche, il la caresse avec ses antennes, puis la féconde. Les œufs sont pondus durant l'été et éclosent l'été suivant. Les larves deviennent adultes un an plus tard. Le développement complet dure donc deux ans.

Mâle

Le mâle, comme la femelle, mesure une dizaine de millimètres.

Femelle

Admirable

Pisaura mirabilis

Avant l'accouplement, pour ne pas être dévoré par la femelle, l'araignée mâle lui offre une mouche enveloppée dans des fils de soie. L'accouplement se produit pendant que la femelle est occupée avec la mouche. Elle transporte ensuite son cocon rempli d'œufs à l'aide de ses crochets et le fixe sur des feuilles. Huit à dix jours avant l'éclosion, la mère tisse une cloche de soie autour du cocon et surveille assidûment ce dernier.

Elle vit aussi dans les chênaies.

Chanterelle comestible

Cantharellus cibarius

Avec sa forme en entonnoir caractéristique, ce champignon d'un beau jaune plus ou moins orangé est le symbole de l'élégance. Haut de 3 à 10 cm, il présente des lamelles épaisses et courtes, souvent plus jaunes que la face supérieure. Il se plaît aussi bien dans les forêts de feuillus que sous les résineux. La chanterelle comestible, ou girolle, est un mets délicieux, surtout à l'état jeune.

La marge du chapeau est plus ou moins enroulée.

Mélique uniflore

Melica uniflora

Mélique dérive de *melica,* ancien nom donné en Italie au sorgho, dont la moelle a le goût du miel (*mele,* en italien). Élégante graminée de 30 à 60 cm de haut, cette plante dispose d'un rhizome rampant à stolons qui lui permet de constituer d'importantes colonies sous le couvert forestier. Sa gracile tige porte quelques longues feuilles étroites retombant mollement. La feuille possède à son insertion sur la tige des petits poils ainsi qu'une gaine terminée par une longue pointe verdâtre, nommée antiligule, qui permet de la reconnaître aisément. Au sommet de leur long pédoncule, quelques petits épillets dressés forment une inflorescence diffuse et clairsemée. Chaque épillet ne compte qu'une seule fleur, d'où le terme uniflore. Espèce d'ambiance ombragée, elle préfère les sols frais de la plupart des forêts.

Elle pousse jusqu'à 1 700 m d'altitude.

Busard Saint-Martin

Circus cyaneus

Le mâle (43 cm) est gris pâle sur le dessus, avec le bout des ailes noir.

La femelle (40 cm) est brune, avec le croupion blanc.

Ce busard habite les landes, mais aussi les prés, le bord des marais, les jeunes plantations et les cultures. Quelle que soit la saison, il survole son territoire à faible altitude afin de surprendre des rongeurs, de jeunes lapins ou des oiseaux terrestres. Les parades des busards Saint-Martin se déroulent en avril, avec des vols nuptiaux spectaculaires comportant des piqués et des vrilles. L'aire construite par la femelle repose à même le sol de la lande. C'est elle aussi qui assure seule l'incubation des quatre ou cinq œufs durant trente jours. Elle quitte généralement le nid lorsque le mâle lui apporte une proie, le ravitaillement pouvant se faire en plein vol.

Genêt d'Angleterre

Genista anglica

Le patronyme de cette plante, encore appelée genitette, est dérivé du celtique *gen,* qui signifie petit buisson. Cet arbuste ne dépasse guère 60 cm. Sa tige grêle, glabre mais épineuse, porte quelques rameaux, épineux seulement à l'état jeune. Le genêt d'Angleterre produit des fleurs en petites grappes donnant une vraie gousse, comme toutes les papilionacées. Il est assez disséminé dans l'ouest de la France, nettement plus rare ailleurs.

Petit paon de nuit

Pavonia pavonia

Le petit paon de nuit fait environ 6 cm d'envergure.

La femelle est plus terne que le mâle.

C'est de fin avril à début juin que le mâle de ce petit papillon vole à la recherche d'une femelle. Son odorat est tellement sensible qu'il peut détecter, à l'aide de ses antennes plumeuses, une femelle à près de 2 km.
Les chenilles portent des verrues, diversement colorées selon les individus : blanc-vert, jaune d'or, orange ou rouge. Lorsque le développement larvaire est terminé, les chenilles tissent un cocon dans lequel elles se transforment en adulte : c'est la métamorphose. Tous les organes internes de la chenille se dissolvent, puis, cellule par cellule, le corps de l'adulte se crée. Lorsque le papillon sort du cocon, il se hisse sur une tige pour faire circuler le sang dans ses ailes froissées. Il doit attendre une à deux heures que ses ailes sèchent et durcissent avant de pouvoir voler.

Fauvette pitchou

Sylvia undata

Hôte caractéristique des landes à callune et à ajonc, la fauvette pitchou n'aime pas se mettre à découvert, sauf pour délivrer quelques phrases de son chant bredouillé. C'est une petite fauvette sédentaire, dont les effectifs peuvent être décimés lors d'hivers rigoureux. Le mâle construit plusieurs ébauches de nids dans les ajoncs, dont un sera terminé et garni par la femelle. La première ponte a lieu en avril-mai et comprend trois ou quatre œufs blanchâtres ponctués de gris, couvés douze ou treize jours. Les jeunes, nourris par les deux parents, quittent le nid à l'âge de treize jours. Une deuxième ponte a généralement lieu en juin.

Sa longue queue, souvent relevée, lui donne une silhouette typique en queue de poêle.

Le mâle (12,5 cm) est très coloré.

Ajonc d'Europe

Ulex europaeus

Les fleurs sont pollinisées par les abeilles.

La plante fait 2 m de haut.

Ses rameaux supportent de puissantes épines striées au milieu desquelles s'épanouissent, au printemps, de superbes fleurs jaune d'or, au nectar très convoité par les abeilles. Ce buisson épineux est le lieu de prédilection de quelques oiseaux, dont la fauvette pitchou (ci-dessus). L'ajonc d'Europe a la faculté de fertiliser naturellement les sols grâce à ses racines pourvues de nodosités, où des bactéries fixent l'azote.

Callune fausse bruyère

Calluna vulgaris

Son nom dérive du grec *kalluno,* qui signifie nettoyer, car ce petit sous-arbrisseau sempervirent de 50 cm à 1 m de haut était utilisé pour la confection de balais. Cette éricacée est très commune dans les régions atlantiques. Elle s'épanouit de juillet à septembre en longues grappes de petites fleurs roses produisant, à maturité, de discrètes capsules velues.

Les fleurs forment de longs épis.

Orchis tacheté

Dactylorhiza maculata

Cette orchidée, haute de 25 à 40 cm, rarement plus, présente une racine en forme de tubercules disposés comme les doigts d'une main, d'où son nom, issu des mots grecs *daktulos,* doigt, et *rhiza,* racine. Les feuilles, élancées, situées surtout à la base, sont marquées de taches brunes, souvent disposées en larges bandes tranversales. Les fleurs sont roses, ponctuées de pourpre, et réfugiées au sommet en un épi dense. Comme beaucoup d'orchidées, la fleur de l'orchis tacheté subit une rotation de 180° suivant l'axe floral avant de s'épanouir. Une fois développée, elle a donc la tête en bas. Le labelle est trilobé. L'espèce préfère les sols humides et frais, et pousse jusqu'à 2 000 m d'altitude.

Épeire carrée

Araneus quadratus

Cette petite araignée peut capturer 500 insectes par jour dans ses toiles. Sur 1 ha, il peut y avoir jusqu'à 500 000 araignées, qui, en une saison, attraperont plus de 100 kg d'insectes.

Lors de la reproduction, les mâles fixent sur le cadre de la toile de la femelle un fil de cour, qu'ils pincent et secouent avec leurs pattes. Cette parade peut durer une heure et incite la femelle à aller sur le bord de sa toile, où un bref accouplement (de dix à vingt secondes) a lieu. Après la ponte, le cocon est gardé par la femelle jusqu'à sa mort. Les œufs ne commenceront leur développement qu'au printemps suivant, et c'est au début de l'été que l'on pourra apercevoir de petites grappes de jeunes araignées sur la végétation.

Mulot

Apodemus sylvaticus

Le mulot est un habitant des bois et des cultures qui se réfugie l'hiver dans les constructions. Si on le prend par la queue, le fourreau de peau qui entoure celle-ci se détache ! Petit rongeur nocturne et agile (9,5 cm sans la queue), il peut parcourir jusqu'à 400 m en une nuit. Les femelles mettent bas quatre portées de deux à neuf jeunes par an.

Traquet pâtre

Saxicola torquata

Si les landes constituent le milieu de prédilection et peut-être le milieu ancestral du traquet pâtre, on peut également trouver cet oiseau sur les coteaux, les bordures de route, ainsi que dans les friches. Il aime se poster bien en vue au sommet d'un buisson ou sur un fil, lançant à tout moment un cri d'alarme – *ouis-trac-trac* – ressemblant au choc de deux cailloux, en agitant nerveusement sa queue et ses ailes. Contrairement au traquet tarier (voir p. 178), ce n'est pas un grand migrateur.
Nichant dès les premiers jours du printemps, le traquet pâtre est capable de mener à bien jusqu'à trois nichées de cinq ou six oisillons par an, mais la rudesse des hivers décime souvent les populations.

Guêpe potière

Eumenes pomiformis

La femelle construit un nid qui ressemble à une urne d'une dizaine de centimètres de diamètre. Fait d'un mélange de terre et de salive et surmonté d'un goulot évasé, il peut être collé sur une pierre, une feuille, un mur ou dans la fente d'un rocher. La guêpe potière y dépose un seul œuf, suspendu au plafond par un fil. Elle entasse au fond de l'urne des chenilles vivantes, qu'elle paralyse et dont se nourrira la larve. Le nid rempli, la guêpe l'obture. La nymphose se fera à l'intérieur.

Bruyère cendrée

Erica cinerea

Cette petite bruyère, appelée aussi bucane ou brejotte, porte des feuilles étroites, réunies par trois et enroulées pour mieux résister au dessèchement. Ses jeunes rameaux semblent poudrés de gris, d'où le qualificatif de cendré. Les abeilles fabriquent un miel translucide avec le nectar des fleurs.

Engoulevent d'Europe

Caprimulgus europaeus

Après le coucher du soleil, la lande résonne du chant étrange de l'engoulevent, un ronronnement continu ressemblant à un lointain bruit de moteur, et qui peut durer plusieurs minutes. Redoutable chasseur d'insectes nocturnes, l'engoulevent passe l'hiver dans les savanes africaines, ne vivant chez nous qu'à la belle saison.
C'est directement sur le sol de la lande que la femelle pond ses deux œufs blancs marbrés de gris et de brun, qu'elle couve durant dix-huit jours, aidée par le mâle lors de courtes relèves. Les jeunes sont nourris par leurs parents pendant un mois. Si la femelle entreprend une deuxième couvée, c'est le mâle seul qui terminera l'élevage des jeunes de la couvée précédente.

La femelle se distingue du mâle par l'absence de taches alaires.

Campagnol basque

Pitymys lusitanicus

Tête et corps font de 7,5 à 9,5 cm.

Le campagnol basque habite l'extrême sud-ouest de la France. C'est un petit rongeur nocturne à la queue très courte, aux yeux minuscules, qui creuse de longues galeries souterraines. Sa fécondité est inférieure à celle du campagnol terrestre (voir p. 176). Il ressemble beaucoup aux autres campagnols souterrains et son identification est délicate. Il est très discret et difficile à capturer. La chouette effraie semble l'apprécier : il figure souvent à son menu dans le Pays basque.

Versicolore

Endromis versicolora

Comme la plupart des papillons de nuit, le versicolore a une trompe atrophiée. Il ne s'alimente pas et vit sur les réserves qu'il a accumulées lors de son développement larvaire. C'est une espèce précoce que l'on peut voir voler dès la mi-mars.
Le mâle sort de sa chrysalide aux alentours de 10 heures. Une heure plus tard, il part à la recherche d'une femelle prête à s'accoupler quelques heures après sa sortie du cocon. Immobile, posée sur un tronc d'arbre, elle attire les mâles en produisant des phéromones, qu'ils détectent à plusieurs centaines de mètres grâce à des capteurs situés sur leurs antennes. Alors que la femelle ne s'accouple qu'une seule fois, le mâle peut féconder plusieurs femelles.

Bouleau blanc

Betula pendula

Par sa lumineuse écorce blanc argenté et sa grâce légère, le bouleau blanc attire le regard des promeneurs. C'est un arbre résistant, qui réapparaît rapidement dans des parcelles détruites par le feu, son type de bourgeonnement souterrain lui permettant d'émettre de nombreux rejets. Son écorce était autrefois utilisée pour réaliser des canoës et, même, des sandales. Son action sudorifique donna à l'arbre un rôle purificateur. Ainsi, au Moyen Âge, on fouettait de ses branches déments et délinquants pour chasser le mal de leur corps. La fleur du bouleau possède des vertus cicatrisantes. La sève donne un vin pétillant et du vinaigre.

Orobanche rave de genêt

Orobanche rapum-genistae

Les orobanches sont représentées par environ cent cinquante espèces, caractérisées par l'absence de chlorophylle. Pour alimenter la plante, la tige émet des suçoirs qui se fixent sur les racines de divers hôtes végétaux. Celle du rave de genêt parasite des papilionacées, en particulier le genêt à balais (ci-dessous). La plante se développe en mai-juin, atteignant parfois 80 cm. Ses fleurs, en cornets évasés, sont rougeâtres à fauve clair. Les feuilles sont réduites à des écailles plaquées sur la tige. L'ensemble de la plante, poilu, émet une odeur fade.

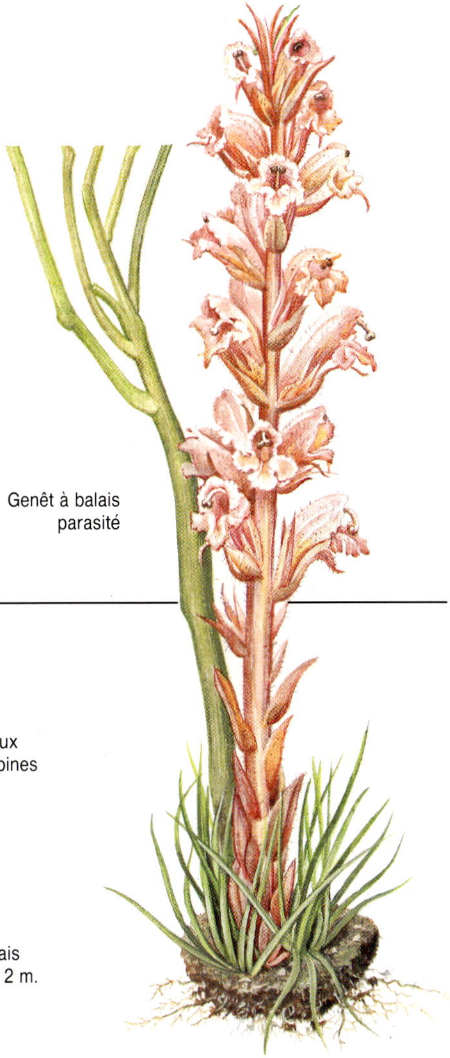

Genêt à balais

Cytisus scoparius

Autrefois utilisée pour la fabrication des balais, cette papilionacée développe de nombreux rameaux à cinq angles, au sommet desquels s'épanouissent de deux à cinq grandes fleurs jaunes. Les gousses (ci-contre), hérissées de poils, éclatent en été.

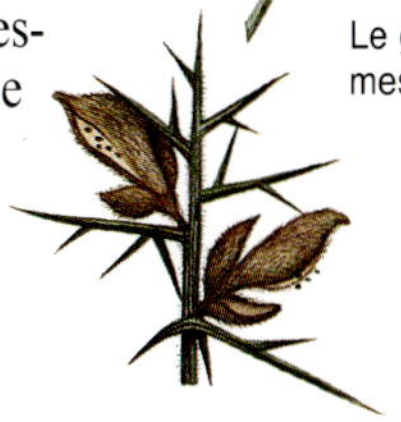

Libellule à quatre taches

Libellula quadrimaculata

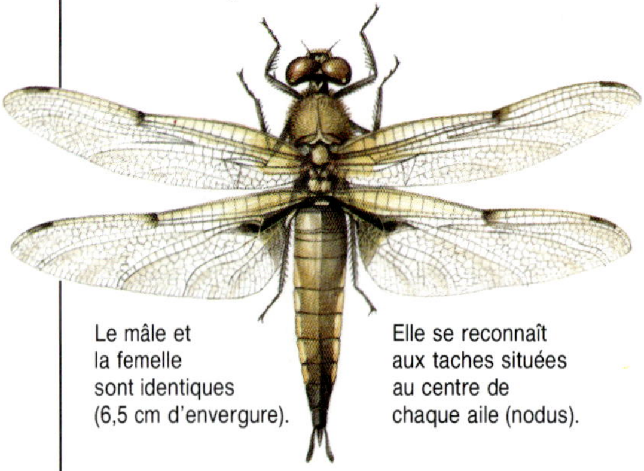

Le mâle et la femelle sont identiques (6,5 cm d'envergure).

Elle se reconnaît aux taches situées au centre de chaque aile (nodus).

Elle se rencontre, selon les régions, d'avril à fin août. Les mâles surveillent leur territoire avec détermination, repoussant tout intrus avec vigueur. L'accouplement se produit en vol et ne dure qu'une ou deux minutes. La femelle commence immédiatement à pondre, son abdomen effleurant alors la surface de l'eau. Les œufs écloront quelques semaines plus tard et les larves se développeront en deux ou trois ans.

Potentille tormentille

Potentilla erecta

L'espèce est bien connue depuis le Moyen Âge pour ses propriétés toniques et son efficacité contre les diarrhées, d'où son nom, issu du latin *tormentus,* « relatif aux douleurs ». Haute de 5 à 50 cm, elle a un rhizome rougeâtre, court et fibreux. Les tiges, graciles, portent des feuilles alternes à lobes digités comme les doigts d'une main.

Réceptacles pouvant porter jusqu'à vingt fruits (akènes)

Feuilles supérieures à trois folioles et deux stipules foliacées

Pédiculaire des bois

Pedicularis sylvatica

C'est une plante de 5 à 25 cm de haut.

Cette herbacée vit sur les sols humides ou mouillés, très riches en matière organique. La fleur est dissymétrique. Sa corolle rose, à quatre divisions, forme deux lèvres dont la supérieure, très concave, ressemble à un casque. Les lobes frangés du calice habillent la corolle d'une collerette en dentelle. Mais derrière cette élégance se cache un hémiparasite. Bien que pourvue de chlorophylle, la plante fixe en effet ses suçoirs sur d'autres racines. La pédiculaire des bois était jadis employée pour lutter contre les poux du bétail.

Polytric élégant

Polytrichum formosum

C'est l'une des plus grandes bryophytes d'Europe. Elle atteint 25 cm de haut, voire plus. Son nom, d'origine grecque, signifie « très poilue », en référence à la coiffe de sa capsule, qui présente l'aspect d'une perruque de cheveux raides. La tige, dénudée à la base, possède de nombreuses feuilles très effilées, dentées sur les bords, étalées à l'état humide, qui lui donnent la forme d'un écouvillon. Une fois sèches, elles s'ap-

Vipère péliade

Vipera berus

Cette vipère est proche de l'aspic (voir p. 304), dont elle diffère en particulier par son museau non retroussé. Elle apprécie plus que ce dernier les lieux humides et frais et va même quelquefois dans l'eau, car elle nage fort bien. Les deux sexes ont des colorations différentes : le mâle présente un motif dorsal en zigzag, noir sur fond gris clair ou ocre pâle, alors que, chez la femelle, celui-ci est brun ou roux, sur fond marron clair. La vipère péliade peuple aussi la montagne, où l'on trouve des individus mélaniques. Des combats spectaculaires mais non violents, appelés danses, opposent les mâles au printemps. Les corps des rivaux s'enroulent, glissent l'un contre l'autre et se dressent, chaque adversaire cherchant à dominer l'autre.

La marque en V sur la tête est bien visible.

Les mâles font 60 cm de long. Ils sont plus petits que les femelles.

Argus bronzé

Lycaena phlaeas

L'argus bronzé se nourrit de nectar.

Le mâle est rouge doré avec des taches noires, la femelle est orangée.

L'argus bronzé est un petit papillon de 3 à 3,5 cm d'envergure. La femelle pond ses œufs sur le haut des feuilles de la plante nourricière, en général l'oseille ou la renouée. Après l'éclosion, la chenille creuse une rainure sur la face inférieure de la feuille, ce qui lui permet de se nourrir à l'abri des prédateurs.
Au moment de la nymphose, la nymphe, immobile, reste accrochée à la plante par des crochets abdominaux et un fil de soie qui l'entoure, faisant office de ceinture de sécurité. Lorsque l'adulte émerge, après trois à quatre semaines, il est prêt à s'accoupler. L'argus bronzé se nourrit principalement du nectar des fleurs de ronce et de marjolaine.

pliquent sur la tige, prenant alors l'apparence d'un pinceau. L'espèce est dioïque, c'est-à-dire qu'il existe des individus mâles et des individus femelles séparés. Les premiers portent des écailles vertes en étoiles au sommet des rameaux. Les seconds produisent, après la fécondation, une longue soie au bout de laquelle une capsule penchée à quatre angles contient les spores.

Capsules renfermant les spores

Pélodyte ponctué

Pelodytes punctatus

Grenouille de petite taille (4 cm à peine pour l'adulte), le pélodyte ponctué est difficile à trouver. Il passe sa journée sous une pierre ou dans la galerie qu'il a creusée, quand ce n'est pas dans une cave. C'est toutefois un bon grimpeur : il lui arrive de percher sur un arbre la nuit. Au printemps, le mâle émet – parfois sous l'eau – un chant rappelant le grincement d'une chaussure neuve.

La peau de cette petite grenouille est verruqueuse.

Œnanthe safranée

Oenanthe crocata

Également nommée pensacre ou persil laiteux, cette belle ombellifère du bord des eaux appartient au genre *Oenanthe* (du grec *oinos,* vin, et *anthos,* fleur), qui doit son nom à l'odeur de vin que dégagent certaines espèces. Le suc laiteux vert de cette œnanthe devient jaune à l'air libre (d'où le nom de *crocata,* issu du grec *krokos,* safran). Haute de près de 1 m, la plante porte de multiples fleurs blanches à rosées, donnant des fruits dressés, allongés et terminés par deux fines cornes très aiguës. Elle est très toxique.

Brochet

Esox lucius

Le brochet qui, à cinq ans, mesure jusqu'à 1,10 m de long est l'un des plus gros prédateurs d'eau douce. Il détecte ses proies à vue et peut repérer une victime à près de 15 m selon la turbidité de l'eau. La reproduction du brochet a lieu de fin mars à début avril dans les eaux peu profondes des prairies inondées ou des zones humides. Après l'éclosion, les alevins se nourrissent de leur sac vitellin, puis ils deviennent de petits prédateurs. Il arrive souvent qu'à ce stade les petits brochets deviennent cannibales et se mangent entre eux.

La gueule du brochet est garnie de nombreuses dents tranchantes et pointues.

Barge à queue noire

Limosa limosa

Pour séduire une femelle, le mâle de la barge à queue noire décrit des orbes au-dessus des prairies en lançant des *rutto-rutto* insistants. Puis il pique vers le sol, se pose et garde un moment les ailes relevées. La plupart du temps, il effectue quelques ébauches de nids dans les herbes ; la femelle choisira celui dans lequel elle pondra quatre œufs. Le nid est sans cesse amélioré durant la ponte et les vingt-quatre jours d'incubation.

L'adulte (43 cm) en plumage nuptial. Les deux sexes sont identiques.

Plantain d'eau

Alisma plantago aquatica

Cette plante, encore appelée flûteau d'eau, fait partie de la famille des alismacées, dont la particularité est de posséder des feuilles et des tiges munies de cavités remplies d'air qui les aident à mieux flotter. *Alisma* vient du mot celte *alis,* « qui vit dans l'eau ». Les feuilles du plantain d'eau sont marquées de nervures parallèles. Pouvant atteindre 1 m de haut, la tige ramifiée porte une inflorescence pyramidale. Les fleurs, composées de trois pétales rose pâle, s'épanouissent du mois de juin au mois de septembre. Elles ne s'ouvrent que l'après-midi. Elles contiennent du nectar et sont visitées par des insectes qui assurent la pollinisation, mais ne sont guère appréciées des abeilles.

Les feuilles, ovales, ont un long pétiole.

Séneçon aquatique

Senecio aquaticus

Comme ceux du séneçon commun (voir p. 213), les fruits du séneçon aquatique sont ornés de multiples aigrettes blanches. Les feuilles, vert-jaune, dégagent une odeur faible et agréable lorsqu'on les froisse. Sur une tige de 30 à 80 cm, les feuilles inférieures, au long pétiole, présentent un limbe en forme de lyre, avec de petits lobes plus ou moins allongés à la base. Les fleurs sont réunies en plusieurs capitules, isolés au sommet de la plante et organisés en corymbe, c'est-à-dire que tous les capitules sont à peu près au même niveau. L'espèce est fréquente dans les prairies humides, fauchées ou paturées de l'ensemble des grandes vallées de l'Europe de l'Ouest. Autrefois assez commun, le séneçon aquatique se raréfie par suite du défrichement des prairies inondables.

Il pousse souvent en compagnie de la lychnide.

Menthe aquatique

Mentha aquatica

Appelée aussi menthe à grenouille, cette labiée très parfumée renferme des essences utilisées pour aromatiser des liqueurs et des sucreries. Son emploi s'étend en médecine, notamment comme antiseptique et anesthésique local.

D'une hauteur de 30 à 80 cm, elle est souvent velue et hérissée.

Comaret

Potentilla palustris

On l'appelle encore fraisier des marais en raison de la ressemblance de son fruit, non comestible, avec la fraise. La plante, peu élevée (de 15 à 50 cm), montre des feuilles composées de cinq à sept folioles dentées. Elle développe de mai à juillet des fleurs dont les cinq pétales, de couleur pourpre foncé, sont plus courts que les sépales étroits, placés entre chacun d'eux. Largement répartie en France, l'espèce est néanmoins peu fréquente. Elle se réfugie dans les marais acides et les prairies mouillées plus ou moins tourbeuses.

La souche présente de longs stolons rampants.

Campagnol terrestre

Arvicola terrestris

On le trouve dans la moitié est de la France et dans les Pyrénées. Pouvant peser jusqu'à 100 g, il mesure 15 cm de long sans la queue. Appelé aussi rat taupier, ce campagnol laisse des tas de déblais au-dessus de ses galeries. Il est soumis à des pullulations cycliques (la femelle peut avoir jusqu'à vingt jeunes par an) qui causent souvent de gros dégâts dans les cultures. On a parfois dénombré entre mille et mille cinq cents campagnols terrestres dans un hectare.

Il se nourrit surtout de racines, de bulbes et de rhizomes.

Pipit farlouse

Anthus pratensis

Le pipit farlouse s'élève obliquement au-dessus des prés, en émettant des *fit-fit* accélérés. Arrivé à 20 ou 30 m du sol, il étale sa queue et ses ailes pour redescendre « en parachute », chantant alors sur un rythme plus calme. Il termine sa démonstration par un léger trille à l'atterrissage. Pendant que le mâle chante, c'est à la femelle que revient la construction du nid, bien caché sous les herbes. C'est elle aussi qui assure la couvaison des cinq œufs, durant treize jours. Le mâle aide au nourrissage des jeunes, qui quittent le nid treize jours après leur naissance.

Pigamon jaune

Thalictrum flavum

C'est une élégante renonculacée de 50 cm à 1 m de haut, dont les fleurs, sans pétales, sont formées de quatre sépales jaunâtres tombant rapidement à maturité. L'inflorescence est constituée de groupes de fleurs odorantes, réunies en glomérules denses. Leurs nombreuses étamines, étalées en tout sens, donnent au pigamon son aspect plumeux et léger si caractéristique. La plante est toxique pour l'homme et pour le bétail, mais sa racine était autrefois utilisée en teinture.

Vanneau huppé

Vanellus vanellus

La parade aérienne du vanneau huppé mâle est l'un des plus beaux spectacles qu'offre la campagne au début du printemps. S'élevant dans les airs avec de lents battements d'ailes, il prend de la hauteur, puis plonge brusquement vers le sol en virevoltant. À ce moment ses ailes se déploient en un tourbillon sonore analogue au bruit que fait le van dans la main du vanneur. La parade est ponctuée de cris caractéristiques, *pi-ouit-pi-ouit.* Nichant au sol, les vanneaux sont souvent victimes de prédateurs. Ils n'élèvent qu'une nichée de quatre œufs par an, mais, en cas de destruction, il peut y avoir plusieurs pontes de remplacement. Partiellement migrateur, cet oiseau laisse de grandes troupes en France pendant la mauvaise saison.

Le vanneau huppé mesure 30 cm. Les sexes sont identiques.

Traquet tarier

Saxicola rubetra

Dès le mois d'avril, la prairie est égayée par la présence de cet oiseau à la poitrine fauve orangé. Perché sur un pieu, il surveille attentivement les hautes herbes, puis, soudain, s'envole à la poursuite d'un insecte. Alarmé, il pousse des petits *fiu-tek-tek*. Son chant est fait de courtes phrases musicales, empruntant parfois des motifs à d'autres espèces.
Construit à même le sol par la femelle, le nid en coupe, équipé d'un petit tunnel d'accès, accueillera cinq ou six œufs d'une belle couleur turquoise. Les oisillons naissent après deux semaines de couvaison par la femelle. Ils seront nourris au nid par les deux parents pendant quinze jours.

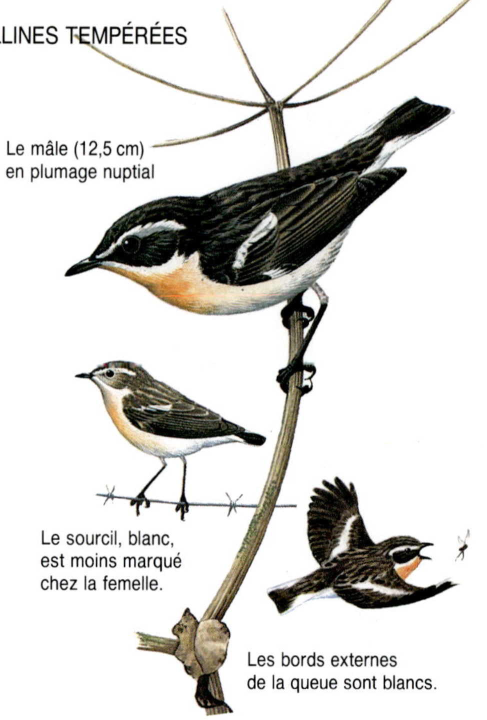

Trèfle des prés

Trifolium pratense

Il appartient à la famille des papilionacées, qui compte dans le monde près de neuf mille espèces. Le trèfle des prés est cultivé depuis fort longtemps pour ses excellentes qualités fourragères. La présence de nodosités fixatrices d'azote sur ses racines joue un rôle essentiel dans l'amélioration de la qualité des sols cultivés.

Argus bleu

Polyommatus icarus

L'argus bleu est un papillon assez répandu en France. Il se caractérise par des couleurs bleu métallique pour le mâle et brun orangé pour la femelle. Pourtant, les ailes de l'argus ne contiennent pas de pigment bleu : leur coloration est due à la réflexion de la lumière sur les milliers de petites écailles qui couvrent leur surface. Les mâles prélèvent régulièrement les minéraux nécessaires à la synthèse de leurs hormones sexuelles dans les flaques d'urine ou les excréments.

Grande limace

Arion ater

La grande limace possède un corps de 8 à 15 cm de long, sans coquille, avec des rides creusées longitudinalement. La coloration est variable, allant du noir à l'orange. Cette dernière couleur est beaucoup plus fréquente dans le Sud car les individus acceptent mieux la chaleur. Le spécimen noir est, lui, lié au froid et à l'humidité.
La durée de vie de la grande limace ne dépasse guère un an. Lorsqu'elle est dérangée, elle se contracte en formant une demi-sphère et se balance de droite à gauche. Le déplacement s'effectue par contraction du pied musculeux sur un film de bave sécrété par l'animal. Comme toutes les limaces, cette espèce est recouverte d'un mucus empêchant la déshydratation et assurant une certaine protection. Ce mollusque vit dans les forêts, les prairies ou les jardins.

Taupe

Talpa europaea

Sa fourrure veloutée est implantée de telle façon qu'elle n'est jamais à rebrousse-poil. Cela permet à la taupe de se déplacer rapidement à reculons dans ses galeries.

La taupe est un insectivore de 15 cm, au corps couvert d'une fourrure dense et courte, douce comme du velours. Ses pattes antérieures, très fortes, lui servent à creuser un système très élaboré de galeries souterraines. Elle est active de jour comme de nuit et se nourrit surtout de vers de terre. Les femelles donnent naissance à trois ou quatre jeunes au printemps.

Gesse des prés

Lathyrus pratensis

L'espèce existe dans toute l'Europe et en Asie, jusqu'en Himalaya. Ses feuilles se terminent par des vrilles qui permettent à la plante de s'accrocher à d'autres. En juin-juillet, la floraison donne de belles fleurs jaunes, riches en nectar. Celui-ci, situé au fond de la fleur, n'est accessible qu'aux insectes pourvus d'une très longue trompe, comme les papillons, ou à ceux munis d'une longue langue, comme le sont les abeilles.

C'est une plante de 0,30 à 1,20 m de haut.

Râle de genêts

Crex crex

Durant les nuits de mai-juin, la prairie est rythmée par un bruit étrange, *crra-crra, crra-crra :* le râle de genêts mâle défend son territoire. À défaut de prairie naturelle, il peut aussi s'installer dans les cultures céréalières, mais les nichées y seront soumises plus qu'ailleurs aux aléas des travaux agricoles. Le nid est une légère dépression dans les herbes, que la femelle garnit de débris végétaux. Une dizaine d'œufs y seront couvés pendant dix-sept jours. La nourriture des jeunes, comme celle des adultes, comprend surtout des insectes et d'autres invertébrés, ainsi que des graines. Dès le mois d'août, et jusqu'en octobre, se déroule la migration, qui conduira toute la famille en Afrique tropicale. Le râle de genêts est une espèce menacée, dont les effectifs sont devenus faibles.

Il montre en vol les taches rousses de ses ailes.

L'adulte fait 27 cm. Les deux sexes sont identiques.

Patience crépue

Rumex crispus

Proche parente de l'oseille sauvage, cette patience doit son qualificatif aux fortes ondulations de ses longues feuilles épaisses. Pouvant atteindre plus de 1 m de hauteur, elle présente à son sommet des rameaux très florifères où s'insèrent quelques feuilles étroites devenant de plus en plus petites vers le haut. L'inflorescence, composée de multiples verticilles, compte plusieurs centaines de petites fleurs. Chacune d'elles dispose de deux sépales internes très grands (valves fructifères), en forme de cœur renversé. Ils sont parfois dentés à la base et présentent un réseau très complexe de veinules.

Les feuilles sont bisexuées.

Benoîte des ruisseaux

Geum rivale

Cette rosacée de 20 à 50 cm de haut, velue et peu rameuse, possède des fleurs jaune rougeâtre très penchées en cyme pauciflore. À maturité, le fruit est composé de nombreux carpelles réunis sur un seul pédoncule dressé. Chaque carpelle porte une longue arête plumeuse, arquée et réfléchie, ce qui constitue un excellent moyen éolien de dispersion des graines en août et septembre. Cette benoîte apprécie la fraîcheur et l'humidité, mais aussi les endroits bien éclairés. Elle se localise au bord des petits cours d'eau, dans les forêts et les prairies humides, principalement dans le nord et l'est de la France, ainsi que dans les massifs montagneux. Elle est pratiquement absente ailleurs. Souvent recherchée pour son aspect ornemental, elle est considérée comme vulnéraire (qui guérit les blessures) et astringente. La racine offre un parfum de clou de girofle.

Les feuilles basales ont une forme de lyre.

Renoncule rampante

Ranunculus repens

Appelée plus communément bouton-d'or, c'est probablement la renoncule la plus répandue de toute la zone tempérée et froide de l'hémisphère boréal. Sa vitalité est telle qu'elle peut constituer l'espèce dominante de nombreuses prairies, les couvrant complètement au printemps de ses multiples fleurs à corolle jaune d'or brillant. Cette capacité à s'étendre est due à la production de stolons allongés s'enracinant rapidement aux nœuds, définissant ainsi un réseau parfois très dense d'individus issus du même pied mère, et cela uniquement par voie végétative, c'est-à-dire sans reproduction sexuée.
La renoncule rampante est une mauvaise herbe envahissante et redoutée des éleveurs car, âcre et légèrement vénéneuse, elle n'est guère appréciée par le bétail.

Courtilière

Gryllotalpa gryllotalpa

La courtilière ressemble à un gros grillon de 5 cm, avec une carapace et de puissantes pattes antérieures fouisseuses. Elles lui permettent de creuser des galeries en dévorant au passage racines et tubercules, larves d'insecte et vers. Le mot courtilière vient du vieux français *courtil,* qui signifie petit jardin. Cet insecte affectionne également les jardins et les cultures maraîchères, où il occasionne quelques dégâts ; il reste cependant essentiel pour l'aération du sol. La courtilière peut voler avec ses ailes antérieures. Pour attirer les femelles, le mâle lance une note vibrante au crépuscule.

Putois

Mustela putorius

Ce petit carnivore est la « bête puante » par excellence : ses glandes anales, de la taille d'un pois, répandent une odeur nauséabonde et persistante. Il se nourrit en grande partie d'animaux aquatiques, sans pour autant dédaigner rats et lapins. Après des ébats nuptiaux brutaux – le mâle immobilise sa partenaire par la peau du cou –, la femelle met bas une seule portée de quatre à neuf jeunes, couverts d'un duvet blanc virant ensuite en fourrure plus sombre. Ils quittent le nid à deux mois.

Le mâle fait 55 cm de la tête à la queue, laquelle peut atteindre 19 cm.

Brome érigé

Bromus erectus

Cette grande graminée vivace, haute d'environ 1,20 m, se distingue par ses deux types de feuilles. Celles situées à la base sont plutôt étroites, pliées en leur milieu ou plus ou moins enroulées, couvertes de petits poils, et offrent des bords très régulièrement ciliés. Celles du dessus sont plus larges, raides et rudes au toucher. Le brome érigé fournit un foin de médiocre qualité.

Le brome érigé forme des touffes à rejets gazonnants, à souche non rampante.

Serpolet couché

Thymus praecox

Tiges et rameaux quadrangulaires velus sur deux faces opposées

Le serpolet couché ne mesure pas plus de 8 cm.

Ce petit thym velu affectionne les sols secs peu épais, particulièrement chauds en été. Il sert de plante nourricière à la chenille de l'azuré du serpolet (page ci-contre), qui en consomme essentiellement les fleurs rose pâle. La plante, très parfumée, est utilisée en parfumerie et en liquoristerie.

Criquet des champs

Chorthippus brunneus

Le mâle émet une stridulation produite par le frottement sur les élytres d'une rangée de tubercules râpeux situés sur la face interne des cuisses antérieures. Ce mouvement de va-et-vient, répété plusieurs fois en un temps très court (cinq à six secondes), permet l'émission de six à dix accents brefs et secs. Les élytres jouent le rôle de caisse de résonance. Chez les criquets, l'appareil auditif est situé sur le premier stigmate abdominal. La présence d'un autre mâle provoque aussitôt la stridulation chez les rivaux.

Mâle (1,5 cm)

Les femelles (2 cm), plus grandes que les mâles, ont des antennes plus courtes par rapport au corps.

Azuré du serpolet

Maculinea arion

Lorsqu'elle émerge, la chenille de l'azuré du serpolet se nourrit du pollen des fleurs de thym, ou de serpolet. Elle se laisse ensuite tomber sur le sol et sécrète une substance qui attire les fourmis. Puis elle se dresse sur ses pattes postérieures et se gonfle afin de ressembler à une larve de fourmi égarée. Dupées, les fourmis transportent la chenille dans leur fourmilière, où elle finira son développement en se nourrissant de leurs larves.

Il fait près de 4 cm d'envergure.

Orchis pyramidal

Anacamptis pyramidalis

En France, ce genre ne possède qu'une seule espèce. Son nom vient du grec *anakamptien,* qui signifie courber, car les sépales de la fleur sont arqués vers l'intérieur. Les nombreuses fleurs, disposées en épis plus coniques que pyramidaux, possèdent à leur base un éperon pointu, beaucoup plus long que l'ovaire.

Orchis bouc

Himantoglossum hircinum

Les Romains l'appelaient loroglosse parce que la fleur possède un labelle (le plus long de ses trois pétales) divisé en trois lobes, dont le médian ressemble à une courroie (du latin *lorum,* courroie, et du grec *glôssa,* langue). Il est très long (5 à 6 cm), rubané, torsadé et bidenté à son extrémité. Au fur et à mesure de son épanouissement, il se déroule comme un mirliton. Les autres pièces florales se recouvrent partiellement, formant un casque verdâtre strié de pourpre. Haute de 80 cm, possédant un épi floral dense et imposant de 30 cm qui porte parfois plus de cinquante fleurs, cette orchidée dégage une odeur désagréable qui est à l'origine de son nom. Elle se rencontre surtout dans la zone allant du Jura à la Normandie.

Demi-deuil

Melanargia galathea

Ce papillon est reconnaissable à ses ailes blanc et noir. La femelle pond un œuf sur le sol, parfois en vol. La jeune chenille passe l'hiver à l'abri puis, au printemps, dévore durant la journée des feuilles de graminées. Au dernier stade de son développement, elle se nourrit la nuit.

Anémone pulsatille

Pulsatilla vulgaris

Cette très belle renonculacée, encore appelée coquelourde ou herbe au vent, est l'un des plus beaux symboles de la flore calcicole de l'Ouest européen. Après sa floraison apparaissent les petits fruits, surmontés d'une longue arête plumeuse, qui lui donnent son aspect si caractéristique.

Oedicnème criard

Burhinus oedicnemus

À la fois flûté et plaintif, le cri de l'oedicnème criard, ou courlis de terre, hante au crépuscule les plaines crayeuses, les espaces ouverts arides ou les étendues cultivées. S'il est essentiellement nocturne, cet oiseau n'en conserve pas moins une certaine activité diurne, son plumage lui assurant un excellent camouflage. Il est expert dans l'art de se plaquer au sol ou de se déplacer furtivement en cas de danger. En avril-mai, la femelle pond deux œufs à même le sol. Elle les couve durant vingt-cinq jours, aidée par le mâle. Les relèves sont accompagnées d'un cérémonial au cours duquel le couveur étend le cou, se lève lentement et déplace quelques cailloux avant de laisser sa place à son partenaire.

Lin cathartique

Linum catharticum

Cette élégante plante gracile de 5 à 30 cm de haut, aux feuilles opposées, porte de belles fleurs blanches qui se referment par mauvais temps. Comme chez toutes les linacées, les pétales sont fragiles et très caducs. Ce lin a une saveur amère et des propriétés purgatives.

Les sépales des fleurs sont pointus.

Le fruit est une capsule qui libère des graines très petites.

Origan

Hauteur : de 30 à 80 cm

Origanum vulgare

Cette labiée, ou lamiacée, porte divers noms vernaculaires plus ou moins poétiques tels que marjolaine, thym de berger ou encore pied-de-lit. La plante est connue depuis l'Antiquité pour ses nombreuses propriétés médicinales : tonique, stimulante, diurétique, elle est aussi antispasmodique et purgative. Cela s'explique par la présence dans ses tissus, et tout particulièrement dans sa tige et ses feuilles, de glandes renfermant des essences aromatiques volatiles. L'origan est un excellent condiment.

Ophrys abeille

Ophrys apifera

Toutes les espèces qui appartiennent au genre *Ophrys* ont des fleurs ressemblant à de petits insectes. Le plus grand des trois pétales, ou labelle, a la forme d'un abdomen et d'un thorax. Couleur sombre, aspect velouté, le raffinement est poussé, dit-on, jusqu'à développer des plaques bleutées à reflets brillants (écusson) attirant probablement les insectes butineurs, si importants pour la fécondation.
L'ophrys abeille possède en outre trois sépales étalés d'un beau rose soutenu. Le labelle, terminé par un petit appendice recourbé sous la fleur, permet de la distinguer assez aisément de la plupart des autres espèces du même genre.
Chaque pied ne dispose que de trois à dix fleurs formant un épi long et dense et atteignant parfois 50 cm de haut.

Le labelle est plus court que les sépales roses.

Soufré

Colias hyale

La couleur jaune des mâles du soufré est remplacée chez les femelles par une teinte blanc verdâtre. Ce papillon part chaque année vers le nord, où la plupart de ses descendants meurent de froid. Cette migration, qui semble contraire à la survie de l'espèce, n'est toujours pas expliquée.

Ce papillon fait près de 5 cm d'envergure.

La femelle, blanc verdâtre, a les ailes bordées de noir.

Mante religieuse

Mantis religiosa

Verte, brune ou jaunâtre, la mante religieuse mesure environ 6 cm.

La mante religieuse chasse ses proies à l'affût. Lorsqu'une victime passe à proximité, elle lance ses pattes antérieures ravisseuses garnies de rangées d'épines crochues vers l'avant et la saisit. Elle commence ensuite son festin en mâchant la tête de sa proie, afin d'éliminer toute possibilité de résistance.
Lors de l'accouplement, il peut arriver que la femelle dévore la tête de son partenaire pendant qu'il la féconde.

Hippocrépide à toupet

Hippocrepis comosa

L'hippocrépide appartient à la très vaste famille des papilionacées, qui compte environ sept mille espèces, répandues sur presque toute la surface du globe. Haute de 5 à 30 cm, à souche un peu ligneuse, elle est presque glabre. Ses feuilles, de quatre à sept folioles, disposent d'une foliole terminale. Les fleurs, longues de 1 cm, d'un beau jaune, sont réunies en ombelle au sommet d'un long pédoncule dépassant largement les feuilles. La plante produit de vraies gousses glanduleuses, d'aspect pendant, tout à fait surprenantes et spectaculaires, dont chaque élément (article) présente la forme d'un fer à cheval. L'ensemble de la gousse ressemble à une minuscule joue de 2 à 3 cm de long. À maturité, les gousses s'ouvrent en deux dans le sens de la longueur, libérant des graines. L'hippocrépide à toupet est une plante de plein soleil qui se contente des sols les plus pauvres.

C'est une plante rampante.

Carline commune

Carlina vulgaris

Hauteur : de 10 à 60 cm

La carline commune, ou chardon doré, fait partie des composées à feuilles à limbe large, hérissé d'épines étalées. Sur leur face inférieure, de longs poils offrent l'aspect d'une toile d'araignée. Le capitule floral est entouré de folioles linéaires de 1 mm de large. Les carlines ont, semble-t-il, alimenté diverses légendes. Ainsi, leur nom dériverait de Charlemagne ou encore de Charles Quint, qui auraient guéri leurs soldats de la peste en les utilisant. Commune dans les champs et les pelouses sèches, cette plante peut occuper aussi des éboulis stabilisés et des sols sableux.

Argus bleu nacré

Lysandra coridon

Ce papillon présente un dimorphisme sexuel accentué : la femelle est brune, parfois marquée de bleu, le mâle a les ailes bleu pâle, un peu grisâtres mais brillantes. Cet argus vole en une seule génération de juillet à août. Les œufs sont déposés la plupart du temps sur les feuilles de trèfle, de coronille bigarrée ou d'hippocrépide à toupet (voir page ci-contre), parfois sur les tiges des graminées.

Hélianthème commun

Helianthemum nummularium

Parmi les cistacées, les hélianthèmes, qui dépassent rarement 40 cm de haut, font figure d'espèces discrètes. Les feuilles vertes sont ovales à lancéolées, planes, ou à bords légèrement enroulés, et couvertes de poils fendus en deux sur le dessus. Elles sont blanchâtres sur le dessous. Appelée aussi hélianthème jaune, cette plante s'épanouit de mai à septembre en grappes florifères. Les pétales, délicats, sont légèrement chiffonnés et se referment chaque soir et en fin de floraison. Très caducs, ils ne persistent guère plus de quelques jours.

Petit boucage

Pimpinella saxifraga

Cette gracile petite ombellifère glabre de 20 à 60 cm de hauteur est aisément identifiable grâce à ses feuilles inférieures composées de trois à cinq folioles ovales, dentées et à foliole unique terminale, souvent trilobée. L'ombelle, de six à quinze rayons grêles presque égaux, possède de petites fleurs blanches dont chacune des étamines est portée par un style (sorte de petit pédoncule) arqué vers le centre. Les fruits sont lisses, réunis par deux, et forment une outre renflée à la base, munie de deux petites cornes divergentes à son sommet. Appelé aussi persil de bouc, le petit boucage est apprécié des troupeaux.

Tiges duveteuses en bas, glabres vers le haut

Eucère longicorne

Eucera longicornis

Elle mesure environ 1,5 cm.

L'eucère longicorne est une abeille solitaire très commune en France. Le corps velu et les tibias garnis de poils de la femelle forment une corbeille adaptée au transport du pollen. Le mâle est caractérisé par une paire d'antennes longues et ondulées ainsi qu'une langue fine et allongée. Cette espèce n'est pas sociale et n'a pas de reine. Elle se distingue des autres insectes solitaires par le fait qu'elle construit un nid dans le sol et qu'elle récolte de la nourriture (pollen et nectar) pour nourrir ses larves. Lorsque la femelle est fécondée, charge à elle de creuser un terrier, de 10 à 20 cm de long, qui s'ouvre vers l'extérieur par un trou parfaitement circulaire. Des cellules y sont construites bout à bout, puis elles sont garnies d'un mélange de miel et de pollen. La femelle dépose un œuf dans chacune d'elles, puis les obstrue et les abandonne. La larve y accomplira son développement. L'insecte parfait percera lui-même la paroi de sa cellule.

Musaraigne musette

Crocidura russula

Cette musaraigne est un petit insectivore vorace qui avale chaque jour l'équivalent de son poids en proies diverses (cloportes, escargots, petits vertébrés...). Très friande de sauterelles, elle leur brise les pattes arrière d'un coup de dent, puis les assomme avant de les avaler. Les chats tuent la musaraigne musette mais ne la mangent pas, peut-être parce qu'elle possède sur chaque flanc et sur la queue des glandes à sécrétion fortement malodorante. Les femelles mettent bas entre deux et cinq portées de trois à six jeunes par an.

Elle repère ses proies par son ouïe, son odorat et ses vibrisses.

Les petits naissent et grandissent dans un nid fait d'herbes et de feuilles dans un endroit sec.

Seslérie bleue

Sesleria caerulea

Hauteur : 45 cm environ

Cette graminée est dédiée à Léonard Sesler, naturaliste vénitien du XVIIIe siècle. Le genre *Sesleria* comporte surtout des espèces alpines. La seslérie bleue porte ce qualificatif car sa petite inflorescence terminale, en épi cylindrique, arbore une teinte bleuâtre à violacée mêlée de blanc. Elle s'épanouit dès le mois de mars en région de plaine, alors qu'en montagne elle doit attendre juin. Elle occupe des terrains calcaires jusqu'à 2 900 m.

Cladonie endive

Cladonia foliacea ssp. convoluta

Il existe en France plus de cinq mille espèces de lichens. Ces végétaux très particuliers sont le résultat d'une symbiose entre champignon et algue microscopiques, la proportion entre les deux variant suivant les espèces. Les cladonies se présentent généralement sous la forme de petits arbuscules, ou podétions, émergeant d'un thalle foliacé plus ou moins persistant. La cladonie endive conserve en permanence un aspect foliacé dominant où les podétions sont très petits (0,5 cm de haut). Le thalle est formé de lanières plus ou moins divisées, longues de 3 à 6 cm, lui donnant l'aspect d'une salade. La sous-espèce est strictement calcicole, légèrement fixée sur le sol nu par des fibrilles blanchâtres.

Outarde canepetière

Otis tetrax

Hôte des plaines herbeuses et des cultures extensives, l'outarde canepetière aime les terrains secs et calcaires. C'est en avril que le mâle, parfois polygame – il peut attirer deux ou trois femelles –, s'installe sur son territoire, stationnant longuement sur des monticules d'où il émet son chant, un *prett* bref et sec. Les femelles arrivent quelques jours plus tard et déclenchent souvent des poursuites et des simulacres de combat. Au vol, le plumage des mâles produit un sifflement perceptible.

Les outardes canepetières, dont le vol évoque assez bien celui du canard, sont des oiseaux méfiants bien connus des chasseurs. À la veille de leur migration, elles se rassemblent dans les plaines bien dégagées afin de prévenir tout danger. Leur distance de fuite, de l'ordre de plusieurs centaines de mètres, les met le plus souvent à l'abri des coups de fusil.

Le cou, noir, est orné d'un V blanc caractéristique.

Le mâle (42 cm) en plumage nuptial

Muscardin

Muscardinus avellanarius

Petit rongeur d'à peine 8 cm, le muscardin vit dans les buissons touffus. Il construit un nid de brindilles et de feuilles de 15 cm de diamètre, parfois à 1 m du sol. Grand amateur de noisettes, il se nourrit aussi de pollen, qu'il transporte dans ses moustaches d'une fleur à l'autre, favorisant leur fécondation. Il dort d'octobre à avril dans un nid d'hiver abrité.

La queue du muscardin est duveteuse.

Clématite des haies

Clematis vitalba

Plante grimpante, parfois rampante, la clématite est l'une des rares lianes de la flore française. Sa tige est sarmenteuse, d'où son autre nom de clématite vigne blanche. Elle grimpe sur les végétaux en s'accrochant par les pétioles de ses feuilles, qui fonctionnent comme des vrilles. On trouve cette clématite dans les bois et les haies, sur les sols calcaires, fertiles et frais. Jadis, les mendiants utilisaient ses feuilles, irritantes et vésicantes, pour se faire des ulcérations de la peau destinées à apitoyer les passants. De là vient son troisième nom d'herbe aux gueux.

La clématite peut atteindre une hauteur de 20 m.

Belette

Mustela nivalis

Le mâle mesure jusqu'à 29 cm de la tête à la queue (13 cm).
Il existe des individus de 13 cm dont la queue mesure 3 cm.

La Fontaine l'appelait « la dame au nez pointu »... La belette est le plus petit de nos carnivores. Outre un museau pointu, elle a des pattes très courtes qui lui donnent une vélocité remarquable. Son corps gracieux et flexueux parvient à se glisser dans une ouverture de 3 cm, ce qui lui permet de visiter occasionnellement les nichoirs. Pourtant, elle se nourrit surtout de petits rongeurs, qu'elle prend au terrier. Contrairement à la légende, elle ne saigne pas ses proies. Les mâles sont nettement plus gros que les femelles, ce qui a longtemps fait croire à l'existence de deux espèces. Le poids moyen d'un adulte est d'environ 100 g. Chaque animal occupe un territoire de 1 à 20 ha et ingurgite environ 30 g de nourriture par jour. Les belettes du sud de la France et de la Corse sont plus grosses que celles du Nord.

Chouette chevêche

Athene noctua

Cette petite chouette, surtout insectivore, fut longtemps considérée comme un oiseau de malheur. Bien qu'on puisse l'apercevoir dans la journée, elle chasse surtout à l'aube et au crépuscule. Elle recherche les haies et les vergers, dont les vieux arbres lui offrent une cavité pour nicher. La couvaison dure vingt-huit jours. Les jeunes restent aveugles et sourds pendant dix jours ; ils prennent leur envol à l'âge de cinq semaines.

La chouette chevêche, qui mesure 21 cm, aime se poster le jour sur les poteaux.

Cornouiller sanguin

Cornus sanguinea

Cet arbrisseau à port étalé ne dépasse pas 5 m de haut. Les rameaux sont rougeâtres à l'état jeune et peu nombreux. Le cornouiller sanguin est rare en montagne, où il ne s'élève guère, et préfère les sols argileux ou calcaires, assez secs à frais. Relativement exigeant en lumière, il se plaît dans les taillis clairs et les haies, qu'il colonise rapidement en émettant de nombreux drageons. Son bois est utilisé essentiellement en vannerie.

Le noyau du fruit contient une substance grasse autrefois utilisée pour fabriquer du savon et pour les lampes à huile. On le trouve dans toute la France sauf dans les Landes et en Bretagne.

L'espèce est hermaphrodite. Les fleurs s'épanouissent en juin.

Violette odorante

Viola odorata

Cette violette est très appréciée en confiserie. De ses pétales sont extraites des essences utilisées dans les parfums et autres produits cosmétiques. C'est une plante vivace, dont la souche émet des stolons. Les feuilles en forme de cœur et les fleurs longuement pédonculées sont issues d'une rosette basale.

Les fleurs, généralement bleu-violet, peuvent être blanches.

Hauteur : de 5 à 15 cm

Triton marbré

Triturus marmoratus

Le marbré est le moins aquatique de nos tritons : les adultes ne restent dans l'eau qu'à la saison des amours. Pour cette occasion, le mâle revêt une belle livrée nuptiale dont la parure principale est une crête dorsale haute et ondulée, ornée de barres verticales sombres.
Lors de sa phase aquatique, le triton marbré mange des larves et des têtards, y compris ceux de son espèce.

La femelle, comme le mâle en dehors de la période nuptiale, est marquée d'un sillon médiodorsal jaune orangé caractéristique.

Cétoine dorée

Cetonia aurata

La cétoine dorée est un petit coléoptère de 1,5 à 2 cm de long caractérisé par sa coloration métallisée. Celle-ci peut présenter les nuances les plus variées, du vert mordoré ou cuivré au brun bronzé, en passant par le bleu violacé. Aux heures chaudes, la cétoine dorée se nourrit du pollen de fleurs telles que la filipendule.

On rencontre la cétoine dorée du mois de mai au mois d'août.

Églantier

Rosa canina

C'est le plus fréquent des rosiers sauvages. Robuste, il est armé d'aiguillons nombreux et vigoureux. Les fleurs, d'un rose clair, s'épanouissent entre mai et juillet. Il est répandu dans toute la France, essentiellement dans les taillis, les haies et les lisières des bois et des champs. Dans l'Antiquité, ses racines étaient utilisées pour soigner les personnes mordues par un chien enragé, d'où son nom latin *canina*. Les fruits de l'églantier, les cynorhodons, sont riches en vitamine C et possèdent des propriétés astringentes, diurétiques et laxatives.

Les fruits sont lisses et ovoïdes.

L'églantier peut atteindre 3 m de haut.

Aubépine monogyne

Crataegus monogyna

C'est un arbrisseau, rarement un petit arbre, muni de nombreux piquants acérés. Les feuilles sont caduques, coriaces et luisantes, profondément découpées en cinq à sept lobes. La fleur a un seul pistil et le fruit un seul noyau, d'où son nom d'espèce, monogyne. On trouve l'aubépine dans toute l'Europe, l'Afrique du Nord et l'Asie occidentale. C'est une espèce peu exigeante qui pousse sur tous les terrains, même dans les friches.
On en a souvent fait des haies vives pour sa longévité (cinq cents ans) et, surtout, pour son rôle de barrière infranchissable. L'aubépine est un bon tonicardiaque.

L'arbre peut mesurer jusqu'à 15 m.

Les fruits sont riches en vitamine C.

Escargot des haies

Cepaea nemoralis

Sa coloration varie selon l'habitat (bois, haies, prairies...).

La coquille, généralement de 2 à 2,5 cm de diamètre, peut atteindre exceptionnellement jusqu'à 3,2 cm. Elle est brillante, de couleur jaune clair, rose ou brune, portant de une à cinq bandes noires ou brunes en spirale et de largeur variable. Elles sont assez prononcées. Le bord de la coquille est marqué d'une lèvre sombre, presque noire.
Pendant l'hiver, *Cepaea nemoralis* ferme sa coquille par un opercule de calcaire ; il peut de cette façon hiberner enfoncé dans le sol. Commun en France, l'escargot des haies est souvent chassé par des oiseaux qui projettent la coquille sur des pierres, formant par endroits des petits amas de coquilles brisées.

Primevère acaule

Primula vulgaris

Cette plante vivace atteint 30 cm et fleurit dès le mois de mars. Les feuilles, feutrées en dessous, sont disposées en rosettes. Les fleurs possèdent une corolle à cinq lobes jaune soufre, tachés d'orange à la base. La fructification de la primevère est irrégulière. Les fruits sont des capsules renfermant de nombreuses graines visqueuses.

Feuilles lancéolées à bord denté inégal, à limbe ridé rétréci à la base

Mésange à longue queue

Aegithalos caudatus

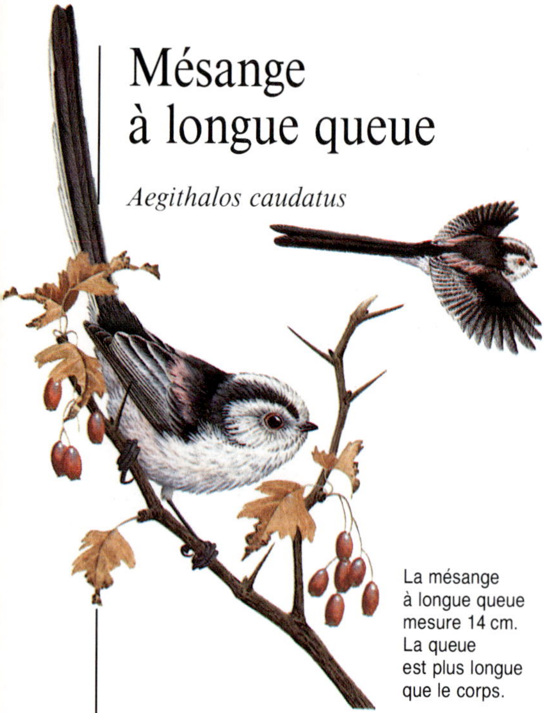

La mésange à longue queue mesure 14 cm. La queue est plus longue que le corps.

À la différence des autres mésanges communes, celle-ci fait son nid à ciel ouvert. Véritable chef-d'œuvre technologique, il a la forme d'une boule dont la structure est composée de mousses et de lichens fixés par des toiles d'araignée. L'intérieur est garni de centaines de plumes, et la femelle y dépose de sept à onze œufs jaunâtres. Les familles restent longtemps unies, et une nichée aide souvent au nourrissage de la suivante. Insectivore en été, l'espèce devient végétarienne en hiver et forme des rondes pouvant atteindre cinquante oiseaux, parmi lesquels se glissent parfois des individus venus du nord.

Véronique petit chêne

Veronica chamaedrys

Très commune dans les régions tempérées d'Europe et d'Asie, cette plante vivace est absente en région méditerranéenne. On la rencontre sur les sols riches, légèrement humides, des forêts, des haies et des prairies. Haute de 40 cm environ, elle commence sa floraison en avril et la poursuit jusqu'en juin. Les fleurs, d'un beau bleu, sont en grappes multiflores. C'est l'une des rares espèces à être pollinisée par des diptères (mouches). Le fruit, velu et en forme de cœur, est plus court que le calice. Préparée en infusion, la véronique petit chêne, appelée aussi herbe à Thérèse, favorise l'appétit et la digestion.

Épeire diadème

Araneus diadematus

L'épeire diadème est une petite araignée de 1,5 à 2 cm de long dont la toile est un véritable chef-d'œuvre géométrique.

Elle la construit toujours de la même manière : tendant d'abord un câble horizontal renforcé par des passages répétés, elle y fixe une structure en Y, sur laquelle elle ajoute des fils pour former un cadre et des rayons. Elle tisse ensuite une spirale de renforcement qui unit les rayons au moyeu et dépose enfin une spirale de soie adhésive pour capturer ses proies. Les fils de soie produits par l'araignée, bien que très fins, sont suffisamment élastiques et résistants pour piéger irrémédiablement n'importe quel insecte qui s'y risque.

Son venin paralyse les insectes.

Noisetier

Corylus avellana

Ses rameaux sont couverts de poils et ses feuilles, arrondies, doublement dentées. Les noisettes, groupées par trois ou quatre, sont enfermées dans une cupule longuement dentée. Présent dans toute l'Europe, le noisetier est commun en France. Adapté à des climats variés, il préfère des sols fertiles, peu acides et humides. On utilise son bois pour la confection d'outils et de perches. Les jeunes rameaux, très flexibles, sont appréciés en vannerie. Arbrisseau populaire par excellence, le noisetier est souvent associé à la fécondité, à l'abondance et au mystère.

Mouche-scorpion

Panorpa communis

Chez le mâle de la mouche-scorpion, l'abdomen se termine par l'appareil génital, le gonopodium, qui est redressé et ressemble à la queue d'un scorpion, d'où le nom donné à cette mouche.
Pendant l'accouplement, le mâle émet sept petites boules de salive riches en protéines et provenant chacune d'un conduit partant des glandes salivaires. Ces boulettes sont léchées par la femelle car elles contiennent des substances importantes pour la formation des œufs.

Coronelle lisse

Coronella austriaca

La coronelle lisse est un serpent de 60 cm de long, lent et docile. Souvent confondue avec une vipère, elle possède, contrairement à cette dernière, une pupille ronde et des écailles lisses. Ce reptile aime rester au sol : il grimpe et nage rarement. Il se nourrit surtout de petits lézards, ou de leurs œufs, et mange même d'autres serpents.
De violents combats précèdent les accouplements des coronelles lisses. Ils peuvent durer plusieurs jours et même avoir lieu dans l'abri hivernal. La femelle mettra directement au monde des couleuvreaux : c'est en effet la seule espèce de couleuvre française à ne pas pondre d'œufs.

Germandrée scorodoine

Teucrium scorodonia

Plante vivace à tige quadrangulaire et poilue de 15 à 30 cm de hauteur, cette labiée est répartie essentiellement en Europe atlantique. On la trouve sur les sols acides, et parfois sur les éboulis calcaires. Son nom de genre, *Teucrium,* lui a été donné en l'honneur de Teucer, l'un des fondateurs de la cité de Troie, et l'appellation *scorodonia* vient du grec *skorodon,* ail. En effet, si l'on froisse des feuilles de germandrée scorodoine, une odeur d'ail s'en dégage. Comme la plupart des labiées, la germandrée possède des propriétés médicinales, notamment contre les rhumatismes.

Pie-grièche écorcheur

Lanius collurio

Cet oiseau de 17 cm se nourrit de gros insectes et de petits vertébrés.

L'écorcheur est de retour de ses quartiers d'hiver africains au début de mai. Il vient de parcourir près de 10 000 km en deux mois. Après une courte parade amoureuse, au cours de laquelle le mâle exhibe son plumage blanc et roux, le couple s'affaire à la construction du nid, une coupe de rameaux et de brindilles. Seule la femelle couve, tandis que son partenaire la nourrit des insectes et des petits vertébrés que lui fournit son garde-manger, le lardoir, simple branche épineuse sur laquelle sont empalées les proies. La famille est unie pendant un mois, et les parents migrent à partir de la fin août, les jeunes s'attardant parfois jusqu'en octobre.

Hérisson

Erinaceus europaeus

Couvert de quelque cinq mille épines de 2 à 3 cm de long, il est l'unique mammifère pourvu de piquants en France. Largement répandu sur le territoire, le hérisson occupe beaucoup de milieux, à condition qu'il puisse y construire un nid de feuilles abrité pour élever ses petits et hiberner d'octobre à avril. Vers de terre, insectes et limaces composent l'essentiel de son alimentation, mais il apprécie aussi les œufs d'oiseau. Les jeunes naissent roses, aveugles, couverts de piquants blancs et mous, en une ou deux portées de juin à septembre. Protégés en France, les hérissons n'échappent pourtant pas à leur pire ennemi : le trafic routier.

L'adulte mesure environ 25 cm de long.

À six semaines, les jeunes ont 2 000 piquants.

Houlque molle

Holcus mollis

Commune dans presque toute la France, rare en région méditerranéenne et en Corse, l'houlque molle est présente sur les collines et à la base de l'étage subalpin, jusqu'à 1500 m d'altitude. L'espèce, souvent stérile en sous-bois, préfère les sols acides, secs à frais. C'est une graminée vivace à rhizome stolonifère traçant, très allongé, surtout après les coupes forestières. Sa tige glabre, velue aux nœuds (poils longs, souvent dirigés vers le bas), varie entre 20 et 90 cm. Plante héliophile ou de demi-ombre, elle colonise les champs siliceux, lisières forestières, landes, haies... On trouve l'houlque molle dans la forêt depuis les pratiques culturales de l'époque gallo-romaine en milieu forestier. C'est une plante fourragère, mais de médiocre qualité. Le genre *Holcus* est issu du mot grec *helcô,* je tire, ou *holcos,* qui attire (on l'utilisait en cataplasme pour extraire les épines).

Fusain d'Europe

Euonymus europaeus

Son bois, carbonisé, donne le fusain utilisé pour le dessin. C'est un arbrisseau de 3 à 7 m de haut, à feuilles caduques. Les jeunes rameaux quadrangulaires sont d'un vert lisse. Répartie dans toute la France, en plaine et en basse montagne, cette espèce est exigeante en lumière. On la trouve sur des sols assez riches, dans les lisières forestières et dans les haies.

Citron

Gonepteryx rhamni

Les chenilles du citron se nourrissent exclusivement du feuillage de divers nerpruns. La femelle pond ses œufs un par un près de l'extrémité succulente des jeunes plantes. Lorsque la chenille éclôt, elle commence immédiatement à dévorer les bords de la feuille et la met à nu jusqu'aux nervures. Le citron est l'un des premiers papillons à voler au début du printemps. Il figure donc parmi les principaux pollinisateurs des fleurs printanières telles que les primevères. Il apparaît chaque année en deux vagues successives : la première au début du printemps, lorsque le papillon mature sort de l'hibernation, la seconde en été, lorsque la nouvelle génération s'envole.

Avoine

Avena sativa

Cette vigoureuse céréale annuelle à port érigé, haute d'environ 1,20 m, présente un système racinaire fasciculé. Originaire du sud-est de l'Europe, cette probable descendante de la folle avoine – *Avena fatua* – ou de l'avoine stérile – *Avena sterilis* – est largement répandue dans les régions tempérées et subtropicales. Mélangée avec des légumineuses (vesces, trèfles ou mélilots), elle constitue un très bon fourrage d'été. Elle est abondamment cultivée pour sa paille, ainsi que pour ses fruits, nommés caryopses, consommés par divers animaux. C'est une espèce énergétique et très nutritive.

Perdrix grise

Perdix perdix

Elle mesure environ 30 cm.

Le dessous du corps est marqué d'un fer à cheval.

Dès le mois de mars retentissent jour et nuit les bruyants cris de parade de la perdrix grise : *kierr-ek, ehr-rep.* Les compagnies hivernales sont dissoutes et les mâles doivent s'approprier un territoire. En mai, la femelle pond de dix à vingt œufs verdâtres dans un creux aménagé sous un buisson. Les poussins apprennent vite à trouver des insectes et des vers, avant de s'intéresser aux jeunes pousses et aux graines, qui constitueront l'essentiel de leur régime.

Rat des moissons

Micromys minutus

Sa queue légèrement préhensile fournit au rat des moissons un point d'appui pour grimper aux tiges des graminées. Ce rongeur miniature (une dizaine de grammes) est un habitant des roselières, des champs de céréales et de toutes les zones où les hautes herbes sont abondantes. Il y construit, bien au-dessus du sol, un nid sphérique d'une dizaine de centimètres en entremêlant les feuilles de graminées, mais sans les couper, de telle sorte que l'ancrage dans la végétation est très solide. Un trou rond latéral y donne accès.

Les femelles portent leurs petits pendant vingt et un jours. Elles peuvent mettre bas de deux à six portées de trois à huit jeunes par an, chacune faisant l'objet de la construction d'un nouveau nid. Dès le seizième jour, les petits rats, recouverts d'un pelage gris-brun, descendent du nid et deviennent indépendants.

Victime de la forte mécanisation de l'agriculture, le rat des moissons s'est beaucoup raréfié dans les régions céréalières.

Le nid d'été accueille des portées de trois à huit jeunes.

Le corps est long de 5 à 8 cm, la queue mesure entre 4,7 et 7,5 cm.

Seigle

Secale cereale

Le grain de seigle est nu.
Le chaume peut atteindre 2 m de haut.

Cette céréale, originaire de l'Ouest asiatique, fut introduite en Europe vers la fin de l'âge du bronze. En alimentation animale, elle est utilisée de préférence dans les pâturages à sols pauvres des régions où l'hiver est rigoureux. Le seigle appartient à la famille des graminées, très importante par le nombre de ses espèces (plus de neuf mille) et par son rôle économique (céréales, canne à sucre, bambou...). Sa paille, de grande longueur et à calibre régulier, est encore fortement appréciée. En alimentation humaine, les grains de seigle servent à la fabrication du pain, du pain d'épice et d'alcool.

Caille des blés

Coturnix coturnix

Chez le mâle (18 cm), la tête est marquée de bandes noires et le corps rayé de blanc. Ces traces sont plus estompées chez la femelle.

En mai, parfois même en juillet lors de couvées tardives, la caille lance son *payetes-dettes* dans les champs de céréales, sans jamais se montrer à découvert. Jadis abondante, elle a nettement régressé du fait de la chasse et de la mécanisation agricole. De nos jours, beaucoup partent pour l'Afrique avant l'ouverture de la chasse, mais les sécheresses sahéliennes déciment leur population sur les territoires d'hivernage.

Coquelicot

Papaver rhoeas

Cette fleur brillante, grande, solitaire au sommet d'une tige poilue non ramifiée, est d'un rouge écarlate évoquant la crête d'un coq. Elle a un cœur noir formé de très nombreuses étamines noires. La floraison s'étale de mai à juillet, mais la fleur ne reste ouverte qu'un jour, puis le fruit (capsule) se forme. Cette capsule renferme une multitude de graines (on peut en dénombrer plus de vingt mille sur un plant).
Le coquelicot fut longtemps très commun dans les champs de céréales et les terres cultivées, mais les techniques culturales modernes l'ont contraint à se réfugier sur les décombres et le bord des routes. Cette plante messicole (du latin *messis,* moisson, et *colo,* habite), connue depuis la haute antiquité et utilisée pour ses propriétés médicinales, semble avoir été introduite en France avec les cultures céréalières. Largement répandue en Europe, en Asie et en Afrique du Nord, elle colonise des sols riches en éléments nutritifs, humides, de type limoneux, argileux et calcaires.

La plante mesure de 20 à 60 cm de haut.

Agriotes lineatus

Ce coléoptère de 1,5 cm se nourrit de pollen et de feuilles. S'il se trouve allongé sur le dos, il est capable de se rétablir sur ses pattes par un saut de quelques centimètres grâce à un dispositif situé entre le prothorax et le mésothorax. Ce retournement s'accompagne d'un bruit sec.
Les larves, connues sous le nom de vers fil de fer, sont particulièrement redoutées pour les dégâts qu'elles causent aux cultures. Mangeuses de racines, elles sont attirées et guidées vers celles-ci par le gaz carbonique qu'elles dégagent.

Liseron des champs

Convolvulus arvensis

C'est une mauvaise herbe à tige volubile des régions tempérées. Elle pousse sur les terres cultivées, les talus, dans les jardins... Ses fleurs, blanches ou roses, en forme d'entonnoir, ont été comparées abusivement aux fleurs du lis, d'où son nom vernaculaire. Son système racinaire est puissant et profond. Sectionnés après un labour, ses rhizomes forment autant de nouvelles plantes, ce qui lui a valu le surnom de boyau du diable.

Les tiges sont rampantes ou grimpantes.

Véronique des champs

Veronica arvensis

Elle fleurit d'avril à septembre.

Cette plante annuelle mesure de 5 à 30 cm. Les feuilles basales ont un pétiole, les plus hautes sont sessiles. Les fleurs, d'un bleu vif, poussent à l'aisselle de la plupart des feuilles. Elles possèdent deux étamines qui rappellent les yeux d'un visage, d'où la comparaison avec l'image du visage du Christ sur le voile de sainte Véronique. C'est une mauvaise herbe qui pousse sur les sols secs des terres cultivées, des jachères et des vignes. On la retrouve également sur les murs et les rochers.

Bruant proyer

Miliana calandra

Silhouette lourde perchée sur un fil électrique, le mâle proyer passe son temps à chanter. Monsieur laisse à son harem (il possède jusqu'à sept femelles !) le soin de couver les quatre ou cinq œufs blanchâtres bariolés de noir déposés dans un nid simple au pied d'une touffe. C'est encore à la femelle qu'est attribuée l'alimentation des poussins au nid. Après l'envol, le mâle contribue toutefois au nourrissage, jusqu'à ce que les jeunes soient émancipés.

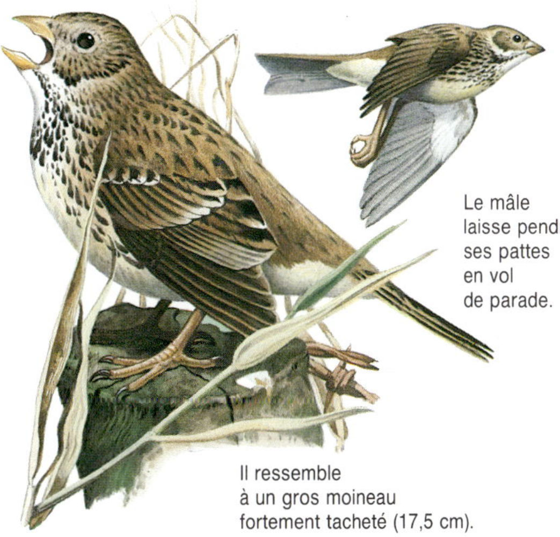

Le mâle laisse pendre ses pattes en vol de parade.

Il ressemble à un gros moineau fortement tacheté (17,5 cm).

Sarrasin

Fagopyrum esculentum

Le sarrasin est une espèce commune en Europe. Il apprécie un sol humide, dans les terres cultivées et les friches. Appelée également blé noir, cette plante est cultivée comme céréale (la seule céréale n'appartenant pas à la famille des graminées). Partie de Chine, la culture du sarrasin a traversé l'Inde et l'Asie occidentale avant d'arriver en Europe, vers la fin du Moyen Âge. Elle a fortement diminué ces dernières années. On utilise le sarrasin, riche en minéraux, pour soigner l'eczéma et les maladies du foie. C'est une plante annuelle dressée, de 15 à 60 cm de haut. Les feuilles sont alternes et cordiformes. Elle fleurit de juin à août. Les fleurs, roses ou blanc tacheté de rose, n'ont pas de pétales, mais sont campanulées avec des sépales. Elles donnent des fruits (akènes) noirâtres et luisants.

La récolte du sarrasin a lieu en septembre.

Fumeterre officinale

Fumaria officinalis

Les tiges sont ramifiées et lisses. Les fleurs, d'un rose taché de pourpre, fleurissent de mai à octobre. Le jus des racines pique les yeux, comme la fumée, d'où le qualificatif de fumeterre (son nom, dérivé du latin, signifie « fumée de la terre »). C'est une espèce très commune en plaine et en montagne (jusqu'à 1 800 m) ; on la trouve sur les talus, dans les terres cultivées et les champs abandonnés. Elle possède de nombreuses vertus thérapeutiques.

La plante s'élève à 50 cm.

Mouron des champs

Anagallis arvensis ssp. arvensis

C'est une plante qui pousse dans de nombreuses régions tempérées du monde. Elle préfère les sols riches en éléments nutritifs, pauvres en calcaire et en humus, les terres cultivées, les bordures des routes et les jardins. Annuelle, elle mesure de 10 à 30 cm et est composée de faibles tiges ramifiées et grimpantes. Ses feuilles sont ovales, opposées et sessiles. La floraison s'étend de mai à octobre. Les fleurs sont rouges pour la sous-espèce *phoenicea* et bleues pour la sous-espèce *caerulea.* Les parties aériennes et les graines sont très toxiques pour les animaux de basse-cour et les oiseaux. Autrefois, la plante était utilisée contre la rage et l'épilepsie.

Alouette des champs

Alauda arvensis

Elle mesure 17 cm.
Les deux sexes sont identiques.

L'alouette détient le record de durée du chant : accroché au firmament par son vol stationnaire, dès les premières lueurs de l'aube, le mâle est capable de lancer un trille ininterrompu de plusieurs dizaines de minutes !

La femelle établit son nid dans un sillon et pond de trois à cinq œufs blancs tachés de brun, jusqu'à trois fois par an. Les jeunes savent courir au bout de neuf jours et se tapissent au moindre danger, leur plumage terreux les dissimulant parfaitement. Ils volent à l'âge de quinze jours. À l'automne, des milliers d'alouettes venant du nord de l'Europe rejoignent les bandes fréquentant les labours. Cette espèce commune est cependant en diminution.

Staphylinus olens

La nuit, ce coléoptère chasse les limaces, les œufs, les larves d'insectes et d'autres invertébrés. Le jour, il reste caché sous les pierres. L'adulte, d'une longueur de 2 à 3 cm, a des élytres très courts (laissant apparaître en général six segments abdominaux). En cas d'attaque, il écarte ses mandibules et soulève l'extrémité de son abdomen en une posture de menace. Les femelles peuvent être fécondées plusieurs fois, généralement avant chaque ponte. L'union libre semble de règle ! Ces insectes prédateurs jouent un rôle bénéfique dans la protection des cultures en détruisant de nombreux ravageurs.

Insecte prédateur,
il régule les populations
des ennemis des cultures.

Lamier pourpre

Lamium purpureum

Répandue dans toute l'Europe sur les sols riches et lourds, c'est l'une des espèces les plus précoces de notre flore (elle fleurit pratiquement toute l'année). *Lamium* vient du grec *laimos,* gosier, dont la racine, *lai,* crier, fait allusion à la forme ouverte de la corolle : la lèvre supérieure renferme les anthères, la lèvre inférieure, trilobée, constitue une plate-forme d'atterrissage pour les abeilles pollinisatrices. Sa tige est quadrangulaire, dressée, velue, souvent teintée de pourpre. Ses graines germent en hiver et donnent des bouquets feuillus.
Le lamier pourpre servait à l'alimentation des porcs. Il avait aussi un usage médical comme astringent et vulnéraire.

Il dégage une odeur forte lorsqu'on le froisse.

Le lamier pourpre mesure de 10 à 40 cm de haut.

Nielle des blés

Agrostemma githago

Cette plante annuelle mesure de 30 cm à 1 m.

Autrefois fort répandue, cette mauvaise herbe des champs de blé tend à disparaître avec les nouvelles techniques agricoles. La tige, grêle et dressée, est ramifiée seulement au sommet. Les feuilles, opposées, sont étroites et lancéolées. Les fleurs, de couleur pourpre, sont terminales et isolées. D'origine méditerranéenne, la nielle des blés pousse au milieu des céréales sur des sols limoneux, riches en éléments nutritifs. La présence de saponine dans la graine lui donne des effets laxatifs, mais toxiques si elle est ingérée à forte dose.
Lorsque trop de graines sont mélangées aux grains de blé, la farine est grise et amère. Une proportion de plus de 5 % de graines de nielle dans le blé deviendrait dangereuse pour la santé des animaux et des humains.

Lièvre commun

Lepus capensis

Il est peu probable qu'il reste beaucoup de lièvres en France. La pression de la chasse n'est pas compensée par les lâchers d'individus mal adaptés aux conditions de vie dans les campagnes françaises. Les populations ne sont ni abondantes ni stables. L'excellente ouïe du lièvre le protège dans les terrains découverts, qu'il affectionne et où la hase met bas deux ou trois levrauts velus, aux yeux ouverts dès la naissance.

Ses oreilles, bordées de noir, font de 10 à 14 cm de long.

Le mâle (60 cm) est à peine plus grand que la femelle.

Marguerite dorée

Chrysanthemum segetum

Cette plante adventice est nuisible, notamment aux céréales de printemps et aux pommes de terre. Elle se plaît dans les sols sableux, riches en éléments nutritifs, et craint les sols calcaires et secs. Sa tige est glabre, dressée et très feuillée. Les feuilles, charnues, sont vert-bleu. Le capitule est isolé, pédonculé, à fleur jaune d'or. C'est une espèce originaire de la région méditerranéenne et de l'ouest de l'Asie.

Crépis à tige fine

Crepis capillaris

Cette espèce est caractérisée par son capitule très petit, ne dépassant pas 1 cm de diamètre. C'est une mauvaise herbe qui croît sur les sols nus et secs et sur les toits de chaume. Le crépis à tige fine est une annuelle de 20 à 90 cm de hauteur dont la tige est fine, verte ou rougeâtre. Les feuilles basales forment une rosette en dents de scie. De leur forme vient le nom de *Crepis,* qui signifie chaussure en grec et fait allusion aux sandales de l'époque antique.

Triton ponctué

Triturus vulgaris

Les habitudes et l'aspect du triton ponctué changent au fil des saisons. Il est terrestre la plus grande partie de l'année et a une activité crépusculaire ou nocturne. Quand arrive la saison de la reproduction, il gagne un plan d'eau et devient diurne. On peut même en voir nager certains sous les dernières glaces hivernales. Le mâle acquiert sa livrée nuptiale : crête dorsale et palmes aux doigts (on le nomme aussi triton lobé) l'orneront pour mieux séduire une femelle. Il déposera au fond de l'eau un spermatophore que la femelle récupérera et introduira dans son cloaque.

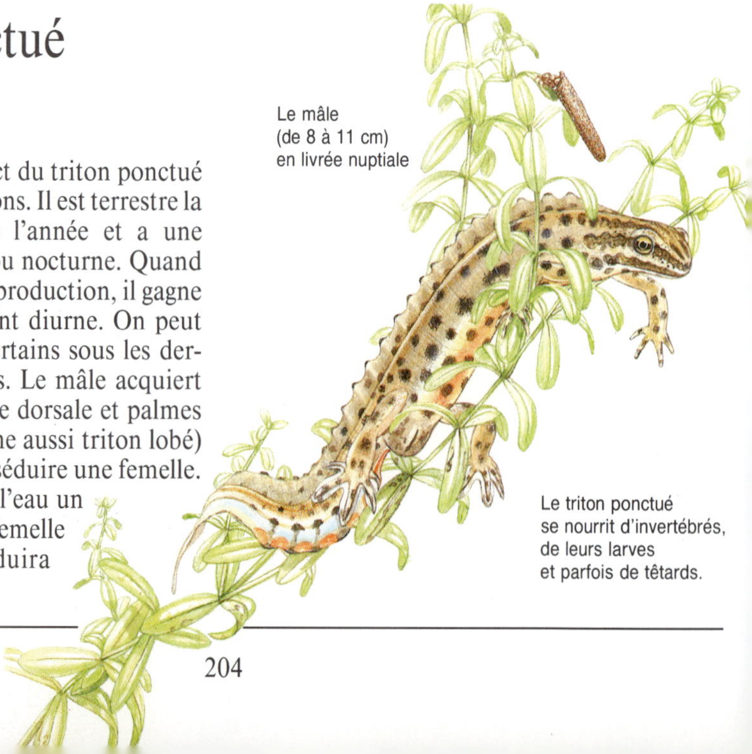

Corbeau freux

Corvus frugilegus

Les freux nichent dans des colonies que l'on ne rencontre que dans la moitié nord de la France. Mais les contingents de corbeaux venant de l'est pour passer l'hiver chez nous se dispersent jusque dans le Midi. Ils préfèrent toutefois les grandes plaines du Bassin parisien, où il existe des dortoirs atteignant 100 000 individus ! Les oiseaux français sont très sédentaires et fréquentent les lieux de nidification dès le mois de novembre.

Le corbeau freux mesure 45 cm. Les deux sexes sont identiques.

Souci

Colias crocea

C'est un papillon de 5 cm d'envergure.

D'avril à octobre, ce papillon aux couleurs chatoyantes égaie friches et champs jusqu'à environ 1 800 m d'altitude. Deux à trois générations vont se succéder. Le mâle est de couleur orange vif. Des taches jaunes agrémentent la bordure externe des ailes de la femelle. Chez certaines, le dessus des ailes est entièrement blanc crémeux. L'œuf, jaune à la ponte, vire rapidement au rouge intense. La chenille passe, elle, au cours de son développement par différentes tonalités de vert. Au dernier stade, elle est vert olive avec des bandes latérales ponctuées de blanc et d'orangé. Les stigmates sont soulignés de rouge.

Myosotis des champs

Myosotis arvensis

Le nom botanique de cette plante à petites fleurs bleues, appelée aussi ne-m'oubliez-pas, vient de la forme des feuilles en oreille *(ôtos)* de souris *(mus)*. La tige est couverte de poils. Chaque fleur, en forme d'entonnoir, présente un anneau central jaune. La floraison s'étale d'avril à octobre.

Plante bisanuelle de 15 à 20 cm

Les sépales portent des poils crochus.

Chardonneret élégant

Carduelis carduelis

Ses larges bandes jaune vif sur les ailes ainsi que son mode de vie sociable et bruyant font du chardonneret un oiseau facile à repérer. Migrateurs, la plupart des oiseaux français passent l'hiver sur le pourtour méditerranéen ; mais cet exode est compensé dans le reste du pays par l'arrivée de troupes du Nord et de l'Est européens. L'espèce ne fréquente guère les mangeoires. Son aptitude à trouver les graines directement en haut des tiges – et non sur le sol – lui permet de supporter les rigueurs du gel et de l'enneigement.

C'est un oiseau de 12 cm. Les deux sexes sont identiques.

Virgule

Hesperia comma

La chenille s'assombrit en grandissant.

La virgule est un petit papillon de 2 cm d'envergure. Le mâle, brun-jaune, est orné d'une strie noire sur les ailes antérieures (la virgule, qui lui donne son nom). Il possède sur le bord de ces mêmes ailes un repli dans lequel sont cachées des écailles odoriférantes destinées à stimuler la réceptivité de la femelle à l'accouplement. Les chenilles de la virgule se nourrissent de graminées spontanées ou de plantes basses considérées comme de mauvaises herbes, tels les fétuques, les pâturins et le chiendent.

Vesce cracca

Vicia cracca

Cette plante vivace de 0,40 à 2 m de haut est reconnaissable à ses longues grappes de fleurs bleu lavande. Commune dans toute la France, elle se trouve aussi en Europe tempérée et dans une partie de l'Asie. Espèce héliophile ou de demi-ombre, sur sol sec à frais, la vesce cracca fleurit abondamment de juin à septembre sur les talus, les lisières forestières, les haies... C'est une bonne plante fourragère et mellifère.

Une grappe peut être composée de quarante fleurs.

Les fruits sont des gousses contenant jusqu'à six graines.

Mouche du chardon

Urophora cardui

Dès les premiers beaux jours, on aperçoit sur les centaurées et les chardons une mouche floricole de 5 à 6 mm, au corps noir et à la tête orangée. Elle est reconnaissable à ses ailes bicolores zébrées d'une bande foncée en zigzag. C'est la mouche du chardon, appelée ainsi car la femelle, qui possède un ovipositeur pointu, enfonce ses œufs dans les tiges des chardons. Les larves se développent dans les tissus végétaux vivants et provoquent la formation de galles ovoïdes sur la tige. La nymphose s'effectue dans la plante nourricière.

Cette mouche est floricole et pond des œufs isolés.

Les galles dépassent la grosseur d'une noix.

Dictyna arundinacea

Cette petite araignée de 3 mm recouvre fleurs et feuilles de sa toile.

Toutes les araignées possèdent en avant de la bouche une paire d'appendices en forme de pince appelés chélicères. Les espèces du genre *Dictyna* disposent d'au moins huit yeux et ont des pattes grêles et courtes. Elles vivent sur les plantes, où elles tissent une toile légère qui recouvre les feuilles et y déposent leur cocon blanc.
Examinée à la loupe, *Dictyna arundinacea,* de couleur brun sombre, présente une tête couverte de poils blancs, ainsi qu'une bande dorsale caractéristique, resserrée vers le milieu et suivie de trois ou quatre bandes transversales.

Cirse des champs

Cirsium arvense

Le cirse des champs fleurit de juin à septembre ; ses fleurs odorantes sont pollinisées essentiellement par les abeilles. On l'appelle communément chardon des champs à l'instar des vrais chardons, du genre *Carduus.* C'est une plante vivace très épineuse de 0,40 à 1,50 m de haut. Ses racines latérales émettent des bourgeons adventifs qui lui permettent de s'étendre et de recoloniser facilement le terrain ; c'est donc une redoutable mauvaise herbe pour les agriculteurs. Commun en France, sauf en Corse, le cirse des champs aime le soleil et les sols secs à frais. Son nom de genre, *Cirsium,* est tiré du grec *kirsos,* signifiant varice, car on lui prêtait autrefois des vertus pour soigner les varices. Les petits capitules odorants de ses fleurs lilas attirent les abeilles.

Les fleurs mâles et femelles poussent généralement sur des pieds différents.

Les bractées de l'involucre se terminent par une pointe violacée.

Thécla de la ronce

Callophrys rubi

C'est l'une des plus petites espèces de papillons diurnes de la faune européenne. Très précoce, il vole dès le mois de mars. La chenille se nourrit de plantes basses (sainfoin, vesce, ronce, etc.). La chrysalide se cache au pied des plantes nourricières, sous la mousse ou les feuilles. Elle passe ainsi tout l'hiver à l'abri des intempéries.

C'est un petit papillon de 3 cm d'envergure.

Le dessous des ailes est vert.

La chenille est marquée de taches jaunes.

Linaire commune

Linaria vulgaris

Le nom de cette plante est dû à ses feuilles linéaires, semblables à celles du lin. Les fleurs sont d'un jaune soufre à palais orangé ; elles fleurissent de juin à septembre. Vivace à souche traçante, la linaire abonde dans toute l'Europe, sauf dans les régions méditerranéennes. C'est une excellente plante mellifère dont la pollinisation est assurée par les abeilles, qui vont chercher le nectar au fond de l'éperon. En dehors de la multiplication sexuée, elle émet, par l'intermédiaire de ses rhizomes très profonds (1 m), un grand nombre de nouvelles pousses. On l'appelle également gueule-de-lion, par analogie avec le muflier, ou gueule-de-loup *(Antirrhinum majus).*

Hauteur : 25-75 cm

Prunellier

Prunus spinosa

Arbrisseau épineux de 2 à 4 m, le prunellier est une plante rustique vivant plus de cinquante ans. Cette espèce pionnière, commune en basse altitude dans toute la France, colonise les friches et les lisières forestières. Son bois, très dur, était autrefois utilisé en marqueterie et dans la fabrication de cannes et de manches divers. L'arbuste sert à la mise en place de haies vives. On lui attribue des propriétés astringentes, dépuratives, diurétiques, laxatives, sudorifiques et toniques. Les fruits (prunelles), comestibles à l'état blet, fournissent une liqueur ou parfument l'eau-de-vie.

Les fleurs apparaiss avant les feuille

Les fleurs, petites, sont d'un blanc pur.

Les fruits sont extrêmement acides.

Accenteur mouchet

Prunella modularis

L'accenteur mouchet mesure 15 cm. Les deux sexes sont identiques.

Même au cœur de l'hiver, on entend le surnommé traîne-buisson égrener sa mélodie ténue. Son territoire est si petit qu'il s'est facilement adapté à nos jardins, et son régime hivernal granivore l'attire vers les mangeoires. On le confond souvent avec le moineau, mais son bec fin, son dessous gris et ses cris aigus aident à l'identifier. L'accenteur mouchet est fort discret et ne s'éloigne pas du couvert. En dehors des périodes de chant, seule sa curiosité peut l'amener à se montrer lors du passage d'un promeneur.

Thécla du coudrier

Fixsenia pruni

Largement répandu en Europe, ce papillon n'y est pourtant pas très commun. En juin-juillet, la femelle pond des œufs dispersés sur les plantes nourricières. La chenille y terminera son incubation et y passera tout l'hiver. Dès le mois de mars, elle va éclore et s'alimenter de fleurs dans les premiers temps. Elle vit sur l'épine noire et le prunellier (voir page ci-contre).

C'est un papillon d'environ 3 cm d'envergure.

Ronce des bois

Rubus fruticosus

Ce sous-arbrisseau de 1 à 2 m, à feuilles caduques, se multiplie facilement par marcottage naturel et forme souvent des fourrés piquants infranchissables. C'est une espèce cosmopolite, répartie dans toute la France, mais rare dans les régions méditerranéennes. La ronce des bois fleurit de juin à août et donne l'un des fruits sauvages les plus populaires : la mûre. Appréciée depuis la préhistoire, elle est toujours activement recherchée par les amateurs de confiture.

Les fleurs, blanches ou roses, ont un diamètre de 2,5 à 4 cm.

Fauvette grisette

Sylvia communis

Comme la plupart des oiseaux insectivores, la fauvette grisette passe la mauvaise saison au sud du Sahara. Elle n'est présente sous nos latitudes que de la fin avril au mois de septembre.

Abondante dans les landes et les broussailles, elle dissimule sa couvée dans un buisson bas – quatre ou cinq œufs de couleur variable, ponctués de gris-brun. Au bout de onze à treize jours, les poussins brisent leur coquille, non pas avec le bec, mais avec une excroissance de la nuque. L'espèce est souvent parasitée par le coucou.

L'adulte mesure 13,5 cm.

Pensée sauvage

Viola tricolor

Depuis la Renaissance, la pensée sauvage est utilisée contre les maladies de la peau. On lui prête également des vertus laxatives et dépuratives.

Sa tige ramifiée porte plusieurs fleurs à long pédoncule bleu-mauve, jaunes ou blanches, souvent les trois à la fois, d'où le nom de *tricolor*. On trouve la pensée sauvage dans toute l'Europe, en plaine et en montagne, jusqu'à 1 800 m. Elle fleurit du mois de mai au mois de septembre dans les friches et les lieux sablonneux (dunes). Les horticulteurs ont profité de ses différentes formes pour créer de nombreux hybrides qui embellissent nos jardins.

Une plante annuelle de 30 cm de haut

Campagnol agreste

Microtus agrestis

Il se nourrit principalement de graminées.

C'est un petit rongeur très voisin du campagnol des champs (voir p. 294). Il est simplement un peu plus grand (10 cm). Son poids moyen est de 30 g. Le campagnol agreste n'est pas soumis en France aux pullulations cycliques et ne cause que peu de dégâts. Il n'aime guère les terrains découverts et gîte en lisière de bois ou dans les haies du bocage. Creusant ses galeries dans un sol meuble et frais où l'herbe est abondante, il délaisse les terrains secs et rocailleux de la région méditerranéenne. Il possède un territoire qu'il défend en poussant divers cris et grognements. Plutôt nocturne, ce campagnol est victime des hiboux et des chouettes, qui en font une grande consommation.

Sphinx gazé

Hemaris fuciformis

Contrairement à la plupart des autres espèces de sa famille, le sphinx gazé a une activité diurne. Ce magnifique papillon aspire, pendant son vol stationnaire, le nectar des fleurs de sauge, phlox, buddléia... Il vole d'avril à juin, puis en juillet-août et déploie une grande activité vers midi, par les journées très chaudes. Son vol bourdonnant évoque celui des gros hyménoptères. La chenille se nourrit de feuilles de chèvrefeuille ou de gaillet. La chrysalide se forme dans le sol.

Le sphinx gazé ne se pose pas pour butiner.

Capselle bourse-à-pasteur

Capsella bursa-pastoris

On l'appelle ainsi à cause de la ressemblance de ses fruits avec la bourse en cuir dans laquelle les bergers emportent leurs victuailles. Elle fleurit tout au long de l'année et l'autofécondation naturelle a permis la formation de différentes variétés locales. Considérée comme une mauvaise herbe difficile à éliminer, elle a cependant des propriétés médicinales connues depuis fort longtemps, dont un pouvoir hémostatique utilisé en obstétrique.

Les fleurs sont petites, en grappes lâches.

Les fruits sont triangulaires.

Vipérine vulgaire

Echium vulgare

Les boutons floraux, roses, deviennent bleus en s'ouvrant.

Les feuilles sont couvertes de poils.

Plante bisannuelle de 30 à 90 cm, elle est hérissée de poils raides et piquants. L'inflorescence est une cyme scorpioïde portant des fleurs variant du rouge au bleu intense. Abeilles et papillons sont attirés par cette espèce très riche en nectar. Elle fleurit entre mai et août, dans les lieux secs et pierreux. *Echium* vient du mot grec *echion,* dérivé d'*ekis,* qui signifie vipère, d'où son nom vernaculaire. Dépuratives, ses fleurs séchées calment la toux.

Molène bouillon-blanc

Verbascum thapsus

Toutes les parties supérieures de cette plante sont couvertes d'un duvet cotonneux qui la protège du dessèchement. Bisannuelle, elle possède une tige vigoureuse non ramifiée de 2 m environ. Elle est commune en Europe tempérée et dans les régions voisines. La poudre des feuilles séchées de la molène bouillon-blanc, prisée, fait merveille pour dégager les nez bouchés. La plante possède aussi des propriété dépuratives, diurétiques et sédatives.

Le pollen et les poils sucrés des étamines attirent beaucoup d'insectes.

Alouette lulu

Lullula arborea

L'alouette lulu mesure 15 cm. Les deux sexes sont identiques.

L'alouette lulu doit son nom au chant clair et flûté qu'elle lance haut dans le ciel pendant son vol nuptial, *lu-lu-lululu...* Inféodée aux lieux découverts, si possible secs et ensoleillés, elle est sédentaire en France ; les petits groupes observés en migration proviennent de contrées plus froides. Au printemps, le couple arpente son territoire pour choisir l'emplacement du nid, que la femelle construit seule. Il est placé en oblique, avec un bord rehaussé, et contient de trois à cinq œufs rose pâle souvent tachés à la base.
Les jeunes s'envolent quinze jours après l'éclosion, mais ils peuvent marcher dès l'âge de neuf jours à la rencontre de leurs parents, qui approchent du nid « à pied » pour égarer les éventuels prédateurs.

Orvet fragile

Anguis fragilis

L'orvet est un lézard sans pattes. Contrairement aux serpents, il possède des paupières mobiles, qui se ferment à sa mort ; elles lui ont valu le nom de serpent aveugle. Autre différence : il possède la faculté de briser sa queue quand il est attaqué (on le surnomme encore serpent de verre). En revanche, il a les mêmes méthodes de chasse que ces reptiles. Vers de terre, limaces et insectes constituent l'essentiel de son menu quotidien. Il est donc indispensable de respecter cet animal, au demeurant parfaitement inoffensif et dénué d'agressivité, lorsqu'on le rencontre, particulièrement dans un jardin.

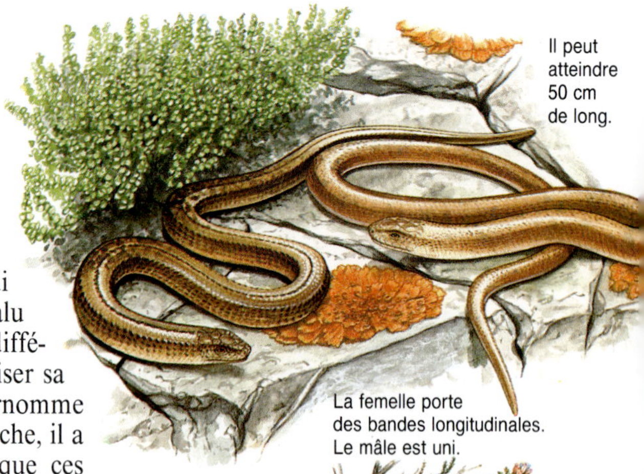

Il peut atteindre 50 cm de long.

La femelle porte des bandes longitudinales. Le mâle est uni.

Séneçon commun

Senecio vulgaris

Appelée également petit séneçon, herbe aux charpentiers, grand mouron, toute-venue, cette plante adventice est l'une des plus communes en France et dans le reste de l'Europe. Cette composée annuelle à tige tendre, de 10 à 30 cm de haut, pousse jusqu'à 2 000 m d'altitude et abonde presque toute l'année dans les friches, les champs cultivés et sur les talus. Le vent dissémine partout ses fruits secs (akènes) grâce aux aigrettes de soie raides et blanches dont ils sont munis : ils ressemblent à une tête surmontée de cheveux blancs, d'où le nom de genre *Senecio,* tiré du latin *senex,* vieillard. Dans la médecine traditionnelle, le séneçon est utilisé comme emménagogue ; il soulage les douleurs accompagnant les règles et régularise le cycle menstruel. Il possède aussi des propriétés émollientes.

Le séneçon commun fleurit presque toute l'année.

Pardose

Pardosa pullata

Une araignée de 6 mm de long

La femelle de *Pardosa pullata* est une mère très attentionnée. Après l'accouplement, elle file un coussinet de soie, y dépose ses œufs et emmaillote le tout avec de la soie. Elle attache ensuite le sac à l'extrémité de son abdomen et l'y laisse pendant deux à trois semaines, le temps de l'incubation. Après l'éclosion, les petites araignées passent les premiers jours de leur vie sur le dos de leur mère, qui les transporte partout avec elle.

Hypolaïs polyglotte

Hippolais polyglotta

D'identification délicate, le groupe des hypolaïs a deux représentants en France : l'ictérine, dans le quart nord-est, et la polyglotte, dans le reste du pays. Les deux espèces sont d'excellentes imitatrices, mais leur chant reste le meilleur diagnostic de différenciation. L'hypolaïs polyglotte commence par quelques notes détachées, qui rappellent les cris du merle ou d'une fauvette, suivies de babils variés mais continus, de sons flûtés et modulés où s'intercalent des phrases empruntées au chant de l'hirondelle ou de la fauvette grisette. L'ictérine entrecoupe ses phrases de *tchévoui* vigoureux.

L'hypolaïs polyglotte mesure 12,5 cm. Les deux sexes sont identiques.

Les plaines, collines et

Le machaon se sert de ses taches rouges pour dévier les attaques des prédateurs.

Le ciste blanchâtre est recouvert de poils blancs qui servent d'isolant thermique.

La tortue d'Hermann mâle se montre très agile lorsqu'elle se bat pour une femelle.

plateaux méditerranéens

La fauvette mélanocéphale ne traduit sa présence que par ses cris de crécelle.

Le chêne vert produit un bois dur employé en menuiserie et en artisanat.

La lonicera de Toscane est une liane dont les tiges peuvent atteindre 3 à 4 mètres.

C'est en suivant la limite d'extension de l'olivier que l'on s'entend à délimiter la région méditerranéenne, ce domaine biogéographique si particulier. Un climat sec en été, doux en hiver, des précipitations irrégulières sous forme d'orages parfois très violents à l'automne et au printemps entraînent une forte sensibilité des sols à l'érosion.

Des étendues clairsemées au maquis impénétrable

L'influence méditerranéenne se fait sentir depuis les plateaux et pentes rocailleuses des Causses jusqu'aux contreforts cévenols du Massif central et certains versants bien exposés des Préalpes calcaires. Ici, les pelouses sèches, maigres pâturages, sont

Avide de lumière et de chaleur, le pin maritime fait les belles forêts du Midi.

souvent qualifiées de steppiques, mot associé à la stipe, une graminée dominante. Malgré les apparences, ces formations dénudées sont riches en flore et en insectes. Mais les pays méditerranéens évoquent avant tout la garrigue et le maquis. Témoins irréfutables de l'action humaine au cours des millénaires, ils constituent des stades très dégradés de la forêt méditerranéenne originelle, à la suite de l'action conjuguée de la hache, du feu et du pâturage, surtout caprin. La garrigue se développe plutôt sur terrain calcaire et sa végétation buissonnante, épineuse et odorante ne dépasse pas 50 cm de haut. Au printemps, l'air enivre des mille parfums des plantes aromatiques et les cistes aux couleurs chatoyantes égaient la rocaille. Parmi les arbustes, le chêne kermès, un petit nain de cette famille d'arbres, revêt des feuilles coriaces et piquantes. Le maquis préfère les sols siliceux et forme une brousse épineuse dense, souvent impénétrable et pouvant atteindre 3 m de haut. Célèbre en Corse, il est caractéristique des massifs des Maures et de l'Esterel. Garrigues et maquis sont les milieux de prédilection des reptiles.

Le développement des conifères

Il y a cinq mille ans, la forêt méditerranéenne était, semble-t-il, dominée par le chêne pubescent, arbre truffier par excellence. En développant le pâturage sous forêt, l'homme a peu à peu favorisé le chêne vert, encore appelé yeuse, pour de nombreux usages. Mais cette espèce n'était pas exploitée pour constituer de véritables forêts et, de nos jours, avec le déclin du pastoralisme en sous-bois, les chênes verts forment plutôt des taillis bas et serrés ou sont disséminés dans la garrigue. Loi des cycles de la nature, le chêne pubescent reprend peu à peu ses droits sur l'yeuse. Le chêne-liège, quant à lui, a beaucoup perdu de sa valeur marchande du fait de la concurrence de l'Espagne et du Portugal. Toutefois, des tentatives sont en cours pour régénérer la subéraie (nom donné aux peuplements de cette espèce).

Les olives sont récoltées à l'aide de filets. On les consomme vertes ou noires.

Double page précédente : une oliveraie dans les Alpilles, en Provence.

La garrigue symbole du paysage méditerranéen. Ci-contre, un châtaignier, l'arbre des terres siliceuses.

La faible productivité des essences feuillues méditerranéennes a poussé les forestiers à favoriser le développement des conifères. Ainsi, la reforestation en pins d'Alep a connu un essor spectaculaire, gagnant plus de 80 000 ha en Languedoc et en Provence au cours des soixante-dix dernières années, et ce malgré les incendies. À ce sujet, il faut bien distinguer les incendies criminels des feux pastoraux. Ceux-ci, de tout temps pratiqués et nécessitant une parfaite maîtrise, sont provoqués pour limiter l'embroussaillement et, donc, la baisse de disponibilité fourragère pour le bétail. Une autre source d'incendie est due au développement du tourisme, qui amène en forêt des personnes parfois inconscientes de la vulnérabilité de ces formations végétales.

Enfin, certains paysages méditerranéens évoquent aussi le châtaignier. Alors qu'en Corse, les châtaigneraies existent à l'état spontané, elles sont issues de plantations dans les Cévennes. La déprise agricole – provoquant l'abandon de leur entretien – et l'extension de la maladie du chancre ont entraîné leur marginalisation, accentuée par la concurrence italienne et espagnole pour la production de châtaignes.

LA CHÈVRE EN MÉDITERRANÉE

On a attribué à la chèvre de nombreux maux. Capable de grimper le long des arbres jusqu'à atteindre la cime et s'attaquant volontiers aux jeunes pousses, elle peut compromettre gravement la régénération de la végétation arborée, dont elle apprécie également l'écorce. Les moutons, quant à eux, se limitent généralement à la consommation des feuilles. Pourtant, la chèvre peut jouer un rôle dans l'équilibre de la nature. On le constate dans les pays du nord de la Méditerranée, où la forte régression des pâturages caprin et ovin conduit à un embroussaillement des forêts, facteur d'appauvrissement de la diversité des espèces et générateur d'incendies.

Trigonelle de Montpellier

Trigonella monspeliaca

C'est une petite plante annuelle de 5 à 40 cm de haut. Pubescente, elle possède des feuilles à trois folioles, dont la base est triangulaire et l'extrémité dentée. En période de floraison, de petites fleurs jaunes apparaissent à la base des feuilles. À l'exception du fenugrec *(Trigonella foenum-graecum)*, qui est une plante médicinale spontanée – mais également cultivée – en région méditerranéenne, les trigonelles sont des plantes très discrètes des pelouses sèches et des friches.

Elle fleurit d'avril à juin.

Ascalaphe commun

Libelloides longicornis

Il fait 5,5 cm d'envergure.

L'ascalaphe commun est un petit insecte diurne qui ressemble à un papillon. Ses ailes sont triangulaires et transparentes, couvertes de dessins bruns et jaunes. Ses antennes, longues et filiformes, ont l'extrémité en forme de massue.

L'accouplement a lieu en vol. Après une courte poursuite, le mâle attrape la femelle et la féconde. Les œufs sont déposés en deux lignes sur les tiges des plantes. Au bout de deux à trois semaines apparaissent des petites larves prédatrices, aux mandibules développées, qui guettent leurs proies sous la mousse et les pierres. Elles se transforment en nymphes dans un cocon suspendu à la tige d'une plante. Il n'existe que vingt espèces d'ascalaphe en Europe.

Avoine sauvage

Avena sterilis

L'avoine sauvage est une plante annuelle, de grande taille (0,50 à 1,50 m) par rapport aux autres avoines. Son inflorescence, lâche, porte deux à cinq rameaux inférieurs ; les glumes sont vertes et non caduques à maturité. Par hybridation avec la folle avoine *(Avena fatua)*, l'avoine sauvage a donné l'avoine céréale (voir p. 198), présente dans toutes les régions. L'avoine sauvage est considérée aujourd'hui comme mauvaise herbe des cultures.

Faucheux

Phalangium opilio

Le faucheux, ou faucheur, ressemble à première vue à une araignée, mais c'est en fait un opilion. Contrairement à une araignée, son corps n'est pas clairement divisé en thorax et abdomen. Les quatre paires de pattes de l'animal, démesurées, atteignent six fois la longueur du corps. Le faucheux en perd d'ailleurs facilement, sans qu'elles repoussent ! Il se nourrit de petits invertébrés et de toute sorte de débris.

Centaurée chausse-trape

Centaurea calcitrapa

Plante bisannuelle buissonnante de 30 cm environ. Ses nombreux rameaux raides et glabres divergent à la base. Les feuilles basales sont profondément divisées. Les fleurs sont roses ou purpurines. Le capitule est étroit et solitaire ; les bractées se terminent en une épine jaune, acérée, de 1 cm de long, et sont munies sur le dessous d'épines plus petites. C'est à cause de ces épines, qui évoquent les pièges hérissés de pointes d'acier, qu'on l'appelle centaurée chausse-trape. Cette plante a certaines vertus médicinales, notamment par ses feuilles et ses fleurs, qui sont dotées de propriétés fébrifuges et toniques. On la trouve sur les pelouses sèches, les friches et les pâtures, surtout à sol calcaire.

Point-de-Hongrie

Erynnis tages

Le point-de-Hongrie est un petit papillon diurne de 2,5 à 3 cm d'envergure, au corps trapu et robuste. Il vole rapidement au ras du sol, et se pose de temps en temps près d'une flaque d'eau pour s'abreuver. Contrairement aux autres papillons de jour, le point-de-Hongrie au repos tient ses ailes en toit sur le corps.

Ce papillon apparaît tôt au printemps et on peut l'observer jusqu'à la fin de l'automne. Au mois de mai, la femelle dépose ses œufs isolément sur la partie supérieure des feuilles ; l'éclosion se produit au bout d'une quinzaine de jours. La chenille vit aux dépens de fabacées (coronille, lotier, etc.), dans un abri constitué de feuilles maintenues par quelques fils de soie. Elle y hibernera, et se nymphosera au printemps suivant dans le même abri.

Criquet migrateur

Locusta migratoria

Il mesure de 3 à 6 cm de long et vole très bien.

Le criquet migrateur, devenu assez rare en France, formait autrefois des nuées très redoutées des paysans. Déjà, dans les récits bibliques, il était considéré comme

Coronelle girondine

Coronella girondica

Elle se caractérise par un croissant transversal en avant des yeux.

La coronelle girondine (ou bordelaise) est une couleuvre très discrète qui ne se déplace guère qu'au crépuscule et la nuit. Quand elle chasse la journée, elle reste à l'affût sous une pierre ou une souche, où l'on a peu de chances de la dénicher. Ses proies favorites sont les lézards et les jeunes serpents, même venimeux, y compris ceux qui sont aussi grands qu'elle. Elle capture également des insectes, en particulier des sauterelles et des criquets. La coronelle girondine fréquente toutes sortes de milieux du sud de la France, même des pelouses, à condition qu'elle y trouve des rocailles ou des murs de pierres sèches.

Chardon tomenteux

Galactites tomentosa

Il fleurit de mai à juillet.

C'est une espèce annuelle ou bisannuelle de 50 à 70 cm de haut. Toute la plante présente un aspect cotonneux. Les feuilles, vertes, veinées de blanc sur la face supérieure et blanchâtres en dessous, sont profondément divisées. Les capitules sont rose-pourpre et, comme ceux de la plupart des chardons, épineux. Après la floraison, des akènes à aigrette plumeuse sont disséminés par le vent. Ce chardon est très commun le long du littoral méditerranéen.

Fourmi noire

Lasius niger

La fourmi noire (5-6 mm) est très friande de denrées sucrées telles que le nectar ou le miellat, produit par les pucerons. Elle grimpe le long des plantes pour rechercher ces derniers et les stimule avec ses antennes, ce qui provoque la sécrétion de la précieuse substance. Elle ramène également ces petits insectes à la fourmilière et les élève dans des chambres spéciales.

Ce sont les ouvrières qui pratiquent l'élevage des pucerons.

un fléau de Dieu. Il dévorait les récoltes et formait des nuages qui obscurcissaient le paysage.

Le criquet possède deux formes. La première, sédentaire et tout à fait inoffensive, correspond à une période durant laquelle les insectes profitent d'un environnement favorable, qui provoque une explosion démographique. La nourriture vient-elle à manquer, et apparaît la seconde forme – migratrice –, avec les dégâts qu'elle entraîne. Ce criquet reste encore un fléau en Afrique malgré l'utilisation d'insecticides.

Les plus grands spécimens atteignent 80 cm.
Ovipare, la femelle dépose
de quatre à seize œufs en juillet.

Pipit rousseline

Anthus campestris

Les jeunes ont un plumage très rayé.

Les adultes mesurent 16,5 cm.

Le groupe des pipits est intermédiaire entre celui des bergeronnettes et celui des alouettes. Des premières, ils ont l'élégante silhouette, des secondes, un plumage terreux caractéristique d'une vie au sol.

Les coloris du pipit rousseline sont très clairs pour assurer son camouflage sur les terrains qu'il affectionne : les pelouses sèches et les sols sablonneux du sud de la France. Plus au nord, l'aménagement des terres incultes a provoqué sa disparition progressive. Toutefois, on peut encore y observer le pipit rousseline au moment de ses passages, car c'est un grand migrateur qui n'est présent en Europe que d'avril à septembre, plus rarement en octobre.

Luzerne tachée

Medicago arabica

Les fleurs apparaissent en grappes.

C'est une plante annuelle couchée, de petite taille. Presque entièrement glabre, elle ressemble à un trèfle aux feuilles trifoliées. Ses grandes folioles sont marquées d'une demi-lune noire, d'où son nom. Les luzernes donnent généralement des fruits en forme de gousse épineuse qui s'accrochent facilement aux pattes et à la toison du bétail, assurant ainsi la dissémination des graines. Les plantes font d'excellents fourrages et sont utilisées par les agriculteurs dans les rotations des cultures pour leur apport d'azote au sol. Le nom de genre, *Medicago,* vient de *Medica herba,* « herbe de Médie », la luzerne cultivée ayant été introduite en Europe pendant les guerres médiques (490-479 avant J.-C.).

La plante mesure de 10 à 60 cm.

Criquet printanier

Pyrgomorpha conica

Ce criquet de petite taille est facile à reconnaître. Sa tête caractéristique est franchement conique, les antennes sont courtes et élargies à la base. La coloration du mâle est brun-gris teinté de vert. La femelle est verte. À l'inverse de la majorité des criquets, le mâle de cette espèce ne stridule pas. Pour s'accoupler, il s'approche lentement de la femelle, puis bondit soudainement sur elle. On rencontre ce criquet du printemps à l'automne dans des lieux herbacés secs.

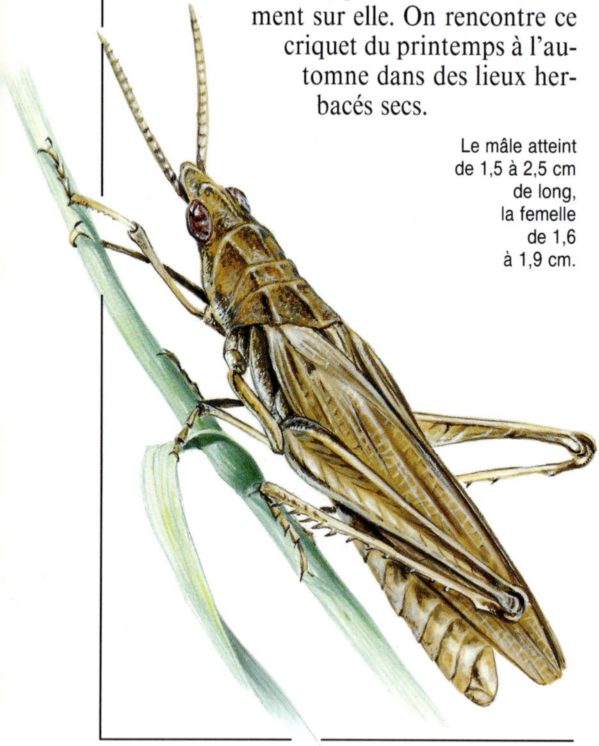

Le mâle atteint de 1,5 à 2,5 cm de long, la femelle de 1,6 à 1,9 cm.

Machile à trois épines

Silvestrichilis trispina

Cet insecte se caractérise par ses écailles ocre et deux antennes presque aussi longues que son corps (1,2 cm environ). Le mâle se distingue par un anneau blanc bordé de noir sur le thorax. Dérangé, ce machile effectue des sauts de plusieurs centimètres. Il se nourrit d'éléments de la litière.

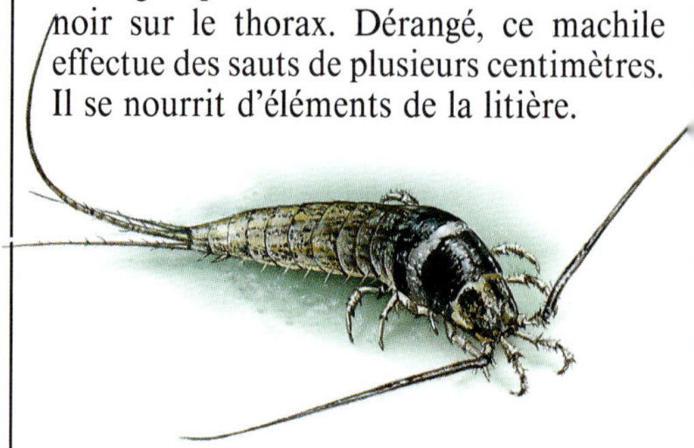

L'hiver, les machiles s'enfoncent sous les pierres.

Échinops à tête ronde

Echinops sphaerocephalus

Les tiges de cette plante, peu ramifiées, sont surmontées de capitules de 4 à 8 cm de diamètre, qui deviennent très piquants après la floraison. Le nom du genre vient du grec *echinos,* hérisson, et *opsis,* aspect, apparence. Lorsque les fruits arrivent à maturité, le capitule explose et projette les graines au loin. L'échinops à tête ronde est aussi connu sous le nom de boulette.

Couleuvre de Montpellier

Malpolon monspessulanus

C'est notre plus grand serpent : le mâle atteint 2 m (exceptionnellement 2,50 m) et peut peser plus de 2 kg. La femelle est beaucoup plus petite (1,40 m maximum) et présente une coloration quelque peu différente qui a laissé croire longtemps qu'il

Le mâle adulte se distingue par ses nuances verdâtres et sa tête dépourvue de taches blanches.

La selle foncée, en arrière du cou, caractérise les adultes.

Traquet oreillard

Oenanthe hispanica

Le traquet oreillard niche exclusivement dans le Midi méditerranéen. Il trouve là son biotope de prédilection : des pentes rocheuses à végétation clairsemée, plutôt arbustive. Il s'accommode aussi des ruines isolées dans la garrigue, pourvu qu'il y trouve quelques arbres qui serviront de poste de chant. Migrateur, l'oreillard passe l'hiver dans la zone sahélienne mais revient parfois dès le mois de mars. Il chante bien en évidence, comme son cousin le traquet motteux (voir p. 56), et mêle ses vocalises d'imitations diverses.

Le mâle (15 cm) en plumage nuptial

Les fleurs sont blanchâtres ou d'un bleu très pâle.

s'agissait d'une autre espèce. Tous deux possèdent ce regard inquiétant (regard d'aigle) si caractéristique de cette couleuvre, dû à l'existence d'arcades sourcilières saillantes. Timide et farouche, la couleuvre de Montpellier fuit à grande vitesse et à grand bruit quand elle est inquiétée (un spécialiste l'a comparée à un TGV !). Sa distance de fuite (10 à 15 m) est bien plus grande que celle de nos autres serpents. Menacée, elle peut se montrer très agressive : face à l'adversaire, elle se dresse et élargit son cou à la manière d'un cobra en sifflant bruyamment. Elle cherche parfois à mordre mais se décourage vite.
C'est la seule couleuvre qui soit venimeuse en France. Une banale morsure est cependant sans grand danger pour l'homme, car, dans ce cas, les crochets qui injectent le venin, situés très en arrière dans la bouche, n'interviennent pas.

Brome stérile

Bromus sterilis

Cette graminée annuelle, haute de 40 à 90 cm, est une plante pubescente, mais à tige glabre. Ses feuilles sont molles et velues. L'inflorescence est une panicule lâche, penchée et ne portant généralement qu'un seul épillet. À maturité, le brome stérile prend une couleur rouge-pourpre. En période de floraison, de mai à juillet, le pollen, très allergisant, est dispersé par le vent. Les bromes forment souvent des étendues très résistantes à la sécheresse sur des talus secs, le long des voies de chemin de fer et au bord des routes. C'est une espèce très commune en France.

L'épillet mesure 4 cm environ.

Épeire fasciée

Argiope bruennichi

L'épeire fasciée est une araignée à l'abdomen rayé de noir et de jaune. Elle tisse des toiles solides aux formes géométriques régulières. Le mâle, qui mesure 4 mm, est trois fois plus petit que la femelle et risque sa vie chaque fois qu'il l'approche. Après l'accouplement, la femelle pond de 300 à 400 œufs, qu'elle dépose dans un cocon composé de plusieurs épaisseurs de fils, suspendu à faible hauteur entre les graminées. De couleur brune, il se confond avec les broussailles desséchées, ce qui le rend peu visible aux yeux des prédateurs.

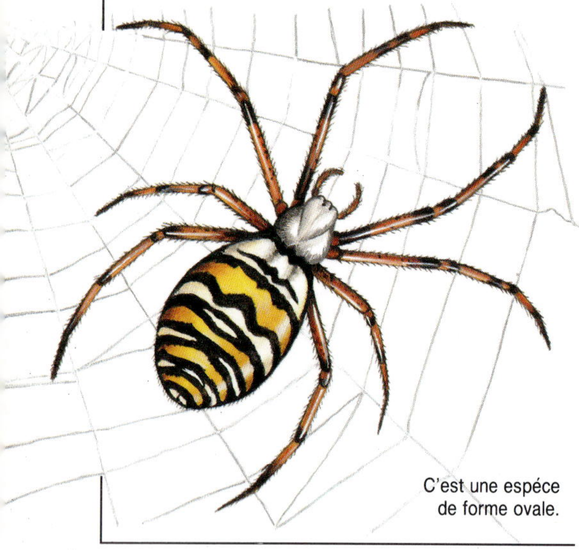

C'est une espéce de forme ovale.

Vipérine pourpre

Echium plantagineum

Elle fleurit de mai à juillet.

C'est une plante bisannuelle pubescente, à tige dressée de 40 à 60 cm. Les feuilles, entières, portent des nervures latérales saillantes. Les fleurs, en forme d'entonnoir et irrégulièrement dentées, apparaissent en grappes. Deux étamines seulement émergent de la corolle. Leur carpelle, à forte protubérance, rappelle une tête de reptile, d'où le nom de vipérine.

Rollier d'Europe

Coracias garrulus

C'est l'un des plus beaux oiseaux français, mais sa rareté en fait aussi l'un des moins bien connus. Il ne reste que quelques dizaines de couples dans l'extrême sud de la France, dont une grande part niche en Camargue. Le rollier d'Europe n'est cependant pas difficile à observer : ses postes de chasse favoris sont les câbles électriques, d'où il guette les insectes dont il est friand. Il capture plutôt ses proies au sol mais peut les attraper en vol. Sa lourde silhouette rappelle alors celle d'un corbeau. De loin, ses couleurs, bien que variées et soutenues, sont très souvent difficiles à distinguer.

Un oiseau de 30 cm. Le mâle et la femelle sont identiques.

Trèfle des champs

Trifolium arvense

Ce trèfle doit son autre nom de patte-de-lièvre à ses têtes florales velues et soyeuses, qui en ont effectivement la forme. Cette plante est facilement reconnaissable à ses capitules oblongs, longuement pédonculés, qui portent de petites fleurs blanches à rose pâle. Celles-ci sont plus courtes que les dents du calice, plumeuses et de couleur chamois, ce qui donne ce toucher doux aux épis. En région méditerranéenne, on dénombre plusieurs dizaines de trèfles, dont certains sont d'excellents fourrages. Le trèfle des champs, très commun en plaine, pousse jusqu'à 1500 m d'altitude, de préférence sur des sols sablonneux.

L'épi a un aspect hérissé.

Les fleurs flétries persistent autour du fruit.

Il mesure de 5 à 40 cm.

Grillon champêtre

Gryllus campestris

Il fait une longueur de 2,2 cm.

Le grillon champêtre a des ailes peu développées et recherche sa nourriture en marchant ou en effectuant de petits bonds. Le mâle passe la majeure partie de son temps à chanter activement à l'entrée du terrier en frottant l'une sur l'autre ses ailes, pourvues de nervures spéciales. Sept frottements complets par seconde créent 4 200 vibrations, qui donnent une note pure équivalant au *do* du quatrième octave. Ce grillon chante de mai à juillet pour attirer les femelles et écarter les rivaux. Il apparaît d'avril à septembre.

Andrène

Andrena fulva

L'andrène est une petite guêpe de 1,5 cm de long. Elle forme des colonies constituées de centaines d'individus. Ceux qui ont éclos au printemps s'accouplent. Les femelles creusent ensuite des galeries s'enfonçant de 30 à 50 cm sous terre et se terminant par de larges alvéoles qu'elles emplissent du pollen dont se nourriront les larves. Un monticule entoure l'ouverture du nid, souvent creusé dans une pelouse. La période d'activité ne dure que quelques semaines.

Le monticule qui entoure l'ouverture du nid forme un dôme régulier.

Stipe pennée

Stipa pennata

Elle fleurit de mai à juillet.

C'est une graminée vivace formant des touffes de 30 à 70 cm, qui atteignent parfois 1 m. Pour limiter au maximum l'évapotranspiration due à la sécheresse, les feuilles sont enroulées en gaines foliaires luisantes, adaptation propre à la plupart des stipes. L'inflorescence, étroite, n'est pas très dense. La glumelle inférieure est prolongée par une longue arête (de 5 à 10 cm). Presque toutes les parties de la plante sont couvertes de poils blancs, ce qui limite également l'évaporation de l'eau.

Scolie hirsute

Scolia hirta

Son corps fait 2 cm de long.

Les scolies se rangent parmi les plus gros hyménoptères. Ils sont impressionnants lorsqu'ils butinent, de juillet à octobre, entre deux puissants envols. Une fois fécondée, la femelle de la scolie hirsute fouille la terre ou le bois pourri à la recherche de larves de cétoine pour nourrir sa propre larve. Une fois sa proie repérée, elle la paralyse et dépose un œuf sur sa face ventrale. La larve de la scolie hirsute va se nymphoser au bout d'une dizaine de jours, après s'être nourrie de sa victime.

Machaon

Papilio machaon

Avec 10 cm d'envergure, le machaon est l'un de nos plus grands papillons. Il est assez rare, et sa chenille se nourrit exclusivement du feuillage d'ombellifères. L'adulte peut être la proie des oiseaux. Ses taches rouges en forme d'œil et les pointes à l'extrémité de ses ailes lui permettent de dévier les attaques vers les parties les moins fragiles de son corps.

La chenille, verte, est marquée d'anneaux noi portant chacu six points rouge orangé.

Lapin de Floride

Sylvilagus floridanus

Originaire d'Amérique du Nord, ce petit lapin fut introduit clandestinement en France, principalement à partir de 1970. Vivant un peu comme notre lièvre (voir p. 203), il ne creuse pas de terrier mais met ses petits au monde dans une dépression du sol. Ce lagomorphe se nourrit d'une grande variété d'herbes de prairie. Sa répartition, mal connue, semble se limiter aux lieux des lâchers, car ses besoins écologiques sont peu adaptés à la France. Sa grande prolificité ne compense pas la forte mortalité qui frappe les jeunes et les adultes. L'introduction du lapin de Floride constitue une erreur à ne pas renouveler.

Crache-sang

Timarcha tenebricosa

C'est un coléoptère au corps arrondi et trapu, de coloration noire à reflets métalliques. Il doit son nom de crache-sang à sa curieuse méthode de défense. Lorsqu'il est dérangé, il rejette un liquide rouge sang par la bouche et certaines articulations. Ce phénomène est appelé saignée réflexe. On rencontre le crache-sang sur diverses plantes herbacées au printemps et en été. Insecte aptère aux élytres soudés, il est inapte au vol.

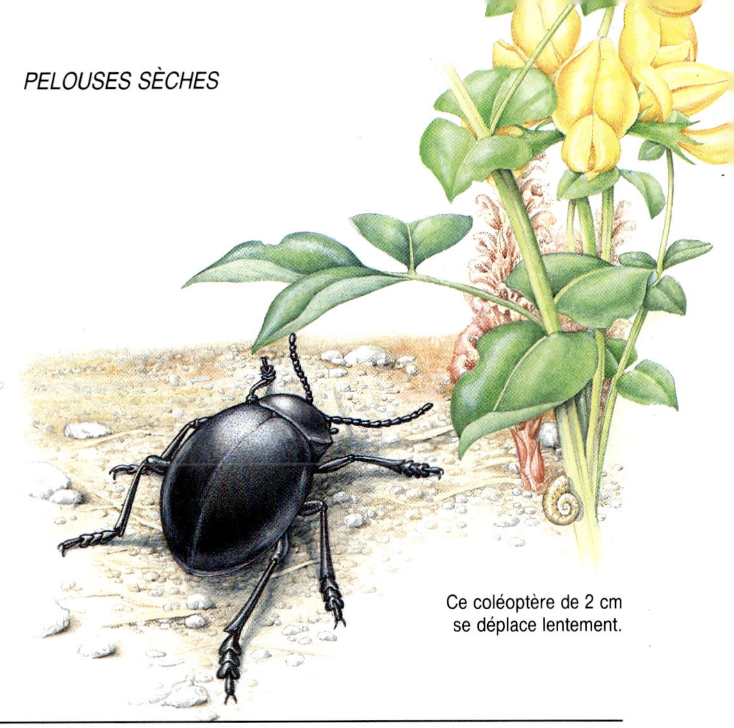

Ce coléoptère de 2 cm se déplace lentement.

Carotte sauvage

Daucus carota

La tige est velue et odorante.

La carotte sauvage, qui mesure de 0,60 à 1,20 m, se distingue aisément des autres ombellifères. Les feuilles sont découpées en segments ovales. Les fleurs, réunies en ombelles denses, sont petites et blanchâtres, excepté celle du centre, qui est souvent violet foncé. Elles s'épanouissent de mai à octobre. La carotte sauvage possède plusieurs sous-espèces, dont *Daucus carota ssp. maximus,* qui possède les mêmes caractéristiques, mais qui est plus grande. Comme la plupart des ombellifères, ce sont des plantes aromatiques, alimentaires, mais parfois très toxiques, comme la ciguë. La carotte sauvage pousse en Europe, en Amérique du Nord, en Afrique du Nord et dans le sud-est de l'Asie.

Le lapin de Floride mesure de 40 à 45 cm.
Ses oreilles sont un peu plus courtes que celles du lapin de garenne.

Mante testacée

Ameles decolor

Cette mante ne mesure guère plus de 2 à 2,7 cm. Elle vit au sol ou sur les buissons, dans les endroits secs et chauds, de juillet à septembre. Prédateur redoutable, elle chasse à l'affût, ses pattes antérieures repliées devant sa tête, et les détend violemment à l'approche d'un insecte. La femelle pond de 16 à 48 œufs, réunis en oothèque, généralement collés sur des branchettes et recouverts d'une matière spumeuse qui durcit au contact de l'air. L'éclosion a lieu au printemps. Les larves sortent de l'oothèque par un canal central qui débouche sur un orifice unique.

Les ailes antérieures de la femelle, très courtes, laissent voir les segments abdominaux.

Scolopendre

Elle atteint 12 cm de long.

Scolopendra cingulata

Cette espèce, commune dans la région méditerranéenne, possède un corps allongé jaune verdâtre muni d'une seule paire de pattes par segment (vingt et une paires). Deux gros crochets venimeux, ou forcipules, équipent sa bouche. La morsure de la scolopendre est douloureuse mais sans danger. Cette prédatrice d'araignées et de blattes creuse des galeries sous les pierres.

Brize intermédiaire

Briza media

C'est une plante vivace de la famille des graminées. Son système racinaire est une souche rampante ; ce rhizome émet des tiges feuillées qui vont constituer des touffes. De celles-ci surgissent des panicules lâches triangulaires, d'où pendent des épillets frémissant au moindre vent. Cette plante gracile tire son nom de genre du grec *brithô,* qui signifie « je balance ». On l'appelle aussi brize tremblante, tremblette et tremblotte.

Il existe plusieurs espèces de brize en Europe, dont quatre en France. Elles sont très semblables et ne diffèrent que par leur taille. En effet, on distingue *Briza minima, B. media* et *B. maxima* essentiellement par la longueur de leurs épillets. *Briza maxima,* la plus grande de toutes, est parfois cultivée pour son aspect décoratif, tant en fleur fraîche que pour l'élaboration de bouquets de fleurs séchées.

La brize intermédiaire fait de 30 à 60 cm de hauteur.

Ciste blanchâtre

Cistus albidus

Cet arbrisseau de 0,50 à 1 m affectionne particulièrement les garrigues chaudes sur sols calcaires. Toute la plante est recouverte de poils blancs, ce qui lui donne cet aspect blanchâtre et lui permet de mieux réfléchir les radiations solaires. C'est une adaptation supplémentaire de l'espèce pour économiser son eau. Sa présence peut indiquer un stade de reconstitution de la forêt de chênes verts, mais des incendies répétés tendent à le faire disparaître. Le ciste blanchâtre est une plante ornementale appréciée dans le Midi pour ses grandes fleurs roses.

Les feuilles sont cotonneuses et blanchâtres.

Cigale écumeuse

Philaenus spumarius

La larve sécrète une écume pour se protéger.

La cigale écumeuse est une petite cicadelle de 5 mm de long. Autrefois très courante, l'espèce a vu régresser ses populations en raison de l'intensification de l'agriculture et de l'usage des pesticides.
Après l'accouplement, les femelles déposent leurs œufs dans des plantes, généralement des cardamines, d'où sortent bientôt des larves. Celles-ci vivent dans un nid fait d'écume, très résistant aux intempéries, qui les protège de la sécheresse et des prédateurs. On peut assez facilement l'observer dans les régions où l'espèce est restée abondante. Les larves se nourrissent dès l'éclosion. Au fur et à mesure qu'elles grossissent, elles se débarrassent plusieurs fois de leur cuticule avant d'atteindre leur maturité et d'avoir des ailes.

Lézard hispanique

Podarcis hispanica

Ce petit lézard ressemble beaucoup au lézard des murailles (voir p. 367). Il fut longtemps confondu en France avec celui-ci, et sa présence dans le sud de notre pays n'a été décelée que récemment. Plus délicat, plus élancé, le lézard hispanique aime, comme son cousin des murailles, prendre le soleil sur les rochers et les murs. Bon grimpeur, il se tient parfois sur des parois verticales. Il peut être actif pendant les belles journées d'hiver, mais se réfugie dans un abri quand la chaleur est trop forte. Bien que ce soit une espèce très grégaire, les mâles défendent un petit territoire pendant la saison de reproduction. En mai, la femelle pond de deux à cinq œufs sous une pierre, dans un mur ou dans un tronc d'arbre. Deux mois plus tard naîtront des petits d'à peine 5 cm de long.

Il ne dépasse guère 15 cm de long, queue comprise.

Poliste gauloise

Polistes gallicus

C'est une guêpe sociale. Elle construit de petits nids en pâte à papier, qu'elle fabrique à l'aide de matière végétale et d'eau. Ils sont formés d'une cinquantaine d'alvéoles accolées, prolongées par un court pédoncule excentré. Les polistes gauloises parviennent à réguler la température de leur nid en transportant dans leur bouche des gouttes d'eau qu'elles répandent sur toute sa paroi externe ; l'évaporation provoque alors un abaissement de la température. Elles se nourrissent d'insectes qu'elles mâchent et transforment en une boulette solide avant de les avaler.

Le mâle mesure de 1 à 1,3 cm (comme l'ouvrière), la femelle de 1,4 à 1,6

Grillon d'Italie

Oecanthus pellucens

Ses ailes sont presque aussi longues que son corps (1,3 cm).

Cet insecte jaune pâle, au corps étroit et aux pattes grêles, évoque plus une sauterelle qu'un grillon. On le trouve l'été sur les buissons et les herbes, dans les endroits très chauds. La femelle pond dans les tiges sèches. À la tombée de la nuit, le mâle entonne un chant doux semblable à un grésillement. Malgré sa grande portée, il reste difficile à localiser car, inquiété, ce grillon change le volume de son *griii-griii,* qui semble alors provenir d'ailleurs.

Araignée cinabre

Eresus niger

L'araignée cinabre est une petite araignée de 1,6 cm de long pour la femelle et de 1cm pour le mâle, qui possède un abdomen rouge vermillon marqué de quatre gros points noirs. Elle fréquente les terrains sablonneux, secs et chauds, qui comportent peu de végétation. Ne tissant pas de toile, elle creuse un trou dans lequel elle s'enfouit. Cachée dans son terrier, elle attrape avec ses pattes les insectes imprudents qui passent à proximité. L'accouplement se produit dans son antre. Ces araignées vivent en société ; on les rencontre de temps en temps en colonies.

Alors que le mâle est rouge et noir, la femelle est totalement noire.

Ophrys jaune

Ophrys lutea

L'ophrys jaune est une plante vivace, haute de 10 à 25 cm. Il arbore une large marge jaune paille qui sertit le centre brunâtre de son labelle (pétale inférieur). Les ophrys présentent un étonnant maquillage mimétique du labelle, qui rappelle étrangement un insecte. Outre cette ressemblance, l'odeur joue également un rôle important dans la pollinisation. L'ophrys jaune pousse de préférence sur les sols calcaires des garrigues, les gazons maigres et les terres incultes en région méditerranéenne. Cette plante appartient à la famille des orchidées, qui compte plus de 17 000 espèces. La plupart croissent sous les tropiques, mais certaines fleurissent jusqu'au cercle polaire.

Il fleurit en mars-avril.

Bruyère multiflore

Erica multiflora

Cet arbrisseau, dont le feuillage est persistant, peut atteindre une hauteur de 2,50 m. En raison de son exigence en chaleur, la bruyère multiflore pousse sur des sols calcaires et marneux, à l'inverse des autres bruyères, qui sont pour la plupart calcifuges. Sa floraison est automnale (d'août à décembre). Ses fleurs roses, disposées en grappes terminales denses, sont très décoratives. Leurs étamines sont violettes et dépassent l'orifice du tube de la corolle.

Ses feuilles sont appliquées sur les rameaux.

Seps tridactyle

Chalcides chalcides

Le seps tridactyle, qui peut atteindre de 30 à 45 cm de long, est un reptile très particulier et sans équivalent dans notre faune. Ce lézard possède quatre minuscules pattes, munies chacune de trois doigts – d'où son nom –, mais bien trop petites pour l'aider à se mouvoir rapidement. En cas de danger, il rabat ses pattes dans des gouttières situées à l'arrière de celles-ci et s'enfuit en « nageant » véritablement dans l'herbe. Loin d'être handicapé par ces membres atrophiés, le seps tridactyle est d'une extrême vivacité et, bien souvent, l'observateur ne rapportera de sa rencontre avec lui que l'image furtive d'un corps à l'éclat luisant s'évanouissant dans la végétation.

Il hiberne de septembre à avril et s'accouple en avril-mai.

Veuve noire

Latrodectus tredecimguttatus

Le nom de la veuve noire témoigne de son abominable réputation : la femelle est connue pour manger occasionnellement le mâle après l'accouplement. Il arrive en effet que ce dernier, plus petit et affaibli par plusieurs accouplements avec différentes femelles, soit dévoré par une compagne. Lorsqu'il est à la recherche d'une partenaire, le mâle de la veuve noire tisse une petite toile, puis la fait vibrer, signalant ainsi qu'il est prêt à s'accoupler.

La femelle atteint 1 cm de long, alors que le mâle ne fait que 4 mm.

Saga aux longues patte

Saga pedo

On la rencontre de juin à octobre.

Appelée aussi magicienne dentelée, cette sauterelle de 8,5 à 9,5 cm est une carnassière qui se nourrit principalement de sauterelles et de criquets, qu'elle capture avec ses pattes antérieures épineuses. Présente dans toute la région méditerranéenne, elle remonte assez haut la vallée du Rhône. Sa présence a été signalée récemment dans le département du Lot, qui constitue actuellement sa limite ouest, mais c'est le Lubéron qui semble héberger la population la plus importante de cette espèce. Se reproduisant par parthénogenèse, elle présente un intérêt biologique considérable. Cette belle espèce est protégée en France.

Crocidure des jardins

Crocidura suaveolens

La crocidure des jardins est un petit insectivore qui pèse de 3 à 6 g, sauf en Corse, où les adultes peuvent atteindre 13 g. On la trouve surtout dans l'ouest, le sud-ouest et le midi de la France.

Ses yeux minuscules ne lui confèrent qu'une faible vue, mais son odorat et son toucher, fort développés, lui permettent de dénicher, surtout de nuit, les divers types d'invertébrés dont elle se nourrit. Elle perçoit les plus petits bruits et émet elle-même différentes sortes de sons, tous très aigus, dont des ultrasons. Elle vit à proximité de l'homme et passe souvent l'hiver à l'abri dans les bâtiments.

Elle explore coins et recoins à l'aide de ses vibrisses et de son nez pointu

Jasmin sauvage

Jasminum fruticans

De la même famille que l'olivier, le jasmin sauvage vit à l'état spontané dans le bassin méditerranéen (et particulièrement en France), dans les friches et les haies, sur des sols calcaires. Ses longues tiges, vertes et flexibles, portent des feuilles vert foncé et lustrées. Les fleurs sont jaunes et peu odorantes. C'est en effet le jasmin blanc *(Jasminum officinale)* qui est utilisé en parfumerie.

Scorpion à queue jaune

Euscorpius flavicaudis

La parade nuptiale de ce scorpion consiste en une véritable danse de plusieurs heures. Le mâle libère le spermatophore, qui contient le sperme, et, en poursuivant ce pas de deux, guide sa partenaire sur cette structure qui, une fois fixée à l'opercule génital femelle, libère la semence. Les scorpions possèdent de fortes pinces et, sur la partie postérieure de l'abdomen, un aiguillon recourbé parfois venimeux. Le dard du scorpion à queue jaune n'est pas dangereux pour l'homme.

Euphorbe des jardins

Euphorbia peplus

C'est une plante annuelle de 15 à 50 cm de haut, glabre, avec une tige verte qui se ramifie au ras du sol. Les feuilles, arrondies, se confondent avec les fleurs, qui ne possèdent ni pétales ni sépales, comme la plupart des euphorbes. De couleur jaunâtre, ces fleurs sont disposées en inflorescences complexes. Elles s'épanouissent de juin à octobre, envahissant les jardins et les décombres. Les fruits s'ouvrent brutalement par un mécanisme qui se déclenche en fonction de l'hygrométrie de l'air. Comme de nombreuses euphorbiacées, l'euphorbe des jardins exsude lorsqu'on la coupe une sève laiteuse, âcre et toxique. Celle-ci rebute les animaux qui voudraient brouter la fleur. Cette espèce est commune dans toute l'Europe, et particulièrement abondante dans les régions méditerranéennes. On la trouve également sur l'arrière littoral atlantique et, rarement, vers les côtes de la Manche.

Chèvrefeuille des Baléares

Lonicera implexa

Arbrisseau grimpant à feuillage persistant et à rameaux souples, le chèvrefeuille des Baléares embaume les lieux qu'il habite. Ses feuilles, opposées, coriaces, bordées d'une ligne transparente, ont un pétiole court et sont de couleur vert-bleu. Ses fleurs, placées au centre des feuilles supérieures, sont d'un rose crème lavé de pourpre. À maturité, les fruits, des baies, semblent présentés dans une coupe. Mais, comme celles des autres chèvrefeuilles, ces baies sont toxiques. C'est une espèce que l'on trouve dans le Midi, dans les garrigues et maquis de dégradation des forêts de chênes verts et chênes-lièges.

C'est une liane pouvant grimper jusqu'à 3 m.

Les feuilles sont glauques dessous et brillantes dessus.

Chêne kermès

Quercus coccifera

Ses feuilles sont très petites (2-3 cm).

Le chêne kermès peut s'élever jusqu'à 2 m.

Essence à feuilles persistantes, le chêne kermès est un arbuste typiquement méditerranéen et constitue souvent l'essence dominante des garrigues le long des côtes. Il forme parfois des fourrés impénétrables, taillés par les vents forts venant de la mer. Ses feuilles coriaces, luisantes et épineuses rappellent celles du houx *(Ilex aquifolium)*. Elles abritent un insecte cochenille qui servait autrefois à la préparation d'une teinture rouge écarlate.

Procris

Coenonympha pamphilus

En vol, le mâle et la femelle sont impossibles à distinguer. Les œufs sont déposés, soit isolés, soit en ligne, sur des brins de graminée. L'incubation dure une dizaine de jours. La chenille du procris, connue aussi sous le nom de fadet des laîches, s'alimente sur toutes sortes de graminées : pâturin, flouve odorante, crételle, etc. Ce papillon est très répandu. Il vole d'avril à septembre et peut se rencontrer dans les garrigues élevées.

La chenille est fusiforme.

Il fait 3,5 cm d'envergure.

Fauvette passerinette

Sylvia cantillans

Cette petite fauvette (12 cm) est présente de mars à septembre dans le Midi. Dès son arrivée, le mâle lance son chant rythmé, ponctué de *tek-tek-tek* secs. Pour courtiser la femelle, il fait la roue en sautillant autour d'elle, exhibant le dessous blanc de sa queue. Rapidement, le couple construit un nid de tiges et d'herbes au cœur d'un buisson, puis le garnit de duvet et de fibres végétales. La femelle pond de trois à cinq œufs gris ou verdâtres, tachetés de brun. Elle couve seule pendant onze à douze jours, puis les parents nourrissent les jeunes jusqu'à leur envol, à l'âge de douze jours.

La moustache blanche est typique de l'espèce. Le mâle (ci-dessus) se distingue par ses couleurs très contrastées.

Chloromyie agréable

Chloromyia formosa

Colorée et brillante, elle fait 1 cm de long.

Cette mouche, qui fréquente les fleurs pour y butiner le nectar, semble avoir une préférence pour les ombellifères. Elle est en général peu active et se déplace d'un vol plutôt nonchalant.

On observe les adultes d'avril à août, sur les fleurs, mais aussi parmi les buissons et les herbes. La femelle, à l'abdomen moins velu que celui du mâle, présente des couleurs à reflets violacés ou bleu-vert. Au repos, les ailes sont repliées à plat sur le corps, cachant ces belles couleurs. La larve de la chloromyie agréable vit dans les matières en décomposition, le fumier, les litières des milieux humides et sous les pierres.

Filaire à feuilles étroites

Phillyrea angustifolia

Cet arbuste très rameux peut atteindre 5 m de haut. Les feuilles, vert sombre brillant, sont persistantes, opposées et coriaces. À la floraison, entre avril et mai, naissent à l'aisselle des feuilles de courtes grappes de fleurs odorantes et de couleur jaune verdâtre. L'arbuste donne, vers la fin de l'été, des drupes bleu-noir et globuleuses. Ses feuilles, de 4 à 6 mm de large, lui ont valu le nom de *Phillyrea angustifolia* (feuilles étroites) par opposition à *Phillyrea latifolia* (feuilles larges). Originaire d'Asie Mineure et du sud-est de l'Europe, le filaire est une essence commune dans la région occidentale du bassin méditerranéen.

Les drupes contiennent un noyau ovale.

Ver luisant

Lampyris noctiluca

Le ver luisant est, en fait, un petit coléoptère de 1 cm de long. La femelle possède à l'extrémité de la face ventrale de son abdomen des petites plaques luminescentes qu'elle exhibe le soir aux mâles qui volent alentour. Ceux-ci ont des yeux composés, très grands, qui leur permettent de reconnaître les signaux lumineux de la femelle appartenant à la même espèce qu'eux, chaque espèce ayant un type de signal particulier.
Après l'accouplement, la femelle dépose ses œufs à terre. Les larves se nourrissent essentiellement d'escargots et, après avoir mué jusqu'à cinq fois, elles se nymphosent dans le sol.

La lumière, froide, est due à une réaction chimique au cours de laquelle la luciférine est oxydée par des enzymes (les luciférases).

Lézard des ruines

Podarcis sicula

Ce lézard est un grand voyageur. Originaire d'Italie, il a colonisé de nombreux ports méditerranéens et a même réussi à s'installer aux États-Unis (Long Island). Cela s'explique probablement par le fait qu'il vit volontiers au voisinage de l'homme et se trouve de temps à autre involontairement transporté avec le chargement des bateaux. C'est ainsi qu'il a également atteint la Corse en différents points. S'y répandant peu à peu, il a aujourd'hui conquis plus de la moitié de l'île de Beauté. Le lézard des ruines se plaît en de nombreux milieux, pourvu qu'ils soient chauds et ensoleillés. On le rencontre en particulier dans les garrigues parsemées de tas de pierres et de vieux murets, où il aime se tenir, ce qui lui a valu son nom.

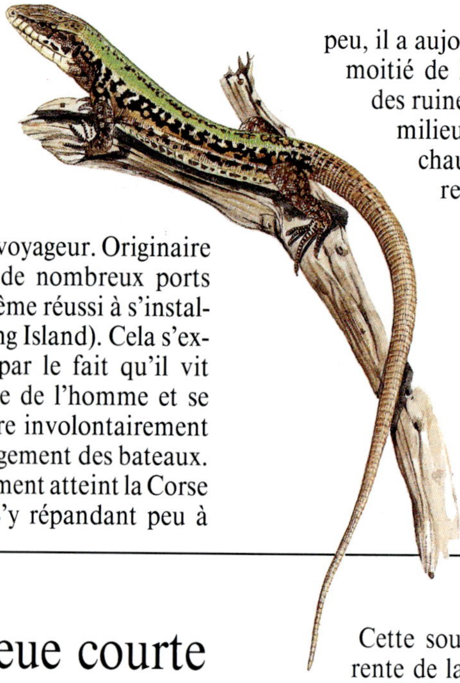

Il peut atteindre 25 cm de long, dont les deux tiers pour la queue.

Souris à queue courte

Mus spretus

Cette souris a été reconnue différente de la souris domestique il y a une quinzaine d'années. Outre des détails morphologiques, elle s'en distingue par son mode de vie : peu sociable, elle ne forme pas de colonies et se montre batailleuse ; elle craint le froid mais ne rentre pas dans les maisons ; son taux de reproduction est variable et elle se reproduit en hiver... La souris à queue courte, qui ne se croise pas avec la souris domestique, doit son bon développement dans le Midi à ses faibles besoins en eau.

Cette espèce se contente d'une nourriture très sèche.

Elle se distingue par sa queue fine et courte, son pelage fauve dessus et son ventre blanc à gris.

Pistachier-térébinthe

Pistacia terebinthus

Cet arbuste de 2 à 5 m de haut, que l'on trouve jusqu'à 600 m d'altitude, ressemble fortement à son cousin le lentisque, *Pistacia lentiscus* (voir p. 244). Il s'en distingue par ses feuilles caduques et imparipennées, qui dégagent une très mauvaise odeur lorsqu'on les froisse. Les fleurs se transforment à l'automne en grappes vaporeuses de fruits rouges et bleus, puis noirâtres. L'écorce laisse exsuder une résine fort odorante, la térébenthine, dont on fabriquait une essence remplacée aujourd'hui par l'essence de térébenthine de pin. C'est un arbuste à croissance très lente, qui peut devenir plus que centenaire.

Les feuilles sont mates et plus claires dessous.

Bombyx du mûrier

Bombyx mori

Un papillon de 4,2 cm d'envergure

Des antennes en forme de peigne

La femelle dépose des œufs par centaines sur des feuilles de mûrier.

La fibre naturelle que nous appelons soie est produite par plusieurs sortes d'insectes et d'araignées. Mais seul le bombyx du mûrier la fabrique en quantités commercialisables. Ce sont les Chinois qui ont découvert que cette fibre, sécrétée par la chenille, pouvait être tissée. Ils en commencèrent l'élevage en sélectionnant les papillons les plus gros et ceux produisant la soie la plus fine. Ils aboutirent à la création d'un papillon énorme, incapable de voler. La légende veut que la Chine ait perdu le monopole de la soie lorsque des œufs de bombyx furent clandestinement exportés au VIe siècle, cachés dans la coiffe d'une princesse chinoise qui allait épouser un prince indien.

Viorne-tin

Viburnum tinus

Arbuste à feuillage persistant, il rappelle le laurier-sauce *(Laurus nobilis)*, d'où son autre nom de laurier-tin. Il mesure entre 1 et 3 m et forme une végétation épaisse et buissonnante. Ornemental et supportant bien la taille, il est utilisé pour former des haies et des massifs denses. Il fleurit en hiver, ce qui explique sa grande popularité. On le trouve à l'état spontané dans les régions chaudes.

Les feuilles sont opposées et coriaces.

Flambé

Iphiclides podalirius

Fréquent au début du siècle – sa chenille habitait nos jardins –, le flambé se trouve de nos jours localisé et en nette régression. Ce phénomène est lié à l'arrachage des haies de prunelliers et d'aubépines, qui séparaient les champs et procuraient un abri naturel à la larve.

Il fait de 7 à 8 cm d'envergure.

Scorpion languedocien

Buthus occitanus

Ce scorpion jaune clair vit sous les pierres. Il sort la nuit pour capturer des proies à l'aide de ses pinces. En cas de résistance, il utilise son aiguillon caudal pour empoisonner sa prise. Malgré des repas répétés, *Buthus occitanus* supporte de très longs jeûnes. La piqûre des individus européens est très douloureuse, mais sans danger pour l'homme. Chez les individus d'Afrique du Nord, elle peut être mortelle.

Sa taille moyenne est de 4 cm, mais certains spécimens atteignent 8 cm.

Empuse commune

Empusa pennata

Le corps du mâle mesure environ 4,5 cm. La femelle est un peu plus grande.

Brunâtre ou verte, munie d'un long cou, l'empuse commune présente, comme toutes les autres mantes, des pattes ravisseuses. Elle les utilise pour capturer les petits insectes, principalement des mouches, dont elle se nourrit. Par temps chaud, ce bel insecte vole très bien. Moins vorace que la mante religieuse (voir p. 186), c'est une espèce qui ne dévore jamais le mâle après l'accouplement. Nées au printemps, les larves sont actives l'hiver. Dressées sur leurs pattes, l'abdomen relevé, elles adoptent des postures caractéristiques qui leur ont valu le nom de diablotin.

Couleuvre à échelons

Elaphe scalaris

Cette grande couleuvre méditerranéenne est un habitant typique des maquis du sud de la France. Elle doit son nom au dessin caractéristique en forme d'échelle, constitué de motifs en H serrés, qui orne le dos des jeunes. Les barres transversales s'estompent avec l'âge, et ne subsistent que deux bandes sombres longitudinales chez l'adulte. Cette couleuvre nécessite davantage de chaleur que la couleuvre d'Esculape

Ciste de Montpellier

Cistus monspeliensis

Contenant de la gomme,
c'est une espèce très inflammable.

Arbrisseau à branches dressées et à feuillage persistant, le ciste de Montpellier atteint 1 m de haut. Les fleurs, relativement petites, ne durent en moyenne que huit heures mais, par beau temps, se renouvellent jour après jour. Elles s'épanouissent d'avril à juin. Des pétales semblables à du papier froissé et des étamines poudreuses donnent un cachet particulier aux maquis méditerranéens. Les feuilles sont allongées, enroulées sur les bords et couvertes d'une sécrétion collante. Elles sont vert foncé et brillantes sur le dessus, poilues sur le dessous. Fortement odorant, le ciste de Montpellier forme des peuplements denses en terrain non calcaire et pierreux. Les abeilles en récoltent le pollen.

Romarin

Rosmarinus officinalis

Arbrisseau de 0,30 à 1,50 m, à feuillage persistant, c'est le plus commun et le plus odorant des labiées. Il est remarquable par ses fleurs bleu pâle, que les abeilles butinent du printemps à l'automne et dont elles obtiennent un miel excellent. Originaire du bassin méditerranéen, le romarin doit son nom aux mots latins *ros* et *marinus,* qui signifient rosée marine. Populaire pour ses qualités aromatiques, il est également connu pour ses effets diurétiques et stimulants. Le romarin est commun en région méditerranéenne, il supporte les sols secs et se montre exigeant en chaleur et en lumière.

Les fleurs
ont un calice
court en forme
de cloche.

Les adultes font de 0,75 à 1,50 m de long.

(voir p. 124), sa cousine septentrionale. Elle hiberne d'octobre à avril (parfois en compagnie d'autres espèces de serpents) et s'accouple entre avril et juin. La femelle dépose de cinq à vingt œufs très allongés qui éclosent après deux à trois mois d'incubation. La couleuvre à échelons aime le soleil mais s'active également le soir, voire la nuit. Les petits mammifères, capturés au sol, sont ses proies favorites, mais elle n'hésite pas à grimper dans un buisson pour dénicher un oiseau.

Lavande à toupet

Lavandula stoechas

C'est un arbrisseau de 0,60 à 1 m, à souche ligneuse. Ses fleurs sont disposées en épis surmontés d'une bractée violacée stérile. Ces sommités fleuries permettent de préparer des infusions, des lotions, des gargarismes... Son parfum, puissant et camphré, n'est pas aussi apprécié que celui des autres lavandes. Les espèces les plus utilisées en parfumerie ou mises en sachets sont la lavande vraie *(Lavandula vera)*, qui symbolise à elle seule la Provence, et la lavande spic ou aspic *(Lavandula latifolia)*, toutes deux également très répandues dans les montagnes méditerranéennes. Lavande vient du latin *lavare*, ces plantes ayant toujours été utilisées pour parfumer les bains et les lessives.

Petit diable

Centrotus cornutus

Cet insecte se caractérise par la forme bizarre de son thorax, qui présente un prolongement en épine vers l'avant et deux vers l'arrière. Son corps, brun, lui permet de se camoufler sur les branches des buissons. Les pièces buccales du petit diable comportent quatre stylets s'ajustant pour former une aiguille creuse qu'il enfonce dans les tissus vivants des plantes afin d'en prélever la sève.

Thym commun

Thymus vulgaris

C'est un sous-arbrisseau de 10 à 30 cm, aux tiges tortueuses et ligneuses. Parfois minuscule, il dégage cependant une forte odeur aromatique et est apprécié depuis la plus haute antiquité pour ses vertus culinaires et médicinales. Associé à la cuisine du Midi, dont il est l'un des aromates les plus populaires, le thym facilite la digestion et soulage efficacement les victimes... de la gueule de bois. Déjà, au XVIIe siècle, on pouvait lire dans un manuel de pharmacie : « Une infusion de feuilles de thym fait disparaître la migraine occasionnée par l'ébriété. » Il renferme des substances (thymol, carvacrol) qui ont diverses propriétés (antiseptiques, vermifuges...). Le thym est une plante spontanée et cultivée.

Arbousier

Arbutus unedo

Arbuste à feuillage persistant, mesurant de 5 à 8 m, parfois 10, l'arbousier préfère les stations les plus riches et humides du maquis. C'est un arbuste très décoratif, surtout lorsque fleurs et fruits illuminent son feuillage brillant. Les fruits, comestibles, ressemblent aux fraises mais sont assez fades de goût. Rare sur les roches calcaires, l'arbousier peut abonder en France sur les zones siliceuses de l'Estérel, des Maures et de la Corse.

Les fleurs apparaissent en automne.

Les fruits (arbouses) sont hérissés de petites pointes.

Jason

Charaxes jasius

Le jason, ou nymphale de l'arbousier, est un très beau papillon dont les ailes postérieures présentent deux appendices. Il vole en mai, puis en août-septembre. Les adultes recherchent les fruits très mûrs ou fermentés. Les chenilles, vertes et marquées de bandes jaunes, ont une tête munie de quatre cornes rouges. Elles se développent sur l'arbousier (ci-dessus), où elles se transforment en chrysalide, puis en papillon adulte.

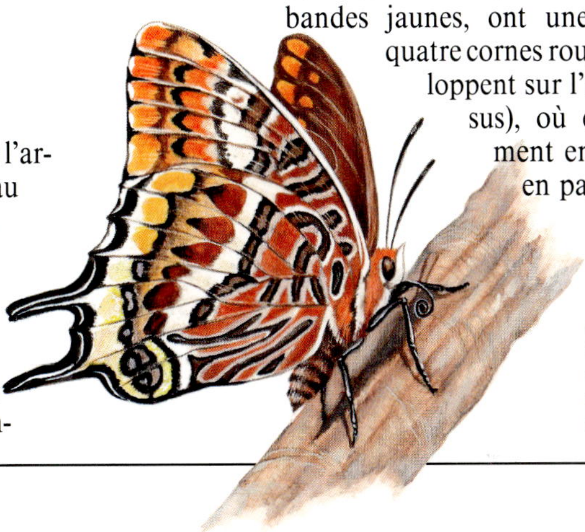

Appelé aussi pacha à deux queues, ce papillon au vol rapide fait 7 cm d'envergure.

Pachyure étrusque

Suncus etruscus

Minuscule insectivore, la pachyure étrusque est le plus petit mammifère d'Europe. À la naissance, les petits ne pèsent que 0,2 g, alors que les adultes atteignent 2 g. Le cœur de cette petite musaraigne bat à mille coups par minute ! Elle mange le double de son poids par jour : tous les invertébrés d'une taille inférieure à une sauterelle sont bons. Elle aime explorer les pierres sèches. La femelle élève les deux à six petits de ses quatre ou cinq portées annuelles.

Le corps (tête incluse) fait de 3,5 à 5,5 cm, pour une queue de 2,5 à 3 cm.

Olivier

Olea europaea

Il mesure de 4 à 6 m, mais peut atteindre de 10 à 12 m.

L'olive, d'abord verte, devient noire à maturité.

L'aire de répartition de l'olivier, arbre méditerranéen par excellence, représente pour les phytogéographes les limites (en termes de climat et de végétation) de la zone méditerranéenne. Originaire de Syrie, il aurait été introduit en France par les Phocéens, qui fondèrent la ville de Marseille au VIIe siècle avant J.-C. L'olivier d'aujourd'hui n'est que l'aboutissement de l'évolution de l'oléastre, arbuste buissonnant *(Olea europea oleaster)* qui fournissait des matières grasses végétales aux peuples cueilleurs de l'époque. La culture de cet arbre millénaire est pratiquée aujourd'hui dans une trentaine de pays répartis sur les cinq continents. On estime le nombre de sujets cultivés à plus de 600 millions. L'olivier est traditionnellement symbole de paix. C'est en tenant un rameau d'olivier dans le bec qu'une colombe, remise en liberté par Noé, annonça la fin du déluge.

Fauvette mélanocépha

Sylvia melanocephala

Cette fauvette est abondante sur le pourtour méditerranéen ; il est rare de l'observer au nord de son aire de répartition, car c'est un oiseau très sédentaire. Furtive, elle préfère la végétation basse, ne laissant souvent voir que sa silhouette gris sombre passant d'un buisson à l'autre. Cependant, sa présence et ses déplacements incessants sont trahis par ses cris en crécelle, *tarra-*

Lézard tyrrhénien

Podarcis tiliguerta

Il est le remplaçant du lézard des murailles (voir p. 367) en Corse. Bon grimpeur, le lézard tyrrhénien préfère le maquis parsemé de rochers sur lesquels il aime prendre le soleil. Il peut se montrer remarquablement grégaire : on a compté par endroits jusqu'à 2 400 individus réunis sur un même hectare. Il est cependant peu à peu chassé de son milieu par le lézard des ruines (voir p. 236), en lente expansion.

Blatte livide

Ectobius pallidus

Longueur : de 0,8 à 1 cm selon le sexe

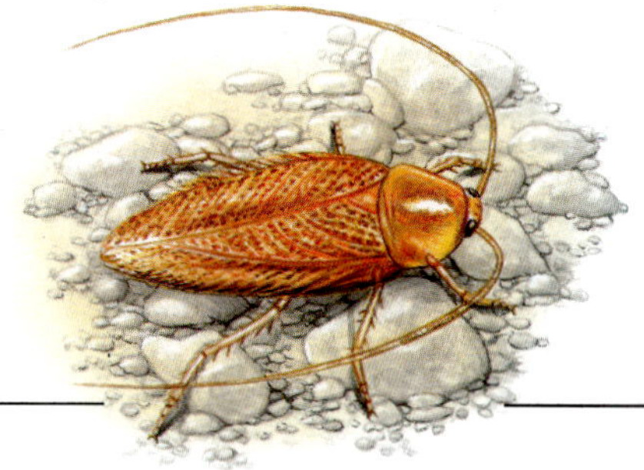

Gloméris à taches fauves

Glomeris guttata

À l'inverse de *Glomeris marginata* (voir p. 158), *Glomeris guttata* possède quatre taches jaune ocre sur chaque anneau. Chez les gloméris, les anneaux, sauf les quatre premiers, portent chacun deux paires de pattes. Quand ils sont menacés, ils s'enroulent sur eux-mêmes et forment une boule. Ils disposent, en outre, de glandes répugnatoires, dont les sécrétions ne sont pas projetées mais apparaissent sur le flanc de l'animal. Ces substances, toxiques, font un excellent moyen de défense. Principalement nocturnes, les adultes se tiennent cachés sous les pierres ou sous les feuilles. Leur alimentation, à base de matières végétales en décomposition et de petits morceaux de plantes, les fait contribuer à la formation de l'humus. Le gloméris à taches fauves colonise les milieux chauds.

tra-tra-tra, qui résonnent sous le couvert. Ce n'est qu'au printemps que le mâle, poussé par l'excitation de la période nuptiale, se décide à quitter sa retraite et vient se poster en évidence pour affirmer les limites de son territoire. Le couple construit le nid en avril, une coupe d'herbes et de tiges reliées par des toiles d'araignée, tapissée de brindilles. Quatre œufs y seront couvés pendant douze à quatorze jours par les deux adultes.

C'est un oiseau de 13 cm.
La femelle est plus brune que le mâle.

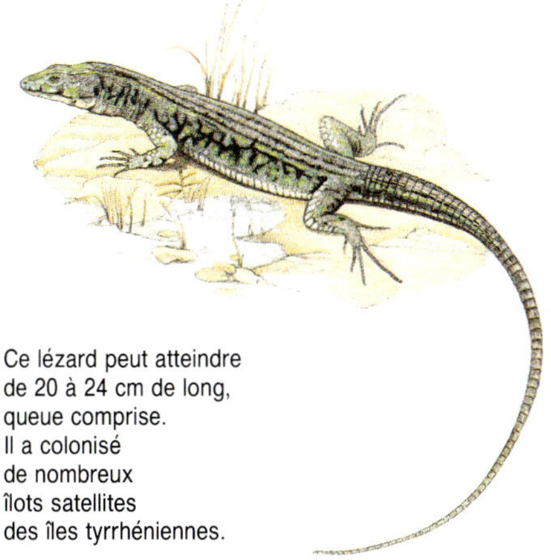
Ce lézard peut atteindre de 20 à 24 cm de long, queue comprise. Il a colonisé de nombreux îlots satellites des îles tyrrhéniennes.

Cette blatte vit dans les maquis et les forêts claires. On la trouve sur le sol, cachée sous les pierres et les feuilles, dans les herbes et sur les buissons. Elle passe l'hiver à l'état larvaire et devient adulte au mois de juin de l'année suivante. Le mâle mesure entre 8 et 10 mm, la femelle a une taille légèrement supérieure. Ses œufs sont regroupés dans une oothèque de couleur roux ferrugineux qui mesure environ 5 mm de long. Les jeunes sont jaune pâle, piquetés de petits points bruns.

La taille de ce gloméris varie de 0,8 à 1,6 cm.

Millepertuis commun

Hypericum perforatum

C'est une plante vivace, à tige dressée, de 30 cm à 1 m. Les feuilles semblent criblées de petits trous qui apparaissent à l'œil nu à la surface. Ces points sont, en réalité, des glandes qui renferment des huiles essentielles. Les fleurs possèdent un nombre important d'étamines jaunes en leur centre. On prête au millepertuis mille vertus. Cette plante était considérée au Moyen Âge comme un remède magique.

Les fleurs sont nombreuses et groupées en panicules étalées.

Grande sauterelle verte

Tettigonia viridissima

Avec un corps de 4,5 cm de long, c'est l'une des plus grosses sauterelles de France. Contrairement aux autres espèces, elle ne saute pas mais court et vole d'un endroit à un autre. Elle détecte ses aliments à l'aide d'organes sensoriels situés sur ses antennes, puis les déchire avec ses pièces buccales. Son appétit vorace et sa tendance à circuler en essaims l'ont rendue impopulaire chez les agriculteurs.

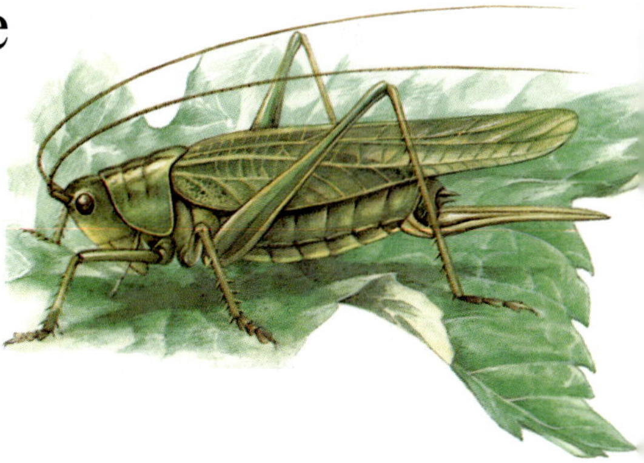

Malgré sa grande taille, elle est difficile à apercevoir car elle se fond souvent dans la végétation.

Éphippigère des vignes

Ephippiger ephippiger

On rencontre cette sauterelle des milieux ouverts dans les vignes, les clairières, les maquis... Les stridulations du mâle, deux notes irrégulièrement répétées et produites par le frottement de ses deux ailes relevées, lui ont valu en Bourgogne le surnom de tizi. La femelle, qui stridule aussi lorsqu'on la saisit, est dite porte-sabre en raison de son oviscapte, long de 2,5 cm, qui ressemble à la lame de cette arme. Cet appendice lui permet de pondre et d'enfouir ses œufs profondément dans la terre. Ils écloront en mai suivant. L'éphippigère des vignes se rencontre de juillet à octobre.

C'est une sauterelle d'environ 3 cm de long.

Pistachier-lentisque

Pistacia lentiscus

Les feuilles sont luisantes et assez épaisses.

Ce pistachier est un arbrisseau de 1 à 3 m, à feuilles persistantes et à nombre pair de folioles, contrairement à son cousin, le pistachier-térébinthe (voir p. 237). L'espèce est dioïque. D'avril à juin apparaissent de petites fleurs jaunes en grappes. Les fruits, rouges puis noirs, étaient cueillis autrefois pour leur huile à brûler. Le lentisque est très commun sur la frange littorale ; c'est l'une des espèces caractéristiques du maquis méditerranéen. Les entailles et blessures sur le tronc laissent couler une résine à très forte odeur, utilisée dans la fabrication d'amalgames dentaires, en parfumerie ou dans la composition de certains vernis. En Méditerranée orientale, elle rentre dans la préparation d'un célèbre alcool, le raki. Le bois du pistachier-lentisque, de jolie teinte ocre ou rosée, est utilisé en ébénisterie.

Bruyère arborescente

Erica arborea

Comptant parmi les plus grandes éricacées françaises, la bruyère arborescente est un arbrisseau de 1 à 4 m, parfois plus. Les feuilles sont étroites avec un sillon en dessous. Les fleurs, blanches, ont une forme de petit grelot et sont disposées en larges panicules, ce qui, en période de floraison, donne au paysage l'apparence de vagues écumeuses.
La plupart des bruyères fuient les terrains calcaires et préfèrent les sols acides, à humus brut, que les horticulteurs nomment terre de bruyère. C'est également l'une des rares familles de plantes à avoir donné son nom à un type de paysage particulier : les bruyères. Les souches de la bruyère arborescente sont particulièrement recherchées pour la fabrication des pipes.

Cette bruyère donne une floraison d'un blanc éclatant dans la végétation sempervirente.

Ségestrie florentine

Segestria florentina

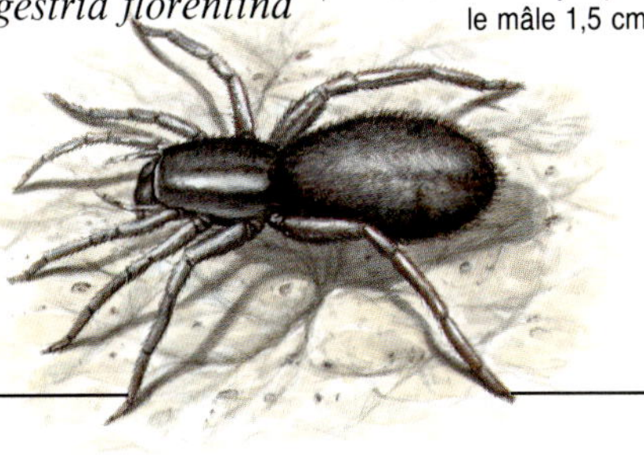

La femelle fait jusqu'à 2,2 cm, le mâle 1,5 cm.

Cachée au fond de son tube de soie, cette araignée attend qu'une proie vienne effleurer l'un des fils avertisseurs qu'elle a tendus autour de l'ouverture de son antre. Son domicile peut aussi bien se trouver dans l'écorce d'un vieil arbre que dans le trou d'un mur. La ségestrie florentine, dite parfois perfide, est la plus grande des ségestries méditerranéennes. Sa morsure est douloureuse, et mieux vaut savoir qu'elle n'hésite pas à se défendre !

Couleuvre verte et jaune

Hierophis viridiflavus

Répandu en France continentale, ce magnifique serpent s'accommode de nombreux habitats, pourvu qu'ils soient plutôt secs et ensoleillés. Il n'a cependant pu coloniser le midi de la France, chassé, semble-t-il, par la couleuvre de Montpellier (voir p. 222). En revanche, il habite le maquis corse, sa rivale étant absente de l'île. Son habitude de fouetter l'herbe avec sa queue effilée a valu à la couleuvre verte et jaune le surnom de serpent fouet. Les accouplements sont précédés de violents combats, aussi bien entre mâles qu'entre mâles et femelles.

Le corps, très élancé, peut dépasser 1,50 m.

Calycotome épineux

Calycotome spinosa

C'est une espèce mellifère.

Cet arbrisseau très épineux de 1 à 2 m forme souvent un buisson dense impénétrable. Les rameaux sont verts, glabres, striés et terminés par une pointe acérée. La feuille est composée de trois petites folioles. Les fleurs donnent naissance à une gousse brune portant deux ailes latérales. D'avril à juin, la floraison illumine la Provence de jaune d'or. Le calycotome est sensible au gel et préfère les sols siliceux.

Grand fourmilion

Palpares libelluloides

Le grand fourmilion est un magnifique insecte de 11 à 20 cm d'envergure qui vole d'un mouvement lent et peu soutenu parmi les herbes. Sa larve, trapue, circule dans l'herbe et sur le sable où, à la différence des larves des autres espèces de fourmilions, elle ne creuse pas d'entonnoir pour piéger ses victimes. La larve du grand fourmilion agit différemment : tapie dans le sable, la tête dépassant du sol, elle attrape les proies qui passent à l'aide de ses énormes mandibules et les dévore instantanément. Les adultes constituent souvent d'importantes colonies, visibles de mai à juin.

On l'appelle également fourmilion fausse-libellule.

Cigale rouge

Tibicina haematodes

Cette cigale fréquente les buissons et les arbustes, dont elle suce la sève. Pour attirer les femelles, les mâles émettent un chant produit par les vibrations de structures spéciales, les cymbales, placées de chaque côté de l'abdomen. Après l'éclosion, les larves se laissent tomber des rameaux où les œufs ont été pondus. Durant plusieurs années, elles se développent dans le sol en dévorant des racines. Après avoir subi plusieurs mues, elles grimpent sur un arbuste pour entreprendre leur métamorphose à l'air libre.

La cigale rouge a une envergure de 2,5 à 4 cm.

La couleur rouge apparaît sur le bord costal des ailes et la moitié basale des nervures.

Mygale maçonne

Nemesia caementaria

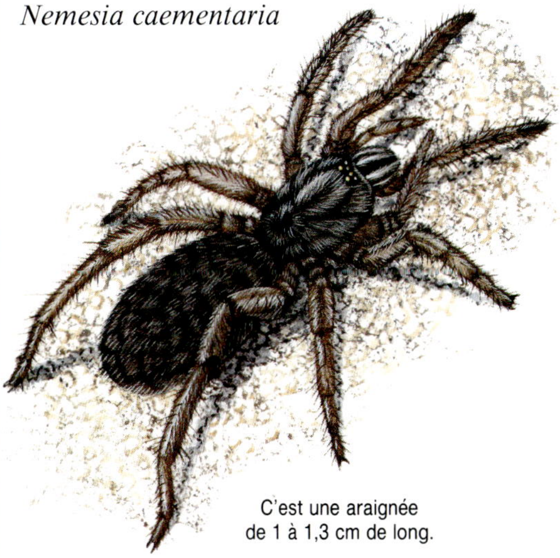

C'est une araignée de 1 à 1,3 cm de long.

La mygale maçonne vit dans des terriers qu'elle creuse à même le sol à l'aide de ses crochets, les chélicères. Pourvus d'épines sur leur face inférieure, les chélicères sont utilisés comme un râteau pour extraire la terre par petites quantités et la décharger à l'extérieur. L'araignée confectionne ensuite une trappe pour fermer le terrier. Celle-ci peut être fine et légère comme une gaufrette, mais se présente le plus souvent sous la forme d'une plaque épaisse, faite de couches de terre et de soie, et parfaitement ajustée à l'entrée du terrier.
La trappe est ensuite équipée d'une véritable charnière de soie, puis recouverte de mousse et de toutes sortes de débris végétaux. Il en résulte une retraite très bien camouflée, à l'abri des prédateurs et idéale pour guetter et intercepter les proies qui se risqueraient à passer trop près.

Anyphaena accentuata

Cette petite araignée de 4 à 7 mm appartient à une famille très répandue en Amérique, mais qui n'est représentée en Europe que par six espèces. Le dessin en forme d'accent qu'elle porte sur l'abdomen, bien que variable, est caractéristique de l'espèce. Il existe aussi une variante mélanique, c'est-à-dire complètement noire, de cette araignée. *Anyphaena accentuata* se rencontre au début de l'été sur les arbres, dans les buissons et sur les herbes. Comme beaucoup d'araignées, elle dépose ses œufs dans un cocon soyeux qu'elle dissimule parfois dans une feuille roulée. Son nom de genre, *Anyphaena,* vient d'un verbe grec signifiant « qui ne tisse pas ».

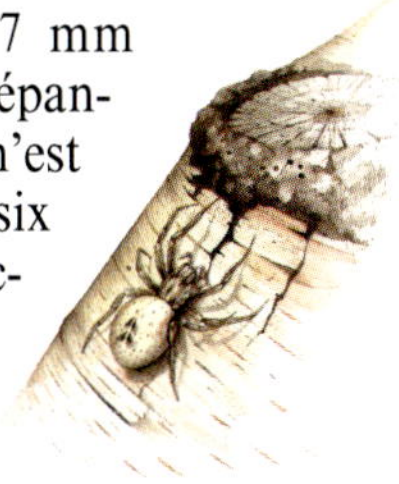

Phasme commun

Clonopsis gallica

Le phasme commun est un insecte long, étroit, aux pattes extrêmement fines, qui peut mesurer jusqu'à 8 cm. De par sa forme et sa couleur, il ressemble à une branche morte. Pour se camoufler, il se cramponne à une brindille, allonge ses pattes le long de sa tête et oscille doucement pour imiter l'effet du vent sur la végétation. Ce mimétisme le rend très difficile à repérer. Le phasme mange le feuillage des arbustes. Il se nourrit habituellement la nuit, lorsque ses prédateurs sont inactifs. Mais, l'obscurité ne garantissant pas toujours sa sécurité, il fouille lentement, évitant les mouvements brusques qui pourraient trahir sa présence. Le phasme commun a une reproduction parthénogénétique, c'est-à-dire sans fécondation. La femelle pond des œufs d'où sortent des juvéniles à son image.

Les œufs de phasme sont ovales et pourvus d'une calotte que les jeunes soulèvent pour sortir.

Anthaxie magyare

Anthaxia hungarica

L'anthaxie magyare est un joli bupreste chez qui l'on observe un dimorphisme sexuel mettant en valeur, chose rare chez les insectes, la femelle. Celle-ci, outre ses élytres de couleur verte, présente sur les bords de son pronotum une coloration rouge cuivré brillante, absente chez le mâle. Les adultes de l'anthaxie volent d'avril à juillet ; ils fréquentent les fleurs des lisières de bois de chênes aux heures les plus chaudes de la journée. La larve vit dans les bois morts.

Cet insecte aux reflets métalliques mesure de 0,8 à 1,5 cm.

Asperge sauvage

Asparagus acutifolius

Les baies, de la taille d'un petit pois, ne sont pas comestibles.

C'est un petit arbrisseau vivace, à aspect très buissonnant-lianescent, pouvant dépasser 1 m de haut. Ses feuilles sont épineuses, raides et piquantes – on parle plutôt de cladodes –, armées chacune d'une pointe. Les fleurs mâles et femelles poussent sur des pieds différents et s'épanouissent de juillet à août. Minuscules, jaune verdâtre et odorantes, elles donnent des baies noires. L'asperge sauvage est connue pour ses vertus médicinales, comme sa cousine l'asperge officinale *(Asparagus officinalis)*. Les très jeunes pousses, de couleur vert tendre, peuvent être consommées malgré leur saveur légèrement amère.
Dans le Midi, les fleuristes agrémentent les bouquets avec des feuilles d'asperge sauvage, très décoratives.

Chêne vert

Querçus ilex

Cet arbre à tronc court et à ramification abondante peut atteindre 15 à 20 m dans les stations protégées. Il est rare cependant d'en trouver des forêts abondantes, tant elles ont été dégradées au cours des siècles. Le chêne vert peut vivre aussi vieux que son compagnon l'olivier (voir p. 242). Son bois dur et compact est employé en menuiserie et en artisanat. Il donne également du bon bois de charbon, quand il est exploité en taillis. Le gland de cet arbre est apprécié par le sanglier et fut longtemps utilisé pour engraisser les porcs.

Sur les sujets jeunes, les feuilles sont dentées et larges.

Les feuilles des sujets âgés sont lisses, étroites et blanches dessous.

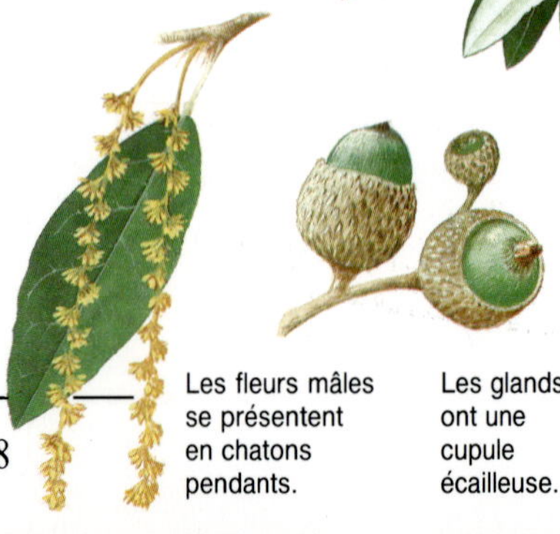

Les fleurs mâles se présentent en chatons pendants.

Les glands ont une cupule écailleuse.

Troglodyte mignon

Troglodytes troglodytes

C'est le plus petit oiseau de France (9 cm) après le roitelet, et c'est aussi l'un des plus abondants. Toutefois, les hivers rudes déciment sa population, qui met ensuite plusieurs années à reconstituer ses effectifs. Quand le gel est intense, les troglodytes se rassemblent en dortoir dans un trou d'arbre et se blottissent les uns contre les autres. On trouve parfois plus de vingt oiseaux ensemble ! Le troglodyte se repère à son cri dur, souvent répété en crécelle, et étonnamment sonore pour un oiseau de cette taille, *tectectectec*... Son signe particulier : une queue courte, toujours dressée. Les oiseaux français sont sédentaires mais sont rejoints en automne par des migrateurs fuyant les rigueurs scandinaves.

Son vol est direct, ses ailes sont très courtes.

Mâle et femelle sont identiques. Ils se nourrissent surtout d'insectes.

Il aime pousser son cri du haut d'un mur.

Bombyx disparate

Lymantria dispar

Ce bombyx a une envergure de 4,5 à 7 cm.

Le bombyx disparate, ou zigzag, présente un réel dimorphisme sexuel. Le mâle a des ailes gris-brun et brun jaunâtre ; la femelle est blanche, avec des lignes foncées. À la belle saison, le mâle vole en zigzag dans les zones boisées. La femelle, malgré ses ailes, ne vole pas. Elle pond ses œufs en une seule fois, de préférence dans des endroits protégés, et les recouvre d'une épaisse couche de poils, qui se détachent de l'extrémité de son abdomen. Les chenilles, reconnaissables aux points rouges et bleus dont elles sont marquées, sont phytophages et leur pullulation engendre d'importants dégâts dans les forêts.

Tortue d'Hermann

Testudo hermanni

Cette tortue n'est pas si lente que le prétend la fable : sans courir aussi vite que le lièvre, elle peut marcher prestement lors de ses déplacements et se montrer étonnamment agile lorsque les mâles se livrent à des combats dignes des joutes chevaleresques du Moyen Âge.

Sa carapace ne dépasse pas 20 cm de long.

Faucheur épineux

Odiellus spinosus

Le faucheur épineux est un très gros opilion (0,7 à 1 cm) aux pattes relativement courtes puisqu'elles ne font que deux fois la longueur du corps, alors qu'elles l'atteignent dix fois chez d'autres espèces d'opilions. L'extrémité de ses pattes, ou tarse, est composée de nombreux petits segments qui lui donnent une grande souplesse. Comme tous les opilions, il porte deux yeux simples sur un tubercule placé à l'avant du corps : l'ocularium. Le faucheur épineux doit son nom à son corps bordé de denticules. Il chasse la nuit de petits arthropodes.

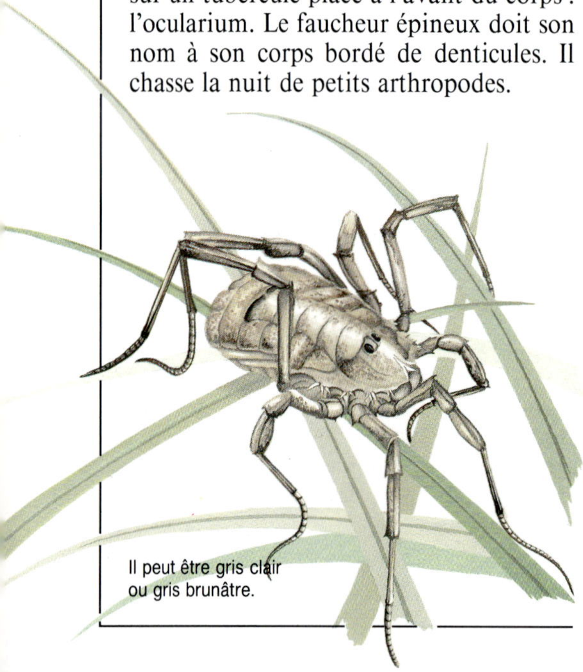

Il peut être gris clair ou gris brunâtre.

Rhinocéros

Oryctes nasicornis

Son corps est luisant.

Le rhinocéros est un superbe coléoptère qui peut atteindre 5 cm de long. Le mâle porte sur la tête une corne foncée, recourbée vers l'arrière, qui lui donne l'allure d'un rhinocéros. La femelle n'en possède pas. Les élytres sont bruns. Ce coléoptère fréquente les forêts de chênes. Les larves vivent dans les souches pourries et s'en nourrissent, sans pour autant y causer de dégâts. Elles fréquentaient autrefois les déchets de tan des tanneries, les tas de fumier ou de sciure. Elles se nymphosent après deux à trois ans et mesurent jusqu'à 12 cm de long. Les adultes volent à partir du mois de mai et s'alimentent en suçant la sève des chênes.

Fauvette orphée

Sylvia hortensis

Cette grande fauvette est très farouche et ne quitte guère le couvert des arbres. Elle n'occupe que le sud de la France, affectionnant en particulier les régions de collines boisées. Le chant du mâle est caractéristique : il évoque un bruit de scie, *rirreu-rireu,* répété deux ou trois fois. Même avec de la patience, l'observateur attiré par ce chant ne peut voir en général qu'une forme sombre sautiller entre les branches. Migratrice, la fauvette orphée est présente sous nos cieux d'avril à septembre. Les jeunes n'ont pas l'œil entouré de blanc, ce qui est typique de l'espèce. Ils n'acquerront ce signe de reconnaissance qu'à l'âge adulte.

Cet oiseau mesure 15 cm. La femelle est plus terne que le mâle (ci-contre).

Alaterne

Rhamnus alaternus

L'alaterne est un arbrisseau de 1 à 5 m qui forme des buissons denses non épineux. C'est une espèce souvent associée au chêne vert (voir p. 248) dans les fourrés du littoral. Il est apprécié comme arbuste ornemental pour ses feuilles persistantes et ses petites baies qui, d'abord rouges, virent au noir. Ses feuilles, utilisées en gargarisme, soulagent le mal de gorge. Son bois, malodorant, est cependant joliment veiné.

Une douce odeur de miel émane de son feuillage.

Les fleurs, sans pétales, s'ouvrent en mars-avril.

Salsepareille d'Europe

Smilax aspera

Petites, les fleurs sont groupées en grappes d'ombelles.

Liane épineuse et vivace, la salsepareille d'Europe a de longues tiges flexueuses, garnies de feuilles persistantes, coriaces et bordées de petites épines. Elle grimpe sur les arbres et les arbustes en s'accrochant par les vrilles situées à la base de ses feuilles et par les épines disséminées sur sa tige et ses feuilles. Elle peut s'élever jusqu'à une hauteur de 8 à 10 m. Les fleurs mâles et femelles sont sur des plants différents. En automne, après la floraison, de jolies baies rouges apparaissent. Connue depuis fort longtemps, la salsepareille d'Europe, ou liseron épineux, est une plante médicinale aux vertus dépuratives et diurétiques. Elle soulage également les asthmatiques, qui en fument les racines séchées et broyées.

Lérot

Eliomys quercinus

Deux gros yeux bordés d'un masque noir, deux grandes oreilles et une longue queue terminée par un pinceau noir et blanc caractérisent cet élégant rongeur. Le lérot fréquente les bois et les forêts aussi bien que les vergers et les vignobles. Toutefois, le contact de l'homme ne l'effraie pas et il joue parfois les Arsène Lupin dans les greniers et les celliers. Très agile, le lérot grimpe souvent à la recherche de fruits, de baies et de graines, mais aussi d'insectes, voire d'oisillons. Il hiberne d'octobre à avril après s'être fabriqué un nid de mousse dans un arbre, un mur ou à même le sol... et parfois même dans une boîte aux lettres ou une armoire !

Le corps du lérot mesure 13 cm, plus 10 à 15 cm pour la queue.

Rougegorge familier

Erithacus rubecula

Le rougegorge est bien aimé du public pour deux raisons principales : son beau plumage, que tout le monde reconnaît, et sa familiarité, qui permet de l'observer de très près et lui a valu d'apparaître dans plusieurs contes enfantins.
Si ses mœurs sont discrètes en période estivale, il devient en revanche un hôte assidu des mangeoires quand vient le froid. Il semble être le plus timide des habitants du jardin : alors que verdiers et mésanges se querellent pour une place sur la mangeoire, le rougegorge n'osera se présenter que lorsqu'elle sera déserte. Il est toutefois d'une agressivité extrême envers les individus de sa propre espèce.

Il mesure 13 cm. Mâle et femelle sont identiques.

Iule

Tachypodoiulus niger

L'iule fait environ 3 cm de long.

Il se roule en spirale lorsqu'il se sent menacé.

L'iule appartient à la faune aussi riche que discrète qui se développe sous les feuilles mortes des forêts. Dit myriapode, car il a de nombreuses pattes, on l'appelle aussi diplopode parce que chaque segment porte deux paires de pattes, contrairement à ses cousins chilopodes, qui n'ont qu'une paire par segment (tel le lithobie, p. 256). Les iules se nourrissent de débris de feuilles et de jeunes plantes. Ils disposent d'un moyen de défense original en sécrétant des substances très amères, parfois même des poisons, qui découragent leurs prédateurs.

Thécla du chêne

Quercusia quercus

Un V pourpre orne les ailes antérieures de la femelle.

Mâle

La thécla du chêne est un petit papillon de 3,5 cm d'envergure qui vit principalement dans les forêts de chênes. D'aspect plutôt sombre, il apparaît vêtu de pourpre lorsqu'il se trouve dans les rayons du soleil. En effet, ses ailes sont couvertes de petites écailles, dont la plupart sont pourtant brunes, mais dont certaines apparaissent finement striées. Les stries, un étalage de prismes microscopiques, dispersent la lumière et la réfléchissent en un pourpre aux reflets irisés. L'intensité de la couleur variant selon l'angle de la lumière, les tons du papillon diffèrent selon le mouvement de ses ailes. Le mâle vole plus haut que la femelle. À hauteur de la cime des arbres, il patrouille sur son territoire et fonce sur les intrus. La femelle descend plus fréquemment vers les clairières mais, moins colorée, elle est plus difficile à localiser parmi la végétation. Les chenilles se nourrissent d'abord de bourgeons puis, plus tard, de feuilles de chêne.

Chêne pubescent

Quercus pubescens

C'est le seul chêne du sud de la France à posséder des feuilles caduques. Il peut atteindre 25 m. On trouve le chêne pubescent, typique de la végétation des causses, partout dans le Midi, mais rarement en Corse. Il est indifférent à la nature du sol, sauf dans des conditions climatiques plus fraîches, où il devient calcicole. Son bois, assez dur, est surtout utilisé comme bois de chauffage ou transformé en charbon de bois.

Feuilles pubescentes dessous

Sauterelle des chênes

Meconema thalassinum

Elle est verte, marquée de jaune et de brun.

La sauterelle des chênes ressemble, en plus petit (elle mesure environ 1,5 cm), à la grande sauterelle verte (voir p. 244). En fin de journée, les mâles montent sur les buissons et les arbres et stridulent pendant des heures. Ils essayent par leur chant d'attirer les femelles, dont les organes auditifs, très performants, peuvent localiser n'importe quel son. L'accouplement dure de quarante à cinquante minutes, pendant lesquelles le sperme du mâle est transféré à la femelle. À l'aide de sa tarière, celle-ci dépose une centaine d'œufs dans le sol, où ils passeront l'hiver. Les jeunes ne sortiront que l'année suivante.

Viorne lantane

Viburnum lantana

C'est un arbrisseau haut de 1 à 2 m, aux rameaux résistants et très flexibles (son nom vient du latin *lantar,* plier), aux feuilles rugueuses sur le dessus et veloutées en dessous. Ces feuilles, associées à des fleurs odorantes en ombelle et à des fruits aux couleurs rouges, font de la viorne lantane un arbuste d'ornement. Elle fleurit de mai à juin et est pollinisée par les insectes, essentiellement les abeilles. Les fruits sont disséminés par les oiseaux.
Les feuilles et les baies, astringentes, étaient utilisées en médecine populaire contre la dysenterie et la diarrhée. Le bois, dense, à grain très fin, est employé en vannerie et parfois dans la fabrication de pipes. Originaire de Chine, la viorne lantane est répartie en Europe méditerranéenne, essentiellement dans les haies et les bois clairs.

Les baies, d'abord rouges, deviennent bleu noirâtre.

Les fleurs sont groupées en un bouquet plat de 6 à 10 cm de diamètre. Elles dégagent une forte odeur.

Bombyx du chêne

Lasiocampa quercus

Ce grand papillon se rencontre de mai à août dans les bois clairs et les landes arborées. Le mâle vole très rapidement le jour à la recherche d'une femelle au repos car, aux heures chaudes, celle-ci se cache sous le couvert végétal. Elle se déplace uniquement la nuit et disperse ses œufs au cours de son vol. Les chenilles, veloutées, se développent sur les chênes, la bruyère et de nombreux autres arbres dont elles dévorent les feuilles.

Brun et marqué de deux taches blanches, il fait de 6 à 9 cm d'envergure.

Alisier torminal

Sorbus torminalis

Les fleurs s'épanouissent en mai-juin.

Cet arbre, qui peut atteindre 20 m de haut, possède des feuilles très caractéristiques : elles ont à leur base deux lobes à bord denté, étroitement triangulaires et très marqués, formant une nette échancrure dans le reste du limbe. La fructification, qui débute en septembre, donne de petits fruits bruns à maturité, et non rouges comme ceux de l'alisier blanc (voir p. 292). L'alisier torminal est une essence de plaine qui se plaît surtout dans les stations fraîches et sur les terrains siliceux. C'est un arbre disséminé dans les chênaies, peu abondant en région méditerranéenne et absent en Corse. Son bois, rouge terne, est utilisé en ébénisterie et particulièrement recherché pour la confection d'instruments de musique. De la floraison à la chute des feuilles, il est en toute saison, surtout en automne, extrêmement décoratif.

Amanite des Césars

Amanita caesarea

Connue également sous le nom d'oronge, cette très belle espèce atteint 15 à 20 cm de haut. Elle arbore un chapeau lisse, jaune orangé soutenu, dont le bord, légèrement plissé, forme un feston fin. Les lamelles, le pied et l'anneau sont d'un jaune vif. À sa base, renflée, une membrane blanche, ou volve, enserre le pied. L'amanite des Césars doit son nom à l'empereur romain Claude, qui mourut empoisonné, en 54 après J.-C., après avoir absorbé un plat de cet excellent champignon auquel sa femme, Agrippine, avait mêlé d'autres amanites très toxiques. L'amanite des Césars affectionne les bois chauds et secs.

Le chapeau atteint 10 à 20 cm de diamètre.

Cynips du chêne

Biorhiza pallida

C'est un minuscule insecte de 4 mm de long. En hiver, les femelles sortent de leur galle souterraine pour pondre sur les branches de chêne. Après éclosion, les tissus végétaux se développent autour des larves, formant une galle renfermant plusieurs larves. Celles-ci s'en nourrissent. Au bout de deux ans – c'est le temps qu'il faut aux larves pour se développer –, des femelles ailées et des mâles ailés ou aptères en sortent. Les mâles meurent après le coït.

Une galle abrite jusqu'à trente larves.

Pomatias élégant

Pomatias elegans

Finement sculptée et munie d'une ouverture circulaire, la coquille du pomatias élégant est facilement identifiable. Mollusque terrestre, il se rapproche cependant des espèces marines. Il dispose d'une trompe et ses yeux sont situés à la base des tentacules. Sa coquille se ferme par un opercule calcaire spiralé. Ce gastéropode vit sur des terrains calcaires, où il aime fouir.

Gesse noire

Lathyrus niger

La gesse noire est une plante vivace qui peut atteindre 90 cm. Les fleurs, de couleur pourpre sombre, noircissent en séchant, d'où le qualificatif de cette gesse. C'est une plante de terrain calcaire, assez rare, qui pousse en plaine, et en montagne jusqu'à une altitude de 1 400 m.

Elle fleurit de mai à juillet.

Noctule commune

Nyctalus noctula

Cette chauve-souris est difficile à observer, car, contrairement à beaucoup d'autres, elle ne fréquente pas les grottes mais affectionne les arbres creux des forêts et des parcs. En hiver, il lui arrive de se réfugier dans les greniers pour hiberner en essaims. Malgré ses ailes étroites et fines, elle peut couvrir jusqu'à 1 500 km. Les femelles se regroupent en colonies pour élever leurs petits. La noctule, protégée comme toutes les chauves-souris, est en régression.

Elle mesure de 7 à 8 cm, sans la queue, avec une envergure de 30 à 45 cm.

Lithobie à pince

Lithobius forficatus

Contrairement au tranquille iule (voir p. 252), le lithobie, myriapode chilopode roux, est un redoutable prédateur. Rapide et armé de puissants crochets venimeux, il quitte sa retraite la nuit pour chasser. Craignant la chaleur et la sécheresse, il passe la journée caché sous les pierres ou sous les feuilles mortes. Le lithobie n'a pas d'yeux. Il localise ses proies par un sens tactile très développé et une grande sensibilité aux vibrations.

Quinze paires de pattes actionnent son corps de 3 cm de long.

Nymphe

Ephesia nymphaea

L'adulte a une envergure de 2 cm environ.

La chenille de la nymphe est jaune, marquée de petites taches brun-rouge. Elle se développe en mai sur différentes espèces de chênes, puis descend pour se transformer en chrysalide dans le sol. Le papillon apparaît en juillet et vole le jour. La nymphe appartient à la famille des noctuelles, qui compte plus de 25 000 espèces. Chez nous, son aire de répartition se limite à la France méridionale, particulièrement la région méditerranéenne.

Coucou-geai

Clamator glandarius

C'est un migrateur peu commun qui fréquente le pourtour méditerranéen de mars à septembre. Comme son cousin le coucou gris, il ne construit pas de nid. En revanche, il ne parasite pas les petits passereaux mais plutôt des individus de la famille des corvidés, en particulier la pie. Il est capable de pondre plusieurs œufs dans le même nid. Ses jeunes seront nourris en même temps que ceux de l'espèce parasitée.

Le mâle et la femelle sont identiques. Ils mesurent 40 cm.

La huppe est caractéristique de l'adulte. (Le jeune a une calotte noire et les ailes rousses.)

Sa queue, terminée de blanc, est très longue par rapport à sa taille.

Érable de Montpellier

Acer monspessulanus

C'est un arbuste de 12 m de haut, remarquable par son feuillage vert clair qui contraste avec celui, beaucoup plus sombre, de la végétation sempervirente méditerranéenne. Ses feuilles ont trois lobes, alors que celles des autres érables en possèdent cinq. Ses fleurs, très mellifères, apparaissent avant les feuilles. Cet érable supporte la sécheresse.

Céphalanthère rose

Cephalanthera rubra

La tige de cette orchidée de 30 cm est un peu poilue vers le haut et porte peu de feuilles. Sa fleur, inodore, d'un joli rose-pourpre, apparaît en juin. La céphalanthère rose pousse dans les bois clairs, les prairies du littoral et en montagne jusqu'à 1 800 m, sur des terrains calcaires. Il existe deux espèces très proches : la céphalanthère blanche *(Cephalanthera damasonium)* et la céphalanthère à feuilles étroites *(Cephalanthera longifolia).*

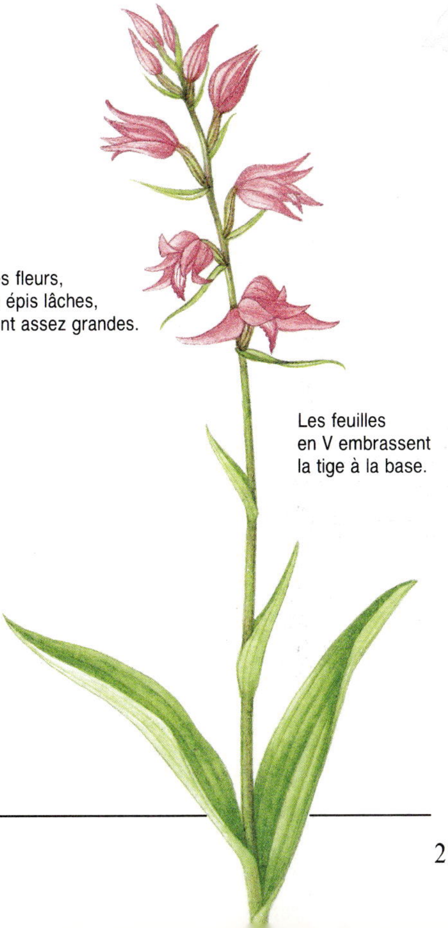

Perce-oreille

Forficula auricularia

Cet insecte tient son nom d'un mythe selon lequel il se glisserait dans l'oreille des humains et leur percerait le tympan, ce qui n'est absolument pas fondé. Le perce-oreille est avant tout un nécrophage qui se nourrit principalement de fruits pourris et de charognes. Mais il lui arrive de capturer d'autres insectes à l'aide de sa puissante paire de pinces placée à l'arrière de son corps. Menacé, il dresse ses pinces et les maintient arquées au-dessus de son dos, tel un scorpion, pour décourager l'adversaire. La femelle pond au printemps, à l'intérieur d'un nid creusé dans le sol.

Pin maritime

Pinus pinaster

Selon une ancienne légende, la nymphe Pitys fut métamorphosée en pin maritime par le dieu Pan ; la résine qui, à l'automne, s'écoule des cônes du pin ne serait que les pleurs de la malheureuse nymphe. Ce grand arbre du littoral atlantique et méditerranéen était cultivé dans le passé pour sa résine. Il est aujourd'hui utilisé surtout pour son bois.

Les aiguilles, groupées par deux, sont persistantes.

Il s'élève à 30 m.

Leuzée conifère

Leuzea conifera

C'est une plante herbacée, vivace, de 10 à 30 cm de haut. La tige et le dessous des feuilles sont recouverts de poils laineux blanchâtres. Le capitule est solitaire et a la forme d'un cône de pin. Il est constitué de bractées écailleuses aux reflets argentés. Les fleurs, purpurines, s'ornent à maturité, entre juin et juillet, d'une touffe cotonneuse formée d'akènes rugueux et surmontés d'aigrettes de poils plumeux. De la famille des composées, cette plante fait partie de la sous-famille des cynarocéphales, c'est-à-dire que toutes ses fleurs sont en tube.

On l'appelle également centaurée conifère.

Écureuil

Sciurus vulgaris

Le plus souvent roux, mais parfois brun ou noir, l'écureuil est, durant le jour, le maître incontesté des frondaisons. Vivant souvent dans les forêts de conifères, il y est facilement repéré grâce aux pommes de pin rongées. Il est également amateur de graines de feuillus, de pousses, d'écorces et de fruits. Il lui arrive de croquer à l'occasion des œufs ou des oisillons ! Économe, il enterre souvent des réserves, car il n'hiberne pas à la mauvaise saison. Son nid est une boule constituée de rameaux, de feuilles et de mousse, coincée à la fourche d'un arbre. C'est dans ce havre confortable, qui peut atteindre 50 cm de diamètre, que deux à cinq jeunes vont naître, aveugles et nus, une ou deux fois par an. Le plus grand ennemi de l'écureuil est la martre, à laquelle il échappe par des acrobaties et des sauts vertigineux dans le vide. Il est aussi sensible à des maladies qui déciment ses populations.

Le corps mesure de 20 à 24 cm.

La queue fait de 17 à 20 cm de long.

Pouillot de Bonelli

Phylloscopus bonelli

Un petit oiseau de 11 cm. Les sexes sont identiques.

Très actif, le pouillot de Bonelli parcourt les feuillages en lançant à tout moment son cri, un *pu-ih* montant et nettement bisyllabique. Le chant du mâle est une sorte de battement sonore, émis parfois en alternance avec le cri. Commun dans les pinèdes et les formations arbustives méditerranéennes, ce petit oiseau aime la lumière et la chaleur. Le nid, construit au sol par la femelle, contient cinq ou six œufs qui éclosent au bout de treize jours. À ce moment, le mâle cesse progressivement de chanter pour participer activement au nourrissage. À onze jours, les jeunes s'égaillent à proximité et, dès le mois d'août, débute la migration africaine.

Bombyx du pin

Dendrolimus pini

Très velu, il peut être brun-rouge ou brun-gris.

Ce petit papillon de 3 cm de long vole de juin à mi-août durant la nuit. Pendant la journée, il reste dissimulé dans la cime des pins. Après sa troisième mue, la chenille descend de l'arbre en se laissant choir au bout d'un fil de soie pour hiverner dans la litière du sol. Dans certaines régions, les chenilles hivernent deux ou trois années de suite. Au printemps, elles remontent dans la cime et peuvent alors causer de gros dégâts en s'attaquant aux jeunes pousses de l'année.

Lotier corniculé

Lotus corniculatus

Le lotier corniculé est une plante vivace généralement couchée, parfois dressée. Il est glabre et mesure 30 cm environ. Sa vigoureuse racine pivotante peut atteindre 1 m de long. Les feuilles sont formées de cinq folioles ; les deux folioles inférieures, sessiles, ressemblent à des stipules. L'ensemble a l'aspect d'un pied de poule, autre nom donné à cette plante. Ses fleurs rappellent, par leur forme et leur organisation, celles du pois. La forme des gousses, terminées par une petite corne, a valu au lotier son qualificatif de corniculé. À maturité, elles éclatent et libèrent leurs graines.
Le nom latin *lotus* désigne plusieurs plantes, notamment le lotus des Lotophages, cité par Homère dans *l'Odyssée.* Le lotier corniculé est un excellent fourrage et une bonne plante mellifère.

Il fleurit de mai à juillet.

Sauge verveine

Salvia verbenaca

La sauge verveine est une plante vivace, commune en plaine et sur les collines dans le Centre, l'Ouest et le Midi ainsi qu'en Corse. Elle apprécie surtout les terrains calcaires et sableux. Ses fleurs sont hermaphrodites et se fécondent parfois elles-mêmes, sans même s'épanouir. Les sauges sont des plantes très parfumées qui ont la particularité de concentrer leurs principes odorants dans leurs grandes feuilles épaisses et gaufrées. Outre leur pouvoir aromatique, certaines possèdent des vertus médicinales, notamment la sauge officinale *(Salvia officinalis)*.

Hauteur : 30-80 cm

Tamier commun

Tamus communis

S'enroulant vers la gauche autour de son support, sans vrilles, cette liane s'élève jusqu'à 4 m, parfois 7 ou 8.

Le tamier commun est une petite liane répandue dans presque toute la France. On le rencontre dans les bois clairs et dans les haies. La tige aérienne, grêle et sinueuse, porte de nombreuses feuilles entières, en forme de cœur et pourvues d'un long pétiole. La tige souterraine – ou rhizome – est un gros tubercule noirâtre et charnu, en forme de navet, utilisé dans le passé pour soigner les contusions. Gorgé de substances de réserve, il permet à la plante de survivre pendant la mauvaise saison.

Psammodrome algire

Psammodromus algirus

C'est un lézard plutôt terrestre. Il chasse essentiellement insectes et araignées sur la litière, avec laquelle il se confond remarquablement. Il affectionne cependant la proximité de broussailles et de buissons, sur lesquels il grimpe pour fuir ou se chauffer. C'est aussi au pied des végétaux qu'il creuse son terrier. La femelle pond entre trois et onze œufs en mai ou en juin.

Le mâle se reconnaît à ses taches latérales bleues et, en période nuptiale, à la teinte orange ou rouge brique que prennent sa gorge et ses joues. Il mesure jusqu'à 24 cm, dont les deux tiers pour la queue.

Sirex géant

Urocerus gigas

Le sirex géant est une sorte de petite guêpe de 3 à 4 cm de long. La femelle possède un ovipositeur avec lequel elle creuse des galeries sous l'écorce des conifères pour y déposer ses œufs. Cet ovipositeur est composé de deux soies rigides à l'extrémité dentelée qui agissent comme une scie. Une femelle peut pondre jusqu'à 1 000 œufs en un été. Les larves creusent dans le bois une galerie de 40 cm de long et se nymphosent dans ce berceau. Le développement dure deux ou trois ans.

Processionnaire du pin

Thaumetopoea pityocampa

Envergure : 3-4 cm

La femelle de ce papillon dépose ses œufs sur les aiguilles de pin. Dès leur éclosion, les chenilles, de mœurs grégaires, construisent une bourse soyeuse à l'abri de laquelle elles passent la journée. Elles n'en sortent que le soir, en procession sur un seul rang, pour aller se nourrir d'aiguilles de pin. Chaque chenille suit aveuglément celle qui la précède, le défilé étant mené par un leader. Plus tard, les chenilles édifient un nid définitif, dans lequel elles passent l'hiver à l'abri des intempéries. Elles reprennent leur développement au printemps et se nymphosent dans le sol au début de l'été. Les chenilles processionnaires du pin sont pourvues de poils urticants provoquant chez l'homme une certaine réaction.

Pin d'Alep

Pinus halepensis

Espèce typiquement méditerranéenne, le pin d'Alep privilégie les sols calcaires des zones les plus chaudes et sèches du littoral. Peu exigeant et résistant, il se contente de terrains rocailleux et arides. On peut parfois l'admirer accroché aux rochers à pic sur la mer. Il prend alors des formes tortueuses. Il se distingue facilement des autres pins par ses jeunes rameaux gris clair, ses aiguilles vert pâle très fines, groupées par deux, et ses cônes roussâtres. L'écorce est lisse et d'un gris argenté lorsque l'arbre est jeune, elle se fissure profondément et devient rouge-brun chez les individus âgés.

Cigale de l'orne

Cicada orni

Elle fait environ 3,5 cm de long.

La cigale de l'orne est un insecte piqueur et suceur qui s'attaque de préférence aux jeunes rameaux pour se nourrir de leur sève. Cette espèce se caractérise par un rostre aussi long que l'abdomen. Au repos, les ailes, membraneuses et transparentes, forment un toit au-dessus du corps. Les cymbales du mâle, situées en avant et de chaque côté de l'abdomen, sont bien visibles. La femelle dépose ses œufs dans de petites branchettes à l'aide de son oviscapte. L'éclosion a lieu en automne. Les larves se développent sous terre durant plusieurs années en s'alimentant de la sève des racines. L'espèce est très difficile à observer mais les stridulations du mâle permettent de la localiser de juin à août.

Centaurée jaune

Blackstonia perfoliata

C'est une plante annuelle et cireuse. Sa couleur glauque lui a valu le surnom de chlorette, issu du grec *klôros,* vert. La tige est dressée, les feuilles larges sont soudées par paires à la base. De belles fleurs jaunes apparaissent entre mai et septembre. Elles s'ouvrent le matin et se referment en début d'après-midi. Cette centaurée est répandue en plaine, jusqu'à 1 300 m, en Europe tempérée et sur le pourtour méditerranéen. Son nom de genre, *Blackstonia,* lui a été donné en hommage au botaniste britannique John Blackstone.

Elle mesure entre 20 et 40 cm de haut.

Sérapias à langue

Serapias lingua

Plante vivace à tubercules, le sérapias à langue mesure entre 15 et 35 cm. La tige, dressée, est grêle, les feuilles sont étroites et lancéolées. Cette très belle orchidée semble être en papier, excepté les labelles, souvent velus, qui ressemblent étrangement à une langue pointue. Son nom dérive de Sérapis, dieu des mythologies grecque et égyptienne. On compte une dizaine d'espèces et beaucoup d'hybrides de sérapias sur le pourtour méditerranéen. C'est une plante ornementale, mais difficile à cultiver dans les jardins car ses chances de reprise sont faibles.

Les fleurs s'épanouissent de mars à mai.

Il aime les sols frais, mais on le trouve aussi dans les rocailles.

Uroctée de Durand

Uroctea durandi

Une araignée de 1 à 1,5 cm de long

C'est une araignée typiquement méditerranéenne, reconnaissable à ses cinq taches jaunes sur l'abdomen. Sa toile est particulièrement remarquable. Composée d'une soie résistante et compacte, elle forme une sorte de tente suspendue, toit en bas, sous de grosses pierres. Fixée sur son pourtour, elle comporte plusieurs entrées régulièrement disposées. Afin de laisser un espace ouvert dans la tente, la toile est lestée de petits graviers.
L'araignée vit entre deux feuillets de sa toile. Elle est informée du passage d'intrus ou de proies éventuels par des fils avertisseurs qui la relient aux issues de son abri. Alertée, elle jaillit immédiatement par l'une des ouvertures.

Sittelle corse

Sitta whiteheadi

Dans les forêts claires de pins laricios de l'île de Beauté (voir p. 322) vit une espèce d'oiseau qui n'existe nulle part ailleurs. C'est la sittelle corse, qui escalade la partie supérieure des troncs avec aisance et se suspend aux branches à la manière des mésanges. Elle est plus apparentée à des espèces de sittelles nord-américaines ou asiatiques qu'à l'espèce européenne, la sittelle torchepot, et offre la particularité de creuser elle-même une cavité dans le bois mort d'un pin, afin d'accueillir la couvée annuelle de cinq ou six œufs.

Le mâle (12 cm) se distingue par une calotte et une raie noire en bandeau sur l'œil.

Cèpe des pins

Boletus pinicola

Ce grand champignon de 25 à 30 cm de haut arbore un chapeau de 18 à 30 cm de diamètre, d'un beau brun-roux à brun grenat. La marge, d'abord bosselée, devient ondulée à maturité. Sur la face inférieure, les tubes, petits et ronds, sont blanc crème mais, avec le temps, virent au jaunâtre, puis au vert olivâtre. Le pied, très charnu, a une forme de poire. D'un blanc ocré, il est parcouru par un réseau de petites veinules en relief, violacées à brunâtres. Encore appelé cèpe acajou, ce champignon est considéré comme un mets raffiné. Il pousse surtout dans les bois de pins bien exposés du Midi et parfois dans le Nord, sur les coteaux exposés au sud.

Il se développe pendant l'été.

Ciste à feuilles de sauge

Cistus salvifolius

Il mesure entre 20 et 80 cm.

Cet arbrisseau à feuillage persistant est un élément typique de la végétation méditerranéenne, mais on le rencontre aussi dans l'Ouest, sur le littoral atlantique, et dans l'Est, jusqu'à Lyon. Il préfère les sols secs et bien ensoleillés. Ses feuilles, ovales, velues et de couleur vert-gris, rappellent celles de la sauge, mais il appartient à une famille très différente, les cistacées. Les fleurs, régulières, blanches à fond jaune, s'épanouissent abondamment de mai à juin. Le fruit est une capsule à cinq angles.

Mélique très petite

Melica minuta

Melica minuta est la plus petite des méliques. C'est une belle graminée vivace, aussi élégante et facilement reconnaissable que ses cousines. Mesurant de 10 à 50 cm, elle possède une souche fibreuse gazonnante. Les tiges en touffes sont minces, lisses et dressées dès la base. Les feuilles sont enroulées, raides, rugueuses sur la face inférieure. L'inflorescence est un panicule lâche, pyramidal, portant des épillets à court pédoncule. Deux fleurs fertiles sont protégées par des glumes couleur ivoire et, sur le même épillet, une fleur stérile se présente en massue à la pointe. Elle fleurit du mois d'avril au mois de juin.

La pollinisation se fait par le vent.

Raphidie maculée

Raphidia maculicollis

La raphidie se distingue des autres insectes par son long cou étiré, évoquant celui d'un chameau ou d'une girafe, au bout duquel s'articule une tête large, allongée et toujours dressée. La femelle présente une longue tarière, ce qui souligne sa ressemblance avec un serpent. *Raphidia* vient d'ailleurs d'ophidien, autre nom attribué à ce reptile. À l'aide de cette tarière, elle enfonce ses œufs dans les fentes ou les fissures du sol. La jeune larve s'y développe et se nourrit d'œufs ou de larves d'autres insectes. Les adultes sont, eux aussi, de grands prédateurs et saisissent leurs proies d'un coup brusque de la tête. La raphidie maculée, discrète et peu connue, passe facilement inaperçue du fait de la brièveté de sa période de vol (uniquement en mai).

La femelle, comme le mâle, a 2,5 cm d'envergure.

Coccinelle ocellée

Anatis ocellata

C'est l'une de nos plus grandes coccinelles puisqu'elle peut atteindre 1cm de long. Elle fréquente exclusivement les forêts de conifères. L'adulte, qui hiverne sous les tapis d'aiguilles, sort relativement tôt dans l'année. Son dos, brun-rouge, est marqué de points noirs cerclés de blanc, d'où le qualificatif d'ocellé. Mais cet aspect peut varier : chez certains individus, le cercle clair n'existe pas. La larve est grise, tachée de noir et de jaune. Comme l'adulte, elle se nourrit de pucerons et de cochenilles. Pendant son développement, une seule larve peut engloutir plus de 3 000 cochenilles, ce qui rend l'espèce très utile aux sylviculteurs. Cette coccinelle est utilisée dans la lutte biologique contre les insectes nuisibles.

Elle trouve ses proies favorites sur les pins.

Ver de terre des forêts

Dendrobaena octaedra

Il se nourrit exclusivement de débris végétaux.

Long de 3 à 6 cm, le ver de terre des forêts vit à la surface, parmi les feuilles mortes qui composent la litière. On dit qu'il est épigé car il ne s'enfonce pas dans le sol. Sa coloration lui permet de se fondre dans son environnement.

Les vers épigés jouent un rôle important dans le recyclage des matières organiques en milieu forestier. Ils contribuent à la dégradation des feuilles mortes et participent ainsi à la fertilisation du sol.

Algyroïde de Fitzinger

Algyroides fitzingeri

Ce petit lézard (il atteint à peine 12 cm, dont 8 cm pour la queue) ne se trouve qu'en Corse et en Sardaigne. Comme le psammodrome algire (voir p. 260), il est couvert d'écailles carénées et rugueuses. En Corse, il occupe des habitats variés mais presque toujours partiellement ombragés. Il fréquente en particulier les sous-bois des pinèdes. Il est vrai que ce lézard n'est pas véritablement adapté au climat méditerranéen puisqu'il craint la sécheresse et les fortes chaleurs. Il passe donc l'essentiel de son temps à l'ombre, ne s'activant qu'en début de matinée et en fin d'après-midi. Jamais abondant, il vit en petits groupes de dix à vingt individus. Sa nourriture se compose essentiellement d'araignées et de coléoptères. En mai-juin, la femelle pond de deux à quatre œufs, qui incubent trois mois. L'algyroïde de Fitzinger est un animal d'une extrême discrétion. Très craintif, il s'expose assez peu au grand jour, et sa couleur brun foncé le rend difficile à observer dans les broussailles. Il grimpe bien et se réfugie volontiers dans la profondeur des taillis ou reste caché derrière une écorce. Pourtant, les habitants de l'île de Beauté le connaissent bien : il est pour eux le « petit compagnon de saint Antoine » (San Antoniellu) et leur porte-bonheur.

On le rencontre seulement en plaine.

Fourmilion longicorne

Distoleon tetragrammicus

À l'état adulte, les fourmilions longicornes évoquent une libellule. Ces insectes volent au crépuscule ou à la nuit tombée. Durant la journée, ils restent cachés dans les végétaux, rendant leur observation très difficile. La larve erre dans le terreau au niveau des racines des arbres ou dans la litière, à la recherche de proies dont elle aspire les chairs. Ses pièces buccales, de type broyeur, sont adaptées à la succion par un allongement du lobe maxillaire et des mandibules, qui forment un canal.

Il a une envergure de 7 à 7,5 cm.

Cette espèce est largement répandue dans le sud de la France, et plus ou moins courante selon les localités.

Ergate forgeron

Ergates faber

Le thorax du mâle présente deux grandes dépressions.

L'ergate forgeron est l'un de nos plus gros longicornes puisqu'il peut atteindre 5,5 cm. Le dimorphisme sexuel de cette espèce est assez prononcé : le mâle a de longues antennes, plus longues que le corps, et un thorax aux contours réguliers ; la femelle possède des antennes courtes et un thorax granuleux. L'ergate forgeron fréquente les grandes pinèdes plantées de vieux pins. Les adultes volent autour des arbres au crépuscule, du mois de juillet à septembre. La femelle dépose entre 200 et 300 œufs sous l'écorce, mais peu d'entre eux arrivent au stade adulte car leur développement dure quatre longues années.

Ronce à feuilles d'orme

Rubus ulmifolius

C'est un arbrisseau à tiges munies de nombreux aiguillons, à feuilles composées et caduques. Il mesure de 1 à 2 m de haut et forme souvent des fourrés impénétrables. La souche ligneuse produisant de longs rejets, appelés turions, cette ronce se marcotte naturellement : la tige se recourbe et touche le sol, elle émet alors des racines d'où partent de nouveaux pieds. Les ronces constituent un genre très complexe, même pour les spécialistes, et les déterminations des espèces sont souvent incertaines. *Rubus ulmifolius* est très commun dans le Midi. Il préfère les stations ensoleillées et chaudes et se développe surtout après les coupes forestières. Ses fleurs, d'un rose vif, donnent un petit fruit noir au goût fade.

La floraison a lieu de juin à août.

Astragale de Montpellier

Astragalus monspessulanus

Ses belles fleurs, pourpres ou violacées, sont réunies en grappes longuement pédonculées et s'épanouissent entre avril et juillet. Les rameaux florifères partent de la base de la plante et sont produits par une courte tige ligneuse. Les feuilles, allongées, sont composées de 31 à 41 petites folioles, ovales et obtuses au sommet. Cette espèce est protégée dans toute la France.

Il mesure de 10 à 25 cm de haut.

Ophrys à grandes fleurs

Ophrys grandiflora

Comme son nom l'indique, cette orchidée possède de grandes fleurs, roses, striées de vert et disposées en une inflorescence souvent dense. Le pétale médian, ou labelle, est de couleur brunâtre, velouté et nettement plus long. Les mâles de certains insectes de l'ordre des hyménoptères, attirés par le parfum des fleurs, confondent le labelle avec une femelle, facilitant ainsi la pollinisation. Cette espèce, de 10 à 25 cm de hauteur, se trouve sur le littoral méditerranéen, où l'on peut admirer ses fleurs entre les mois d'avril et de mai. Très rare, l'ophrys à grandes fleurs est protégé dans toute la France : sa destruction, sa vente et son utilisation sont strictement interdites.

Les feuilles inférieures sont étalées.

Rhysse persuasive

Rhyssa persuasoria

La rhysse persuasive est un des plus grands ichneumons de nos régions, elle mesure entre 1,2 et 2,5 cm. La tarière de la femelle peut atteindre 4 cm. Cette espèce parasite, entre autres, les larves du sirex géant (voir p. 261). La rhysse détecte leur présence dans les cavités profondes des troncs d'arbre, puis enfonce sa tarière dans le bois : la faisant tourner très rapidement en lui appliquant un mouvement circulaire, elle creuse un trou. Elle dépose un œuf à côté de chaque larve de sirex. Dès son éclosion, la larve de la rhysse persuasive se nourrit en restant fixée sur son hôte.

La rhysse persuasive en position caractéristique de ponte

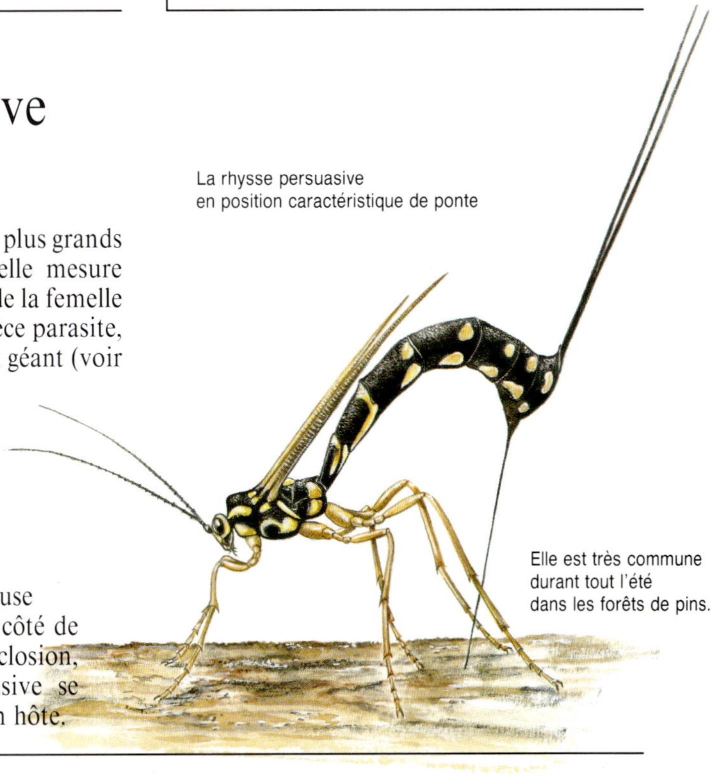

Elle est très commune durant tout l'été dans les forêts de pins.

Fragon petit houx

Ruscus aculeatus

On rencontre fréquemment dans les forêts méditerranéennes ce petit arbrisseau sempervirent, remarquable par ses rameaux aplatis et ovales, les cladodes, simulant des feuilles épineuses. Les fleurs, unisexuées et verdâtres, apparaissent au centre de la face supérieure du cladode. Sur les pieds femelles, elles produisent de jolies baies rouges, d'où le nom de petit houx.

Les fleurs apparaissent, solitaires ou par deux, en mars-avril.

Hauteur : de 30 à 90 cm

Bruyère à balais

Erica scoparia

Le nom de cet arbrisseau, commun dans le midi de la France, dérive du latin *scopae,* balai, et fait référence à son ancienne utilisation. D'aspect ramifié, il possède de longs rameaux dressés, effilés et cassants, comme toutes les bruyères, d'où le terme d'*Erica* donné à ces plantes, du grec *ereikein,* briser. Les fleurs, petites et nombreuses, s'épanouissent de mai à juillet à l'aisselle des feuilles, formant sur chaque rameau une longue inflorescence terminale étroite. En forme de grelot, elles sont jaune verdâtre, parfois teintées de rouge. Les feuilles, persistantes, ressemblent à des aiguilles. C'est une plante mellifère, les abeilles y récoltant un nectar abondant.

Hauteur : de 1 à 2,50 m

Cigale commune

Lyristes plebejus

Lorsqu'ils sont prêts à se reproduire, les mâles de la cigale commune se mettent à chanter, pour à la fois délimiter leur territoire et attirer des femelles. Après l'accouplement, celles-ci déposent leurs œufs dans les plantes. Les larves s'enfoncent ensuite dans le sol, où elles creusent des galeries à l'aide de leurs pattes fouisseuses, et sucent les racines. Après plusieurs années, elles remontent en surface et muent une dernière fois. Les adultes, qui meurent généralement à la fin de l'été, sucent la sève des jeunes rameaux.

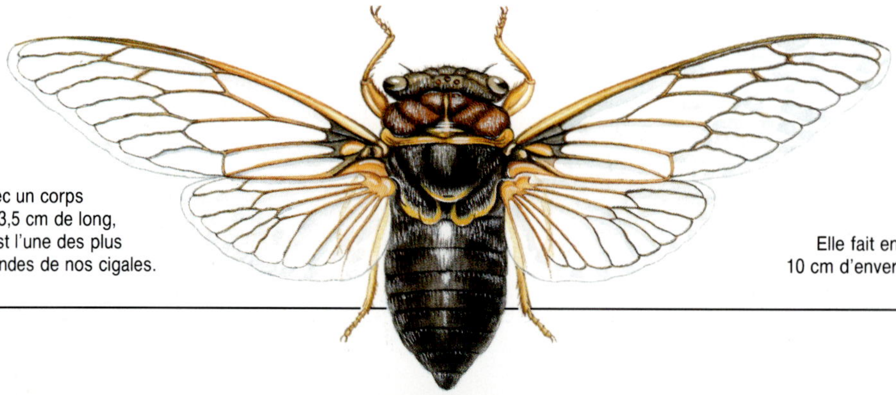

Avec un corps de 3,5 cm de long, c'est l'une des plus grandes de nos cigales.

Elle fait environ 10 cm d'envergure.

Lézard vert

Lacerta viridis

Le lézard vert (qui atteint 40 cm) vit volontiers en forêt, pourvu que le sol soit couvert d'herbes, car sa couleur le rend presque invisible dans cette végétation. Si, d'aventure, on l'approche de trop près, il s'enfuit prestement et bruyamment, grimpant à un arbre ou se réfugiant dans un terrier creusé par lui ou par un rongeur. Tout juste aura-t-on le temps de l'apercevoir. Les mâles sont très agressifs à la saison des amours : non seulement ils se livrent entre eux à des combats parfois mortels, mais ils se montrent brutaux lors des accouplements.

Fourmi rousse

Formica rufa

La fourmi rousse vit en société. La fourmilière peut comprendre jusqu'à un million d'ouvrières, mais il n'y a qu'une reine par fourmilière, et elle ne tolère aucune autre femelle à proximité. Après la fécondation, la reine va pondre dans une fourmilière abritant des fourmis esclaves *Serviformica fusca.* Elle tue et dévore les femelles vivant dans cette fourmilière et devient la nouvelle reine des ouvrières. Sa progéniture est élevée par les fourmis esclaves. Au fur et à mesure, le nombre des fourmis rousses augmente et celui des esclaves diminue. La reine étant unique et les autres femelles ayant été éliminées, la mort de la reine entraîne peu à peu celle de toutes les ouvrières, puis de la colonie.

Châtaignier

Castanea sativa

En région méditerranéenne, le châtaignier se rencontre en moyenne altitude jusqu'à 1 000 m, de préférence sur les sols siliceux. Introduit probablement par les Romains, il a été largement cultivé pour ses fruits très nutritifs. Les châtaignes, déjà connues dans l'Antiquité sous le nom de glands de Zeus, ont constitué dans certaines régions du Midi l'aliment de base des populations rurales pendant plusieurs siècles. Une à trois châtaignes sont enfermées dans une bogue s'ouvrant à maturité en quatre valves.

Arisarum

Arisarum vulgare

C'est une plante herbacée, vivace par sa tige souterraine renflée en tubercule. Elle est facilement reconnaissable à ses feuilles en forme de fer de flèche et à son inflorescence caractéristique. Celle-ci est constituée de fleurs mâles et de fleurs femelles, sans calice ni corolle, réunies autour d'un axe charnu, ou spadice. Une bractée verdâtre rayée de pourpre, soudée en tube à la base, ouverte et courbée en capuchon dans la partie supérieure, entoure ce spadice. Les fruits sont verts et charnus.

Hauteur : de 15 à 30 cm

Coronille arbrisseau

Coronilla emerus

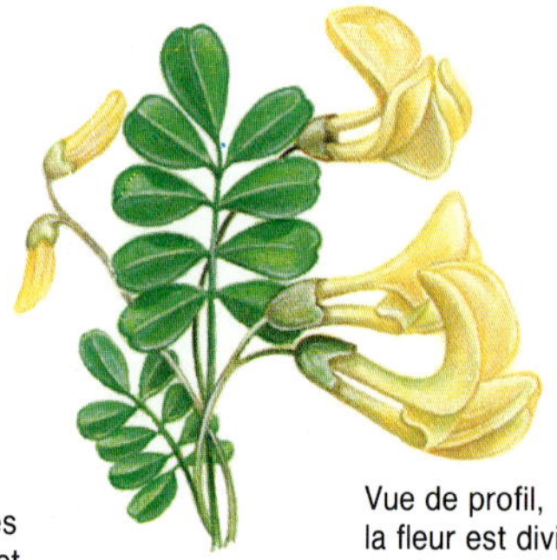

Les feuilles ont un effet purgatif.

Vue de profil, la fleur est divisée en deux parties.

C'est un arbrisseau caducifolié, haut de 1 à 2 m. La tige est dressée, grêle et flexueuse. Les feuilles sont alternes et composées de cinq à neuf folioles. L'inflorescence est composée de deux à quatre fleurs portées par une ramification latérale. Ce bel arbrisseau fleurit d'avril à juin, se couvrant de fleurs jaune d'or en petits bouquets lâches. Le nom de l'espèce est tiré du latin *corona,* couronne, et du grec *hêmeros,* agréable, faisant ainsi allusion à sa beauté. Elle colonise les sols secs et calcaires des coteaux ensoleillés, chênaies et rocailles en région méditerranéenne.

Noctule de Leisler

Nyctalus leisleri

Elle mesure environ 6 cm, avec une envergure de 30 cm.

Avec ses 15 à 20 g, la noctule de Leisler est la plus petite des trois noctules françaises. Présente depuis le littoral jusqu'en altitude, elle reste rare et mal connue. Difficile à étudier car essentiellement forestière, cette chauve-souris cherche abri dans les arbres creux, même si elle fréquente également les fissures des bâtiments. L'accouplement a lieu à la fin de l'été, le mâle ayant souvent un harem pouvant comporter jusqu'à neuf femelles ! L'espèce hiberne dès la fin septembre, en groupes semble-t-il. À la belle saison, les femelles se rassemblent parfois en colonies de reproduction de plusieurs dizaines d'individus, pour donner naissance à un ou deux petits. Cette noctule vole assez haut. Ses ailes longues et étroites lui donnent un vol rapide, agrémenté d'acrobaties pour capturer des insectes qu'elle repère par écholocation, à partir d'ultrasons émis par sa bouche. Grande voyageuse, elle peut réaliser des déplacements de plusieurs centaines de kilomètres. Comme toutes les chauves-souris françaises, la noctule de Leisler est protégée.

Argiope lobée

Argiope lobata

Les argiopes sont de grandes araignées tisseuses. La femelle mesure 1,5 cm de long. La lobée doit son nom à la forme caractéristique de son abdomen. Elle tisse une toile régulière, verticale, entre des buissons ou des arbustes. La partie centrale de la toile est renforcée par une sorte de tissage en zigzag : le stabilimentum. L'araignée, cachée à proximité de sa toile, est renseignée sur les vibrations de celle-ci par un fil qui relie une de ses pattes au centre du piège.

Le mâle est trois fois plus petit que la femelle.

Punaise verte à front jaune

Nezara viridula

Tout comme les autres punaises, celle-ci possède un rostre lui servant à aspirer les sucs. Elle est par ailleurs reconnaissable à son écusson triangulaire, portant à la base trois à cinq petits points calleux blancs, et à sa tête marquée de rayures jaunâtres, d'où son nom. Sa couleur varie : brune en hiver, verte au printemps. Polyphage, elle cause d'importants dégâts sur ses plantes nourricières, principalement les châtaigniers (voir p. 269) et les pois. Malgré ce régime à base de végétaux, cette espèce se montre parfois carnivore.

De forme trapue, elle mesure de 1,2 à 1,6 cm.

Hibou grand duc

Bubo bubo

Habitant à l'origine toutes sortes de formations boisées, le hibou grand duc ne subsiste en général que dans des lieux sauvages en raison des persécutions dont il a fait l'objet. Mesurant près de 70 cm, c'est le plus grand nocturne d'Europe. La voix grave et inquiétante du mâle porte à plus de 1 km. Quant à la femelle, elle émet parfois un cri étrange, évoquant un morceau de tissu que l'on déchire.
Le grand duc apparaît réellement impressionnant lorsqu'il gonfle son plumage tout en faisant la roue avec ses ailes. Sédentaire, il se reproduit dès la fin de l'hiver. Les deux ou trois œufs, pondus en général dans les rochers, sont couvés par la femelle pendant près de cinq semaines. Les jeunes, nourris avec des proies dont la taille peut atteindre celle du lièvre, prennent leur envol au bout de soixante-dix jours.

Comme tous les rapaces nocturnes, le grand duc est une espèce protégée.

Baguenaudier

Colutea arborescens

C'est un petit arbuste de 2 à 4 m, à feuilles caduques. Le nom du baguenaudier a inspiré le verbe baguenauder, « s'amuser à des choses vaines et frivoles », à l'instar des enfants qui font éclater les baguenaudes, fruits boursouflés de la plante (du latin *baca,* baie, fruit). Le baguenaudier fleurit de mai à juillet et les fruits durent de juillet à septembre. À l'état végétatif, il ressemble beaucoup au coronille (voir p. 270).

Gousses de 4-5 cm de long

Blatte marginée

Phyllodromica marginata

Son corps ovale et plat lui permet de se dissimuler dans les moindres fentes.

Les blattes existent depuis au moins l'époque carbonifère. Leur morphologie a peu varié depuis lors. La blatte marginée, qui habite toute l'Europe orientale, ne se rencontre chez nous qu'en région méditerranéenne. La longueur de son corps ne dépasse pas 9 mm. Elle est reconnaissable à sa couleur d'un noir brillant, borduré de blanc sur le bord externe des élytres. Sa tête, relativement mobile, porte des pièces buccales de type broyeur. Son corps est plat et lisse, ses pattes sont épineuses. Omnivore, elle est active surtout la nuit. Elle vit sous les pierres, au pied des arbres ou dans les fentes étroites des écorces. La femelle pond ses œufs dans une oothèque, qui reste engagée pendant plusieurs jours dans l'extrémité de son abdomen.

Circaète Jean-le-Blanc

Circaetus gallicus

Recherchant les landes boisées et les forêts claires riches en reptiles, le circaète Jean-le-Blanc est un oiseau surtout méridional. Afin de repérer les serpents dont il se nourrit, il s'élève dans les airs, puis s'immobilise face au vent à une hauteur de 30 à 40 m. C'est un rapace migrateur – l'un des premiers à avoir été protégés – qui passe l'hiver en Afrique et n'arrive chez nous qu'à la fin mars. Son cri, *huu-ok,* est assez mélodieux et flûté. Il construit son nid en haut d'un arbre.

Ce rapace de 65 cm avale les serpents tête la première.

Chêne-liège

Quercus suber

Il doit son nom à l'épaisse écorce liégeuse qui entoure son tronc flexueux et qui est utilisée pour la production du liège. C'est un petit arbre au houppier peu dense et au feuillage persistant, assez commun en région méditerranéenne. On le rencontre jusqu'à 800 m dans les bois clairs, en compagnie d'autres chênes et du pin maritime (voir p. 258). Il possède des fleurs unisexuées. Les fleurs mâles, réunies en chatons pendants et jaunâtres, sont facilement observables entre avril et mai.

Il peut faire 15 m de haut.

Termite à pattes jaunes

Reticulitermes flavipes

Dans le système social des termites, les individus des deux sexes de chaque caste ont la même importance. À la tête de la colonie se trouvent un roi et une reine ailés, qui perdent leurs ailes après le vol nuptial. Ils fondent alors une colonie dans le sol. Celle-ci se compose de trois castes : les reproducteurs, les soldats et les ouvriers, les plus nombreux, qui sont chargés de nourrir les autres. Les soldats défendent l'ensemble de la colonie.

Un termite de 1 cm de long

Barbot

Osmoderma eremita

Cette cétoine, relativement rare, fréquente les lisières des forêts et des parcs boisés. L'adulte vole de mai à septembre pendant les périodes chaudes de la journée, et parfois dans la soirée. Le barbot, ou pique-brune, exhale l'odeur intense du cuir de Russie. La larve vit dans le terreau des arbres cariés, de préférence des saules, mais aussi des chênes, des châtaigniers, des hêtres, voire des tilleuls et des frênes. Elle recherche surtout le bois dont la cellulose n'est pas encore attaquée par les bactéries et les champignons. La durée du développement larvaire oscille entre deux et trois ans, alors que les adultes ne vivent que quelques semaines. Les populations de cette cétoine déclinant dans presque toute son aire de répartition en raison de la destruction des vieux arbres, elle est protégée en France et dans la plupart des pays d'Europe.

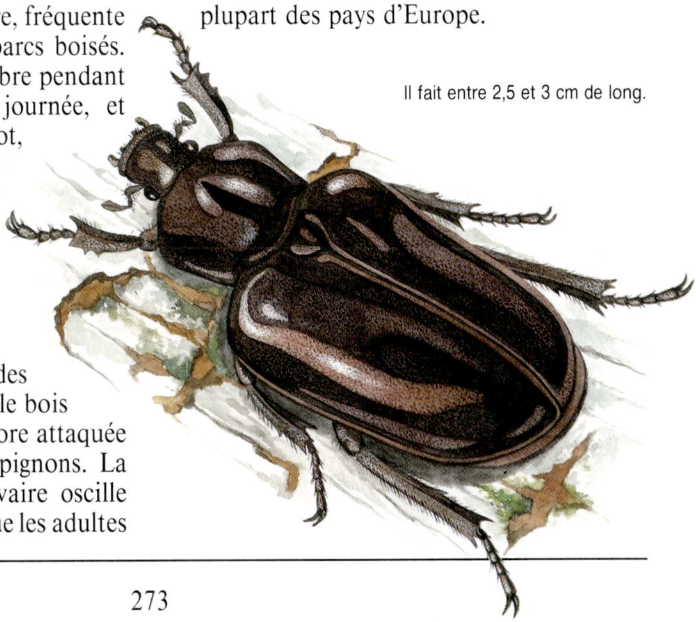

Il fait entre 2,5 et 3 cm de long.

Rosier toujours vert

Rosa sempervirens

Cet arbrisseau sarmenteux s'élève jusqu'à 7 m. Les feuilles sont persistantes, coriaces et d'un vert foncé brillant. La plante porte des aiguillons épars et crochus. À la floraison (juin-juillet), elle offre le beau spectacle de ses fleurs blanches et de ses rameaux retombants ; l'arbre semble alors paré de guirlandes. Les fruits, rouge orangé (cynorhodons), sont remplis de poils qui, frottés sur la peau, font office de véritable poil à gratter... L'ingestion de ce fruit entier serait un remède populaire contre le ténia. On trouve ce rosier en stations sèches dans le Midi et le Sud-Ouest.

Fruits remplis d'akènes.

Sylvain azuré

Azuritis reducta

Il fait de 4,5 à 5 cm d'envergure.

Le sylvain azuré est un papillon qui fréquente les chemins ensoleillés et les lisières fleuries où pousse sa plante nourricière : le chèvrefeuille. La femelle pond en juillet sur une feuille de chèvrefeuille choisie en fonction de son orientation au soleil. Après l'éclosion, la chenille dévore la feuille, sauf la nervure centrale. Au fur et à mesure qu'elle grandit, elle passe du brun au vert. Après la troisième mue, certaines chenilles continuent leur croissance et donneront une deuxième génération, tandis que d'autres s'apprêtent à hiberner en élaborant une gaine de protection à la base de la feuille nourricière. La chrysalide, bossue, est suspendue à une tige de la plante hôte.

Sanglier

Sus scrofa

Ancêtre du porc domestique, le sanglier est le seul suidé sauvage de France. Son régime alimentaire très varié l'entraîne non seulement à fouiller le sol à la recherche de nourritures végétales ou animales, mais aussi à s'attaquer aux cultures. La laie met au monde jusqu'à une dizaine de jolis marcassins rayés, qui peuvent atteindre 100 kg en quelques années, poids moyen d'un mâle en France.

Il mesure de 1,10 à 1,80 m de la tête à la queue.

Cyclamen à feuilles de lierre

Cyclamen hederifolium

Cette jolie plante à floraison automnale se rencontre de temps en temps dans les bois. Les fleurs odorantes apparaissent avant les feuilles, portées chacune sur un long pétiole, qui s'enroule en spirale avant et après la floraison. La corolle est remarquable par ses pétales rose pâle retournés autour d'une « bouche » pentagonale. Les feuilles, placées à la base de la plante sur de longs pédoncules, rappellent les feuilles du lierre avec leur limbe en forme de cœur renversé.

Elle fait entre 10 et 25 cm de haut.

Clausilie à deux dents

Clausilia bidentata

Les clausilies sont de petits gastéropodes généralement forestiers. Elles ont en commun la particularité d'être senestres, c'est-à-dire que si l'on place la coquille verticalement, pointe en haut, l'ouverture se trouve à gauche. La plupart des gastéropodes ont une coquille dextre, qui s'ouvre à droite.

La clausilie à deux dents apprécie les endroits modérément humides. On ne la trouve guère au-delà de 1 000 m, alors que d'autres espèces, plus montagnardes, atteignent une altitude de 2 400 m.

La coquille fait une longueur de 0,9 à 1,2 cm.

Daphné lauréole

Daphne laureola

C'est une nymphe aimée d'Apollon et changée en laurier qui a donné son nom à cet arbrisseau à feuillage persistant, connu aussi comme laurier des bois. Espèce forestière de demi-ombre ou d'ombre, elle est assez commune dans les basses montagnes méditerranéennes, de préférence sur les sols calcaires. Ses rameaux, très souples, portent à leur sommet une rosette de feuilles allongées, coriaces et pourvues d'un court pétiole. À l'aisselle des feuilles apparaissent, entre février et mars, de petites grappes de fleurs penchées, d'un vert jaunâtre et peu odorantes. Elles donnent des baies ovoïdes, noires à maturité.

Les baies sont toxiques.

Fleur en forme d'entonnoir, à quatre lobes

Il mesure 1 m de haut.

Lonicera de Toscane

Lonicera etrusca

Cette liane ligneuse à feuilles caduques se rencontre dans les bois thermophiles du sud de la France. Ses tiges, enroulées autour d'autres arbrisseaux ou de jeunes arbres, peuvent atteindre 3 m de long. Les fleurs possèdent une corolle irrégulière caractéristique, d'une couleur jaunâtre veinée de pourpre ; les pétales sont soudés dans leur partie inférieure en un tube étroit et allongé, tandis que la partie supérieure forme deux lèvres : la supérieure a quatre lobes, l'inférieure un seul lobe pendant. Groupées en inflorescences serrées et longuement pédonculées, elles s'épanouissent de mai à juin. Les feuilles inférieures sont non soudées et portées par un court pétiole.

Feuilles supérieures sans pétiole et soudées entre elles

Muscari à toupet

Muscari comosum

Le muscari à toupet est une plante vivace de 20 à 40 cm. Son bulbe, qui s'enfonce profondément dans le sol, émet une tige florifère et trois ou quatre tiges en forme de feuilles en gouttière, larges et charnues, s'enroulant sur elles-mêmes. L'inflorescence est composée de grappes florales de deux types : les unes, sommitales, portent des fleurs stériles bleu violacé en forme de cloche ; les autres, sur la partie inférieure, donnent des fleurs fertiles de couleur marron vert, moins spectaculaires. Fréquente en région méditerranéenne, elle préfère les endroits chauds. On la retrouve également dans les jardins en tant que plante ornementale.

Il fleurit d'avril à mai.

Eupotosia affinis

L'adulte, que l'on peut observer de mai à juillet, mesure entre 1,7 et 2 cm de long.

Pour voler, cet insecte soulève légèrement ses élytres, qui restent accolés, et déploie ses ailes membraneuses sur les côtés. Cette belle cétoine vole lourdement, mais très bien, et parfois de longs moments lorsqu'elle se déplace de fleur en fleur à la recherche du pollen dont elle se nourrit. Elle ne dédaigne pas non plus les parties tendres des fleurs (pétales, pistil), ni les fruits mûrs, ni encore la sève qui s'épanche des blessures des arbres. La femelle recherche les poches de terreau des arbres sur pied ou des arbres morts pour déposer ses œufs dans de petites loges qu'elle confectionne avec son extrémité abdominale. Les larves ressemblent à de gros vers blancs dont la particularité est de se déplacer... sur le dos ! Avant de se transformer en nymphes, elles confectionnent, avec les éléments du milieu qui les entoure, une coque de forme ovale, extrêmement résistante, qu'elles maçonnent avec leur propre sécrétion.

Torcol fourmilier

Jynx torquilla

Le nom de cet oiseau fait référence à sa curieuse habitude d'allonger le cou et de le tordre quand il se sent en danger. Ce mouvement est accompagné d'un hérissement des plumes de la tête. D'autre part, il se nourrit de fourmis, qu'il attrape avec sa langue mobile. Apparenté aux pics, il en diffère cependant par son plumage camouflé et ses piètres facultés de grimpeur. Il travaille peu le bois, mais se fait remarquer au printemps par de longues séries monotones : *quin-quin-quin-quin...*

Cet oiseau de 16 cm migre à la fin de l'été, de nuit, vers les tropiques.

Tabac d'Espagne

Argynnis paphia

Cet hôte fidèle de nos forêts gagne la cime des grands arbres pour passer la nuit. Lors des chaudes journées d'été, le mâle part en quête d'une compagne de son vol typique en zigzag. Dès qu'il l'a trouvée, une spectaculaire parade nuptiale commence, faite de poursuites et d'un gracieux ballet aérien du mâle. Il émet ensuite une substance aphrodisiaque spécifique, puis s'approche de la femelle en la frôlant de ses ailes et de ses antennes. C'est alors qu'a lieu la rencontre des sexes proprement dite. Fertilisée, la femelle recherche les violettes dont se nourriront ses chenilles, puis dépose ses œufs sur le grand arbre le plus proche. Adulte, ce papillon fait de 6,5 à 8 cm d'envergure.

Cytise à feuilles sessiles

Cytisus sessilifolius

Le cytise à feuilles sessiles est un arbrisseau très rameux de 1 à 2 m. Les feuilles, composées de trois folioles, sont caduques ; celles des rameaux florifères sont dépourvues de pétiole. Les inflorescences apparaissent en grappes terminales pourvues de quatre à six fleurs jaunes. En période de floraison, entre mai et juin, ce cytise est pollinisé par les insectes. Comme beaucoup de légumineuses, c'est une bonne plante fourragère, mais il est également cultivé pour l'ornementation. Très commune en région méditerranéenne, la plante préfère les sols peu profonds et croît dans les bois secs et sur les coteaux calcaires, jusqu'à 1 200 m. C'est une espèce protégée en Champagne, où elle est très rare.

Les feuilles du bas sont pétiolées.

Les montagnes

L'aigle royal est le seigneur incontesté de la montagne. La France en abrite près de trois cents couples.

Le chamois, l'un des acrobates de nos sommets, fuit la neige en hiver et descend se nourrir dans la forêt. C'est un animal solitaire.

Le rhododendron ferrugineux, surnommé rose des Alpes, produit de superbes floraisons.

L'apollon ne vole qu'en plein soleil. Ce papillon est protégé en France.

La grenouille rousse, qui ne craint pas le froid, vit jusqu'à 3 000 mètres d'altitude.

La marmotte vit en colonies et siffle pour alerter ses congénères d'un danger.

Les montagnes constituent l'un des types d'espaces naturels les plus diversifiés. Au-delà de la notion d'altitude, d'autres facteurs sont à considérer : la pente, l'exposition, la géologie et les climats locaux.

Les effets du climat

Entre les croupes granitiques des Vosges et les altières aiguilles des Alpes cristallines, en passant par les volcans du Massif central et les plissements du Jura, les reliefs attestent l'étonnante palette de paysages et de biotopes qu'ils accueillent. Mais, aussi riches et diversifiées qu'elles soient, les montagnes sont l'image même des contraintes imposées à la vie. Ainsi, le froid s'accroît de 1 °C pour 100 m d'élévation. Dans les Alpes, à près de 3 000 m, il gèle plus de trois cents jours par an. Avec de telles conditions associées à la sécheresse, les plantes adoptent des formes voisines des régions arides, se traduisant par un aspect en coussinet. Pour la faune, l'hibernation est souvent le moyen astucieux de supporter la mauvaise saison. Le relief très accidenté entraîne le déplacement rapide des masses d'air, accentué par l'étroitesse des vallées. Le vent, très soutenu en altitude, déforme les végétaux, comme l'arole, qui tentent de le braver. Les précipitations, fréquentes, présentent diverses formes suivant l'altitude et la saison : neige abondante en hiver entre 1 000 et 3 000 m, couche nuageuse dense dans les étages forestiers au cours de l'été et grêle aux étages alpin et nival. Si la neige permet une protection des végétaux lors des grands froids, elle dissimule la nourriture aux animaux qui n'ont pas la chance d'hiberner. Aux périodes pluvieuses succèdent des temps très secs, surtout au-dessus de 2 000 m.
Les dénivellations importantes et les expositions contrastées déterminent un gradient très marqué de la couverture végétale, allant de l'étage collinéen à l'étage nival, mais diversement représenté selon les massifs montagneux.

Les étages inférieurs

Du fait de leur modeste altitude, les Vosges sont couvertes de forêts. Seuls les sommets les plus élevés portent des landes et des pelouses. L'arc jurassien, guère plus haut, abrite les plus belles tourbières de France. Le vieux Massif central, au socle granitique hercynien, est recouvert de volcans démantelés qui offrent sur leurs pentes une vaste gamme de forêts. Sur les anciennes coulées de lave horizontale, aujourd'hui surélevées, se mêlent landes et tourbières.

Les hauts sommets

Avec les Alpes et les Pyrénées, toute la gamme des milieux est représentée. Elles seules disposent d'étages nivaux et de glaciers permanents. Néanmoins, leur posi-

Dans les Pyrénées-Atlantiques, le pic du Midi d'Ossau (2 885 m), versant adret.

Double page précédente : le col des Montets (massif du Mont-Blanc).

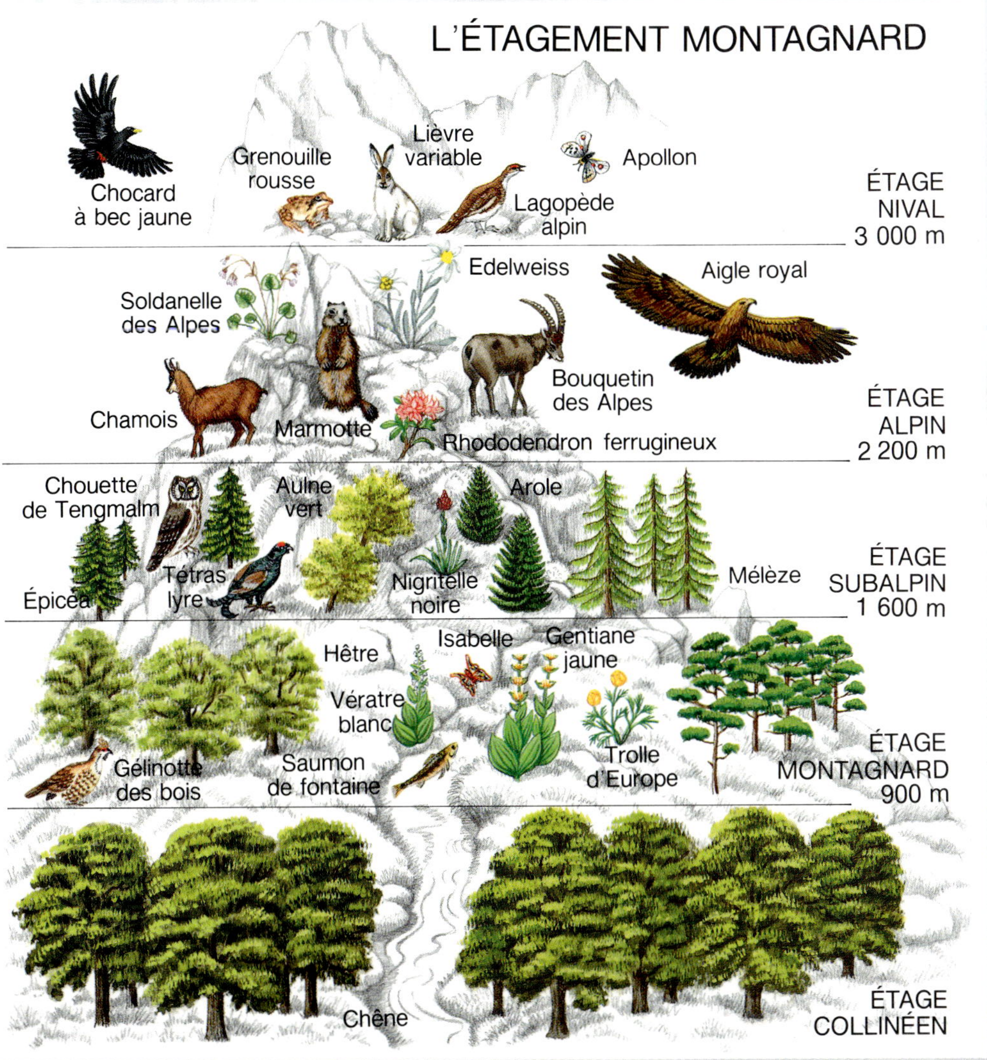

tion géographique respective leur confère des singularités.

Les Alpes françaises, aux sommets de plus de 4 000 m, s'étalent sur quelque 400 km de long et 200 km de large. Elles sont ceinturées par les calcaires des Préalpes et leurs splendides falaises de la Chartreuse et du Vercors. Dans la partie centrale, aux reliefs vertigineux, s'étendent les vastes forêts de pins et de mélèzes et les alpages à pulsatilles et à gentianes. Le tout est couronné de glaciers et de neiges éternelles.

Au sud, les Alpes méridionales et les monts corses, moins hauts, plus secs et sans glaciers, sont occupés par des forêts de chênes auxquelles se mêlent maquis et garrigues et, en altitude, par les pins sylvestres et les pins laricios. Du fait de son insularité, la Corse abrite des espèces qui lui sont propres, comme le mouflon et le gypaète barbu.

Les Pyrénées, qui s'étendent sur 1 000 km, sont largement sous l'influence atlantique à l'ouest et disposent d'un pôle méditerranéen plus restreint à l'est. Si, dans la partie centrale, les sommets ne dépassent pas 3 500 m, les étages de végétation sont proches du modèle alpin. Toutefois, l'importante façade atlantique, à climat doux et humide, accueille des fougères rares. Mais, grâce à son isolement relatif, la chaîne pyrénéenne possède des espèces endémiques comme l'euprocte, le desman ou le chardon des Pyrénées.

L'UBAC FACE À L'ADRET

Les versants opposés des massifs montagneux respectivement exposés au nord (ubac) et au sud (adret) sont à l'origine d'un contraste local dans les étagements de la végétation.

En ubac, versant froid, humide et souvent dans l'ombre, la couverture forestière s'étend haut en altitude, la neige persiste longtemps et il arrive que les glaciers descendent assez bas dans la vallée.

L'adret, le côté le plus ensoleillé et généralement plus sec, est soumis à d'importantes variations de température. Les étages alpin et subalpin, plus étendus qu'en ubac, sont souvent envahis d'éboulis, résultat d'une forte érosion des sommets dénudés et escarpés, en raison d'une fonte des neiges plus précoce.

Rumex à feuilles de gouet

Rumex arifolius

Il mesure de 0,30 à 1,20 m.

Cette plante vivace est une espèce eurasiatique et montagnarde (on l'appelle également *Rumex montanus).* On la trouve couramment de l'étage montagnard à l'étage subalpin. Elle possède une tige dressée qui porte des feuilles à nervures bien visibles, auriculées à la base. Celles-ci rappelent celles de l'arum, souvent appelé gouet, d'où le nom de rumex à feuilles de gouet. *Rumex* signifie pique, dard en latin. Les feuilles de ce rumex ont effectivement une forme de fer de lance. La plante est dioïque. Elle donne, de juin à septembre, des fleurs minuscules. Les fruits, tout petits, sont facilement disséminés par le vent.

Épicéa commun

Picea abies

Les cônes, dressés à la floraison, pendent ensuite vers le sol.

Fleurs femelles

Ce bel arbre sempervirent atteint 50 m de haut et peut vivre de trois cents à quatre cents ans en montagne. Sa croissance, rapide dans son jeune âge, ralentit au-delà de cent ans, l'âge de son exploitation. Il est spontané dans les Alpes du Nord et le Jura, plus localisé dans les Vosges et le sud des Alpes. Ailleurs, il est introduit dans le cadre du reboisement. Très résistant au froid, exigeant en lumière, il tolère des sols assez variés. Son enracinement est superficiel, d'où sa fragilité au vent. Il est très apprécié comme arbre d'ornement dans les parcs et les forêts et abondamment planté et... coupé pour Noël. Le bois d'épicéa de haute altitude est très recherché par les luthiers.

Lynx

Lynx lynx

L'adulte mesure de 0,90 à 1,50 m.

D'une taille bien supérieure à celle du chat sauvage (voir p. 284), le lynx est un animal discret et farouche, qui vit surtout en forêt d'altitude. À la limite de l'extinction, il fut réintroduit dans les Vosges alors que, dans le même temps, il faisait sa réapparition dans le Jura et les Alpes, à partir de la Suisse. Nanti d'une vue et d'une ouïe exceptionnelles, il chasse la nuit, à l'affût, petits mammifères et chevreuils. Certains individus s'attaquent à l'occasion aux ovins domestiques.

Tabac des Vosges

Arnica montana

Cette plante vivace à rhizome rampant est appelée aussi arnica des montagnes. La première année, elle présente à sa base une rosette à quatre feuilles opposées formant une croix d'où naîtra, la deuxième année, une tige florale. Ce sont ces feuilles opposées qui la distinguent des autres composées, à feuilles alternes. Le capitule floral, d'un jaune d'or, s'épanouit de mai à août. L'arnica est répandu dans les alpages et les bois clairs à partir de 600 m d'altitude. C'est l'une des plantes officinales les plus utilisées, particulièrement pour soigner bosses et contusions. Les paysans fumaient autrefois ses feuilles en substitut du tabac.

Le tabac des Vosges ne dépasse pas 60 cm de haut.

Moiré sylvicole

Erebia aethiops

Le moiré sylvicole est un papillon diurne d'altitude, aux couleurs sombres. Il habite des milieux très divers (prairies humides à graminées, bois clairs de conifères), où il vole de fin juillet à septembre. L'espèce peut se rencontrer de la plaine jusqu'au bas de l'étage alpin (2 200 m). Elle a néanmoins régressé dans les régions les plus basses en raison de certains types de gestion forestière. Elle n'est pas menacée dans les zones les plus élevées.

Gélinotte des bois

Bonasia bonasia

Cette espèce sédentaire habite les massifs montagneux de l'est de la France, ainsi que les Pyrénées, où elle est cependant rarissime. La gélinotte des bois occupe essentiellement les forêts mixtes de conifères et de feuillus, les premiers lui offrant un couvert dense et les autres lui fournissant sa nourriture hivernale (bourgeons et rameaux). En été, elle complète son menu végétarien par quelques invertébrés. Les possibilités d'observation de cet oiseau discret relèvent souvent du hasard, mais son chant – un sifflement aigu émis à l'automne – permet de le repérer. La vibration des ailes à l'envol produit un son caractéristique.

Le mâle (35 cm) se distingue par une gorge noire (celle de la femelle est blanche).

Asaret

Asarum europaeum

La floraison a lieu de mars à mai.
L'asaret mesure 10 cm.

C'est une plante vivace, rampante, reconnaissable aux tapis qu'elle forme sur le sol des forêts de feuillus. Les feuilles, luisantes, sont longuement pétiolées et évoquent un rein. Elles persistent en hiver. Les fleurs, en forme de cloche, sont pourpre foncé, velues et cachées à la base des feuilles.
On trouve l'asaret dans l'étage collinéen et montagnard des Vosges, du Jura et des Alpes, sur les terrains calcaires. Son nom vient du grec *asê,* qui signifie nausée, dégoût. La plante est effectivement connue depuis fort longtemps pour son action vomitive, purgative et diurétique. Ses feuilles froissées dégagent une saveur âcre qui provoque des nausées.

Sonneur à ventre jaune

Bombina variegata

Lorsqu'il est inquiété, cet étrange petit crapaud se cambre, repliant ses membres sur son dos : il expose ainsi les couleurs vives de ses flancs, de sa gorge et de ses membres au regard des intrus. Ce comportement a valeur d'avertissement. En effet, ses glandes cutanées sécrètent un liquide extrêmement irritant, voire toxique pour ceux qui tenteraient de le croquer. Les étourdis qui en auront fait la désagréable expérience passeront désormais leur chemin lorsqu'ils croiseront à nouveau notre sonneur à ventre jaune.

Cordulie métallique

Somatochlora metallica

L'abdomen du mâle est plus fin que celui de la femelle.

Valériane des montagnes

Valeriana montana

Cette plante odorante abonde sur les pentes rocheuses et humides de nos régions montagneuses, à partir de 600 m. Cette valériane possède une souche ligneuse, une tige légèrement velue et des feuilles vert clair et brillantes. Elle fleurit entre mai et août. Les akènes sont pourvus d'une coiffe plumeuse qui rend facile leur dissémination par le vent.

C'est une plante vivace
de 15 à 50 cm de haut.

Ne mesurant pas plus de 5 cm, le sonneur à ventre jaune doit son nom à son chant modulé, plaintif et longuement répété.

Son dos est noirâtre et pustuleux.

La cordulie métallique est une petite libellule de 5 à 6 cm de long et de 7 cm d'envergure, qui se caractérise par l'éclat métallique de son corps et par ses yeux verts. Elle fréquente surtout les eaux lentes et stagnantes des régions boisées, les ruisseaux et les lacs marécageux de moyenne montagne. En France, où elle est assez répandue, on peut la rencontrer jusqu'à 1400 m d'altitude. En Europe du Nord, on peut la trouver au-delà du cercle polaire. Elle vole de fin mai à mi-septembre et parcourt de très longues distances pour trouver sa nourriture.

La femelle dépose ses œufs près des berges, aux endroits peu profonds. Les larves éclosent au bout de quatre à six semaines et hivernent deux fois. Les adultes ne vivent pas plus de deux mois.

Chat sauvage

Felis silvestris

Chat sauvage et chat domestique sont deux espèces différentes. Certains chats domestiques repassés à l'état sauvage, et appelés harets, sont très difficiles à différencier des chats sauvages. L'analyse des rayures du corps ne suffit pas toujours, et seules les mesures crâniennes sont totalement fiables. En hiver, le chat sauvage est doté d'un pelage fourni, qui le fait apparaître plus gros qu'il n'est. Ce félin, avant tout forestier, fréquente souvent les clairières et les friches pour chasser les petits rongeurs. Très discret, il gîte dans les buissons et les arbres creux, au sol ou en hauteur. Il marque son territoire soit avec son urine, soit avec les glandes de ses pieds – qui libèrent une sécrétion odorante – ou en lacérant les troncs. La femelle ne met bas qu'une seule portée de trois ou quatre chatons par an, le plus souvent au mois d'avril.

Le mâle mesure de 0,80 à 1 m, dont 25 à 30 cm pour la queue.

Œillet à delta

Dianthus deltoides

C'est une plante vivace des prairies sèches, peu exigeante, qui mesure de 10 à 30 cm. Répandue surtout dans le Jura et les Vosges, mais aussi dans les Alpes, les Cévennes et les Pyrénées, elle colonise les terrains siliceux jusqu'à 2 600 m.
Du grec *dios anthos,* « fleur de Zeus », la plante semble être dédiée aux dieux pour sa beauté... qu'elle protège puisqu'elle a la particularité de fermer ses fleurs par mauvais temps. Celles-ci sont de couleur rouge carmin et portent en leur centre des taches blanches formant un triangle, d'où son nom d'œillet à delta. Elle est utilisée comme plante ornementale et protégée dans certains pays d'Europe.

Pied-de-chat

Antennaria dioica

C'est son aspect doux et feutré qui a donné son nom à cette plante. Elle colonise les coteaux secs et ensoleillés des bois clairs et des prairies, sur sols siliceux. Les fleurs mâles, blanches, et les fleurs femelles, roses, poussent sur des pieds différents. Cette plante médicinale fait partie de la tisane dite « des quatre fleurs », très efficace contre la toux.

Hygrocarabus variolosus

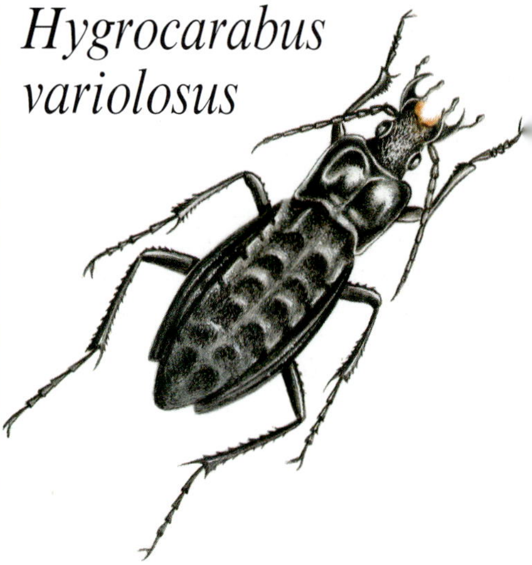

Il fait entre 2,3 et 3,3 cm de long.

En France, ce carabe fréquente les deux versants des Vosges, le Dauphiné et le Mont-Dore. Il affectionne les milieux humides. Très localisé, il se rencontre, d'avril à septembre, au bord des eaux courantes ou stagnantes, se cachant sous les pierres mouillées, dans les souches des aulnes en décomposition et sur les berges, surtout en terrain siliceux. C'est là aussi qu'il hiverne. Comme tous les carabes, *Hygrocarabus variolosus* est un redoutable carnassier : ses puissantes mandibules et son tégument corné formant cuirasse le protègent contre les attaques défensives de ses proies. Il se nourrit principalement d'une grande variété d'invertébrés : mollusques aquatiques, vers, insectes et autres petits arthropodes. C'est une espèce à activité nocturne.

Venturon montagnard

Serinus citrinella

Un petit oiseau de 12 cm. Mâle et femelle sont identiques.

Ce granivore assez commun est un oiseau de lisière : il niche en bordure des forêts de conifères et va se nourrir dans les prairies d'altitude. Le venturon est sédentaire, mais l'enneigement hivernal l'oblige bien souvent à transhumer. Son régime alimentaire étant constitué de graines de conifères et d'herbacées, il recherche les zones ensoleillées des vallées. Les individus de Corse sont présents jusqu'en bord de mer ; certains scientifiques en font une espèce à part : le venturon corse *(Serinus corsicana)*.

Polypode dryoptère

Gymnocarpium dryopteris

C'est l'une des fougères les plus caractéristiques des forêts de montagne, bien qu'elle soit encore présente en plaine dans quelques rares stations. Elle a un rhizome traçant qui engendre des populations parfois denses. Les frondes (équivalent des feuilles chez les phanérogames), en forme de triangle pratiquement équilatéral, ne dépassent guère 30 cm. Le rachis (la tige), imberbe et d'aspect translucide, est fragile. Le développement du limbe a lieu au printemps et fournit des spores en été. Les parties aériennes disparaissent à l'automne.

Le limbe, très découpé-lobé, est d'un beau vert pâle.

Martre

Martes martes

La martre est un mustélidé typiquement forestier, en plaine comme en montagne. Sa belle fourrure, réputée jadis pour la fabrication de pinceaux, est foncée, jaune crème sous le menton. Elle sait nager mais évite l'eau. Excellente grimpeuse, elle gîte dans les arbres creux et les nids abandonnés. C'est là que naissent, une fois par an, trois à cinq petits qui restent avec leur mère jusqu'à six mois. Bête noire des écureuils, qu'elle poursuit dans les frondaisons, elle se nourrit également de petits rongeurs, comme le loir, de lapins, d'oiseaux, d'insectes ou de fruits, selon les saisons.

La martre atteint de 60 à 80 cm, dont 22 à 27 cm pour la queue.

Saxifrage paniculée

Saxifraga paniculata

Le nom de genre de cette plante vivace, à feuilles persistantes, dérive du latin *saxum,* rocher, et *frangere,* briser. En effet, cette espèce de rocaille développe ses racines dans les fentes des rochers. À sa base, une rosette de feuilles rigides donne naissance à une tige peu feuillue, ramifiée au sommet, portant des inflorescences en panicules. Les fleurs, blanches, sont parfois marquées de rouge. Les feuilles sont souvent incrustées de calcaire, ce qui donne à la plante un reflet argenté. On l'appelle aussi rose des pierres. Cette saxifrage est commune entre 600 et 2 500 m.

Hauteur : de 5 à 25 cm

Gentiane jaune

Gentiana lutea

Reine des montagnes, tel est le surnom donné à la gentiane jaune. Plante vivace, elle mesure entre 0,50 à 1,50 m, parfois 2 m. Toute sa vigueur se trouve dans ses racines, qui peuvent atteindre 1 m et peser 7 kg. Elles sont utilisées dans l'industrie pharmaceutique et pour la fabrication de boissons apéritives.

Feuilles opposées, sessiles et embrassantes

Hermine

Mustela erminea

Longue de 30 à 40 cm, elle se dresse fréquemment sur ses pattes pour inspecter les alentours.

L'hermine ressemble à une grosse belette (voir p. 190), avec une queue plus longue, à l'extrémité noire. Cependant, son poids dépasse exceptionnellement 400 g pour les mâles et 250 g pour les femelles. En hiver, son pelage devient parfois entièrement blanc, à l'exception du pinceau caudal. C'est pourquoi l'hermine a payé, dans le passé, un lourd tribut à la pelleterie. Actuellement l'espèce est encore considérée comme nuisible et piégée dans certains départements français. Son régime alimentaire, composé de gros rongeurs mais aussi d'oiseaux et de lapins, lui attire les foudres du monde cynégétique. Toute souplesse et vivacité, elle file au ras du sol, s'arrêtant brusquement pour inspecter les lieux. Elle est également capable de faire des bonds de 50 cm.

L'hermine n'a qu'une seule portée de quatre à douze jeunes au printemps.

Grand mars changeant

Apatura iris

D'un bleu-violet iridescent, le grand mars changeant apparaît comme l'un des plus beaux papillons d'Europe lorsqu'il descend au petit matin dans les clairières pour se nourrir du nectar des fleurs. Le mâle est très territorial. Il établit son aire sur une haute branche et défend plus de 100 m² contre les mâles voisins. Les femelles sont attirées par les mâles victorieux les plus vigoureux.

Femelle

Les ocelles sont sous les ailes.

Mâle (7,5 cm d'envergure)

Chouette chevêchette

Glaucidium passerinum

Elle se perche souvent en évidence au sommet d'un sapin.

On l'appelle aussi chouette-moineau du fait de sa taille et de sa coloration.

Cette minuscule chouette de 17 cm occupe les forêts montagneuses des Alpes, mais aussi des Vosges et du Jura. Elle capture généralement des micromammifères et des petits passereaux. Ceux-ci reconnaissent bien en elle un prédateur, malgré sa faible taille, et n'ont de cesse de la houspiller lorsqu'ils découvrent sa retraite diurne. En cas d'hiver rude, elle descend parfois à basse altitude, mais les réserves de nourriture qu'elle se constitue l'aident à supporter les rigueurs d'un froid intense. Il n'est pas rare de l'observer en plein jour lors des périodes de grand froid.

Gesse printanière

Lathyrus vernus

C'est une plante vivace, assez grêle, à tige anguleuse, de 20 à 50 cm de haut. Le système racinaire se présente en une souche épaisse et noueuse. Les feuilles, composées de quatre à huit folioles, sont terminées par une longue pointe verte. Selon la maturité de la plante, les fleurs sont de couleur variable, d'abord rouge violacé, puis bleuâtres. Elles apparaissent en une grappe peu garnie. Les gousses, brunes ou noires, sont glabres, longues de 4 à 6 cm, et renferment des graines jaunâtres. La gesse printanière est assez fréquente sur les collines, jusqu'à 1900 m d'altitude, dans l'Est, le Jura, les Alpes et les Pyrénées. Elle préfère les terrains calcaires des bois et des lisières forestières. La floraison a lieu d'avril à juin.
La gesse printanière, appelée aussi orobe printanier, est commune dans presque toute l'Europe et l'Asie occidentale.

C'est une plante hermaphrodite. La pollinisation est assurée par les insectes.

Trolle d'Europe

Trollius europaeus

Tirant son nom du latin *trulleus,* cuvette, cette renoncule de montagne possède une fleur qui est une véritable boule d'or. La fécondation est assurée par une mouche très petite, la seule à pouvoir pénétrer à l'intérieur de la fleur. Le trolle d'Europe se plaît dans les prairies et les pâturages humides, entre 500 et 2 000 m d'altitude. C'est une plante toxique.

La fleur peut faire jusqu'à 3 cm de diamètre.

Hauteur : de 40 à 60 cm

Nacré de la canneberge

Boloria aquilonaris

Son envergure varie de 3,2 à 3,4 cm.

Ce papillon vole en juin et début juillet. Il fréquente les tourbières à sphaignes et les marais où poussent, parmi les mousses, la plante nourricière de la chenille, la canneberge *(Oxycoccos palustris)*, et les plantes nectarifères indispensables à la survie du papillon. Sept ou huit œufs coniques sont déposés, isolés les uns des autres, sur les tiges et les feuilles de la canneberge. La chenille, de couleur noir brunâtre, avec des épines jaunes, dévore les jeunes feuilles et les fleurs. Son cycle de développement s'étale sur deux ans. Elle hiverne souvent dans la tige de la plante nourricière. La chrysalide, qui se forme au début du mois de mai, est accrochée sur une tige ligneuse (herbes ou laîches), près du sol. Cette espèce se raréfie partout, le drainage entraînant la disparition des biotopes.

Musaraigne de Miller

Neomys anomalus

La musaraigne de Miller fréquente surtout les milieux humides des régions montagneuses. Cette crocidure est très proche de la musaraigne aquatique (voir p. 105). Elle est toutefois moins inféodée à l'eau, moins dépendante des proies aquatiques, et se rabat sur les proies terrestres.

Elle mesure de 12 à 17 cm, dont 5 à 7 cm de queue.

Renouée bistorte

Polygonum bistorta

Polygonum est issu du grec *polus,* plusieurs, et *gonu,* genou, c'est-à-dire à nœuds nombreux. C'est le cas de la tige, très noueuse, des renouées. Bistorte, ou deux fois tordue, qualifie la tige souterraine, à l'aspect serpentiforme, de cette plante, qui porte aussi le nom de couleuvrée et de serpentaire. Le rhizome, à forte teneur en tanin, servait autrefois à la conservation des peaux. Il était utilisé également en décoction pour son pouvoir astringent contre diarrhées et hémorroïdes. Ses feuilles sont encore consommées comme des épinards et servent aussi de fourrage au bétail.

Elle s'élève jusqu'à 1 m.

Moule perlière

Margaritifera margaritifera

La coquille fait 10-12 cm.

La moule perlière est un grand bivalve nacrier dont la répartition est limitée, en France, à la Bretagne et aux régions montagneuses du Massif central. Après la fécondation, l'œuf se transforme en une larve, le glochidium, qui parasite les branchies des truites et des saumons. Après dix mois, la larve tombe sur le fond. Le mollusque n'atteindra sa maturité sexuelle qu'à l'âge de vingt ans. Les populations de la moule perlière furent décimées au cours du XXe siècle par la pêche intensive pour récolter les perles d'eau douce (seulement un individu sur mille en produit), la pollution des eaux ainsi que la rectification des rivières.

Un amphibien montagnard de 10 cm de long.

Grenouille rousse

Rana temporaria

La grenouille rousse ne craint pas le froid et sa résistance aux climats rigoureux lui a permis de partir à la conquête de nos montagnes. Dans le Massif central, elle fréquente les plus hauts sommets, et elle peut être observée jusqu'à 3 000 m d'altitude dans les Alpes. C'est aussi l'amphibien qui vit dans les contrées les plus nordiques d'Europe, puisqu'il dépasse très largement le cercle polaire arctique.

Buse variable

Buteo buteo

Commune dans toute la France, mais particulièrement dans le Massif central, la buse présente de grandes différences d'un individu à l'autre. Certains oiseaux peuvent être pratiquement blancs, d'autres tout noirs. C'est ce qui lui a valu son qualificatif de variable. On reconnaît aujourd'hui à la buse variable, longtemps pourchassée, une grande utilité dans l'agriculture car elle se nourrit essentiellement de petits rongeurs. L'hiver, elle poursuit même les mulots sous la neige. Cette prédilection pour les micromammifères la pousse en hiver à se rapprocher du bord des routes, où la nourriture est plus abondante. La buse variable est sédentaire en France, mais de nombreux individus nordiques – des jeunes pour la plupart – viennent passer les grands froids chez nous.

Elle plane avec les ailes relevées.

Comme chez les autres rapaces, la femelle (57 cm) est plus grande que le mâle.

Genêt purgatif

Cytisus purgans

Ce petit arbrisseau à touffes denses mesure de 0,40 à 1,50 m. Ses feuilles sont rapidement caduques et ses rameaux, souvent nus, portent en mai-juin des fleurs jaune vif odorantes et mellifères. On prête à cet arbrisseau des propriétés purgatives et cardiotoniques. Le genêt purgatif est présent dans une grande partie du Massif central, ainsi que dans les Cévennes et les Pyrénées orientales.

Les fleurs s'épanouissent en courtes grappes terminales.

Alisier blanc

Sorbus aria

Les fleurs, qui apparaissent en mai, dégagent un léger parfum.

Lézard des souches

Lacerta agilis

Le lézard des souches est d'allure massive et trapue. On le nomme aussi lézard agile, qualificatif bien mal approprié car il est lent et maladroit. Il peut vivre en montagne comme en plaine. Recherchant des hivers froids et des étés chauds, le lézard des souches connaît une répartition uniquement continentale. En France, il est totalement absent du littoral.

Moiré des Sudètes

Erebia sudetica

Un papillon de 4 cm d'envergure

En France, le moiré des Sudètes se rencontre uniquement dans le Massif central. Il apparaît dès la fin juin à partir de 1 000 m (étage montagnard) jusqu'au sommet du puy de Sancy (1 886 m). L'espèce vole dans des biotopes divers, dont elle s'accommode parfaitement (milieux humides à secs). Mais elle s'observe le plus souvent dans la végétation herbacée de grande taille (graminées), présente dans les clairières des bois clairs ou dans les prairies humides.

C'est un arbre de 15 à 20 m, à feuilles caduques, vert brillant dessus, blanches et pubescentes dessous, d'où son nom d'alisier blanc. Les fruits, ovoïdes (alises), d'un rouge vif, sont farineux et de saveur désagréable mais très appréciés des oiseaux, qui contribuent à leur dissémination. Son bois, blanc et très dur, est employé dans la fabrication d'outils et de pièces de machines. C'est aussi un bon combustible.

Trèfle des Alpes

Trifolium alpinum

C'est une plante vivace relativement petite. Très gazonnante, elle a une souche ligneuse rampante, d'une saveur sucrée. Cette racine est employée comme une réglisse officinale. L'édulcorant qu'elle contient est, entre autres, utilisé en décoction pour soulager les problèmes pulmonaires. Le trèfle des Alpes, au parfum sauvage, embaume les prairies subalpines, entre 1 000 et 3 000 m d'altitude. On l'appelle également réglisse des Alpes ou réglisse des montagnes.

Ce trèfle ne dépasse pas 15 cm de haut.

C'est un lézard de 20 cm de long. Le mâle et la femelle ont des livrées différentes.

Faucon pèlerin

Falco peregrinus

Son mode de chasse en fait l'un des oiseaux les plus rapides du monde. Lorsqu'il aperçoit un vol d'oiseaux du haut de son promontoire, le faucon pèlerin monte lentement dans le ciel, le temps de calculer sa trajectoire. Il descend ensuite en piqué sur la victime qu'il a choisie, jusqu'à atteindre environ 200 km/h. À cette vitesse, le faucon pèlerin se tuerait lors de l'impact. Il freine donc au dernier moment en écartant les ailes, ce qui produit souvent une détonation, et attrape sa victime par surprise. Ses attaques échouent neuf fois sur dix...

Le mâle (ci-contre) mesure 38 cm. La femelle est plus forte (48 c et plus brune.

Cuivré de la bistorte

Lycaena helle

Ce papillon se rencontre à l'ombre de la lisière des bois bordant les prairies humides, le long des ruisseaux et au bord des tourbières. Il vole de mai à juin. Les œufs, blanchâtres, sont déposés un à un au verso des feuilles de la bistorte. La chenille, vert clair, a la même forme qu'un cloporte. Elle entre en diapause au cours de l'été, puis reprend son développement au début du printemps suivant. Cette espèce est menacée : le drainage et autres destructions raréfient et morcellent ses biotopes, qui sont de véritables « refuges glaciaires » de plus en plus rares dans notre pays. Elle est protégée en France.

Il a une envergure de 2,4 à 2,8 cm.

Campagnol des champs

Microtus arvalis

C'est l'espèce de mammifère la plus courante des prairies et des cultures. Ses pullulations induisent parfois des dégâts importants. Matures à deux mois, les femelles peuvent avoir jusqu'à six portées de dix petits par an. Chaque individu a de forts besoins alimentaires en végétaux, qu'il consomme dans un petit territoire sillonné de galeries à orifices multiples. Le campagnol des champs constitue la proie principale de nombreux carnivores et rapaces.

La fourrure de ce petit campagnol de 8 à 13 cm, courte et douce, est brun-roux sur le dos, jaunâtre sur le dessous.

Calamagrostis faux roseau

Calamagrostis arundinacea

C'est une graminée vivace, à souche rampante, haute de 0,60 à 1,20 m. Bien que sa taille soit plus modeste, sa ressemblance avec le roseau est incontestable (*arundinaceus* signifie en latin « semblable au roseau »). La tige, raide, est dépourvue de feuilles au sommet. À la base, elles sont longues, planes et rudes. Comme pour tous les calamagrostis, l'épillet ne possède qu'une seule fleur, généralement de couleur violacée. On trouve cette graminée dans les forêts et les prairies de montagne, souvent sur des sols siliceux, jusqu'à 1 500 m d'altitude. Elle est relativement rare en basse altitude.

La floraison a lieu en juillet-août.

Scille lis-jacinthe

Scilla lilio-hyacinthus

Cette liliacée est une géophyte de 10 à 40 cm de haut. Son gros bulbe, jaunâtre, est formé d'écailles lâchement imbriquées. Aux mois d'avril et de mai, elle embellit les clairières et les sous-bois de ses fleurs bleues, disposées en grappes. La décomposition de ses feuilles produit un humus doux qui améliore la qualité du sol. C'est une espèce montagnarde, qui aime les lieux frais et ombragés, les pelouses et les ravins humides, jusqu'à 1 900 m, mais qu'on peut trouver en basse altitude à la faveur de l'humidité des talwegs. Le bulbe de la scille lis-jacinthe a des propriétés purgatives. Cette plante est pollinisée par les insectes.

Les fleurs, bleues, rappellent celles des jacinthes cultivées.

Chrysotribax hispanicus

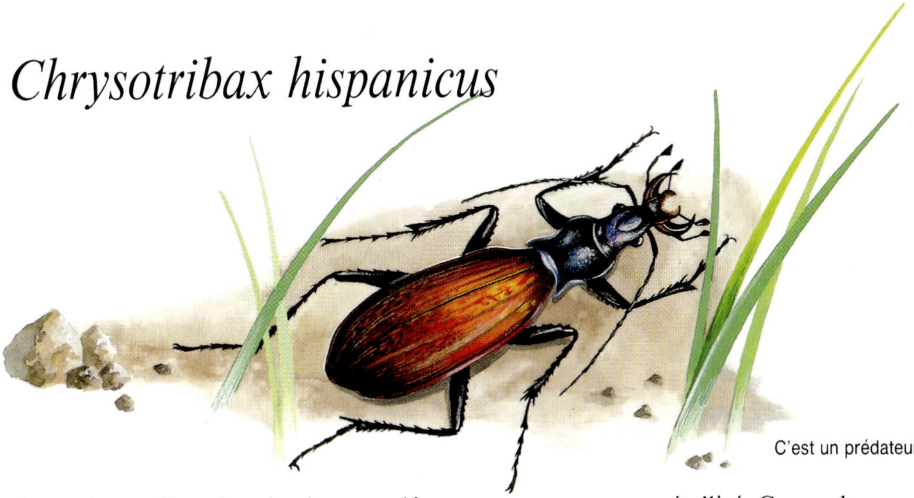

C'est un prédateur féroce.

Ce carabe est l'un des plus beaux coléoptères d'Europe. Il vit, en France, dans le sud du Massif central et les Cévennes, jusqu'à la Corrèze au nord, les Corbières à l'ouest et la Drôme à l'est. Mesurant de 2,5 à 4 cm de long, il possède une tête et un thorax bleus et se distingue par un abdomen rouge métallisé. Ces couleurs rutilantes en font une espèce très recherchée des collectionneurs. On trouve *Chrysotribax hispanicus* dans les bois de châtaigniers, les forêts de hêtres et de chênes. Il hiverne souvent dans les cavités des souches ou enfoui dans la mousse.

Bec-croisé des sapins

Loxia curvirostra

Grâce à ses mandibules croisées, qui lui permettent d'écarter les écailles des pommes de pin, le bec-croisé est le seul oiseau qui se nourrisse de graines de conifère. Cette particularité lui permet de subsister, même lors des hivers très froids. En revanche, la fructification des épicéas ne se faisant pas chaque année, cela l'oblige à émigrer. C'est ainsi que des populations entières de becs-croisés peuvent envahir la France par le nord ou par l'est. On en trouve alors jusque dans les jardins.

Le mâle (17 cm) a un plumage rouge.

Petite fourmi rouge

Myrmica rubra

Elle apparaît d'avril à octobre.

La petite fourmi rouge mesure 5 mm de long. Les femelles sont toujours plus grandes que les mâles et que les ouvrières. Cette fourmi très active, qui porte un aiguillon à l'extrémité de son abdomen, paraît parfois agressive. Sa piqûre peut être douloureuse pour l'homme. La petite fourmi rouge est une espèce très courante. Elle se nourrit essentiellement de miellat, une substance sécrétée par les pucerons, mais il lui arrive de capturer et d'avaler de minuscules invertébrés qu'elle rencontre sur le chemin de la fourmilière.

Crocidure leucode

Crocidura leucodon

Musaraigne nettement bicolore, la crocidure leucode est la moins répandue des crocidures. Elle est surtout connue par les restes osseux issus des pelotes de régurgitation des rapaces. On rencontre cet insectivore dans les milieux couverts, comme le bocage ou la forêt, jusqu'à 1000 m d'altitude. La femelle met au monde trois ou quatre petits d'à peine 1g, capables de se déplacer dès le neuvième jour. Dans certaines conditions exceptionnelles, les familles progressent en caravane, la mère en tête, et chaque petit accroché à l'arrière du précédent.

La ligne de démarcation est très nette entre le dos foncé et le ventre presque blanc. Cette crocidure mesure de 6 à 9 cm sans la queue.

Sa queue (3-4 cm) porte de longs poils tactiles.

Alchémille vulgaire

Alchemilla xanthochlora

Les alchémilles sont des plantes aux fleurs petites, vertes et sans corolle. Elles se rattrapent par leur feuillage, toujours gracieux, qui se recourbe en coupe légère pour recueillir l'eau de sudation sécrétée à l'extrémité des fines nervures qui parviennent au bord de la feuille. Ces gouttelettes persistent et scintillent au soleil comme des diamants. Au Moyen Âge, on prêtait des pouvoirs magiques à cette « eau céleste », et les jeunes filles s'en frictionnaient le corps, à la recherche de l'éternelle beauté. L'alchémille vulgaire, assez commune dans les prairies et les bordures herbeuses, est appréciée par le bétail. C'est une espèce très polymorphe. L'**alchémille des Alpes** possède un feuillage soyeux, argenté en dessous. Ses fleurs ressemblent à celles de l'alchémille vulgaire. On la rencontre de l'étage montagnard à l'étage alpin.

Les fleurs, qui n'ont pas de pétales, s'épanouissent de mai à août.

Alchémille des Alpes *(Alchemilla alpina)*

Grande fétuque

Festuca altissima

Taille : de 0,60 à 1,20 m

Du latin *festuca,* brin de paille, ou du celtique *fest,* qui signifie pâture, le genre fétuque est fréquent et tient une place prédominante parmi les espèces fourragères des pâturages alpins et subalpins. Le rhizome de la grande fétuque est une souche épaisse qui émet des tiges robustes en petites touffes très denses. La plante se reconnaît aux feuilles sèches de l'année précédente, qui persistent au pied des nouvelles touffes. Un tapis de cette fétuque risque d'entraver le développement des semis naturels de sapin car elle sécrète des substances inhibitrices. La floraison s'étale de juin à août et la pollinisation se fait par le vent. La grande fétuque est assez commune de 500 à 1 500 m d'altitude.

Cicerbite des Alpes

Cicerbita alpina

Cette plante, appelée aussi laitue des Alpes, s'impose au regard par sa tige robuste, dressée, haute de 1 à 2 m, parfois davantage. Elle fréquente les ravins, les lieux frais et ombragés, au sol humide, un peu acide. Sa tige, comestible, contient un latex blanc, très désaltérant pour les promeneurs en période estivale. Des grappes de fleurs bleu violacé s'épanouissent de juillet à septembre. Elles sont pollinisées par les insectes. La dispersion de la plante se fait également par la voie des airs grâce aux aigrettes blanches qui surmontent le fruit.

Les feuilles sont dentées et piquantes.

Elle aime les sols caillouteux, un peu acides.

Monochame

Monochamus sartor

Le monochame est un beau longicorne de 1,5 à 2,5 cm de long fréquentant les conifères morts ou malades, en altitude. La femelle creuse un entonnoir dans l'écorce des arbres et y dépose un œuf. La larve perce l'écorce, puis trace dans le bois de larges galeries irrégulières. La première année, elle hiverne dans ces galeries ; la deuxième année, elle se construit une loge nymphale dans laquelle elle se repose tout l'hiver pour se nymphoser le printemps suivant. On rencontre les adultes de juillet à septembre sur l'écorce des épicéas et des pins. Les antennes du mâle du monochame sont plus longues que son corps.

Son vol est lent et majestueux.

Mélèze

Larix decidua

Arbre alpin par excellence, le mélèze est le seul conifère européen à perdre ses aiguilles en automne. Cette caractéristique le rend bien adapté à la haute altitude et lui permet de supporter des hivers très froids. Son port est léger et gracieux, avec de nombreux rameaux effilés et pendants, qui changent de couleur selon la saison. Son bois, souple et résistant, est rouge rouille.

Les aiguilles sont solitaires ou groupées.

Il s'élève jusqu'à 40 m.

Chamois

Rupicapra rupicapra

Prince de la montage au pied très sûr, le chamois est toutefois moins acrobate que le bouquetin (voir p. 301). Il monte en altitude à la belle saison mais fuit la neige en hiver, descendant dans la forêt pour se nourrir. Les mâles, ou boucs, sont généralement solitaires et rejoignent les femelles, ou chèvres, lors du rut en automne, pour former des troupeaux parfois importants. Habituellement, un seul jeune naît en juin. Très menacé à une époque, le chamois est actuellement en expansion grâce à des plans de chasse assurant la gestion de l'espèce.

Le pelage du chamois, long et brun foncé en hiver, devient court et fauve en été. Ce ruminant mesure de 1 à 1,40 m.

Chouette de Tengmalm

Aegolius funereus

Espèce adaptée aux climats rigoureux, la chouette de Tengmalm habite tous les massifs montagneux français et quelques forêts de plaine dans l'Est. Elle n'est cependant véritablement répandue que dans les Alpes, où elle trouve facilement son biotope préférentiel : de vieilles futaies mixtes pourvues de nombreuses cavités servant de gîte et de nichoir. Sédentaire, l'espèce est capable de se reproduire avant la fin de l'hiver. Dès le mois de janvier, le mâle commence à chanter et recherche un site de nidification. L'activité du chant atteint son paroxysme en mars ou en avril, mais la ponte peut avoir lieu dès le mois de février.

Un rapace de 26 cm. Les sexes sont identiques.

Isabelle

Graellsia isabellae

Les antennes du mâle sont longuement bipennées.

L'isabelle est un magnifique papillon qui ne fut découvert en France qu'en 1922. Entièrement vert, il se pare de nervures lie-de-vin et d'ocelles pourpres et jaune d'or. Il fréquente les forêts de pins alpines de moyenne montagne. La femelle pond au printemps et la phase larvaire dure près de deux mois. La chenille, vert jaunâtre, parsemée de points blancs, porte de longues soies. Elle se développe sur le pin sylvestre ou le pin laricio. La nymphose a lieu à terre dans un cocon peu compact formé d'aiguilles de pin réunies par des soies. Les chrysalides hivernent, puis donnent des adultes en mars-avril.

Gentiane champêtre

Gentianella campestris

La gentiane champêtre est une espèce annuelle ou bisannuelle de 5 à 30 cm qui croît rarement au-dessous de 400 m d'altitude. Elle se distingue des autres gentianes par ses sépales inégaux, deux petits et deux grands. La fleur, mauve, en forme d'entonnoir, ne peut être visitée que par des insectes à longue trompe. Tonique et fébrifuge, elle a un goût amer.

La tige est ramifiée, souvent dès la base.

Tétras lyre

Tetrao tetrix

C'est une espèce discrète qui vit à l'étage subalpin, dans les Alpes. Sédentaire, le tétras lyre est adapté à des conditions hivernales extrêmement dures. Il possède un intestin très développé qui améliore sa digestion et lui permet de se contenter d'une maigre alimentation, par exemple des aiguilles de pin et quelques rameaux ou bourgeons. Par ailleurs, il passe les trois quarts de son temps dans un trou aménagé dans la neige poudreuse, ce qui limite ses pertes de chaleur. Hélas, le ski hors piste provoque des dérangements qui l'affaiblissent considérablement, jusqu'à compromettre sa survie hivernale. Complètement disparue des Vosges, l'espèce est en train de s'éteindre dans les Ardennes.

Au vol, on reconnaît aisément le mâle à sa queue en forme de lyre.

La femelle, plus petite, est brun-roux tacheté.

La lyre se déploie durant la parade.

Sombre et majestueux, le mâle mesure 52 cm.

Rhododendron ferrugineux

Rhododendron ferrugineum

Cet arbrisseau à la tige tortueuse et ramifiée caractérise le sous-bois des forêts de mélèzes (voir p. 298) et d'aroles (voir page ci-contre) et forme des landes étendues au-dessus de la limite forestière. Ses fleurs campanulées, réunies en grappes terminales pourpres, produisent en été de spectaculaires floraisons, justifiant pleinement l'autre nom de rose des Alpes donné à cette espèce.

Il peut s'élever jusqu'à 1,20 m.

Hypne cimière

Ptilium crista-castrensis

C'est une grande bryophyte de 8 à 12 cm de long, disposant d'une tige dressée robuste, très régulièrement pennée, avec des rameaux serrés et recourbés en crosse dure au sommet. Les feuilles, en forme de faux, sont fortement pliées en long. Il s'y mêle des paraphylles, petites feuilles accessoires découpées en fines lanières et dissimulant partiellement la tige. L'hypne cimière est d'un vert jaunâtre plus ou moins décoloré à la base. Cette plante affectionne les sols terreux et les rochers, se mêlant aux autres mousses dans les forêts humides et sombres, en particulier sous les conifères.

Arole

Pinus cembra

Cet arbre au port trapu et au feuillage sombre est, de tous les ligneux d'altitude, le plus résistant au froid. En individu isolé, il peut dépasser la limite de la végétation forestière et devient alors buissonnant, avec un tronc tortueux. Associé au mélèze (voir p. 298), l'arole, ou pin cembro, forme des forêts pouvant atteindre 2 000 m d'altitude, surtout dans les Alpes internes, à climat continental. Il possède des aiguilles persistantes. Son bois est très apprécié pour la fabrication de meubles et d'objets sculptés. L'arole s'élève à 25 m.

Les aiguilles sont groupées par cinq.

Cône, ovoïde ou cylindrique, de 5 à 9 cm

Milax rusticus

Les animaux de la famille de *Milax rusticus,* les milacidés, sont de grosses limaces que l'on trouve essentiellement en Europe méridionale. Elles sont herbivores et peuvent causer des dégâts importants dans les cultures et les jardins. *Milax rusticus* est une espèce forestière que l'on rencontre dans les secteurs montagneux et sur les sols calcaires. Bien que dépourvues de coquille, les limaces sont de proches cousines des escargots. La preuve en est que la plupart d'entre elles possèdent encore une petite coquille interne.

Cette limace peut atteindre 10 cm de long.

Bouquetin des Alpes

Capra ibex

Maître incontesté de la haute montagne grâce à ses onglons très mobiles, le bouquetin règne sur les parois et les précipices, au-delà des zones fréquentées par le chamois (voir p. 298). L'espèce pyrénéenne fut exterminée au XIXe siècle et l'espèce alpine a bien failli subir le même sort du fait de la chasse. Mais elle est actuellement totalement protégée. Le bouquetin est l'ancêtre de la chèvre domestique, comme le montrent ses cornes superbes. Peu exigeant, il se nourrit de graminées à la belle saison et de lichens en hiver. La femelle met au monde un unique petit par an.

Les cornes du mâle dépassent parfois 1 m de long.

Il est de la taille d'une chèvre.

Anonconotus alpinus

La couleur de cette sauterelle varie selon les individus. La femelle, qui peut atteindre 2,2 cm de long, est plus grande que le mâle. Cette espèce se rencontre communément en août-septembre aux côtés des rhododendrons. Elle affectionne les rocailles et recherche les pierres ensoleillées. Son chant, doux, se compose d'une seule note. L'accouplement se fait brusquement, sans parade nuptiale. Le mâle s'accroche par les pattes antérieures à l'oviscapte de la femelle et y dépose un spermatophore à peu près gros comme un pépin de raisin.

Elle est tantôt verte, tantôt marron ou vert olivâtre.

Aulne vert

Alnus viridis

C'est un arbrisseau à feuilles caduques caractéristique des hautes altitudes, au-delà de la limite supérieure des forêts de hêtres. Ses branches sont flexibles et souvent courbées sous le poids de la neige. Comme son nom l'indique (il dérive des mots celtiques *al,* près de, et *lan,* rivière), l'aulne vert a besoin, comme tous les aulnes, d'une grande humidité. Il vit sur les pentes fraîches et ombragées ou à proximité des torrents. Les chatons des fleurs mâles sont formés dès l'automne, tandis que ceux des fleurs femelles apparaissent avec les feuilles au printemps. On préconise la plantation de cette espèce pour fixer les éboulis et retenir les avalanches.

Il s'élève entre 1 et 4 m.

Loup

Canis lupus

Disparu de France depuis 1930, le loup vient de réapparaître dans le parc national du Mercantour, en provenance d'Italie. Peu exigeant, il s'adapte à des habitats très variés, pour peu que la nourriture soit abondante. Carnivore, mais opportuniste, il peut consommer des proies de taille et de nature très diverses.

La louve utilise une cavité naturelle, parfois un terrier, pour donner naissance, en début d'année, à trois à six louveteaux, qui ouvrent les yeux à dix jours et sont sevrés à deux mois. Ils peuvent rester avec leurs parents pour constituer la meute. Pour chasser, les loups arpentent de vastes territoires d'un trot souple et constant.

Son poil est épais, surtout en hiver dans nos contrées.

Il mesure de 1,40 à 1,80 m et pèse de 20 à 50 kg.

Camarine hermaphrodite

Empetrum hermaphroditum

Ce petit sous-arbrisseau aux tiges brunes et ramifiées fréquente les forêts sommitales et les landes d'altitude. On le trouve également sur les rochers humides des hautes montagnes, comme l'indique son nom, du grec *empetros,* dans les pierres. Avec son feuillage vert foncé, dense et persistant, il a l'aspect d'une bruyère mais en diffère, notamment, par ses caractères floraux. Les fleurs hermaphrodites, roses ou blanches, isolées à l'aisselle des feuilles, sont très peu visibles. Elles s'épanouissent entre avril et juillet et donnent des fruits charnus et noirs, ressemblant à un petit pois. La camarine est protégée en plusieurs régions.

Elle fait de 10 à 50 cm de hauteur.

Oreocarabus hortensis

Oreocarabus hortensis vit dans les forêts de hêtres, de chênes et de conifères, mais fréquente aussi les milieux ouverts comme les champs et les prairies alpines. En France, il fréquente les Alpes de Chamonix, de la Vanoise, de l'Oisans et du Queyras. Il hiverne à l'état adulte sous les mousses ou dans les souches. Les conditions climatiques de haute montagne (neige, gelées...) peuvent retarder la reprise d'activité des adultes, ce qui modifie le cycle de développement : les larves, n'ayant pu se développer l'été, doivent hiverner et, mal adaptées, subissent parfois une forte mortalité.

Un dermaptère de 2,2 à 3 cm de long

Lièvre variable

Lepus timidus

Gris en été, le petit lièvre variable, ou blanchot, porte bien son nom car il est souvent entièrement blanc en hiver. Présent naturellement dans les Alpes et introduit dans les Pyrénées, il est encore mal connu, bien que chassé ! Actif la nuit, il se nourrit de végétaux – d'herbacés à la belle saison et de ligneux, agrémentés de lichens, en hiver. Il gîte sous les buissons ou dans un pierrier. Bien adapté à la neige, il y creuse des abris pour se protéger du froid. La femelle peut mettre bas deux ou trois portées de deux à quatre levrauts par an.

Il mesure environ 50 cm.

Pensée des Alpes

Viola calcarata

Cette belle pensée odorante apparaît dès les premiers beaux jours sur toute la chaîne alpine. C'est une plante vivace de 5 à 30 cm de haut dont la fleur est pourvue d'un grand éperon (*calcar* en latin), que seuls les papillons et les insectes à longue trompe peuvent butiner. Elle est de couleur variable : jaune, violette, plus rarement blanche. Cette pensée fréquente les étages subalpin et alpin entre 1 400 et 2 400 m, mais peut grimper isolément jusqu'à 3 000 m. Elle occupe les prairies maigres, les éboulis stabilisés, les combes à neige et parfois les forêts. On récolte ses fleurs pour en faire des tisanes contre le rhume et le mal de gorge.

Les feuilles sont dentelées.

Saumon de fontaine

Salvelinus fontinalis

Un poisson de 30 à 40 cm, à la chair excellente.

Le saumon de fontaine est une espèce d'eau fraîche qui colonise les têtes de bassin de nos rivières, ainsi que les lacs. Originaire du continent nord-américain, il fut introduit en France au siècle dernier, en même temps que la truite arc-en-ciel. Dans son aire d'origine, la ponte a lieu entre août et octobre. Les ovules sont déposés dans un nid et la durée d'incubation varie, selon la température de l'eau, entre une cinquantaine et une centaine de jours.

Vipère aspic

Vipera aspis

La vipère aspic, dont la morsure est rarement fatale pour l'homme, ne dépasse pas 70 cm de long.

Cette vipère fuit à la moindre alerte et n'attaque jamais l'intrus qui la dérange. Elle chasse à l'affût : ouvrant sa gueule à 180°, elle fond sur sa victime et la frappe avec ses crochets venimeux plus qu'elle ne la mord. Il arrive que ces derniers se brisent sous le choc. Heureusement pour notre aspic, les crochets de rechange situés en arrière des crochets fonctionnels ne tarderont pas à prendre leur place.

Marmotte

Marmota marmota

Il est assez aisé d'observer une colonie de marmottes jouant dans les éboulis ou dévalant les prairies alpines. Mais, au moindre danger, dressés sur leur arrière-train, les adultes émettent un sifflement d'alerte et tout le monde disparaît dans le terrier. Avant tout végétariennes, les marmottes ne dédaignent pas à l'occasion quelques insectes ou mollusques. Après avoir accumulé d'importantes réserves graisseuses, elles hibernent en groupes d'octobre à avril, dans des nids profonds et douillets. En mai naissent des portées de trois ou quatre jeunes, qui ne quitteront leurs parents qu'au bout de deux ans.

Trapue, elle ressemble un peu à un ourson. Elle mesure de 60 à 90 cm, dont 13 à 20 cm de queue.

Niverolle des Alpes

Montifringilla nivalis

Un oiseau de 17,5 cm. Le mâle (ci-contre) se reconnaît à sa gorge noire et à son bec, noir au printemps.

La niverolle, ou pinson des neiges, vit à haute altitude dans les Alpes, et également dans les Pyrénées. Son nid se trouve sur les parois escarpées, mais elle se nourrit d'insectes et de graines sur les pelouses rases, en général à la limite de la neige. C'est une espèce sociable qui se regroupe, à la fin de la nidification, en bandes dépassant souvent la centaine d'individus. L'hiver venu, la niverolle se rapproche de l'homme.

Soldanelle des Alpes

Soldanella alpina

Les fleurs en clochettes, à bords profondément frangés, de la soldanelle des Alpes se frayent parfois un chemin dans les névés du début du printemps. Leurs hampes fragiles parviennent à les percer sur une épaisseur de plusieurs centimètres, grâce à la production de chaleur due à la respiration de la plante. Celle-ci mesure de 5 à 12 cm.

Les feuilles sont arrondies ou en cœur, à limbe épais et coriace.

Lagopède alpin

Lagopus mutus

Le lagopède, encore appelé perdrix des neiges, vit dans les Alpes et les Pyrénées, à plus de 2 000 m d'altitude. Il change de plumage trois ou quatre fois par an – en hiver, il apparaît tout blanc – afin d'adapter son camouflage aux modifications de son environnement. Si l'on arrive à le repérer, le lagopède se laisse facilement approcher. La principale menace qui pèse sur lui est liée à la surfréquentation touristique de ses zones d'hivernage, en particulier lors de l'implantation de nouvelles stations de sports d'hiver.

Le mâle (35 cm) en plumage nuptial

La femelle est plus claire que le mâle.

Salamandre de Lanza

Salamandra lanzai

Elle mesure 16 cm.

On ne sait encore que peu de choses sur cette salamandre montagnarde puisque sa première description date de 1988. Appelée aussi grande salamandre noire – elle l'est intégralement –, elle a des pattes munies de doigts partiellement palmés. Elle occupe une zone très réduite (quelques kilomètres carrés à peine), au sud-ouest du massif alpin, dont la partie française est située dans le massif du Queyras. Cette salamandre vit dans les prairies entre 1 500 et 2 000 m d'altitude. Confrontée à un climat rigoureux, elle hiverne pendant plusieurs mois. L'été, elle mène une vie partiellement nocturne, restant cachée sous une pierre la plus grande partie de la journée. Il est assez rare de pouvoir observer cette mystérieuse salamandre.

Edelweiss

Leontopodium alpinum

Cette plante remarquable, devenue le symbole des Alpes, forme des touffes sur les rochers calcaires, sur les pelouses et les pâturages de haute montagne, généralement au-dessus de 2 000 m. Un duvet cotonneux blanc grisâtre la recouvre entièrement, la protégeant de l'intense rayonnement solaire. En France, la cueillette de l'edelweiss est strictement réglementée.

La fleur est un groupe d'inflorescences entourées de bractées laineuses.

Hauteur : de 5 à 20 cm

Anechura bipunctata

Ce petit perce-oreille est commun dans les montagnes françaises, de 500 à 2 500 m. Il se rencontre, de juin à octobre, dans les milieux herbacés, sous les pierres et les bouses de vache sèches. Omnivore, il s'alimente aussi bien de débris végétaux que de petites larves. La femelle pond entre dix-huit et vingt-cinq œufs, déposés dans une cavité creusée sous un abri. Son comportement parental est étonnamment développé pour un insecte : elle surveille, brosse et rassemble ses œufs très régulièrement, et porte un soin attentif aux jeunes larves. L'adulte fait entre 1 et 1,5 cm de long.

Les pinces du mâle mesurent environ 5 mm.

Musaraigne alpine

Sorex alpinus

La queue est aussi longue que le corps et la tête (6 à 8 cm).

La présence de cette musaraigne est liée à la montagne. On peut la rencontrer en France, dans les Alpes, jusqu'à 2 400 m. Vivant dans les rochers, elle fréquente souvent les rives des torrents et les bois de conifères, ce qui la rend difficile à observer. Grimpeuse et sauteuse habile, elle se sert de sa queue assez longue comme d'un balancier et d'un soutien. Comme toutes les musaraignes, elle consomme surtout des invertébrés : insectes, crustacés, arachnides et mollusques. Les femelles ont deux ou trois portées par an, entre la fin du printemps et le début de l'automne.

Pulsatille des Alpes

Pulsatilla alpina

On peut admirer entre mai et juillet, dans les prairies d'altitude, les grandes fleurs de la pulsatille, ou anémone, des Alpes. Solitaire au sommet de la tige, chaque fleur possède un périanthe de six ou sept tépales blancs souvent teintés de rose à l'extérieur, disposés en étoile. Les fruits se prolongent en une longue arête plumeuse qui sert à leur dissémination et forme un pompon bien caractéristique. Le nom de cette espèce, du latin *pulsare,* agiter, évoque probablement l'action du vent sur les fruits.
Après la floraison, des feuilles très divisées et longuement pétiolées apparaissent à la base de la plante. Sur la tige, trois feuilles semblables aux précédentes, mais pourvues d'un court pétiole, forment un involucre sous la fleur. La plante est très velue, surtout lorsqu'elle est jeune.

La pulsatille des Alpes est une plante toxique.

Hauteur : 10-50 cm

Vératre blanc

Veratrum album

C'est une plante vivace, à tige épaisse et très poilue, qui dépasse souvent 1 m de haut. Ses feuilles, alternes, sont larges, plissées et embrassantes. Les fleurs apparaissent en juillet-août et forment un long panicule. Le vératre blanc est extrêmement dangereux pour l'homme et pour le bétail. La vératrine contenue dans sa souche est une substance vomitive, toxique et qui, à forte dose, fait chuter la pression sanguine. On le rencontre dans les prairies et les pâturages entre 800 et 2 400 m d'altitude. C'est une espèce protégée en Alsace et en Lorraine.

Les feuilles sont poilues dessus, glabres dessous.

Daboecie cantabrique

Daboecia cantabrica

Il fait de 10 à 70 cm de haut.

Ce petit sous-arbrisseau étalé, sempervirent, ressemble à une bruyère. Les feuilles, coriaces, sont enroulées sur les bords, luisantes au-dessus et blanchâtres en dessous. Les fleurs, en grappes courtes, de couleur rose-pourpre, apparaissent de juin à octobre et sont pollinisées par les insectes. On appelle également cette plante bruyère de Saint-Daboec, en souvenir d'un saint irlandais. Elle est répartie dans les Pyrénées atlantiques et dans quelques stations du Centre-Ouest.
C'est une plante rare qui est inscrite sur la liste nationale des espèces protégées.

Aigle royal

Aquila chrysaetos

Seigneur incontesté de la haute montagne, l'aigle royal est craint par nombre de ses sujets. Marmottes, lièvres, jeunes chamois et chevreuils, oiseaux de toute sorte font partie de ses victimes. Il n'attaque que par surprise, en plongeant de très haut ou en rasant lentement les pentes herbeuses. Il existe près de trois cents couples en France, répartis entre les Pyrénées, les Alpes, les Cévennes et la Corse. L'espèce est sédentaire, mais les jeunes errent parfois longtemps avant de découvrir un territoire vacant. L'aigle royal construit son nid, un énorme assemblage de branchages, entre 1 000 et 2 000 m d'altitude, sur le flanc d'une falaise ou au sommet d'un pin. Deux œufs y sont pondus en mars-avril.

Les jeunes ont des marques blanches sous les ailes.

Le mâle mesure 80 cm, la femelle en fait 90. Leur plumage est identique.

Forficule de Bonelli

Chelidura pyrenaica

On rencontre ce forficule, ou perce-oreille, d'août à octobre vers 2 000 m d'altitude. L'accouplement est précédé d'une parade nuptiale plus ou moins longue. Une fois prête à pondre, la femelle creuse dans la terre une cavité où elle dépose ses œufs. Elle assure ensuite leur protection, n'hésitant pas au besoin à tuer les mâles qui s'approchent trop près. Elle porte en outre des soins attentifs à ses œufs, les brossant et les léchant pour éviter toute infection. Mais le comportement maternel ne s'arrête pas là. Cette mère attentionnée, qui accepte parfois de s'occuper des pontes d'autres femelles, nourrira ensuite seule ses jeunes.

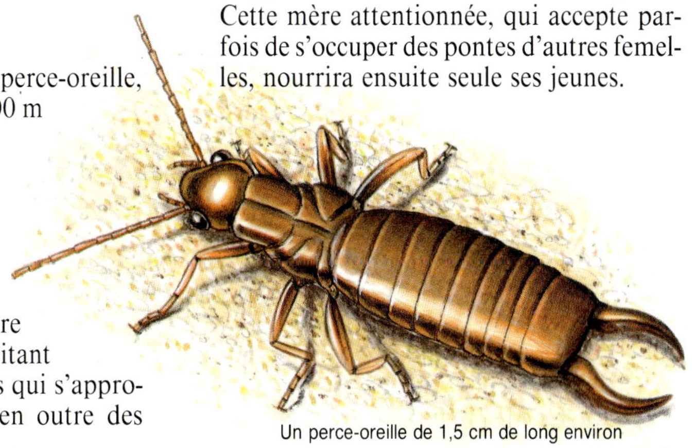

Un perce-oreille de 1,5 cm de long environ

Carabe resplendissant

Chrysocarabus splendens

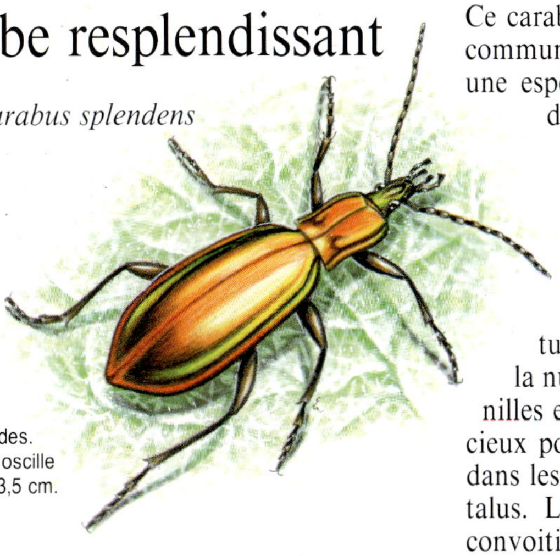

Cet insecte est menacé par l'usage non contrôlé des insecticides. Sa longueur oscille entre 2,5 et 3,5 cm.

Ce carabe est un insecte forestier surtout commun dans les Hautes-Pyrénées. C'est une espèce remarquable pour ses élytres dorés à reflets verdâtres ou rouge cuivré selon les sous-espèces. Il ne vole pas, mais court rapidement. Pour se défendre, il expulse par l'anus un liquide corrosif à base d'acide butyrique. Adultes et larves sont nocturnes. Très carnassiers, ils chassent la nuit limaces, escargots, vers ou chenilles et se montrent des auxiliaires précieux pour l'agriculture. L'adulte hiverne dans les souches ou les anfractuosités des talus. La beauté de ce carabe attire la convoitise de nombreux collectionneurs.

Ours brun

Ursus arctos

Cet élément encombrant du patrimoine naturel a bien du mal à cohabiter avec l'homme, qui est sensé assurer sa protection. Présent à l'origine dans toutes les forêts françaises, l'ours a disparu des Alpes il y a cinquante ans. Il subsiste en très petit nombre dans les Pyrénées. Généralement solitaire, il se déplace sur un vaste territoire. Omnivore, il se nourrit de végétaux et de fruits, mais fait preuve d'opportunisme, s'attaquant parfois aux animaux domestiques. Il doit accumuler des réserves pour hiberner dans de bonnes conditions. Très petits et aveugles, deux ou trois jeunes naissent tous les deux ans, pendant l'hibernation.

La mâle pèse de 90 à 150 kg pour une taille de 1,50 m à 2,50 m.

Grand tétras

Tetrao urogallus

Farouche et discret, le grand tétras hante les vieilles forêts montagnardes de conifères. De mars à mai, les mâles se rassemblent à l'aube sur des places de chant, situées en lisière ou dans des clairières. En dehors de cette période intense, le tétras vit retiré et sa présence n'est souvent attestée que par ses crottes caractéristiques, tubulaires et de la taille d'un doigt. En hiver, on le trouve parfois sur les pistes forestières en train de picorer les gravillons qui participent, par broyage, à la digestion de son repas d'aiguilles de pin.

Le mâle (85 cm) est le plus gros oiseau forestier.

Nigritelle noire

Nigritella nigra

Cette orchidée vivace, de 8 à 15 cm, atteint parfois 25 cm. Son inflorescence en pompons pyramidaux sombres et veloutés n'en fait pas la vedette des fleurs de montagne et il faut s'en approcher suffisamment pour apprécier son délicat parfum de vanille. Ses deux tubercules palmés ont donné naissance à certains de ses noms populaires (main de gloire, main du diable, marette). Elle habite les pelouses subalpines des Pyrénées, mais aussi du Jura et des Alpes, entre 1 000 et 2 600 m.

Les feuilles sont linéaires et à nervures parallèles. La tige est anguleuse et porte un seul épi.

Semilimax pyrenaicus

Une petite limace de moins de 2 cm

Comme son nom le suggère, cette sorte de limace habite les Pyrénées, de l'Ariège à l'Atlantique. On la trouve dans les lieux humides, parmi les pierres. Sa coquille ne lui permet pas de s'abriter. Elle représente une situation intermédiaire entre l'escargot et la limace, dont la coquille se réduit à une petite plaque interne.

Isard

Rupicapra pyrenaica

L'isard fréquente toute la chaîne des Pyrénées. Les spécialistes le considéraient autrefois comme une des nombreuses sous-espèces du chamois (voir p. 298), malgré sa taille inférieure et sa robe plus claire. En hiver, il présente une bande noire caractéristique sur le cou et la poitrine. Sa biologie est très semblable à celle du chamois. Les différences observées dans le comportement sont dues aux spécificités climatiques et écologiques des Pyrénées.

Crocus printanier

Crocus vernus

Plante bulbeuse de 6 à 20 cm, le crocus printanier fleurit dès que la neige commence à fondre. Et plus celle-ci a longuement détrempé la terre, plus la floraison est belle. Crocus vient de *croké,* nom donné par les Grecs au safran culinaire *(Crocus sativus)*, dont le crocus est un proche parent. Plante à la fois médicinale et aromatique, le safran fut introduit en France au temps des croisades. Le crocus printanier est également cultivé comme plante ornementale. Il en existe de nombreuses variétés horticoles.

Les fleurs apparaissent blanches, bleues ou mauves.

Rosalie des Alpes

Rosalia alpina

L'adulte se nourrit de sève.

La rosalie des Alpes, qui mesure de 1,5 à 4 cm de long, est l'un des plus beaux coléoptères d'Europe. Ses élytres, couverts de poils bleu pâle et de poils noirs, rappellent le velours. Chez le mâle, les antennes sont plus longues que le corps ; chez la femelle, elles ont la même longueur. L'aspect de la rosalie des Alpes lui vaut d'être très recherchée par les collectionneurs, bien qu'elle soit intégralement protégée en France. Elle fréquente surtout les forêts montagnardes de feuillus mixtes dans la moitié inférieure de la France, où on la trouve sur les hêtres. Présente également en Charente-Maritime, elle y vit sur les frênes têtards. Dans les Pyrénées, la femelle dépose ses œufs sous l'écorce des vieux hêtres. Après plusieurs années passées dans le bois ou les souches pourries, les larves se nymphosent à quelques centimètres sous terre. Les adultes volent de juin à septembre.

Un peu plus petit que le chamois, l'isard mesure entre 0,90 et 1,20 m.

Iris des Pyrénées

Iris xiphioides

Cet iris, qui mesure entre 30 et 70 cm, possède des feuilles linéaires d'une largeur de 3 cm et d'une longueur pouvant atteindre 50 cm. Leur forme a donné son nom à l'espèce : *xiphioides* signifie petit glaive en grec. En période de floraison (juin-juillet), l'inflorescence porte deux ou trois fleurs bleu violacé, marquées de jaune au centre. La plante est signalée uniquement dans les Pyrénées centrales.

Le bulbe, assez gros, est enveloppé de fibres brunes.

Chardon des Pyrénées

Eryngium bourgati

Le chardon des Pyrénées vit dans des stations comprises entre 1 000 et 2 000 m d'altitude.

Les panicauts, ou *Eryngium,* sont des plantes vivaces de la famille des ombellifères. Le chardon des Pyrénées mesure entre 20 et 40 cm. Ses feuilles, glauques, sont dures et portent des segments épineux. Ses petites fleurs violettes forment des capitules denses aux bractées à pointes très acérées. Elles sont tellement gorgées de nectar que les abeilles les butinent jusqu'à ce que la nuit les surprenne. À tel point que des apiculteurs ont fini par surnommer le chardon « cabaret des abeilles ». C'est une plante des Pyrénées très décorative.

Colchique des Pyrénées

Merendera bulbocodium

Une petite plante de 10 à 15 cm

Le colchique des Pyrénées est une plante vivace, à bulbe ovale enveloppé de téguments noirâtres. Les feuilles apparaissent après les fleurs. Elles sont linéaires, obtuses au sommet et plus courtes que le pédoncule floral. Les fleurs sont grandes, souvent solitaires, parfois par deux, et émergent au ras du sol, s'étalant en étoile avec ses six pétales libres de couleur rose. Le colchique colonise les pelouses pastorales en compagnie du vératre blanc (voir p. 308). Les deux plantes produisent des fleurs remarquables, bourdonnantes d'insectes.

Desman

Galemys pyrenaicus

Cette drôle de taupe aquatique a tout pour surprendre ! C'est une espèce unique en son genre, qui n'a qu'un cousin : le desman russe. Quand il est hors de l'eau, le desman ressemble à une boule de poils mouillés. Mais, dans l'eau, il nage avec habileté grâce à ses pattes arrière fortement palmées. Il s'accroche au fond des torrents à l'aide de ses griffes aiguës. Sa trompe, plate et très mobile, est surprenante, d'où son autre nom de rat trompette. Ajoutez à cela des yeux microscopiques et une absence d'oreilles ! Découvert au siècle dernier, le desman est une espèce endémique et protégée des Pyrénées.

Euprocte des Pyrénées

Euproctus asper

Cet euprocte vit surtout dans les torrents et les lacs aux eaux claires, fraîches et bien oxygénées. En Ariège, certaines populations vivent dans des grottes et sont alors dépigmentées. Contrairement aux populations vivant à l'extérieur, elles sont aquatiques toute l'année. Leurs larves peuvent mesurer jusqu'à 9,5 cm.

Sa longueur totale peut atteindre 16 cm.

Cristivomer

Salvelinus namaycush

Originaire du continent nord-américain, le cristivomer fut amené en Europe en 1881 sous la forme d'œufs. Les premières introductions eurent lieu dans les lacs d'altitude des Pyrénées, puis, plus récemment, dans ceux des Alpes et du Jura. Ce poisson se reproduit en hiver, lorsque la température de l'eau est inférieure à 10 °C. La période d'incubation durant entre quinze et vingt et une semaines, l'éclosion des œufs a lieu en mars-avril.

Appelé aussi omble du Canada, il mesure entre 35 et 40 cm, pour un poids de 4 kg. Il atteint sa maturité sexuelle vers six ans.

Dès qu'il sort de l'eau, le desman (25 cm environ, dont 12 cm de queue) s'ébroue et presse son pelage pour en chasser l'eau. Sans cet « essorage », il ne saurait résister au froid accumulé dans sa fourrure mouillée.

Il trouve sa nourriture dans l'eau, en explorant le fond avec sa trompe ou en happant insectes et crustacés au passage.

Arcyptera fusca

Ce criquet chanteur habite aussi bien les Alpes que les Pyrénées. Herbivore, il affectionne particulièrement les herbages ensoleillés, où on le rencontre du mois de juillet au mois d'octobre. Ses ailes réduites ne lui permettent pas de voler. La première paire est étroite, rigide, et forme des élytres. Le chant du mâle est produit par le frottement des pattes postérieures sur le bord des élytres. La femelle d'*Arcyptera fusca* est plus grosse que le mâle. Chaque espèce de criquet a un chant qui lui est propre : crépitements, craquements, bruissements divers sont modulés selon une séquence stéréotypée.

Le mâle mesure entre 2 et 4 cm.

Polystic en forme de lance

Polystichum lonchitis

Cette grande fougère aux frondes lancéolées de 20 à 40 cm de long possède un limbe vert foncé coriace et luisant. Chaque fronde est divisée en lobes (pennes) très fortement dentés, en forme de faux, possédant une petite excroissance verticale (oreillette) à la base. À l'état jeune, cette fougère peut être confondue avec d'autres espèces de polystics. Ses stations de prédilection sont les terrains rocailleux, les éboulis ou les fissures des rochers. Elle supporte aussi bien les sols calcaires que siliceux en situation éclairée ou très ombragée.

Grande astrance

Astrantia major

La grande astrance est une plante vivace et robuste. Ses ombelles simples, régulières, en têtes serrées, possèdent à leur base une collerette de grandes bractées blanches ou roses, disposées en étoile autour des fleurs. De là vient le nom du genre, *Astrantia,* du latin *aster,* qui signifie étoile. C'est une bonne plante mellifère, que les abeilles butinent de juin à septembre. La grande astrance est répandue dans les Pyrénées, mais aussi dans le Jura, les Alpes et le Massif central, à des altitudes comprises entre 600 et 2 000 m. Elle préfère les terrains calcaires et humides des prairies, des lisières forestières et des bois frais. Très décorative, elle est également cultivée comme plante ornementale, au même titre qu'*Astrantia minor,* une espèce alpine très proche et plus petite. Toutes deux conviennent bien aux rocailles des jardins.

Elle atteint 1 m de haut.

Les feuilles de la base sont divisées en trois à sept segments ovales et dentés.

Moiré de la canche

Erebia epiphron

Le moiré de la canche est un papillon très variable que l'on nomme parfois petit nègre à bandes fauves. Il vit dans les montagnes jusqu'à 2 500 m. Il s'observe surtout au-dessus de la ceinture des forêts, dans les alpages ensoleillés, où il vole lentement de juin à août et se pose sur les plantes. La nuit, ou par mauvais temps, il se réfugie parmi les hautes herbes et les graminées. La chenille, verte avec des rayures claires, éclôt après onze à vingt jours d'incubation. Elle hiverne, puis, dès la fonte des neiges, recommence à s'alimenter, principalement de graminées, dont la canche flexueuse. En juin, elle se métamorphosera en chrysalide.

Un papillon de 4,5 cm d'envergure

Femelle

Le mâle est plus sombre.

Lézard des Pyrénées

Lacerta bonnali

Ce lézard de 15 à 21 cm recherche les endroits rocheux et humides.

C'est le lézard le plus rare et le plus mal connu de notre faune. Il ne vit que dans quelques secteurs élevés et difficilement accessibles de la chaîne pyrénéenne. C'est un vrai montagnard qui affectionne les rochers et les éboulis pierreux situés entre 1 800 et 2 500 m. Devant affronter un climat rigoureux, il n'est actif que pendant une durée très limitée de l'année. Le lézard des Pyrénées ressemble beaucoup au lézard des murailles (voir p. 367), bien que les jeunes aient souvent la queue bleue, ce qui permet de les identifier.

Vautour fauve

Gyps fulvus

Espèce typiquement montagnarde, le vautour fauve est exclusivement charognard et se nourrit surtout de cadavres de grands mammifères. Son rôle d'éboueur étant devenu inutile dans la société moderne, il a vu ses effectifs chuter au cours du siècle. Bien que sédentaire, il arrive au vautour fauve de suivre en été la transhumance des troupeaux. L'espèce ne vit plus que dans la moitié ouest des Pyrénées, où sa population est en lente progression. Depuis qu'elle a été réintroduite dans les Cévennes, les effectifs français avoisinent les trois cents couples.

Le long cou de ce vautour de 1 m est serpentiforme.

Apollon

Parnassius apollo

Ce grand papillon blanc est une espèce typiquement montagnarde. Il vole très lentement, uniquement en plein soleil, audessus de 700 m d'altitude. Par temps couvert, il est incapable de s'envoler. S'il est alors dérangé, il écarte rapidement ses ailes antérieures et découvre les quatres ocelles rouges de ses ailes postérieures. Simultanément, il frotte ses pattes contre ses ailes postérieures, produisant un crissement bien perceptible. L'apollon compte parmi les papillons protégés en France.

Les populations de ce beau papillon de 8 cm d'envergure sont très localisées et méritent la protection de chacun.

Joubarbe des montagnes

Sempervivum montanum

Hauteur : 5-15 cm

Les feuilles de cette petite plante vivace sont épaisses, charnues et réunies à la base en rosettes denses, semblables à des artichauts. La fleur est relativement grande, pubescente, formée de nombreux pétales rose foncé. La plante colonise les roches et les talus d'éboulis ensoleillés et secs, exposés au vent. Souvent déracinées et transportées plus loin, les rosettes reprennent racine par leurs stolons. C'est une plante ornementale et certaines variétés horticoles sont utilisées en mosaïculture.

Myrtille

Vaccinium myrtillus

C'est un sous-arbrisseau de 20 à 60 cm, caducifolié, qui peut vivre plus de trente ans. Se marcottant naturellement, il forme parfois des surfaces ininterrompues, d'un vert tendre, dans les clairières forestières. Le fruit, riche en vitamines B et C à l'état frais, est très utilisé dans la confiserie, la pâtisserie et la fabrication de liqueurs. Les animaux de la forêt, aussi différents soient-ils, participent également au festin : grives, coqs de bruyère, renards pour les fruits, chevreuils et cerfs pour la plante entière. Preuve en est, les déjections animales aux couleurs bleu violacé, qui sont caractéristiques du fruit.
C'est une plante connue pour ses vertus médicinales, employée notamment dans le traitement des troubles intestinaux.

Les fleurs, pendantes, apparaissent en juin et juillet, solitaires ou par deux.

Le fruit mûrit en juillet-août. Il renferme plusieurs graines.

Dryade à huit pétales

Dryas octopetala

Cette petite plante de 5 à 15 cm, de croissance très lente, peut vivre centenaire. Abondantes dans les montagnes à partir de 1 200 m d'altitude, plus rares en plaines à climat froid, les dryades forment des tapis toujours verdoyants et entretiennent l'ambiance humide et fraîche du sol, nécessaire à la germination des graines des espèces sylvicoles. Les feuilles, crénelées, semi-persistantes, ressemblent à celles du chêne, et cette analogie a valu à la plante son nom savant de *Dryas* (du grec *drus,* chêne) et un de ses noms populaires : chênette. Elles sont coriaces, tapissantes et peuvent rester vivantes l'hiver sous la neige. Aux grandes fleurs blanches succèdent des fruits surmontés d'une longue arête plumeuse, dispersés par le vent. La dryade à huit pétales, qui croît également dans les Alpes et le Jura, entre en une large proportion dans la composition du thé des Alpes.

La floraison a lieu en juin et juillet.

Vautour percnoptère

Neophron percnopterus

C'est un petit vautour migrateur de 55 à 70 cm qui fréquente les zones montagneuses du sud de la France, entre les mois de mars et de septembre.
Dans le groupe des vautours, la hiérarchie est de règle et c'est le plus fort qui a droit à la plus grande part. La faible taille du percnoptère ne lui permettant pas d'avoir accès le premier aux carcasses, il doit se contenter des restes... La nature l'a heureusement doté d'un régime omnivore : il est aussi consommateur d'œufs, d'insectes, d'excréments et de déchets ménagers.

Petite cigale montagnarde

Cicadetta montana

Cette cigale est commune l'été en montagne, mais on la rencontre localement dans diverses régions. Le mâle émet un chant discret, mélodieux et continu du lever au coucher du soleil. L'adulte vit sur les arbres et les buissons. Les larves vivent sous terre aux dépens des racines.

Son corps fait 1,8 cm de long.

Son œil perçant lui permet de repérer ses proies de très haut.

Au repos, il a l'allure d'une grosse poule ou d'une dinde.

Pensée à deux fleurs

Viola biflora

La pensée à deux fleurs, ou violette jaune, est une plante vivace et rampante qui pousse en groupe dans les lieux humides, tels que le bord des ruisseaux ou les bois ombragés et, parfois, dans les grottes. Sa tige délicate et grêle porte à la base des feuilles longuement pétiolées et, au sommet, une inflorescence à deux fleurs jaune d'or. De près, on remarque que cette fleur élégante est striée de noir. La floraison a lieu de juin à juillet dans les massifs corses, mais aussi dans les Alpes, le Jura et les Pyrénées, sur les étages subalpin et alpin, à des altitudes comprises entre 1 200 et 2 700 m.

Elle ne dépasse pas 25 cm de haut.

Saxifrage à feuilles rondes

Saxifraga rotundifolia

Le genre *Saxifraga* appartient presque exclusivement à la montagne. Ne faisant pas exception, la saxifrage à feuilles rondes est fréquente dans les zones montagneuses, notamment en Corse, à partir de 500 m d'altitude. Elle préfère les lieux humides et ombragés des prairies et des forêts fraîches. C'est une plante vivace de 20 à 60 cm de haut. Elle donne des fleurs aux pétales blancs, tachés de jaune à la base et de rouge vers l'extrémité. Les insectes en assurent la pollinisation. La dissémination se fait par les oiseaux. Elle croît aussi dans la plupart des massifs montagneux français.

La floraison a lieu entre juin et août.

Truite à grosses taches

Salmo trutta macrostigma

La truite à grosses taches se distingue de la truite fario (voir p. 122) par sa taille plus réduite, des taches noires sur les flancs et la présence d'un large point sombre en arrière de l'œil. Elle était présente autrefois dans la majorité des cours d'eau corses, où elle trouvait des conditions favorables à sa reproduction. Mais, dans les années 1940-1950, les campagnes aériennes de démoustication au DDT, organisées pour lutter contre les anophèles (vecteurs du paludisme), puis l'introduction pour la pêche de la truite fario ont cantonné l'espèce dans les régions de haute montagne.

Elle mesure une vingtaine de centimètres et se nourrit d'insectes.

Euprocte de Corse

Euproctus montanus

Sa peau est plutôt lisse et il dépasse rarement 9 cm de long. Le mâle a des éperons émoussés sur les pattes arrière.

L'euprocte de Corse n'existe que sur l'île de Beauté. On le trouve depuis le niveau de la mer jusqu'à une altitude de 2 250 m. Cet amphibien ne s'éloigne jamais beaucoup de l'eau, appréciant particulièrement les berges rocailleuses et se reproduisant, d'ailleurs, dans le milieu aquatique.
À la saison des amours, les euproctes gagnent les eaux fraîches et oxygénées des torrents. Quelque temps plus tard, la femelle pond des œufs, qu'elle fixe sur une pierre, à la surface de l'eau. Elle surveillera sa ponte avec vigilance, comportement maternel rare chez nos amphibiens. L'euprocte de Corse n'a pas de poumons : il respire par la peau et la cavité buccale.

Discoglosse sarde

Discoglossus sardus

Le discoglosse sarde aime la vie des îles : il habite la Corse, la Sardaigne, les îles d'Hyères et celles de l'archipel toscan. Il a l'aspect d'une petite grenouille (longueur totale : 5-7 cm). Très lié au milieu aquatique, il ne s'en éloigne guère. On le rencontre en bord de mer (il supporte l'eau saumâtre) mais surtout dans les eaux froides des ruisseaux à fort courant, jusqu'à une altitude de 1 200 m. Au cours de la saison de reproduction, la femelle peut déposer jusqu'à quatre pontes (soit plus de 3 600 œufs). Le discoglosse sarde est très vorace. Hormis les insectes et les araignées, qui composent l'essentiel de son menu, il lui arrive de dévorer des lézards, voire des jeunes de sa propre espèce. Lorsque le froid arrive, il quitte son environnement aquatique et hiberne sous des pierres ou dans un terrier. En captivité, le discoglosse sarde peut vivre neuf ans.

Ocydromus praestus

Les carabes forment une grande famille de coléoptères agiles, munis de fortes mâchoires, et redoutables prédateurs. La plupart des espèces n'ont pas d'ailes, mais des élytres soudés qui recouvrent leur abdomen. Leur grande diversité a conduit les zoologistes à les subdiviser en sous-familles. *Ocydromus praestus* appartient à une sous-famille qui habite les bords de rivière. Lui-même se rencontre sur les bords sablonneux des ruisseaux montagneux du sud de la France et de la Corse.

Les antennes, en fouet, sont implantées entre l'œil et la mâchoire. Les élytres sont striés.

Immortelle des frimas

Helichrysum frigidum

Des touffes
de 5 à 15 cm de haut

Les immortelles tiennent leur nom de genre du latin *Helichrysum,* « soleil d'or », en raison de la beauté de leurs capitules. Ce sont des plantes vivaces originaires de la Méditerranée occidentale. Très aromatiques, elles dégagent une odeur proche de celle du curry lorsqu'on les froisse. L'immortelle des frimas forme des touffes souvent plaquées sur les rochers. Elle fleurit de juin à août, et la fleur persiste bien au-delà sans se faner. C'est à cela que la plante doit son nom d'immortelle. Elle colonise les crevasses et les fentes des rochers des hautes montagnes corses, où elle abonde. C'est une espèce protégée.

Campagnol des neiges

Microtus nivalis

Un petit rongeur de 10 à 15 cm, pour un poids de 10 à 65 g

Le campagnol des neiges est un rongeur montagnard vivant parfois au-dessus de 3 000 m, dans les éboulis et les pâturages d'altitude bien exposés. On peut également le trouver à basse altitude, dans les milieux rocheux qui lui sont favorables. Il creuse peu, mais explore les pierriers, dans lesquels il fait son nid sous forme d'une petite boule d'herbes sèches. Essentiellement végétarien et granivore, le campagnol des neiges profite cependant de la nourriture qu'il trouve à proximité des chalets ou sur le passage des randonneurs. Peu farouche, il est facile à observer car, contrairement aux autres campagnols, il est diurne et ne craint pas le soleil. Nettement moins prolifique que les autres espèces de micromammifères, il ne met au monde que deux portées de quatre jeunes par an en moyenne. Ses principaux prédateurs sont l'hermine et les grands rapaces.

Vipère d'Orsini

Vipera ursinii

Cette vipère est notre plus petit serpent : les plus grands individus ne dépassent pas 50 cm. Elle habite les prairies sèches parsemées de quelques rocailles et de buissons de genévrier, entre 1 000 m et 2 000 m d'altitude. Soumise à un climat rigoureux, elle hiberne longuement (plus de six mois), parfois sous plusieurs mètres de neige. La vipère d'Orsini se nourrit essentiellement de criquets et de sauterelles, et parfois de lézards des murailles (voir p. 367). Plus peureuse qu'agressive, elle ne mord que si on la saisit. Son venin est sans danger pour l'homme.

Genévrier nain

Juniperus communis ssp. nana

La tribu des genévriers comprend des arbres et arbustes à aiguilles persistantes, épineuses ou très rudes, appliquées sur les rameaux. La sous-espèce naine, qui remplace le genévrier commun en altitude, est un arbrisseau sempervirent, à port très rameux, couché sur le sol, d'une hauteur de 0,50 à 1,50 m. Ses feuilles en aiguilles courtes, plus larges et plus glauques, ne sont pas piquantes. Son fruit, un cône charnu noir bleuâtre et très aromatique, est utilisé en charcuterie et en liquoristerie. Le genévrier nain est un arbrisseau très rustique. Il fréquente les sols rocheux dans des conditions très sèches.

C'est une espèce dioïque.

Livèche de Corse

Ligusticum corsicum

D'assez petite taille dans les garrigues et les éboulis (8 à 20 cm), la livèche de Corse atteint parfois 60 cm lorsqu'elle croît sur les rochers. Espèce endémique en Corse, elle trouve son développement optimal sur le versant sud de l'étage alpin, entre 1 500 et 2 000 m d'altitude. Indifférente à la nature du sol, elle supporte de fortes gelées sur les pelouses alpines. Son nom, du grec *lygistikon* ou du latin *ligusticum,* était attribué dans l'Antiquité à une ombellifère qui poussait en Ligurie. La floraison de la livèche de Corse s'étale de juin à août et se prolonge même, dans certains cas, jusqu'au mois de septembre.

Elle ne se développe que si elle est protégée par la neige.

Gypaète barbu

Gypaetus barbatus

C'est une espèce rare – une vingtaine de couples en France – vivant en solitaire, à l'inverse des autres vautours, qui sont coloniaux. Il possède la remarquable faculté de faire tomber des os sur les rochers pour les briser et en déguster la moelle. Cela lui permet d'exploiter les squelettes des mammifères délaissés par d'autres charognards. Le gypaète barbu est présent en Corse, mais aussi dans les Pyrénées.

Un vautour de 1,10 m de long pour 2,60 m d'envergure.

Les deux sexes sont identiques.

Pin laricio de Corse

Pinus nigra ssp. laricio

Le pin laricio de Corse est une espèce endémique corse à grande souplesse écologique, introduit pour cette raison dans toute la France continentale comme essence de reboisement. À l'état naturel, cet arbre imposant de 50 m de haut pousse à des altitudes comprises entre 700 et 1 800 m sur l'île de Beauté. La dénomination de pin laricio désigne plusieurs autres espèces de pins morphologiquement très proches.

Les aiguilles, souples et vrillé apparaissent par paires.

Porte-queue de Corse

Papilio hospiton

Le porte-queue de Corse est un grand papillon de 7,5 à 10 cm d'envergure, coloré de jaune et de noir, avec des points bleus et rouges sur les ailes postérieures. Il est proche du porte-queue vivant en France continentale : le machaon (voir p. 226). La chenille possède de puissantes mâchoires broyeuses, idéales pour dévorer le feuillage des plantes. Elles lui permettent de découper une feuille du bord jusqu'aux nervures en quelques instants. L'adulte se nourrit du nectar d'un grand nombre de fleurs. Il est attiré non seulement par leur parfum mais aussi par leurs couleurs. Sa vision, très développée, capte également la lumière ultraviolette.

Il vole du littoral jusqu'à 2 000 m.

Chocard à bec jaune

Pyrrhocorax graculus

Dans les hauteurs inaccessibles des montagnes, d'importantes bandes de corvidés exécutent d'interminables acrobaties aériennes, accompagnées de sifflements roulés qui résonnent sur les parois rocheuses. Ce sont les chocards, dénommés à tort choucas par la plupart des montagnards. En dehors de la période de reproduction, c'est surtout la nuit que ces oiseaux fréquentent les parois escarpées. Dans la journée, ils descendent dans la vallée en petits groupes car ils recherchent souvent leur nourriture dans le voisinage de l'homme. L'espèce est commune en Corse, mais également dans les Alpes et les Pyrénées.

Mâle et femelle sont identiques (37 cm).

Benoîte des montagnes

Geum montanum

Les feuilles sont pourvues de trois lobes.

La benoîte des montagnes est une plante vivace, répandue entre 1 000 et 2 800 m en Corse, mais aussi dans les Alpes, les Pyrénées et le Massif central. Son habitat est situé dans les prairies, les rochers et les bois clairsemés. Elle mesure entre 5 et 40 cm de haut, et sa tige porte une seule grande fleur jaune à son extrémité. La plante, bonne mellifère, est pollinisée par les insectes, surtout les abeilles, en période de floraison, qui a lieu de juillet à août. Le fruit (akène) est surmonté d'une longue arête plumeuse, que le vent disperse à maturité.

Impératoire

Peucedanum ostruthium

Grande plante vivace de 0,40 à 1 m, l'impératoire possède un rhizome annelé d'où émergent de nombreux stolons. Comme la plupart des ombellifères, elle est très aromatique et dégage, surtout de ses parties souterraines, une forte odeur de céleri et d'angélique. Assez commune en Corse, dans les Alpes, le Massif central et les Pyrénées, à des altitudes comprises entre 1 400 et 2 700 m, elle préfère le bord des ruisseaux et les prairies à hautes herbes. Connue depuis fort longtemps pour ses vertus médicinales, elle stimule la sécrétion des sucs digestifs. Sa racine est considérée comme un contrepoison et un remède aux morsures de chien.

Elle aime les sols humides et frais.

Lézard de Bedriaga

Lacerta bedriagae

Le lézard de Bedriaga est le seul reptile de Corse à vivre du bord de la mer au plus haut sommet de l'île. Ce n'est donc pas véritablement un lézard montagnard. Il aime cependant les grands blocs rocheux presque dépourvus de végétation et parsemés de failles. Excellent grimpeur, il y reste accroché longuement, s'exposant au soleil même aux heures les plus chaudes de la journée. Le lézard de Bedriaga peut se montrer très grégaire, ce qui est rare chez nos reptiles : on en a compté jusqu'à trente dans la même faille. Il se nourrit surtout d'insectes et d'araignées, parfois de fruits sucrés.

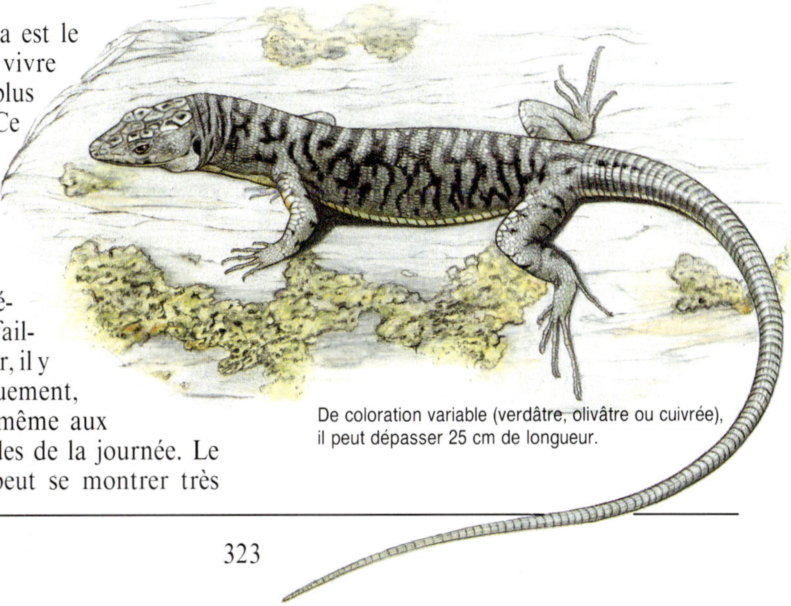

De coloration variable (verdâtre, olivâtre ou cuivrée), il peut dépasser 25 cm de longueur.

Potentille à petites fleurs

Potentilla micrantha

Cette petite plante vivace de 5 à 15 cm est entièrement couverte de poils mous. Les tiges, grêles, portent souvent une fleur de taille modeste, solitaire, de couleur blanc rosé. Potentille vient du latin *potentia,* qui signifie efficacité, nom vraisemblablement donné aux potentilles pour leurs propriétés médicinales. La potentille à petites fleurs préfère les stations chaudes jusqu'à 1600 m sur les sols secs à substrat calcaire, les lisières forestières et les pinèdes.

Elle fleurit d'avril à mai.

Grimpereau des bois

Certhia familiaris

Mâle et femelle sont identiques (13 cm).

Des deux espèces de grimpereaux visibles en France, le grimpereau des bois est le plus difficile à observer. En premier lieu, il possède une aire de répartition beaucoup plus réduite que celle du grimpereau des jardins (voir p. 155). Il est plutôt montagnard, mais peut habiter également quelques secteurs de plaine, dans les grandes futaies de chênes ou de hêtres, où il exploite surtout la partie haute des arbres. Son alimentation est constituée de toutes sortes d'animaux invertébrés, qu'il déloge de l'écorce à l'aide de son bec recourbé. L'identification des grimpereaux est délicate et nécessite un examen détaillé du plumage. Leur chant est caractéristique mais les deux espèces semblent s'imiter mutuellement.

Mouflon

Ovis ammon

Ovin des milieux secs et caillouteux, le mouflon s'est adapté aux forêts ouvertes, en altitude ou en plaine. À l'origine acclimaté en Corse, il fut introduit après 1950 dans les massifs montagneux du continent. Il consomme toutes sortes de végétaux. Les femelles vivent en petits troupeaux séparés des mâles, sauf pendant le rut. Généralement un seul agneau naît au printemps, après cinq mois de gestation, les jumeaux étant très rares.

La forme des cornes du mâle varie selon son âge.

Le mâle, reconnaissable à sa selle blanche, mesure de 1,10 à 1,30 m.

Nacré tyrrhénien

Fabriciana elisa

Ce papillon vole en juin-juillet entre 800 et 2 000 m dans les bois clairs, particulièrement les aulnaies. On le trouve également dans la forêt de type méditerranéen et dans le maquis où poussent fougères et bruyères arborescentes. On note sa présence en basse altitude, en lisière des forêts et dans les vergers. Cette espèce, principalement montagnarde, ne se rencontre pas communément mais peut être abondante dans certaines localités. Les œufs sont déposés un par un, par groupes de six à huit, sur les feuilles ou les tiges des violettes. La chenille, brun-noir, consomme dès sa naissance les feuilles de la plante hôte. Elle hiverne, puis reprend son activité au mois de mai de l'année suivante. Après s'être nourrie quelques jours, elle recherchera dans la végétation un lieu propice pour se transformer en chrysalide.

Envergure : de 4,6 à 5,2 cm

Aulne odorant

Alnus viridis ssp. suaveolens

Arbrisseau buissonnant de 0,50 à 4 m, l'aulne odorant est endémique en Corse. Ses feuilles à nervures nettes sont glabres, vert foncé dessus, luisantes dessous. C'est une espèce naine, capable de supporter le poids de la neige sans casser, grâce à la flexibilité de ses branches et à leur orientation vers l'aval. Solidement ancrés dans le sol, les fourrés denses de l'aulne odorant jouent un grand rôle dans la fixation des éboulis et font une efficace protection contre les avalanches. Sur les ubacs de l'île de Beauté, au-dessus des forêts de pins laricios (voir p. 322), l'aulne odorant constitue la formation essentielle de l'étage subalpin.

Les racines portent des nodosités qui fixent l'azote atmosphérique.

Prénanthe pourpre

Prenanthes purpurea

La particularité de la prénanthe pourpre réside dans ses capitules floraux, qui sont longuement pédonculés et penchés. Son nom est tiré du grec *prênês,* incliné, et *anthos,* fleur (plante à fleurs penchées). Les fleurs, en languettes, sont de couleur violette à purpurine et s'épanouissent de juillet à août. La tige est glabre, mince et s'élève à une hauteur de 0,40 à 1,50 m. C'est une plante vivace.

Les feuilles embrassent la tige par de larges oreillettes.

Les milieux rocheux

Les chenilles de la noctuelle verseuse passent tout l'hiver dans une grotte.

Le guêpier d'Europe semble insensible au venin des frelons dont il se nourrit.

L'araignée meta est l'une des rencontres habituelles du spéléologue amateur.

L'ombilic des rochers doit son autre nom de nombril de Vénus à la dépression qui marque le centre de ses feuilles.

Le crave à bec rouge possède un long bec recourbé qui lui permet d'aller chercher des insectes dans les fissures des rochers.

Le grand rhinolophe est une chauve-souris qui peut vivre plus de vingt ans.

Le crapaud accoucheur mâle aide la femelle à pondre, et porte ses œufs pendant un mois.

Dans les milieux rocheux, le minéral domine le végétal et l'animal. Qu'ils soient souterrains ou aériens, noyés ou secs, ces milieux exigent des adaptations de la part des organismes qui les habitent.

Les grottes

Les cavités souterraines ont été creusées soit par les eaux, soit par l'homme. Dès que l'on s'éloigne de l'entrée d'une grotte, là où la lumière ne pénètre jamais, température et humidité restent à peu près constantes toute l'année. Les ressources alimentaires sont maigres et reposent sur des apports extérieurs. Par exemple, le guano, qui s'accumule sous les colonies de chauves-souris, constitue l'élément de base de plusieurs chaînes alimentaires impliquant des bactéries, des insectes, des araignées, des mollusques... À l'inverse des animaux qui ne fréquentent les grottes que pour s'y abriter momentanément, ceux qui y résident en permanence présentent des adaptations caractéristiques : ils sont souvent aveugles, très sensibles aux vibrations et leurs téguments sont décolorés. En général, les espèces cavernicoles sont représentées par des populations peu nombreuses et spécifiques à certains réseaux souterrains. La stabilité de cet habitat ne doit pas faire oublier sa fragilité. Par exemple, la pollution du sous-sol et des nappes phréatiques, sans être vraiment spectaculaire, est une menace réelle pour ces milieux.

Les sites rocheux aériens

La plupart des milieux rocheux sont instables : sur forte pente et a fortiori à flanc de falaise, le moindre mouvement équivaut à l'amorce d'une chute. S'installer sur des falaises, des éboulis ou dans des gorges est donc une aventure périlleuse, et ceux qui y parviennent sont souvent qualifiés de pionniers. Alors que certaines plantes développent des racines qui s'insinuent dans les fissures ou s'agrippent aux rochers, d'autres accomplissent leur cycle vital en très peu de temps afin de disséminer le plus de graines possible avant le prochain éboulement. Rapaces et oiseaux y construisent leur nid, bien à l'abri dans ces milieux difficilement accessibles et de circulation malaisée.

Carrières et terrils résultent de l'activité humaine. Une fois abandonnée, la carrière évolue un peu comme une falaise. Il ne faut pas pour autant négliger son impact paysager. Autrefois, les carrières étaient creusées, et le sol de surface détruit, sans que soit prévu le renouveau de la végétation après leur fermeture. Aujourd'hui, il arrive que les couches superficielles de terre soient mises de côté à l'ouverture de la carrière pour être répandues sur la roche à la fin de l'exploitation.

Près de deux cents terrils dominent encore les plaines du Nord-Pas-de-Calais.

Double page précédente : les gorges du Verdon.

Réserve ornithologique de la Grande Noé (Val-de-Reuil). Ci-contre, l'ancien cours souterrain de la Cesse (Hérault).

Les terrils sont des monticules de débris issus des exploitations minières. Ce support est généralement plutôt riche en éléments minéraux et sa texture favorise l'installation assez rapide de la végétation – en majorité des plantes de friches – dès que cessent les dépôts. Les terrils des mines de charbon ont la particularité de posséder des foyers de combustion lente. La chaleur dégagée favorise une végétation particulière, adaptée à la température élevée et à la relative sécheresse qui en résulte.

Les roches inondées

Les gravières, qui sont des carrières creusées dans les alluvions des rivières, posent des problèmes de gestion particuliers. Lors de son ouverture, la gravière peut représenter une menace pour les milieux humides qui l'environnent, telles les prairies humides, rares et fragiles. À sa fermeture, elle laisse souvent un plan d'eau aux rives abruptes, dont la recolonisation est lente et difficile. L'abandon d'une gravière – à moins qu'elle ne soit transformée en base de loisirs – doit être aussi bien préparé que son ouverture. Si on laisse, par exemple, les pentes de ses rives très adoucies, les roseaux s'y installeront rapidement.

UNE VALLÉE ROCHEUSE

Entre Paris et la mer, la vallée de la Seine présente un grand nombre de milieux rocheux, d'origine naturelle ou anthropique. Comme à Orival, les rives concaves des méandres sont souvent bordées de falaises et, bien que ses réseaux souterrains naturels soient peu développés, les carrières souterraines sont aussi profondes que multiples. Creusées, comme à Caumont, pour la pierre de construction ou pour le marnage des champs, elles abritent aujourd'hui des chauves-souris et... des spéléologues de passage. Asséchées ou noyées, les gravières sont omniprésentes dans la vallée et n'ont pas toujours fait l'objet d'aménagements après exploitation. Certaines, particulièrement à Val-de-Reuil, sont devenues des sites ornithologiques importants.

Crave à bec rouge

Pyrrhocorax pyrrhocorax

Expert en acrobaties aériennes, le crave à bec rouge effectue des vrilles et des piqués vertigineux au-dessus des falaises. Autrefois aussi bien répandu près des côtes rocheuses qu'en montagne, il tend malheureusement à se raréfier. Son long bec recourbé lui est très utile pour chercher des insectes dans les fissures des rochers. Début avril est la période de construction du nid. Construit dans une crevasse ou sur une corniche, il est constitué de branchettes, de laine et de crins. La ponte comporte de trois à cinq œufs couvés trois semaines par la femelle. Nourris par les parents, les jeunes prennent leur envol à quarante jours.

Le vol du crave à bec rouge est spectaculaire.

Mâle et femelle sont identiques. Ils mesurent 38 cm.

Spélerpès brun

Speleomantes ambrosii

Son corps, long et délié, mesure 10-12 cm.

Le spélerpès brun est certainement l'amphibien le plus singulier de notre faune. Cette petite salamandre cavernicole est totalement terrestre. Les œufs (de six à douze) sont pondus sur le sol humide (cas unique chez les batraciens français). La femelle protège ensuite sa ponte en se lovant dessus et ne la quitte pratiquement pas pendant toute la durée de l'incubation (dix mois). Elle ne semble pas se nourrir : tout au plus mangerait-elle quelques œufs de sa propre ponte. Le spélerpès est dépourvu de poumons. Il chasse avec sa langue protractile et gluante, qu'il peut déployer jusqu'à 5 cm devant lui, à la manière du caméléon.

Scutigère

Scutigera coleoptrata

La scutigère est un grand myriapode. Contrairement à la plupart des représentants de cette classe, ses pattes sont relativement longues. Sa faible résistance au manque d'eau l'oblige à se réfugier dans des lieux sombres et humides. Si on la rencontre dans les grottes, elle peut aussi être l'hôte des caves et des maisons humides. C'est un chasseur rapide, armé de puissants crochets venimeux. Bien que sans réel danger, sa morsure est aussi douloureuse qu'une piqûre de guêpe. Elle chasse d'autres petits invertébrés qui fréquentent son domaine, les localisant par les vibrations qu'ils émettent.

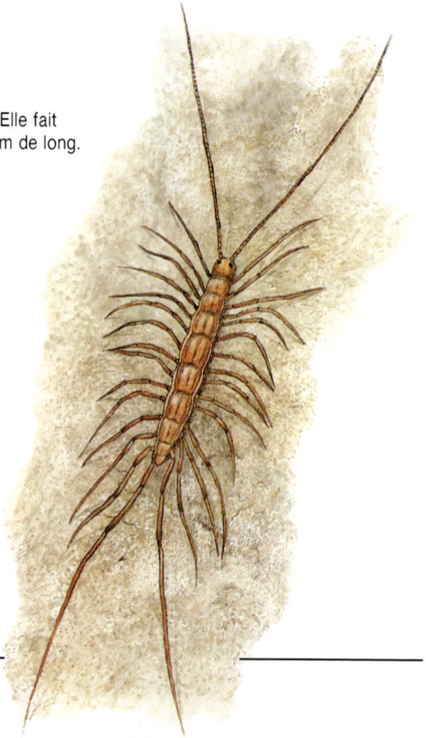

Elle fait 3 cm de long.

Grand rhinolophe

Rhinolophus ferrumequinum

Cette espèce menacée de chauve-souris est sensible au dérangement, aux pesticides et à la destruction de ses habitats de chasse. Le grand rhinolophe fréquente les zones où alternent bois et prairies, souvent à proximité de l'eau. Avec ses longues ailes, il longe la végétation d'un vol lent, parfois plané, pour capturer gros papillons et coléoptères. En hiver, il forme de grandes colonies mixtes dans les grottes. En été, les femelles vivent en colonies de mise bas, très bruyantes, dans les combles des habitations, alors que les mâles se réfugient dans des grottes.

D'une envergure de 34 cm, il peut vivre plus de vingt ans.

Une membrane en forme de fer à cheval entoure ses narines, d'où son nom latin.

Noctuelle verseuse

Scoliopteryx libatrix

Elle se reconnaît au double trait blanc qui parcourt ses ailes.

La noctuelle verseuse est un petit papillon de 2 cm de long, aux ailes antérieures brun-rouge, mouchetées de rouille et de jaune, parfois parsemées de gris-violet et de dessins blancs. Les ailes postérieures sont, quant à elles, gris brunâtre. Ce papillon fréquente les lisières humides, les forêts périodiquement inondées, les bois marécageux et les saulaies, jusqu'à 2 000 m d'altitude. Il vole en juin-juillet.
Après la reproduction, les chenilles de la noctuelle verseuse, qui se nourrissent sur les saules et les peupliers, se développent rapidement pour donner de nouveaux adultes en septembre. Ceux-ci passeront tout l'hiver dans une grotte.

Doradille verte

Asplenium viride

Cette gracieuse petite fougère forme des touffes de 10 à 15 cm de longueur. Chaque feuille (ou fronde) est caractérisée par un pétiole brun surmonté d'une nervure (rachis) entièrement verte, garnie de nombreuses folioles crénelées. Si la plante préfère les sols calcaires, elle peut se rencontrer parfois sur des rochers volcaniques, des schistes, voire sur le granite. Elle colonise essentiellement le domaine montagnard, entre 800 m et 2 500 m.

Hydrobie

Moitessieria juvenisanguis

Nombre d'espèces d'hydrobies (voir p. 80) vivent dans les rivières souterraines et les sources. La plupart sont rares, car très localisées. Cette caractéristique les rend fragiles, très sensibles aux pollutions, et toute atteinte à une population est un danger pour ces mollusques. Une trentaine d'espèces sont protégées.

Une coquille de 1 à 3 mm de long

Schistostega pennata

Cette mousse vraiment particulière possède une tige feuillée très délicate, de 5 à 12 mm de haut, offrant l'aspect d'une petite fougère vert pâle. Les feuilles, sans nervures, sont insérées dans le même plan vertical. Mais le plus surprenant réside dans l'éclat lumineux verdâtre de ses rameaux. Ces reflets d'allure phosphorescente sont d'autant plus visibles que l'espèce se réfugie dans les endroits offrant une pénombre marquée. Cette plante rare, unique en son genre, est la seule mousse véritablement cavernicole ; il convient de la respecter en évitant toute cueillette.

La capsule apparaît fixée par un long pédoncule au sommet de la tige.

Iule unicolore

Pachyiulus unicolor

L'iule unicolore est une espèce de grande taille : il atteint 8 cm de long. Comme la plupart des myriapodes, il craint la sécheresse et la chaleur et s'en protège en se cachant sous les pierres et jusque dans les grottes.

Pour se reproduire, les iules pondent des œufs. À l'éclosion, les larves ne comportent pas autant de segments qu'à l'âge adulte. La croissance se fait par mues successives, chaque étape allongeant un peu plus le corps de l'animal.

On a observé chez des iules un phénomène curieux : le mâle porte des organes copulateurs qui ne sont fonctionnels qu'après une mue de maturation. Une fois la reproduction accomplie, il subit une nouvelle mue qui fait régresser ses organes copulateurs. Alors que chez beaucoup d'invertébrés les adultes meurent après s'être reproduits, notre iule va effectuer une nouvelle mue de maturation et retrouver des organes copulateurs fonctionnels, et cela plusieurs fois.

Pigeon biset

Columba livia

Ancêtre du pigeon domestique, qui trouve abri et nourriture dans nos villes, le pigeon biset se réfugie dans les cavernes et les anfractuosités des rochers, en montagne comme sur les falaises maritimes. Il est très semblable au pigeon domestique, mais de caractère plus farouche. Ses barres alaires noires bien visibles et son croupion blanc le distinguent du pigeon colombin (voir p. 160). Le biset niche en colonies, élevant couramment jusqu'à trois nichées par an entre février et octobre. Lors des parades

Grand murin

Myotis myotis

Son dos gris-brun et son ventre blanc-gris sont bien délimités.

À la nuit tombée, le grand murin se met en chasse d'un vol lent. Cette chauve-souris aux ailes amples consomme surtout les gros coléoptères, qu'elle capture parfois à même le sol. En été, les femelles gestantes recherchent des greniers chauds, où elles se regroupent en grandes colonies. Les mâles sont alors solitaires. À l'arrivée du froid, les deux sexes vont hiberner, isolément ou en petits groupes, dans des cavernes, accrochés aux parois.
Chaque femelle n'a qu'un seul petit en juin. La mortalité infantile est élevée en cas de dérangement ou de mauvais temps, mais les adultes atteignent l'âge de dix-huit ans. En France, le grand murin est une espèce plutôt sédentaire.

Avec une envergure de 35 à 45 cm, c'est l'une des plus grandes chauves-souris de France.

Campode

Campodea fragilis

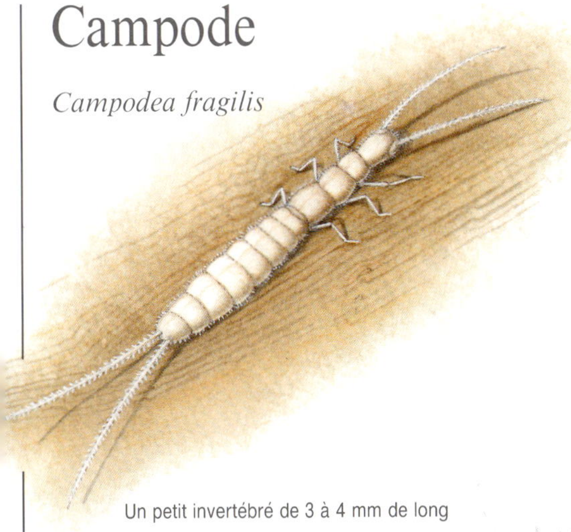

Un petit invertébré de 3 à 4 mm de long

Le campode est un invertébré qui appartient à la sous-classe des aptérygotes – qui ne possèdent pas d'ailes. Les aptérygotes figurent généralement au début de la classification des insectes, mais n'en font pas vraiment partie, car ils présentent des caractéristiques typiques des myriapodes, ou mille-pattes. Le campode est peu pigmenté et aveugle. Répandu dans le monde entier, il fréquente tous les sols meubles, y compris dans les grottes. Il se nourrit de matières végétales et animales en décomposition, permettant ainsi la fabrication d'humus et l'aération de la couche superficielle du sol. Cet insecte contribue, par son activité, à l'entretien de la fertilité des terres.

nuptiales, le mâle poursuit la femelle en roucoulant. La ponte – deux œufs blancs – est déposée sur une assise rudimentaire de branchettes, voire d'algues au bord de la mer. L'incubation, qui est assurée par les deux parents, dure dix-huit jours. Si les jeunes quittent le nid après la troisième semaine de nourrissage pour explorer la paroi rocheuse, ils ne voleront réellement qu'à l'âge d'un mois.

Le pigeon biset mesure 32 cm. Les deux sexes sont identiques.

Crevette cavernicole

Trogocaris inermis

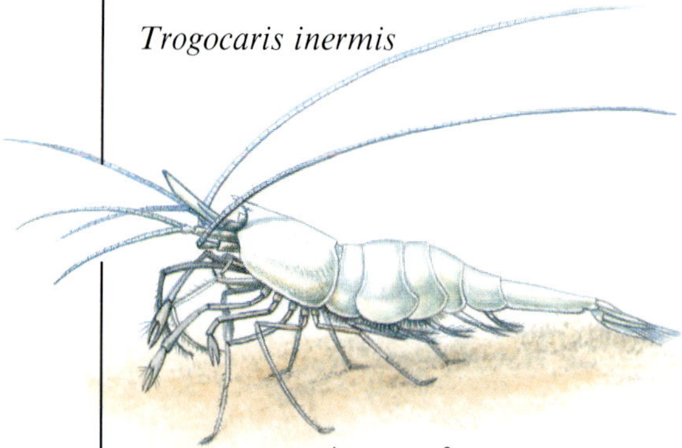

Longueur : 2 cm

La crevette cavernicole se rencontre uniquement dans les eaux souterraines du Languedoc, au sud des Cévennes, dans la zone karstique des départements du Gard et de l'Hérault. Elle habite les grottes, les grands conduits et les fissures des karsts noyés. Elle fut trouvée la première fois dans les laisses après crue des rivières souterraines. Cette crevette ingère la couche superficielle des limons meubles et digère la matière organique qui s'y trouve.

Gammare des fontaines

Niphargus sp.

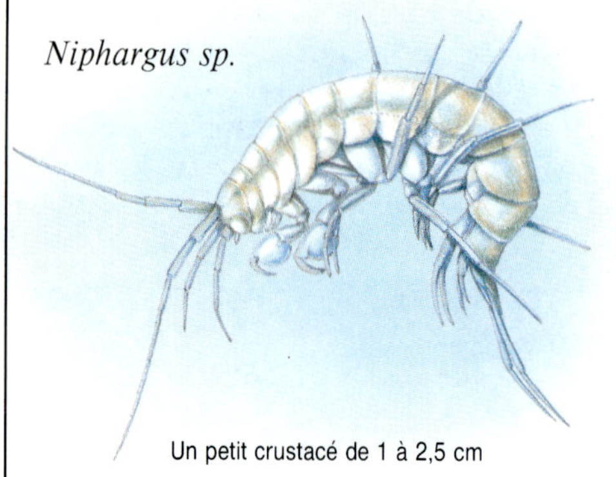

Un petit crustacé de 1 à 2,5 cm

Bien que vivant dans les rivières et les lacs souterrains, ce crustacé amphipode est un proche cousin des puces de mer (voir p. 51). On le trouve parfois dans les sources, mais ce n'est pas là son habitat usuel. Comme le montre son absence de couleur et d'organes oculaires, il est très bien adapté au milieu souterrain. Il n'utilise que ses antennes pour s'orienter et chercher sa nourriture. Curieusement, on rencontre également des gammares des fontaines au fond des grands lacs de montagne. Cela s'explique par le fait que les lacs sont souvent très profonds et que la lumière ne pénètre pas jusqu'au domaine de notre crustacé.

Araignée meta

Meta menardi

Son corps mesure 1,3 cm.

Avec son corps sombre, qui semble pratiquement noir lorsqu'il apparaît dans le faisceau d'une lampe électrique, l'araignée *Meta menardi* est l'une des rencontres habituelles du spéléologue amateur. Elle fréquente les grottes assez profondes, là où la lumière du jour ne parvient jamais. Il lui arrive d'élire domicile dans une cave, si celle-ci est suffisamment obscure, et d'y construire une toile de grande taille, qu'elle entretient peu. Elle se nourrit d'autres petits animaux, par exemple des moustiques, qui s'abritent souvent l'hiver dans les grottes, parfois en grand nombre.
Comme beaucoup d'araignées, la meta loge ses œufs dans un cocon. Celui-ci possède une double enveloppe et est suspendu à la paroi par un pédoncule.

Minioptère de Schreibers

Miniopterus schreibersi

Cette petite chauve-souris est caractérisée par des oreilles très courtes et un museau rond. Grâce à ses ailes longues et fines, elle vole vite et droit, souvent en groupes, et en altitude. Le minioptère fréquente strictement les grottes chaudes du Midi. En été, les colonies de femelles, qui peuvent atteindre 70 000 individus, sont très sensibles au dérangement. Les petits vivent en crèches, accrochés à la paroi. Les femelles les nourrissent à tour de rôle.

Coléoptères souterrains

Aphaenops sp.

Ces coléoptères souterrains sont particulièrement vulnérables. Cette vulnérabilité tient au fait qu'ils ont peu de facultés d'adaptation et qu'ils vivent en faible effectif sur des aires limitées parfois à une seule grotte. La plus petite modification des conditions écologiques peut entraîner leur disparition. En France, ils n'existent que dans les grottes des Pyrénées, où leurs effectifs ne dépassent pas cinq cents à mille individus par grotte. Les *Aphaenops* sont des carnassiers de la famille des carabes.

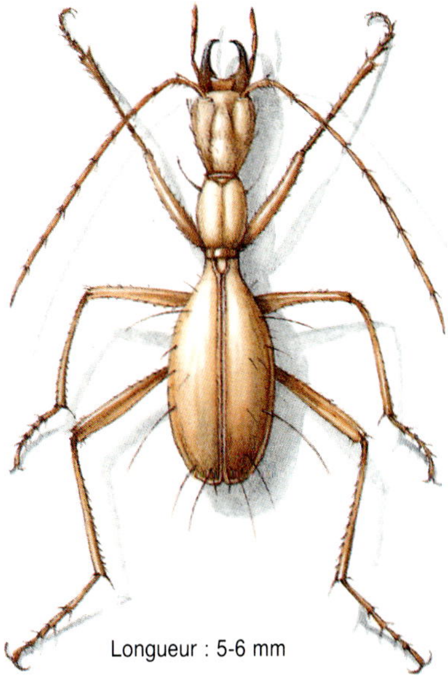

Longueur : 5-6 mm

Faux scorpion

Chelifer cancroides

Il possède de grands palpes, tels ceux du scorpion, avec lequel il a peu de parenté.

Le faux scorpion est un petit arachnide de 3 à 5 mm de long. Il vit sous la mousse, dans les grottes à proximité des ouvertures, mais aussi sous les feuilles, les écorces et parfois dans les placards des habitations. Le faux scorpion est devenu cosmopolite. Comme chez les araignées, le mâle présente un spermatophore à la femelle, après une danse rituelle. Les femelles portent leurs œufs dans une petite poche collée sur leur orifice génital. Les larves restent dans cette poche, où elles sont alimentées, jusqu'à ce qu'elles deviennent autonomes. Le faux scorpion se nourrit de collemboles et d'acariens.

Son pelage, court et dense, est brun cendré dessus, gris clair dessous.

Il fait une envergure de 28 à 30 cm.

Érèbe gorge

Erebia gorge Il a une envergure de 3 à 4 cm.

L'érèbe gorge, ou moiré chamoisé, est un papillon qui se rencontre à plus de 3 000 m. Le dessus de ses ailes antérieures a deux ocelles, quelquefois réduits à deux points noirs. Le développement de la chenille, au corps vert, dure deux ans. Elle peut hiberner une ou deux fois. Après l'éclosion, les chenilles se nourrissent de fétuques et autres graminées.
Pour l'adulte, la période de vol commence au début de juillet et se termine, la plupart du temps, vers la fin août. Il fréquente volontiers les roches très ensoleillées, où il aime se chauffer, et les prairies sèches d'où saillent des rochers, mais visite peu les fleurs. Posé sur les pierres, les ailes fermées, il est presque invisible.

Aigle de Bonelli

Hieraaëtus fasciatus

Fréquentant toute l'année les gorges, les rochers abrupts et les paysages méditerranéens accidentés et désertiques, l'aigle de Bonelli est un rapace puissant et redoutable. Formant un couple fidèle, mâle et femelle chassent souvent ensemble, surprenant des animaux terrestres et poursuivant à l'occasion des oiseaux en vol. Parmi les proies les plus courantes figurent la perdrix rouge et le lapin de garenne. D'autres animaux terrestres, comme les reptiles, sont également capturés, surtout depuis la myxomatose et la chute consécutive des effectifs de lapins. C'est dans une falaise que se trouve le nid, un volumineux amas de branchages. Dès la fin de l'hiver (février-mars), deux œufs blanchâtres y sont pondus. L'incubation, assurée par la femelle, dure quarante jours. La plupart du temps, un seul jeune arrive à l'envol, vers le début du mois de juin, après un séjour de deux mois au nid.

Molosse de Cestoni

Tadarida teniotis

Espèce rare au faciès impressionnant et à la queue en partie libre, cette grosse chauve-souris méridionale est peu connue. Le molosse ne se suspend jamais par les pieds ; c'est un acrobate émérite et un bon coureur au sol. Il trouve abri dans les fissures étroites des falaises et des ruines. Son vol puissant et direct lui permet de chasser en altitude à la manière des martinets, et d'effectuer des déplacements saisonniers. À la différence des autres chauves-souris, l'espèce n'hiberne pas vraiment.

Il mesure 70 cm.

Genette

Genetta genetta

Ce merveilleux viverridé, qu'on appelait autrefois chat-fouine, fut introduit lors des invasions sarrasines. Très discrète, la genette sort à la nuit tombée pour chasser les petits rongeurs dans les milieux fermés et rocheux. Elle gîte dans les cavités, au sol ou dans les arbres, qu'elle escalade très habilement. Territoriale et solitaire, elle délimite son domaine avec des amas de crottes. Elle met au monde de un à quatre petits, une ou deux fois par an.

Son envergure de 40 cm en fait l'une des plus grandes chauves-souris d'Europe.

Merle bleu, merle de roche

Monticola solitarius, M. saxatilis

Remarquables par la beauté de leur plumage comme par leur chant mélodieux, nos deux monticoles sont des oiseaux de falaises et de rochers. Le merle bleu se rencontre toute l'année sur les côtes rocheuses, les parois abruptes et ensoleillées. Le merle de roche, lui, est migrateur et plus strictement montagnard. C'est à son retour d'Afrique que le mâle lance de belles phrases flûtées au cours de son vol nuptial planant. Chez les deux espèces, un nid de tiges et de radicelles est construit dans une anfractuosité. Chez le merle de roche, la ponte comporte quatre ou cinq œufs bleu pâle, couvés treize jours par la femelle. Les jeunes volent à quinze jours.

Mâle du merle bleu (20 cm)

Mâle du merle de roche (18 cm)

Elle mesure entre 0,80 et 1 m, queue comprise, pour un poids de 1,5 à 1,7 kg.

Génépi blanc

Artemisia mutellina

Ce joli sous-arbrisseau croît dans les anfractuosités rocheuses ensoleillées et sur les moraines et les rochers des hautes altitudes, d'où son autre nom d'absinthe des rochers. Très aromatiques, les feuilles dégagent un parfum agréable lorsqu'on les froisse. On en fait une liqueur très appréciée dans les Alpes et les Pyrénées, régions d'origine du génépi. La plante entre également dans la composition de la chartreuse, une liqueur que l'on dit efficace contre le mal de montagne. Le génépi blanc est plutôt rare et il faut éviter de le cueillir, même aux endroits où, parfois, il abonde.

C'est une plante de 5 à 25 cm de haut. La floraison a lieu en juillet-août.

Saxifrage des ombrages

Saxifraga umbrosa

Ses feuilles sont toutes réunies en rosette aplatie ; le limbe est entouré d'un rebord cartilagineux pourvu de poils laineux. Cette belle saxifrage fleurit de juin à août et est pollinisée par les insectes. Un hybride, obtenu par le croisement avec *Saxifraga spathularis*, est souvent cultivé dans les jardins comme plante ornementale. La saxifrage des ombrages vit à l'état spontané dans l'ouest et le centre des Pyrénées.

Casside marquée

Cassida vibex

Un coléoptère de 1 cm de long

Saponaire faux basilic

Saponaria ocymoides

Cette plante bisannuelle ou vivace pousse dans les anfractuosités des gorges, parfois en coussinet dense et retombant sur les rochers. Elle ne dépasse pas 30 cm de hauteur. À la floraison, une multitude de petites fleurs rose vif s'exposent aux pentes arides. Le nom de genre dérive de saponine, une substance contenue dans la plante, qui fait mousser l'eau. Sa tige feuillée est velue et glanduleuse. De forme elliptique, ses petites feuilles à pétiole court rappellent celles du basilic *(Ocymum basilicum)*, d'où le nom de l'espèce. En basse montagne, la saponaire faux basilic pousse en touffes allongées et forme souvent de spectaculaires cascades de fleurs, très décoratives.

Elle fleurit de mai à juillet.

Elle mesure entre 10 et 40 cm.

La casside marquée est un coléoptère qui, outre deux élytres, possède un bouclier thoracique ; il recouvre tout son corps aplati, formant une sorte de coquille rigide. En cas de danger, la tête, les antennes et les pattes de l'insecte disparaissent complètement sous cette carapace.
Les femelles sont dotées d'un organe d'accouplement qui se déplie et qu'elles introduisent sous la carapace du mâle pour recueillir sa semence. Une fois fécondées, elles déposent leurs œufs sur les plantes dont elles se nourrissent, généralement les jeunes pousses de plantes herbacées. Les larves, de couleur verdâtre, portent de nombreuses épines venimeuses de chaque côté du corps.

Martinet à ventre blanc

Apus melba

Avec ses très longues ailes en forme de faux, le martinet à ventre blanc vole à une vitesse qualifiable de foudroyante, mais il est incapable de décoller du sol. Bien qu'une évolution en cours pousse certains individus à s'installer dans les villes, la plupart nichent dans les falaises et les gorges, depuis le niveau de la mer jusqu'à la zone subalpine des massifs montagneux.

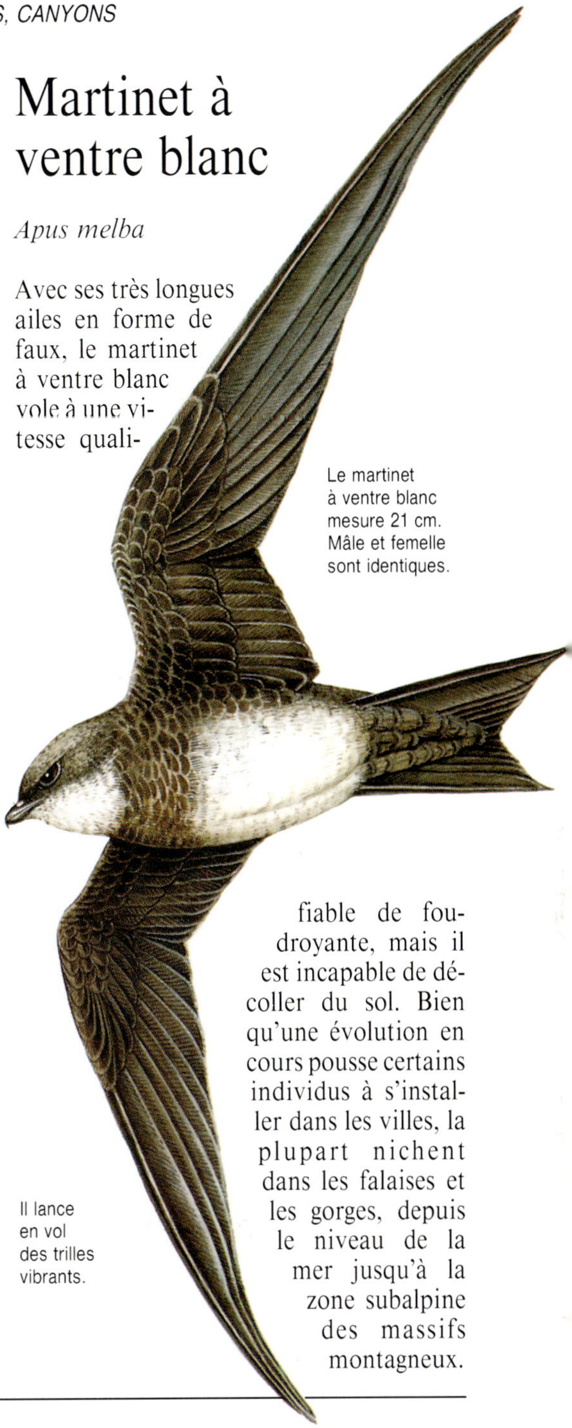

Le martinet à ventre blanc mesure 21 cm. Mâle et femelle sont identiques.

Il lance en vol des trilles vibrants.

Tichodrome

Tichodroma muraria

Bien connu des montagnards, le tichodrome progresse sur la paroi par saccades, inspectant les fissures de son long bec recourbé. Contrairement à ses proches parents les grimpereaux, il ne s'appuie pas sur sa queue lors de son ascension. Par instants, il entrouvre ses ailes, à moins qu'il ne prenne son essor d'un vol hésitant. Le petit oiseau couleur de suie se transforme alors en un magnifique « papillon » couleur carmin. Sa voix, constituée de divers sifflements en glissando, est absolument étonnante.

Cet oiseau de 17 cm peut entrer en phase de repos quasi léthargique en cas d'intempérie prolongée.

Semi-apollon

Parnassius mnemosyne

Un papillon de 5-6 cm d'envergure

Le semi-apollon est un proche parent de l'apollon, *Parnassius apollo* (voir p. 316), mais il présente une livrée plus modeste, totalement dépourvue de taches rouges. Il fréquente les régions montagneuses, où il affectionne les pentes rocheuses dans les zones de forêts de feuillus, de gorges ou de canyons, jusqu'à une altitude de 1 500 m. Il vole soit en avril-mai, soit d'août à juin, lorsque la chenille hiverne. Le semi-apollon est strictement inféodé aux corydales, qui ne croissent que dans les forêts d'essences feuillues mélangées.
C'est une espèce qui ne cesse de se raréfier, et elle a même complètement disparu de nombreuses régions d'Europe. Seule une protection intégrale de ses biotopes pourrait encore sauver le semi-apollon de l'extinction définitive.

Hirondelle de rochers

Ptyonoprogne rupestris

Chassant des insectes le long des parois, l'hirondelle de rochers habite les escarpements rocheux depuis le niveau de la mer jusqu'à près de 2 000 m. Elle niche en colonies dans les anfractuosités, privilégiant les endroits abrités. Chaque nid, maçonné en demi-coupe et comportant une garniture interne de tiges, herbes et plumes, est espacé d'une dizaine de mètres des nids les plus proches. L'hirondelle de rochers peut élever chaque année deux nichées de quatre ou cinq jeunes.

Elle mesure 14,5 cm.

Cétérach officinal

Ceterach officinarum

Ses frondes lobées de 8 à 15 cm de long s'étalent en étoiles. Le limbe épais et charnu présente une face supérieure d'un vert soutenu, bordé de blanc, et une face inférieure recouverte de nombreuses écailles blanchâtres, puis rousses à maturité. Fougère des milieux ensoleillés, très bien adapté à la sécheresse estivale, le cétérach possède la capacité de se déshydrater en partie en enroulant ses frondes, se protégeant grâce à l'isolant remarquable que forme son tapis d'écailles. L'espèce est largement répandue en France, mais se raréfie nettement dans le quart Nord-Est. Le cétérach officinal était jadis employé contre les inflammations de la rate.

Cette fougère pousse sur les falaises et les vieux murs.

Crapaud accoucheur

Alytes obstetricans

Appelé aussi alyte, il ressemble à un crapaud miniature. Durant l'accouplement, qui s'effectue à terre, le mâle introduit ses orteils dans le cloaque de la femelle pour l'aider à pondre (d'où son nom d'accoucheur). Il fait ensuite preuve d'un instinct paternel exemplaire. Un mois durant, il porte la ponte (de trente à cinquante œufs) enroulée autour de ses pattes postérieures et ne se rend à l'eau que de temps à autre pour l'humidifier. C'est au cours de l'un de ces bains que les têtards sortiront des œufs pour mener une vie aquatique.

La taille de l'adulte est comprise entre 4 et 5,5 cm.

Ombilic des rochers

Umbilicus rupestris

Les tiges font entre 10 et 60 cm de haut.

Très curieuse, cette plante grasse, en forme de disque, possède des feuilles dentées, avec une dépression au centre, d'où son autre nom de nombril de Vénus et son nom de genre, *Umbilicus*. Ses feuilles, succulentes et cassantes, sont riches en eau. À la floraison, entre mai et juillet, des fleurs en cloche, aux couleurs blanc-jaune ou rose, se détachent des rochers, le long d'une tige verticale et bien droite.
L'ombilic est répandu sur les falaises, les rochers ombragés et les talus raides, jusqu'à 500 m d'altitude.

Érèbe de montagne

Erebia montana

Grâce à l'envers très marbré de son aile postérieure, l'érèbe de montagne, ou moiré striolé, est bien camouflé sur les sols sablonneux et les rochers. Le dessus de son aile antérieure possède deux ou trois ocelles à pupille blanche.
La chenille est généralement vert-beige et couverte de poils épineux. On la trouve sur les robustes touffes de fétuque qui poussent au pied des grosses pierres ou des roches. Elle hiberne, puis se métamorphose en juin ou juillet. L'adulte vole plutôt tardivement : dans les stations basses, les premiers mâles apparaissent en juillet, les femelles en août-septembre seulement.

Il fait une envergure de 4 à 4,5 cm.

Carassin doré

Carassius auratus

Le carassin doré, ou poisson rouge, est originaire de la pisciculture chinoise du Moyen Âge. Importés en France au XVIIIe, les premiers spécimens furent offerts à Mme de Pompadour.

Ce poisson s'acclimate rapidement dans les bassins, les gravières et les étangs et parvient à coloniser les eaux libres. Les populations qui sont retournées à l'état sauvage perdent en quelques générations leur couleur caractéristique et prennent une livrée de couleur brune : le dos est brun clair, les flancs et le ventre sont jaunes.

Il peut mesurer jusqu'à 30 cm.

Crapaud vert

Bufo viridis

Plus grand que le calamite, il mesure entre 8 et 10 cm.

Cet amphibien est le plus beau, mais aussi le plus timide et le plus rare de nos crapauds. Il ressemble beaucoup au crapaud calamite (voir p. 52). Cependant, contrairement à ce dernier, il progresse par bonds et ne court jamais. Bon nageur, il est plus aquatique que le crapaud commun (voir p. 373). Il sort au crépuscule et la nuit, passant la journée sous des pierres ou dans des trous creusés dans le sable. Quand vient le temps de la reproduction, les mâles gagnent les plans d'eau. Ils appellent alors les femelles en de longs trilles aigus, qui s'entendent à plus de 200 m. La femelle met parfois plus d'un mois avant de se décider à rejoindre son partenaire... La ponte comporte entre 10 000 et 20 000 œufs.

Petit gravelot

Charadrius dubius

Oiseau des bancs de graviers, le petit gravelot voit beaucoup de ses biotopes disparaître du fait de la rectification des cours d'eau. Une gravière à l'abandon peut lui offrir un site de substitution transitoire, avant l'envahissement par la végétation. Dès les premiers jours du printemps, chaque mâle cherche à intéresser une femelle en chantant en vol, puis en réalisant quelques ébauches de nid. Une des cuvettes ainsi creusées deviendra le nid véritable, avec quatre œufs quasi invisibles parmi les cailloux. Mâle et femelle s'y relaient durant trois semaines pour assurer la couvaison. Afin de détourner l'attention des prédateurs loin de leurs poussins, les adultes feignent parfois d'avoir une aile blessée.

Mâle et femelle sont identiques (15 cm).

Les poussins ont un plumage moucheté qui se confond avec les pierres.

Écrevisse de Californie

Pacifastacus leniusculus

Originaire de la côte ouest des États-Unis, l'écrevisse de Californie fut introduite en Suède dans les années 1960 pour l'élevage. Par la suite, l'exportation fut organisée à travers l'Europe et les premières introductions en France eurent lieu vers 1976. Cette espèce part en quête de nourriture essentiellement la nuit. L'adulte consomme surtout des végétaux ; les jeunes préfèrent les petits crustacés.

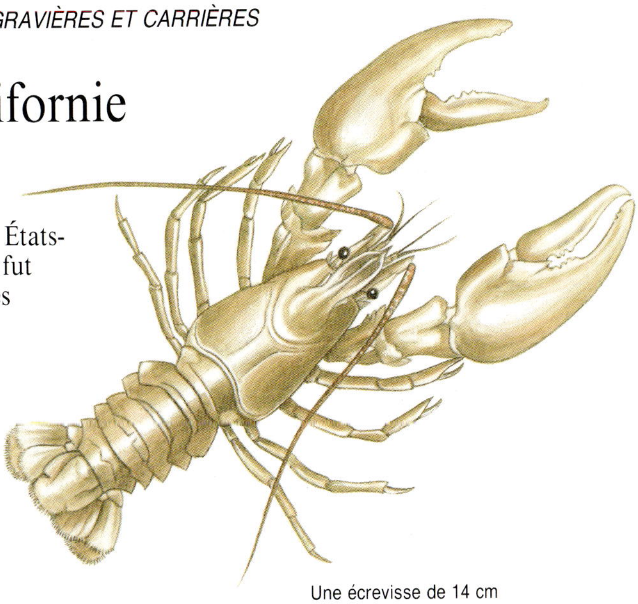

Une écrevisse de 14 cm

Bryum écarlate

Bryum rubens

Les bryacées forment une vaste famille parmi laquelle beaucoup d'espèces colonisent les espaces dénudés. Le bryum écarlate fait partie de ce groupe d'espèces pionnières. Haut de 1 à 2 cm, il possède une tige dressée garnie de feuilles allongées, dentées et pointues, de couleur rougeâtre. L'espèce se reproduit soit par voie sexuée, avec l'édification d'une capsule penchée libérant des spores, soit par voie végétative, la plante produisant alors de petits corpuscules globuleux ressemblant à des minuscules framboises, appelés bulbilles. Ce mode de dispersion efficace permet à l'espèce d'investir des sols dénudés.

Pas d'âne

Tussilago farfara

C'est une plante vivace, répandue sur les sols argileux humides de divers habitats et, notamment, dans les carrières et les gravières. Les capitules, d'un jaune brillant, s'ouvrent au printemps avant l'apparition des feuilles. Le nom vernaculaire vient de la forme de ces dernières, qui rappellent un sabot d'âne. Les capitules sont portés par des tiges cotonneuses recouvertes de feuilles écailleuses, rugueuses. Le nom de genre est tiré du latin *tussis*, toux, et *agere*, chasser, car les fleurs séchées du pas d'âne, préparées en tisane, sont un bon remède contre la toux.

Le pas d'âne fait entre 15 et 30 cm de haut.

Foulque macroule

Fulica atra

La foulque macroule n'est pas un canard, mais une espèce apparentée à la poule d'eau. Comme le fuligule morillon (voir page ci-contre), elle apprécie les plans d'eau artificiels creusés pour l'exploitation des granulats alluvionnaires. Elle peut y être observée toute l'année, avec des effectifs maximaux en hiver. Elle se nourrit surtout de plantes aquatiques, qu'elle va chercher au fond de l'eau. Au printemps, la foulque macroule peut rester pour nicher, dans la mesure où une ceinture de végétation palustre lui permet de cacher son nid. La ponte comporte de six à neuf œufs beiges tachés de noir déposés sur une plate-forme de roseaux. Mâle et femelle couvent durant un peu plus de trois semaines. Les poussins, caractéristiques avec leur tête rouge, quittent le nid à trois ou quatre jours.

Mâle et femelle sont identiques (37 cm).

Les jeunes ont la gorge et la poitrine plus pâles.

Les poussins ont du rouge sur la tête.

Pélobate brun

Pelobates fuscus

Le corps est trapu, les pupilles sont verticales.

Grâce à des callosités tranchantes (ou couteaux) situées sur ses pieds, ce petit crapaud de 5 à 7 cm s'enterre à reculons dans les sols meubles des gravières et des cultures d'asperges pour y passer la journée. Deux minutes lui suffisent pour disparaître totalement. Il reste enfoui tout l'hiver mais également les étés très secs. Ses têtards sont parmi les plus grands d'Europe (17 cm). Inquiété, le pélobate brun se dresse sur ses pattes, se gonfle au maximum et pousse des petits miaulements de chaton. Parfois il se jette, gueule ouverte, sur l'intrus.

Écrevisse américaine

Orconectes limosus

Originaire de la côte est des États-Unis, cette écrevisse serait arrivée en France vers 1935, à partir de souches acclimatées en Allemagne. Plutôt diurne, elle se nourrit de déchets végétaux, de mollusques et de larves. La ponte se déroule en avril-mai, puis les œufs (entre 200 et 400) incubent de cinq à neuf semaines. Les jeunes mesurent 4 mm à l'éclosion ; leur développement est rapide puisque, à l'automne, ils atteignent 5 à 6 cm.

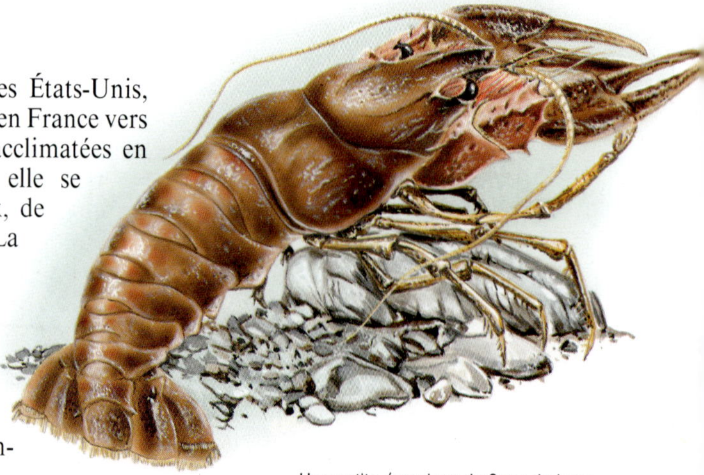

Une petite écrevisse de 8 cm de long

Fuligule morillon

Aythyia fuligula

Bien qu'il ne niche qu'assez rarement chez nous – son aire de nidification est surtout nordique –, le fuligule morillon a bénéficié de la création des gravières. Il les fréquente en effet en grand nombre dès le mois d'octobre, souvent en compagnie du fuligule milouin (reconnaissable à sa tête de couleur rousse). Chez ces deux espèces, le pourcentage des mâles et des femelles peut varier selon les régions, les femelles ayant tendance à hiverner plus loin vers le sud. Ce sont des canards plongeurs, qui s'immergent totalement pour chercher leur nourriture, composée en grande partie de divers animaux aquatiques.
Appréciant les mollusques, ces oiseaux ont bénéficié de l'introduction et de la propagation d'une espèce de moule (la moule zébrée) dans nos plans d'eau.

Carpe amour

Ctenopharyngodon idella

La carpe amour mesure entre 80 et 90 cm de long.

La carpe amour est originaire d'Asie, principalement du bassin du fleuve Amour, d'où son nom. Elle a été introduite dans plus de cinquante pays. Son arrivée en France date de 1957. Cette espèce est souvent sélectionnée pour lutter contre l'envahissement des plans d'eau par la végétation aquatique, en association avec d'autres espèces de carpes asiatiques, moins efficaces cependant. Le régime alimentaire de la carpe amour est, en effet, essentiellement phytophage, dès lors que la température de l'eau dépasse 20 °C.

Petit hydrophile

Hydrochara caraboides

Ce petit coléoptère de 1,5 cm de long se rencontre encore régulièrement.

Le petit hydrophile est un coléoptère qui fréquente les eaux stagnantes des gravières et des étangs. Au moment de la reproduction, la femelle utilise une feuille flottant à la surface comme petit bateau dans lequel elle dépose une cinquantaine d'œufs. Elle forme alors un cocon composé d'un mélange compact de fils et de fibres qui lui donnent une bonne flottabilité. Le bateau vogue ensuite à la surface de l'eau. Après éclosion, les larves vivent entre les plantes aquatiques. Elles sont prédatrices et chassent les petits invertébrés. Lorsque leur développement est terminé, elles sortent de l'eau et gagnent les berges, où elles se nymphosent sous terre. Les adultes se nourrissent de plantes aquatiques. Au printemps, on les voit faire des allées et venues dans les eaux peu profondes.

Hirondelle de rivage

Riparia riparia

L'hirondelle de rivage niche en colonies dans des falaises de sable, creusant des galeries horizontales de 60 à 90 cm de long. Une chambre située au bout de la galerie, garnie de débris végétaux et de plumes, constitue le nid proprement dit. Après deux semaines de couvaison par le mâle et la femelle, les quatre ou cinq œufs blancs donnent naissance aux jeunes. Ceux-ci s'envolent à dix-neuf jours. Très animée par les allées et venues des oiseaux comme par leurs cris roulés, la colonie va peu à peu se disperser.
Avant le départ migratoire, les jeunes et les adultes se rassemblent souvent dans une roselière pour passer la nuit.

Rassemblement dans une roselière

Grande bardane

Arctium lappa

Elle fleurit de juillet à septembre.

La grande bardane est une robuste plante bisannuelle qui fréquente les gravières et les remblais un peu humides. La tige florale, presque ligneuse, mesure de 0,50 à 2,50 m. Elle est rougeâtre et rayée dans le sens de la longueur. Les capitules donnent, la deuxième année, des fleurs violettes. Presque sphériques, terminés par des crochets, ces capitules s'accrochent à la toison des animaux et aux vêtements des promeneurs, ce qui facilite la dissémination de la plante. Celle-ci, légèrement parfumée, est comestible. Ses propriétés médicinales sont reconnues depuis l'Antiquité : antibactérienne et antifongique, elle est utilisée contre les infections cutanées. Elle est également recommandée pour apaiser la douleur et les enflures provoquées par les piqûres d'insecte ou d'araignée. La grande bardane est commune dans toute l'Europe, jusqu'à 1 800 m.

Chicorée sauvage

Cichorium intybus

Répandue sur les terrains vagues, la chicorée sauvage colonise facilement les sols nouvellement remués des gravières et des carrières. Sa tige porte des capitules de fleurs bleu azur, qui s'ouvrent tôt le matin, se referment dès le début de l'après-midi, ou restent clos par mauvais temps.
À l'origine cultivée pour ses vertus médicinales, sa longue racine charnue, torréfiée, est appréciée aujourd'hui comme succédané de café.

Vergerette du Canada

Erigeron canadensis

Originaire de l'Amérique du Nord, cette herbacée est très fréquente sur les terrains remués, les carrières et les terrassements récents, qu'elle colonise avec une rapidité remarquable, se répandant le long des voies ferrées, des autoroutes et des gravières. La vergerette du Canada possède une très forte tige de 0,50 à 1,50 m. Les capitules, petits et nombreux, sont disposés en grappes à fleurs tubuleuses plus jaunes au centre, à courtes ligules blanchâtres sur le pourtour. La plante est appréciée pour ses propriétés diurétiques. Elle est commune à presque toute l'Europe.

Stramoine

Datura stramonium

Les fleurs, qui apparaissent de juillet à octobre, répandent une odeur désagréable.

Rudérale, s'adaptant à tout type de terrain, la stramoine fait partie de la famille des solanacées. C'est une plante annuelle, fréquente ou rare selon les régions. Robuste, elle peut atteindre 1 m de haut. Elle donne de jolies fleurs blanches ou violacées, en cloches, qui s'ouvrent le soir. Toutes les parties de la plante, particulièrement toxique, sont vénéneuses, notamment les graines du fruit épineux, qui sèche et se fend à maturité pour les libérer. Elles contiennent des alcaloïdes toxiques, notamment de l'atropine, qui agissent sur le système nerveux central et ont des effets narcotiques.

Guêpier d'Europe

Merops apiaster

Élégants et multicolores, les guêpiers d'Europe sont parfois surnommés « chasseurs d'Afrique », par analogie avec l'uniforme éclatant qui caractérisait ces militaires. Ils se nourrissent de gros insectes (guêpes, frelons, libellules, coléoptères...) capturés en vol, et semblent insensibles au venin des hyménoptères, bien qu'ils prennent généralement soin d'assommer leur proie sur un perchoir avant de l'avaler. Appréciant les plaines ensoleillées, ils recherchent des sablières, des talus ou des berges pour y nicher en colonies, et creusent un tunnel dans la paroi. La chambre de ponte est située à environ 1,50 m de l'entrée. Six œufs y sont couvés trois semaines par les parents. Quand ils grandissent, les jeunes avancent à tour de rôle dans le tunnel pour recevoir la becquée. Faute de pouvoir se retourner, l'adulte qui vient nourrir doit repartir à reculons.

Cet oiseau aux brillantes couleurs mesure 27 cm. Mâle et femelle sont identiques.

Belle-dame

Cynthia cardui

La belle-dame est un papillon au vol rapide et irrégulier. Lorsqu'elle est posée, cette vanesse se reconnaît aisément aux cinq ocelles qui ornent le revers de chacune de ses ailes postérieures. Elle fréquente les massifs montagneux de toute l'Europe, jusqu'à 2 000 m. La belle-dame est commune dans les éboulis et, plus généralement, là où l'on trouve les plantes nourricières de sa chenille : chardons, bardanes, orties et tussilages. Au nord des Alpes, les populations sont renouvelées chaque année par des immigrants venus du sud.

Rhinolophe euryale

Rhinolophus euryale

Présent au sud de la France jusqu'à 2 000 m, le rhinolophe euryale se raréfie fortement, en particulier du fait des pesticides et du dérangement de ses gîtes. Amateurs de cavités rocheuses, mâles et femelles vivent ensemble, souvent avec d'autres espèces. L'hibernation a lieu dans des grottes à température et degré d'humidité constants. Les individus se placent en haut des voûtes, parfois en colonies denses. En été, les femelles se rassemblent sous les combles des bâtiments pour mettre bas un ou parfois deux petits. Fréquentant les paysages boisés et rocheux, l'espèce commence à chasser les insectes au crépuscule en papillonnant assez près du sol.

Phyllodactyle d'Europe

Phyllodactylus europaeus

Ce petit gecko de 6 à 8,5 cm évite les lieux habités et préfère vivre en pleine nature dans les milieux rocheux, où il peut se dissimuler. Sa taille réduite lui permet de se glisser dans les fissures les plus étroites. Ses doigts aux extrémités élargies en feuilles et pourvues de plaques adhésives font de lui un excellent grimpeur.

Moineau soulcie

Petronia petronia

Oiseau des lieux rocheux ensoleillés et des ruines, le soulcie, qui se signale par un *thuîe* traînant, est le plus élégant de tous les moineaux. Il se déplace en marchant, sans sautiller, et une jolie petite tache jaune orne sa poitrine. Le dessus de son œil, rayé de clair, lui dessine un sourcil, d'où son nom. Le soulcie construit un nid typique de moineau, simple amas d'herbes sèches, tapissé de plumes et de laine.

Un moineau de 14 cm.
Les deux sexes sont identiques.

Le rhinolophe euryale fait une envergure de 30 cm pour un poids de 8 à 17 g. Comme chaque espèce de rhinolophe, c'est la forme de ses membranes nasales qui le caractérise.

Érèbe pluto

Erebia pluto

Il a une envergure de 4 à 5 cm.

L'érèbe pluto, ou moiré velouté, est un petit papillon qui fréquente le massif alpin. L'envers des ailes postérieures est tout noir chez le mâle et muni d'une bande grise chez la femelle. Le développement de la chenille dure de deux à trois ans. Après éclosion, la petite chenille à tête noire peut subsister des semaines sans manger. Lorsqu'elle commence à s'alimenter, il lui faut souvent parcourir de longs trajets jusqu'à une touffe d'herbe, les œufs ayant été pondus au loin. Les plantes hôtes se composent de fétuques et de pâturins. L'érèbe pluto vit dans les éboulis très ensoleillés. L'espèce colonise les moraines latérales libérées par le retrait des glaciers. L'adulte est un bon voilier qui quitte rarement son éboulis. On le rencontre entre 1 600 et 3 000 m.

Campanule à feuilles rondes

Campanula rotundifolia

C'est une plante vivace qui se présente souvent en coussinet. Sa souche grêle et gazonnante est adaptée aux conditions rupestres. Ses feuilles basales, arrondies en cœur, se dessèchent et disparaissent très vite. Sa répartition, partout en France sauf dans l'Ouest, est surtout montagneuse.

Les fleurs s'épanouissent de juin à septembre.

Elle mesure entre 10 et 50 cm.

Vipère de Seoane

Vipera seoanei

Contrairement à la vipère aspic (voir p. 304), elle possède un museau très peu retroussé.

La vipère de Seoane apprécie les habitats pourvus d'un couvert végétal dense. Elle fréquente en particulier les éboulis couverts de ronces et on la rencontre aussi dans les landes parsemées de blocs rocheux. Elle aime la chaleur et l'humidité, conditions qu'elle retrouve au Pays basque, la seule région de France hébergeant cette rarissime espèce. Si elle grimpe parfois sur un arbuste pour atteindre les rayons du soleil, elle reste dans son abri durant les journées les plus chaudes de l'été, et n'en sort que la nuit. La vipère de Seoane, de taille modeste (elle dépasse rarement 60 cm), se nourrit surtout de petits mammifères. Elle ressemble beaucoup à la vipère péliade (voir p. 173), avec laquelle elle fut longtemps confondue. Heureusement, toutes deux vivant dans des contrées différentes, il est impossible de les confondre dans la nature.

Bruant fou

Emberiza cia

Le bruant fou habite les versants ensoleillés et les éboulis colonisés par quelques arbres et buissons épars. Bien en évidence sur un rocher ou au sommet d'un arbuste, et élégant avec son plumage bicolore, le mâle lance à tout moment ses courtes phrases musicales, grêles et peu sonores. À l'abri d'une pierre ou d'une touffe d'herbe se trouve le nid. Les quatre oisillons le quitteront avant de savoir voler. Le qualificatif de fou aurait pour origine le manque de discernement de ce joli bruant vis-à-vis des pièges tendus par les oiseleurs.

Accenteur alpin

Prunella collaris

Taille : 17 cm

L'accenteur alpin est l'oiseau typique des éboulis et des moraines, à partir de 1 600 m et jusqu'aux neiges et glaciers, à plus de 3 000 m. Son gazouillis sonore, rappelant celui de l'alouette, est émis en vol ou depuis un perchoir, et résonne agréablement contre les parois.

Saxifrage à feuilles opposées

Saxifraga oppositifolia

Dès la fonte des neiges, elle est parmi les premières à fleurir sur les parois rocheuses des montagnes. Ses fleurs étalées sont si abondantes qu'elles arrivent à cacher le feuillage. On observe, par le dépôt de croûtes blanchâtres sur l'extrémité de la feuille, que les pores foliaires excrètent, sous forme de carbonate de calcium, le surplus de calcaire absorbé par la plante. Cette saxifrage est répandue sur les rochers humides et les éboulis dans le Jura, les Alpes et les Pyrénées, jusqu'à 3 000 m. Elle est très rare dans le Massif central.

Hauteur : 4-6 cm

La tête, grise et rayée, est caractéristique.

Le bruant fou mesure 15,5 cm. Le mâle (ci-contre) est plus coloré que la femelle.

Lejeunea serpolet

Lejeunea cavifolia

Sa tige rampante et ramifiée ne dépasse guère 2 cm de long et porte des feuilles presque rondes, se recouvrant à peine, offrant à leur base un petit lobe en forme de sac abritant algues et protozoaires en période humide. L'architecture du lejeunea se complique par la présence, sur la face ventrale, de fausses feuilles orbiculaires et très échancrées, appelées amphigastres, deux fois plus grandes que les lobes des feuilles principales et dissimulant partiellement la tige.
Cette discrète hépatique d'un beau vert pâle forme de petits tapis sur les rochers calcaires ou peu acides. Elle peut aussi croître en brins isolés parmi d'autres bryophytes moribondes ou de plus grande taille, s'agrippant en partie à leur tige, mais toujours dans des stations très ombragées et fraîches.

Vulcain

Vanessa atalanta

Le vulcain est un papillon de 3 cm de long, marqué de bandes rouge feu et de points blancs, sur un fond noir velouté. Il est très largement répandu depuis les régions côtières jusqu'à 2 000 m d'altitude. Il fréquente les landes, les jardins, les vergers et les éboulis. Il aime se poser sur les fruits mûrs tombés au sol pour en absorber le jus fermenté. La chenille, noire, porte une bande latérale et des épines jaunes. Elle se nourrit d'orties et de chardons.

Il a une envergure de 6,5 cm.

Le dessous des ailes est piqué de brun.

Genévrier de Sabine

Juniperus sabina

Ce genévrier est un arbrisseau touffu de 1 à 3 m environ mais qui peut, dans des cas exceptionnels, devenir un arbre mesurant de 8 à 10 m. De couleur vert sombre, il est rampant et s'étale parfois sur les rochers. Les feuilles, en forme d'écailles très courtes, font corps avec le rameau. Elles sont piquantes sur les jeunes branches. Les fruits sont de petites baies toxiques, ovoïdes et bleuâtres. Les jeunes rameaux feuillés de l'année contiennent également une substance très irritante et toxique pour l'homme. La sabine est essentiellement répartie dans les Alpes et les Pyrénées centrales, entre 1 500 et 2 500 m.

C'est une espèce à protéger, en particulier dans les Pyrénées.

Salamandre noire

Salamandra atra

Longue de 10 à 13 cm, elle est entièrement sombre.

La salamandre noire est une espèce montagnarde qui vit essentiellement entre 800 et 3 000 m d'altitude. Elle fréquente les secteurs humides et ombragés, comme les forêts, mais aussi les prairies alpines parsemées de pierriers, dans lesquels elle trouve refuge. Elle est surtout active la nuit. Comme sa proche cousine, la salamandre de Lanza (voir p. 306), elle est vivipare, et donne naissance, sur la terre ferme, à deux, trois ou quatre jeunes qui ressemblent à des adultes en miniature. Elle s'est donc totalement affranchie du milieu aquatique. La gestation, très longue, peut atteindre trois à quatre ans.

Mélitée du plantain

Melitaea cinxia

À travers l'Europe continentale et l'Asie, la mélitée du plantain fréquente les vallées humides et les pentes herbeuses avec éboulis. En France, on la rencontre sur les côtes nord du pays. Ce papillon possède un cycle de vie d'un peu plus d'un an. Après l'accouplement, la femelle pond sa première série d'œufs en grappes lâches sous les feuilles de plantain lancéolé ou de plantain maritime. Elle meurt dès que la ponte est terminée. À l'éclosion, les chenilles sont protégées des effets desséchants du soleil et du vent par une toile de soie.
Comme tous les insectes, la mélitée du plantain a six pattes. Mais elle n'en utilise que quatre pour marcher.

Envergure : 4 cm

Les chenilles hibernent dans une toile de soie.

Hispe hirsute

Hispa atra

Ce petit chrysomèle de 3 à 4 mm se caractérise par son corps complètement hérissé de piquants. L'insecte imiterait, pour se camoufler des prédateurs, une graine recouverte d'épines que l'on trouve dans les régions sèches, où l'hispe hirsute est répandue.

Les adultes apparaissent en automne et hivernent sous terre. Les femelles doivent s'alimenter avant de pondre afin d'assurer la maturation des œufs. Cela fait, elles déposent leurs œufs par petits paquets sur le dessous des feuilles des plantes nourricières. Les larves vivent dans le pâturin ou le chiendent et s'y nymphosent.

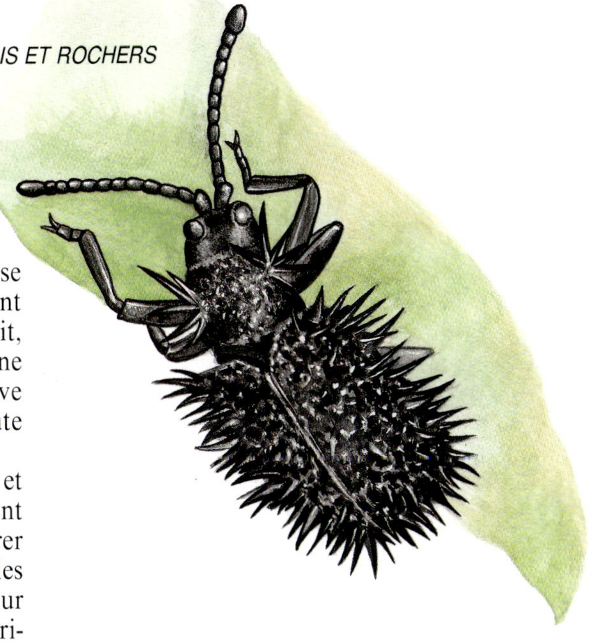

C'est une espèce rare.
Elle fréquente le bassin méditerranéen.

Perdrix bartavelle

Alectoris graeca

Elle mesure 35 cm.

Cette perdrix se reconnaît à son collier noir nettement délimité.

Cette perdrix excelle à se déplacer subrepticement entre les rochers, épousant les moindres vallonnements et évitant de se détacher sur une crête. Elle court très vite et ne s'envolera qu'en cas de danger immédiat, profitant de la pente pour gagner rapidement de la vitesse. Les couples se forment au mois de mars, après dislocation des compagnies. Là, sur le versant pierreux, à l'abri d'un buisson ou d'un rocher, une cuvette est façonnée, puis garnie d'une litière d'herbes. La ponte comporte une dizaine d'œufs, couvés par la femelle pendant vingt-cinq jours. Les perdreaux volent à trois semaines.

Arabette hérissée

Arabis hirsuta

Cette petite plante, bisannuelle ou vivace, de 10 à 60 cm doit son nom d'espèce, *hirsuta*, aux petits poils hérissés qui recouvrent tiges et feuilles. Chaque tige, simple, est terminée par une longue grappe de petites fleurs blanches. Les feuilles basales sont disposées en rosette.

Cette espèce s'adapte bien à l'aridité des rocailles, surtout calcaires, d'où son nom de genre, *Arabis*, qui fait allusion aux conditions d'aridité du sol d'Arabie. Elle est assez commune dans toute la France et peut pousser, sauf dans le Massif central et la Bretagne, jusqu'à 2 100 m. L'arabette hérissée fleurit de mai à juin et est pollinisée par les insectes.

Les pétales sont deux fois plus longs que les sépales.

Les siliques (fruits) sont redressées contre la tige.

Les feuilles basales sont plus grandes et courtement pétiolées.

Renouée des oiseaux

Polygonum aviculare

Cosmopolite par excellence, la renouée des oiseaux s'installe presque partout et envahit rapidement le milieu ouvert des terrils. En effet, ses tiges rampantes et noueuses s'étalent dans tous les sens. Espèce très résistante, elle se laisse piétiner sans dommage et ses petites graines font le régal des oiseaux. Appréciée du bétail, elle nourrissait autrefois les porcs, d'où son nom populaire d'herbe à cochon. On lui prête également des vertus médicinales.

Rougequeue noir

Phoenicurus ochruros

Oiseau des rochers, le rougequeue noir est aussi à l'aise sur les terrils que sur les ruines, les bâtiments et les rocailles alpines. Sa queue rousse perpétuellement agitée est la seule note de couleur qu'offre son plumage, à dominante noir de suie. Les mâles âgés d'au moins deux ans se reconnaissent à leur miroir alaire blanc. Les femelles sont gris brunâtre. Dès le mois de mars, le rougequeue noir est de retour. Perché bien en évidence sur un promontoire, il répète avec ardeur son chant composé de quelques notes claires, suivies d'un bruit de grelot ou de papier froissé.

Panais sauvage

Pastinaca sativa

Cette grande plante bisannuelle mesure de 0,60 à 1,20 m. Ombellifère odorante, le panais sauvage possède une tige angulaire, cannelée, portant des feuilles lustrées très découpées qui dégagent une odeur piquante lorsqu'on les froisse. Les petites fleurs, jaunes à maturité, donnent des fruits ovales, au goût d'aneth, qui servaient autrefois à parfumer les plats.
À l'origine cultivé pour sa racine charnue, le panais fut longtemps consommé comme légume, jusqu'à ce qu'il soit remplacé par la carotte. Connu pour ses vertus médicinales depuis des siècles, le panais est sédatif, dépuratif et considéré efficace contre les troubles rénaux.

Sabline à feuilles de serpolet

Arenaria serpyllifolia

Plante annuelle de petite taille, très grêle, la sabline à feuilles de serpolet s'installe rapidement sur les terrains nus tels que les terrils. Elle forme de petits bouquets de feuilles sessiles, pubescentes et rugueuses rappelant celles du serpolet. Les fleurs sont blanches, munies de cinq pétales. Elles s'épanouissent à l'aisselle des feuilles entre mai et septembre. À maturité, les sépales persistent autour du fruit, ou capsule.

Le fruit est une capsule à six dents qui laissent passer les graines.

Hauteur : entre 3 et 20 cm

Punaise grisâtre

Elasmucha grisea

Elle a sur le dos un petit bouclier appelé scutellum.

La punaise grisâtre est un petit insecte de 1 cm de long que l'on rencontre fréquemment sur les bouleaux qui s'implantent dans les terrils. Bien que plutôt grise, elle présente souvent des reflets violets caractéristiques. Avant l'accouplement, au début de l'été, les partenaires émettent des sons particuliers qui les mettent en condition. La femelle dépose ensuite un petit tas de trente à quarante œufs sur le dessus d'une feuille qu'elle protège de son corps, jusqu'à ce que les jeunes éclosent. Elle s'occupera des juvéniles pendant au moins deux à trois semaines. La punaise grisâtre se nourrit de la sève des bouleaux, qu'elle suce à l'aide de son long rostre buccal. Elle enfonce celui-ci dans toutes les parties tendres de l'arbre (feuilles, tiges, bourgeons).

Saule cendré

Salix cinerea

Cet arbuste à feuilles caduques, qui peut s'élever jusqu'à 6 m, est un familier des lieux humides. Il colonise facilement les terrains dénudés comme espèce pionnière, d'où sa présence sur les terrils. Dérivé du latin *cinis,* cendre, son nom d'espèce est dû à la couleur cendrée de la face inférieure de ses feuilles. On peut parfois le confondre avec *Salix atrocinerea,* localisé dans l'ouest de la France.
La floraison a lieu entre mars et avril, avant la feuillaison. Comme pour tous les autres saules, l'hybridation est fréquente, ce qui rend l'identification plus délicate. Le saule cendré possède les mêmes propriétés et usages que les autres saules.

Les feuilles sont faiblement pétiolées.

Le limbe est très réticulé sur la face inférieure.

Digitaire sanguine

Digitaria sanguinalis

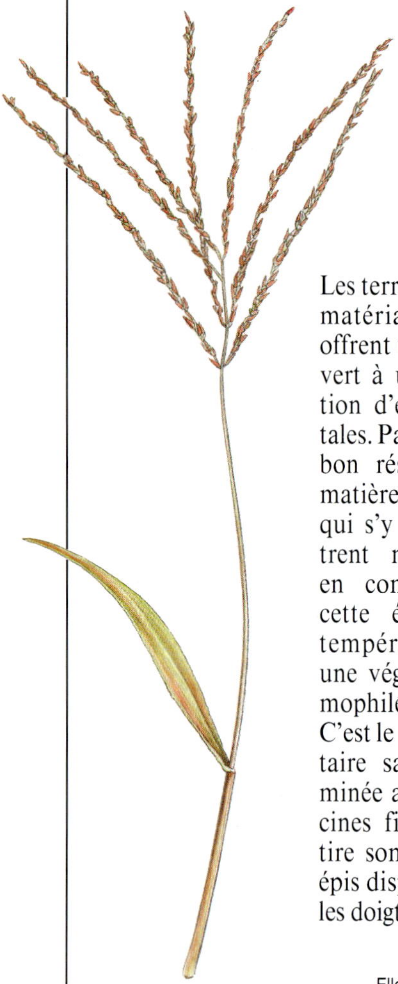

Les terrils, formés de matériaux vierges, offrent un milieu ouvert à une colonisation d'espèces végétales. Parfois, le charbon résiduel et les matières organiques qui s'y trouvent entrent naturellement en combustion, et cette élévation de température attire une végétation thermophile et herbacée. C'est le cas de la digitaire sanguine, graminée annuelle à racines fibreuses. Elle tire son nom de ses épis disposés comme les doigts d'une main.

Elle mesure de 10 à 50 cm.

Plantain lancéolé

Plantago lanceolata

Ce plantain fait entre 8 et 45 cm de haut.

Ce plantain très commun se distingue des autres par ses feuilles lancéolées, souvent pubescentes, toutes en rosette à la base. C'est une bonne espèce fourragère dont les graines sont appréciées des oiseaux. Le plantain lancéolé possède certaines propriétés médicinales ; il a un effet reposant sur les yeux fatigués et soulage les gorges irritées. Son pollen est, en revanche, très allergisant.

Choucas des tours

Corvus monedula

Le choucas vit souvent à proximité de l'homme. En effet, il apprécie les milieux rocheux artificiels que constituent les cathédrales, les remparts, les habitations, les carrières abandonnées et les terrils. La saison de nidification du choucas débute en avril. Construit dans une anfractuosité de rocher, voire dans un trou d'arbre, le nid est un entassement de branchages garni de crin, de laine et de plumes. Pendant qu'elle couve ses trois à six œufs, la femelle est régulièrement nourrie par le mâle. Les jeunes éclosent après dix-huit jours d'incubation, et volent à l'âge d'un mois. Le couple semble uni pour la vie.

Les choucas aiment se rassembler sur des endroits pierreux.

La nuque est grise.

Il mesure 32 cm. Mâle et femelle sont identiques.

Linotte mélodieuse

Acanthis cannabina

La linotte mélodieuse habite les espaces à végétation clairsemée. Elle peut s'installer pour nicher au flanc d'un terril, pour peu que la végétation ait commencé à s'installer et qu'un buisson lui permette de cacher son nid. Assez grégaire, elle niche souvent en petites colonies lâches.
Après la saison des nids, les groupes familiaux se rassemblent en troupes importantes. Chantant en chœur à l'occasion, la linotte mélodieuse fait entendre presque toute l'année son gazouillis varié et musical, alternant des notes claires et d'autres plus roulées. À l'envol, elle lance un *ghèk-ghèk* métallique.

Téléphore brun

Cantharis fusca

Le téléphore brun est un petit coléoptère de 1 à 1,5 cm, aux longs élytres noirs, muni d'un pronotum rouge derrière la tête. On le rencontre en Europe, du sud de la Scandinavie au nord de l'Espagne, en dessous de 1 000 m d'altitude. Il se tient souvent sur les ombellifères qui colonisent les talus et les terrils, ou sur les buissons en fleurs. C'est une espèce très courante en été. Pour assurer la reproduction, les femelles déposent leurs œufs dans le sol. Les larves se nourrissent de petits escargots, qu'elles tuent d'une morsure ; les adultes attrapent de petits insectes sur les fleurs. Les téléphores bruns vivent souvent en petits groupes dans les zones où ils s'alimentent.

Tremble

Populus tremula

C'est un arbre à feuilles caduques que l'on rencontre un peu partout en France, sauf en région méditerranéenne. Espèce pionnière, il préfère la lumière et colonise les espaces vides. Le tremble rejette, drageonne fortement, s'enracine peu profondément et cela facilite son installation sur les terrils. Le moindre souffle de vent fait bouger ses feuilles, d'où son nom latin *tremulus,* tremblant. C'est une espèce à croissance rapide. De son bois mou et tendre, on fait des allumettes et du papier. En automne, le tremble se pare d'un magnifique feuillage rouge et or, remarquable dans le paysage austère des terrils.

Cet arbre mesure de 4 à 30 m.

Les villes et les villages

L'hirondelle de fenêtre forme parfois de véritables colonies au cœur des grandes villes.

Le marronnier, en provenance des Balkans, fut introduit à Paris au XVIe siècle.

Le lézard des murailles, le plus familier de nos reptiles, aime prendre le soleil sur une pierre. Il ne craint que le chat.

Le pholcus est une araignée qui ne peut rien absorber de solide. Son venin liquéfie les tissus de ses proies.

La souris domestique peut mettre au monde jusqu'à dix portées de cinq à sept petits par an.

Le faucon crécerelle est le plus commun de nos rapaces diurnes. Il aime nicher dans les constructions humaines, comme les églises.

Bâtiments, murs, monuments, cimetières, abord des voies ferrées, parcs et avenues constituent autant de biotopes qui, tout en étant artificiels, permettent à de nombreuses espèces de prospérer. Leur répartition actuelle est le résultat d'une longue histoire, qui n'est d'ailleurs pas terminée. Les activités humaines, à commencer par les transports, ont en effet longuement façonné la faune et la flore. Si certaines espèces urbaines tendent à être cosmopolites, c'est souvent parce qu'elles ont été introduites par l'homme, volontairement ou non. D'autres se sont rapprochées de leur plein gré de nos habitations et leurs populations vivent en partie ou totalement en milieu urbain.

Les murs des villages sont le terrain de prédilection des plantes grimpantes. Ci-dessus, Apremont-sur-Allier.

Les voies ferrées et les gares offrent un moyen de transport et un lieu d'installation à toutes sortes d'espèces.

Double page précédente : le village de Cologne (Gers).

À l'assaut des vieilles pierres

Les terrains vagues sont colonisés par des plantes parmi lesquelles on trouve bien des espèces introduites, en particulier les « échappées » des jardins. Les graines sont transportées dans les pneus des engins de chantier, ou alors par le vent... C'est souvent le hasard qui décide, et les premières arrivées deviennent généralement dominantes. L'installation d'une flore relativement variée attire immanquablement des insectes et des oiseaux granivores. Cependant, ces milieux, considérés comme indésirables, ne sont la plupart du temps que transitoires.

Les vieux murs attirent des fleurs, des fougères et des mousses, pour peu que de l'humus se développe dans une fissure ou entre les pierres. Des lichens poussent directement sur la paroi, mais certains, très sensibles à la pollution, ont du mal à survivre en plein centre-ville. Des plantes grimpantes partent à l'assaut des murailles ou embellissent les façades, offrant des sites de nidification aux oiseaux. Certains végétaux sont bien adaptés à la verticalité de leur support, alors que d'autres restent au bas du mur ou sur un substrat plus horizontal. Graines et propagules sont dispersées, selon les cas, par le vent, les fourmis, les oiseaux ou l'homme.

La construction de murs et d'édifices a permis à de nombreuses espèces de milieux rocheux d'habiter en plaine. Cela est vrai aussi bien pour des plantes que pour des reptiles, tel le lézard des murailles, ou pour des oiseaux. Nombre d'entre ces derniers, comme la chouette effraie, le martinet noir ou l'hirondelle de fenêtre, se sont tellement plu au voisinage de l'homme qu'ils ont pratiquement abandonné les sites rocheux naturels.

Un habitat confortable

Les animaux trouvent des avantages à vivre en ville. La température hivernale plus clémente et les éclairages artificiels incitent des espèces comme le pigeon des villes, un descendant du pigeon biset, à se reproduire beaucoup plus tôt. Oiseaux et chauves-souris trouvent à se loger sous les toits ou bien dans les cavités des bâtiments, quoique les constructions actuelles en soient moins bien pourvues.

Les pierres de Notre-Dame de Paris abritent une grande variété de faune. Une flore abondante occupe ses environs.

L'intérieur des maisons possède aussi ses hôtes discrets, répartis, selon leur préférence, entre les caves, les chambres et les greniers. Ils se contentent souvent de miettes et de déchets alimentaires, et trouvent entre nos murs l'assurance d'une source de nourriture constamment renouvelée. Le jardin fournit d'autres apports alimentaires, comme les fruits non récoltés, et le nourrissage hivernal, fréquemment pratiqué par les amis des bêtes, secourt bien des oiseaux durant la mauvaise saison. Enfin, les prédateurs sont peu nombreux en ville, quoiqu'il en existe un de taille : le chat domestique, toujours à l'affût.
Un seul rapace diurne, le faucon crécerelle, vit couramment en milieu urbain, y compris à Paris. Il niche sur les cathédrales et les monuments.

LA POLLUTION DE L'AIR, LA FAUNE ET LA FLORE

Des réseaux de mesure de la qualité de l'air, installés dans la plupart des grandes villes, mettent en évidence les concentrations anormales de pollution en fonction de la configuration de la ville et des conditions atmosphériques. Bien que des efforts considérables aient été accomplis dans l'industrie ces dernières années pour préserver l'air de nos villes, la situation ne s'arrange pas du côté des transports, avec pour principal responsable la voiture particulière.
La pollution atmosphérique peut entraîner une raréfaction des insectes et des oiseaux insectivores, et des espèces sensibles de plantes risquent de disparaître avec l'augmentation du taux de certains polluants. Ainsi, les mosaïques de lichens et d'algues minuscules qui couvrent les troncs d'arbre et les murs tendent aujourd'hui à disparaître ou à se transformer en des couvertures monospécifiques formées de quelques rares espèces résistantes.

Orpin brûlant

Sedum acre

Plante vivace, l'orpin brûlant tapisse les vieux murs, les rochers, les gazons caillouteux et les pentes sèches bien exposées. Son nom de genre, *Sedum,* vient soit de *sedare,* calmer – c'est le cas de certains orpins dont les feuilles succulentes guérissent des inflammations – soit, plus probablement, de *sedere,* s'asseoir, qui rappelle le port étalé de la plante, assise sur les pierres. Les feuilles épaisses de l'orpin brûlant sont gorgées d'un suc à saveur poivrée, très caustique, utilisé comme coricide !
Cet orpin est commun en plaine, et jusqu'à 2 000 m, sauf en région méditerranéenne. C'est une plante qui mesure entre 5 et 10 cm de haut.

Vrillette domestique

Anobium punctatum

Les adultes sortent du bois par des trous de 1,5 à 2 mm de diamètre.

Ce petit coléoptère brun foncé de 5 mm de long est peu visible, mais très connu, car ses larves rongent les vieilles poutres et les meubles dans les habitations. Certaines demeures anciennes sont parfois littéralement dévastées. La femelle dépose ses œufs dans le bois. Les larves, qui ressemblent à des vers blancs, possèdent de puissantes mandibules dont elles se servent pour creuser des galeries dans le bois sec. Le développement peut durer plus d'un an. Les larves et les adultes digèrent la cellulose grâce à des micro-organismes qui vivent en symbiose dans leur intestin.

Hirondelle de fenêtre

Delichon urbica

Citadine, l'hirondelle de fenêtre, au vol élégant, adopte les constructions humaines et forme parfois de véritables colonies jusque dans le cœur des grandes villes. Le nid maçonné est construit par les deux parents à l'abri d'un toit ou d'une corniche. Quatre ou cinq œufs blancs y sont couvés alternativement par le mâle et la femelle pendant deux semaines. Les parents se partagent aussi le travail du nourrissage des jeunes, qui restent trois semaines au nid. Beaucoup de couples trouvent le temps d'élever une seconde nichée en juillet-août avant le départ migratoire.

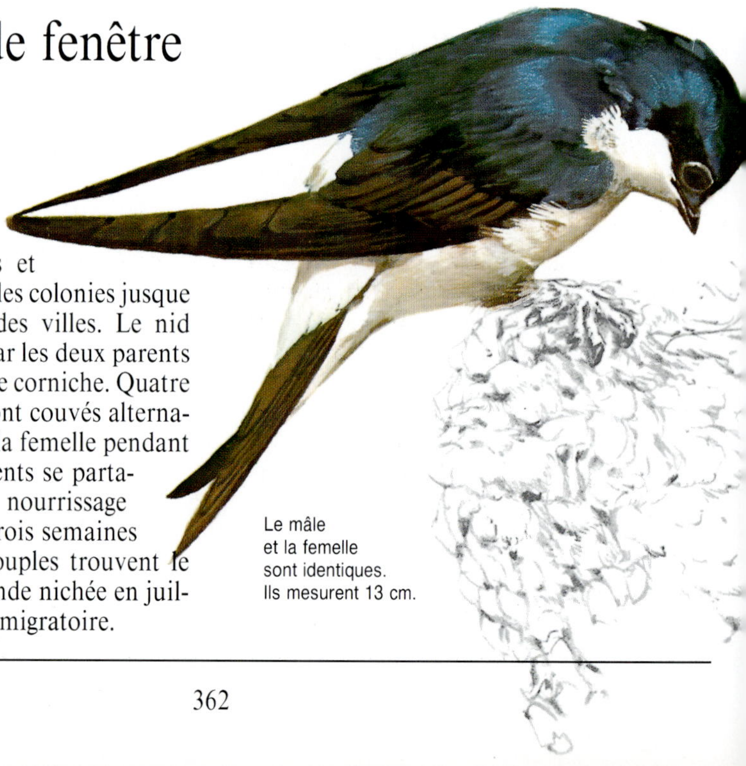

Le mâle et la femelle sont identiques. Ils mesurent 13 cm.

Marronnier

Aesculus hippocastanum

Le marronnier est l'un des plus beaux arbres des jardins et des grandes avenues. Son introduction eut lieu au XVIe siècle à Paris à partir de graines en provenance des Balkans.
Son nom de marronnier d'Inde lui fut donné à tort car on le crut originaire des Indes jusqu'à la fin du siècle dernier. Il existe deux hypothèses concernant son nom d'espèce, *hippocastanum*. La première, c'est la ressemblance avec un fer à cheval de la cicatrice de la tige foliaire laissée sur le rameau. La seconde, plus vraisemblable, viendrait du fait que la farine de ses fruits soulage efficacement les problèmes respiratoires des chevaux.

La floraison a lieu en mai.

Chaque capsule laisse échapper un ou deux marrons en automne.

Tégénaire

Tegenaria gigantea

Son corps fait 1 cm de long.

La tégénaire est l'araignée type dont on n'apprécie guère la présence dans les maisons. Sombre et de taille relativement grande, elle fait partie des espèces qui inspirent une inquiétude aussi irraisonnée qu'injustifiée, puisqu'elle n'est pas dangereuse. Installée aux angles des murs, sa toile triangulaire se prolonge par un tube où l'araignée se retire. Les femelles peuvent vivre environ quatre ans et survivent plusieurs mois sans boire ni manger. À l'automne, le mâle recherche une femelle. Le couple vit ensemble quelques semaines. Dès qu'il meurt, le mâle est dévoré par la femelle.

Souris domestique

Mus musculus

On trouve la souris domestique, ou souris grise, près de l'homme, mais aussi dans les champs. Elle porte une fourrure graisseuse et répand une odeur tenace dans les maisons, d'où il est difficile de la chasser, malgré sa courte durée de vie (dix-huit mois). Omnivore, la souris consomme également des substances a priori indigestes, comme le savon ou les fibres végétales... Elle déchiquette finement le papier et les tissus pour s'en faire un nid douillet et y mettre au monde jusqu'à dix portées de cinq à sept petits par an, en fonction de la nourriture disponible.

Elle mesure en moyenne 8 cm de la tête à la queue, qui est de la même longueur.

Moineau domestique

Passer domesticus

Le mâle (ci-contre) et la femelle mesurent 15 cm. La femelle est brun rayé sur le dessus.

Depuis que l'homme construit des maisons, le moineau domestique le suit dans ses implantations. Familier et débrouillard, il n'hésite pas à pénétrer dans les lieux publics et, même, dans la cage aux fauves des jardins zoologiques. Opportuniste, il ne laisse échapper aucune source de nourriture. Ainsi, dans les gares, il cherche un complément alimentaire en inspectant la face avant des locomotives, où de nombreux insectes happés durant le trajet restent collés. Sédentaire, le moineau domestique élève jusqu'à trois nichées par an. Le nid, en boule, est généralement construit dans une cavité (trou de mur, nid d'hirondelle...) ou à découvert, dans un arbre.

Poisson d'argent

Lepisma saccharina

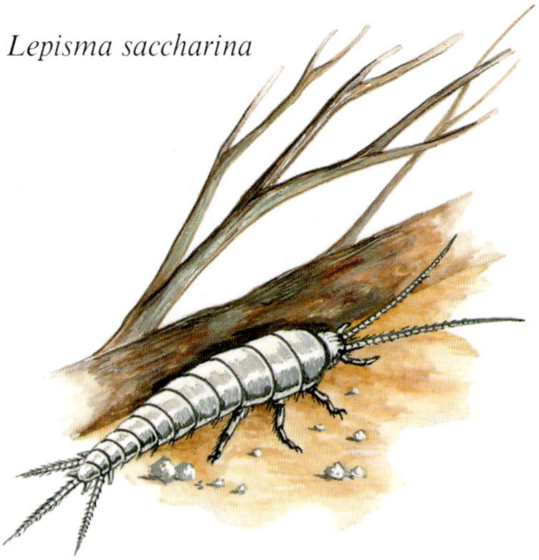

De forme aplatie, son corps fait 1,5 cm de long.

Les poissons d'argent, ou lépismes, sont parmi les insectes les plus primitifs. Aptères, ils ne subissent pas de métamorphose et leurs yeux sont très rudimentaires. Le poisson d'argent est un hôte discret qui se cache dans les recoins de la maison, où il recherche les endroits chauds et humides. On peut le rencontrer aussi dans de vieux troncs d'arbre ou d'autres endroits bien abrités. Le corps est aplati, de forme allongée, et recouvert d'écailles. L'abdomen se termine par trois cerques. Les individus continuent à muer même après la maturité sexuelle et les femelles pondent après chaque mue. Le poisson d'argent recherche, la nuit, les substances amylacées dont il se nourrit : bois, papier ou farine.

Chélidoine

Chelidonium majus

C'est une plante vivace, qui se rencontre souvent au pied des vieux murs et des décombres. Son nom dériverait du grec *chelidon,* hirondelle, probablement par allusion à sa floraison, qui coïncide avec l'arrivée des hirondelles. La chélidoine fleurit de mai à septembre. Elle est pollinisée par les insectes et ses graines huileuses et charnues sont dispersées par les fourmis, qui en sont friandes. On l'appelle également herbe aux verrues, car sa tige, sectionnée, laisse couler un suc jaune et caustique utilisé pour brûler les verrues.

Les quatre pétales sont chiffonnés lors de l'épanouissement.

Hauteur : 30-90 cm

Pipistrelle commune

Pipistrellus pipistrellus

La petite pipistrelle commune est la plus anthropophile de nos chauves-souris. Encore relativement abondante en France, elle gîte très souvent sous les toits, derrière les volets ou dans les fissures des maisons et des églises. Elle fréquente, à l'occasion, les arbres creux. La nuit, la pipistrelle chasse les insectes ailés, souvent attirés par les lampadaires, d'un vol rapide et acrobatique. Ses colonies peuvent être très importantes, surtout en hiver.
L'été, les femelles se rassemblent, séparément des mâles. Elles mettent au monde, en juin-juillet, un ou deux petits minuscules, fragiles et entièrement nus, dont la longévité peut atteindre dix ans.

Elle mesure de 6 à 9 cm avec la queue, pour une envergure de 18 à 23 cm.

Guêpe commune

Vespula vulgaris

Le nid est généralement creusé dans le sol. Les alvéoles sont en bois mâché.

Elle se nourrit surtout de fruits. Son corps peut atteindre 2,5 cm de long.

La guêpe commune possède deux moyens de défense : sa couleur et son dard. Les rayures jaunes et noires de son corps agissent comme une mise en garde sur les oiseaux, les lézards et les petits mammifères. De tels prédateurs apprennent à éviter ces couleurs, les associant à un mauvais goût ou à une douleur. Le dard de la guêpe commune est un barbillon incurvé qui peut délivrer une décharge de venin à travers la peau de l'ennemi. Contrairement à l'abeille, la guêpe peut réutiliser son dard plusieurs fois. Certaines périodes de l'année, elle se nourrit d'insectes qu'elle attrape en vol ; elle est ainsi considérée par certains jardiniers comme une auxiliaire.

Tilleul à grandes feuilles

Tilia platyphyllos

Essence forestière remarquable des plateaux de l'Est et des régions méridionales, le tilleul à grandes feuilles peut grimper jusqu'à 1 800 m. Cet arbre est connu pour ses multiples usages, et notamment des apiculteurs, qui apprécient sa floraison précoce – le miel de tilleul est très recherché. Les paysagistes exploitent son port bien droit et sa taille élevée (30 m). Ses fleurs, très parfumées, sont reconnues depuis l'Antiquité pour leurs vertus : les infusions de fleurs de tilleul ont des propriétés calmantes et antispasmodiques.

Les feuilles, caduques, font de 6 à 10 cm de large.

Les fleurs s'épanouissent en juin.

Centranthe rouge

Centranthus ruber

C'est une plante vivace, haute de 30 à 80 cm, entièrement glabre et glauque. Les fleurs possèdent, à la base des corolles, un éperon presque aussi long que le tube de l'ovaire, qui sert de petit réservoir à nectar. D'où le nom de genre, *Centranthus,* tiré du grec *kentron,* éperon, aiguille, et *anthos,* fleur. Les fleurs du centranthe, en corymbes denses, sont souvent rouges *(ruber)* ou roses, et parfois blanches.
On utilise le rhizome du centranthe rouge pour ses propriétés sédatives et antispasmodiques. Cultivé dans les jardins comme plante ornementale, il s'est naturalisé un peu partout.

Blatte orientale

Blatta orientalis

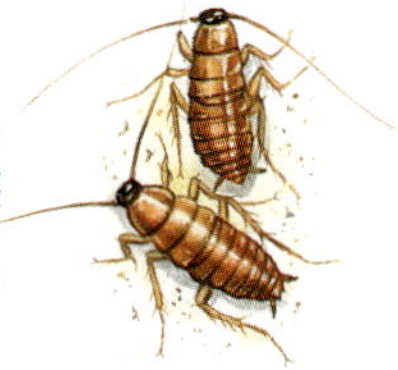

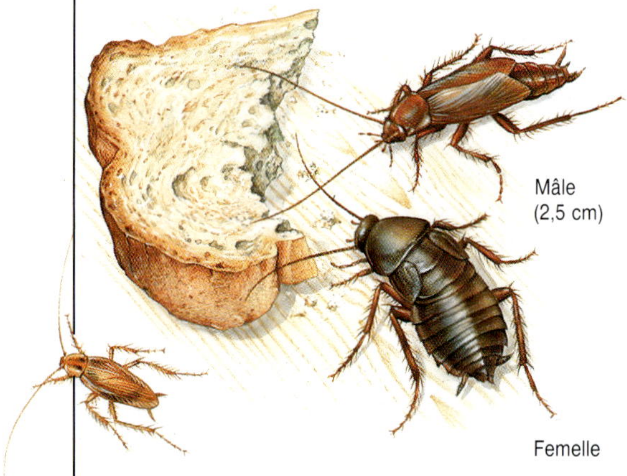

La blatte orientale était très connue dans les villes, où on la rencontrait dans les hôtels, les boulangeries, les entrepôts de denrées alimentaires et les caves. L'amélioration des conditions d'hygiène urbaine a fait régresser l'espèce, mais elle fréquente encore, avec la **blatte germanique *(Blattella germanica),*** certaines habitations.
Chez les blattes, l'accouplement est précédé d'une danse rituelle durant laquelle le mâle excite la femelle avec ses antennes. Après l'accouplement, la femelle pond ses œufs dans une oothèque, qu'elle transporte jusqu'à l'éclosion.

Rat noir

Rattus rattus

Ses grandes oreilles et sa longue queue différencient le rat noir du rat surmulot (voir p. 368), son ennemi intime. En effet, depuis deux siècles, le second a évincé progressivement le premier de nombreuses régions de France. Le rat noir, bon grimpeur, et parfois même funambule, apprécie beaucoup les greniers. Dans le Midi, il fréquente également les forêts et fait son nid dans les arbres. Amateur de fruits et de graines, il consomme à l'occasion de petits animaux. Les portées, de trois à cinq par an, sont de cinq petits en moyenne.

Martinet noir

Apus apus

Les martinets noirs offrent en vol une silhouette caractéristique, avec de longues ailes en forme de faux et une queue assez courte. Arrivant tardivement à la fin avril, ils ne restent guère plus de trois mois chez nous. Peu d'oiseaux passent plus de temps dans les airs que les martinets. Ils se nourrissent, boivent, se baignent, s'accouplent en volant, et s'élèvent même dans le ciel au crépuscule pour y passer la nuit dans un demi-sommeil. En cas d'intempéries, ils sont capables d'aller chercher à plusieurs centaines de kilomètres le beau temps et les insectes volants nécessaires à leurs deux ou trois jeunes.

Les martinets noirs aiment se poursuivre au ras des toits.

Avec un corps de 16 cm, il a une envergure de près de 40 cm. Mâle et femelle sont identiques.

Tortule des murailles

Tortula muralis

Hauteur : 2 cm

Cette discrète petite mousse colonise les murs, les rochers et les toits. Elle forme des colonies plus ou moins discontinues, profitant d'un minimum de matière organique dans la moindre fissure. Sa tige porte des feuilles regroupées en une petite touffe, d'où émerge une longue soie surmontée d'une capsule cylindrique, elle-même couverte d'une coiffe très allongée.

Chaque feuille, en forme de languette ou de spatule, est prolongée par un poil lisse hyalin atteignant la moitié de sa longueur. La tortule supporte fort bien une période de sécheresse prolongée. Si ses feuilles se recroquevillent sur elles-mêmes, la rosée matinale suffit pour redonner à la plante son aspect d'origine.

Lézard des murailles

Podarcis muralis

Le lézard des murailles est certainement le plus familier de nos reptiles. Assez craintif, mais curieux, il se laisse facilement observer lorsqu'il prend le soleil sur une pierre ou sur un mur. De plus, il ne dédaigne pas la présence humaine et habite même au cœur des villes, pourvu qu'il soit à l'abri des chats. C'est le seul lézard vivant à Paris. Lorsqu'il poursuit une proie (il se nourrit de toutes sortes d'invertébrés), il s'aventure jusque dans les maisons. Le lézard des murailles se nourrit aussi de fruits sucrés. À l'occasion, il mange des abeilles et semble pouvoir supporter une dizaine de piqûres sans être incommodé !

Femelle

Mâle (12-17 cm) en livrée nuptiale

Sagine apétale

Sagina apetala

Fleur à pétales atrophiés

C'est une petite plante annuelle, de 5 à 10 cm, à tige grêle, demi-couchée. Les feuilles, linéaires, sont terminées par une soie courte. La fleur possède des pétales verdâtres minuscules, souvent inexistants, d'où son nom de sagine apétale. Elle pousse entre les pavés et les dalles de jardin et supporte très bien le piétinement.

Rat surmulot

Rattus norvegicus

Il y a deux ou trois siècles que cet envahisseur occupe toute la France, avec une préférence pour les tas d'ordures et les égouts des villes. De fait, le rat surmulot recherche la proximité de l'eau, car il nage très bien. Il est capable de creuser des terriers complexes, dans lesquels il vit en colonies hiérarchisées. Actif surtout la nuit, le surmulot peut également se montrer de jour. Ce rongeur, quoique méfiant, est très éclectique dans ses préférences alimentaires et s'adapte très bien à une nourriture carnée. Prolifique, la femelle met au monde de quatre à six portées de dix petits par an, capables à leur tour de se reproduire dès l'âge de trois mois.

Ce rat omnivore mesure de 20 à 28 cm, sans la queue.

Pholcus

Pholcus phalangioides

Cette petite araignée de 5 mm fréquente les habitations et les jardins. Elle possède de très longues pattes et, en cas de danger, se met à trembler en faisant vibrer sa toile tellement vite qu'on la distingue à peine. Durant l'été, après l'accouplement, la femelle transporte ses œufs sous elle pour les protéger. Comme elle les tient avec ses chélicères, elle doit les déposer pour attraper sa nourriture. Ses pièces buccales étant minuscules, elle ne peut absorber que des aliments liquides. C'est pour cela qu'elle injecte à ses proies un venin qui transforme leurs tissus en un liquide épais qu'elle peut sucer. Le pholcus se suspend souvent la tête en bas à sa toile.

Les pattes sont environ cinq fois plus longues que le corps.

Tourterelle turque

Streptopelia decaocto

Le nom donné à cette tourterelle fait référence à ses origines orientales. C'est un oiseau familier et sacré des maisons et de l'abord des mosquées en Turquie. Des phénomènes d'expansion ayant considérablement étendu son aire de répartition au cours de ce siècle, la tourterelle turque a commencé la conquête de la France vers 1950 pour être maintenant répandue dans la plupart de nos villages et de nos jardins de banlieue. Son cri traînant est caractéristique, tout comme son chant trisyllabique, *cou-couh-cou,* avec accent sur la deuxième syllabe. Situé sur un bâtiment ou dans un arbre, le nid est construit par la femelle à partir de branchettes apportées par le mâle.

Coprin noir d'encre

Coprinus atramentarius

Ce champignon présente un chapeau gris jaunâtre, d'abord ovoïde, puis campanulé, se couvrant rapidement de petites stries longitudinales. À maturité, le bord se relève, faisant apparaître des lamelles serrées grisâtres, passant vite au noir d'encre, et laissant échapper des gouttes épaisses. Le pied est annelé à sa base. À l'exception des mois les plus froids, le coprin noir d'encre peut pousser toute l'année, sur des sols riches en fertilisants organiques. Consommé tardivement ou avec des boissons alcoolisées, il peut produire des troubles tels que palpitations cardiaques, sueurs et refroidissements, qui s'estompent en peu de temps, sans séquelles.

Le chapeau peut avoir de 5 à 15 cm de haut, pour 4 à 5 cm de large.

Lamier amplexicaule

Lamium amplexicaule

Feuilles du bas longuement pétiolées

Le lamier amplexicaule est une plante annuelle de 5 à 25 cm de haut. Il diffère du lamier pourpre (voir p. 203), une espèce très proche, par ses feuilles arrondies – les supérieures étant sessiles et embrassantes –, ses fleurs d'un rouge plus vif, aux sépales plus saillants, au calice blanc et laineux, qui forment des verticilles à l'aisselle des feuilles. Les fleurs s'autopollinisent, s'épanouissent pratiquement toute l'année et ne se referment que les jours de mauvais temps. Présent en Europe, à l'exception des régions nordiques, ce lamier est commun en plaine et en altitude jusqu'à 2 000 m. Il est aussi répandu en ville, sur les murs et dans les jardins, où il est considéré comme une mauvaise herbe.

Le mâle et la femelle sont identiques (30 cm).

C'est un oiseau en majorité sédentaire.

Lierre

Hedera helix

Cette liane ligneuse rampe sur le sol ou grimpe sur les murs ou sur les arbres à l'aide de nombreuses racines adhésives, qui font office de crampons. Mais elle puise toujours ses éléments nutritifs dans le sol. Parfois très envahissant, le lierre étouffe de sa masse foliaire ou par ses robustes tiges enlaçantes les arbres qui le portent. La présence de lierre indique une certaine humidité de l'air et du sol. Espèce d'ombre, le lierre peut ne pas fructifier si celle-ci est trop dense.
Les fruits, des baies noir bleuâtre, toxiques pour l'homme, ne mûrissent qu'aux mois de mars à mai, durant lesquels ils font le régal des merles et des grives. Jadis, ces baies étaient recommandées comme remède contre les rhumatismes.

Piéride de la rave

Pieris rapae

La piéride de la rave est un petit papillon de 2,5 cm de long. On la trouve partout en Europe, où elle fréquente les biotopes ouverts et les jardins. Trois générations de piérides de la rave se succèdent en général dans l'année. Les chenilles se nourrissent des feuilles de diverses crucifères, notamment des arabettes, des alliaires et, bien sûr, des choux. Chez ces derniers, elles s'attaquent d'abord au cœur.

Doryphore

Leptinotarsa decemlineata

Le doryphore est un petit chrysomèle qui se reconnaît aux dix raies noires qui ornent ses élytres jaunes. Il fréquente les jardins et les champs de pommes de terre. Originaires d'Amérique du Nord, les premiers individus arrivèrent en Europe en 1874. Le doryphore est aujourd'hui répandu dans le monde entier.

Taille : 1 cm

Pie bavarde

Pica pica

Élégante, avec sa longue queue aux reflets métalliques et son plumage contrasté, la pie a cependant mauvaise réputation. Est-ce dû à ses jacassements continuels ou à son attirance pour les objets brillants, qu'elle dérobe parfois pour les déposer dans son nid en forme de dôme, sur la cime d'un grand arbre ? Appréciant le voisinage de l'homme quand celui-ci ne la persécute pas, elle est commune dans les villages, les secteurs agricoles et, même, jusque dans les allées des grandes villes. Sa nourriture se

Puceron noir

Aphis fabae

Ce puceron (1 mm) est noir ou gris-bleu. Il fréquente les jardins et vit sur les plants de haricot ou sur certaines plantes sauvages comme les chardons. Des œufs sont pondus en grappes sur la face supérieure des feuilles de la plante hôte. Au printemps n'en sortent que des femelles aptères, qui pondent rapidement sans avoir été fécondées par un mâle. En quelques semaines, une seule femelle peut ainsi avoir plus de mille petits, mâles et femelles. À l'automne, les mâles fécondent la dernière génération de femelles, et le cycle reprendra.
Pour se nourrir, le puceron noir enfonce son rostre dans la plante hôte et en suce la sève. En agissant ainsi, il affaiblit le végétal et véhicule des virus d'une plante à une autre.

Les pucerons noirs vivent en groupes de plusieurs dizaines à plusieurs centaines d'individus.

Vigne vierge de Virginie

Parthenocissus quinquefolia

C'est une liane vivace, grimpante, qui peut monter jusqu'à 30 m. Originaire de l'est de l'Amérique du Nord, elle se trouve aujourd'hui à l'état subspontané dans des stations à sol riche et humide. Plante rustique et très vigoureuse, elle forme des fourrés inextricables. On l'utilise pour orner les pergolas et les bâtis de jardin. Ses feuilles, aux couleurs automnales rougeoyantes, habillent des pans entiers de mur, sur lesquels elles s'accrochent par des vrilles.

Les feuilles ont cinq folioles lancéolées et dentées.

compose en grande partie d'insectes, de larves et de petits animaux, auxquels elle ajoute des graines et des fruits.

La queue de la pie est aussi longue que son corps (20-25 cm). Les deux sexes sont identiques.

Les ailes sont courtes, arrondies en vol.

Hanneton commun

Melolontha melolontha

Le hanneton commun est généralement brun et ses élytres ont un aspect verni. L'extrémité de son abdomen se prolonge en une pointe étroite et recourbée. Ce coléoptère fréquente les prés et les jardins, mais on le rencontre surtout dans les vergers. Encore très courant dans la première moitié du XXe siècle (il dévastait alors les forêts de feuillus et les vergers), le hanneton commun est devenu un insecte rare.

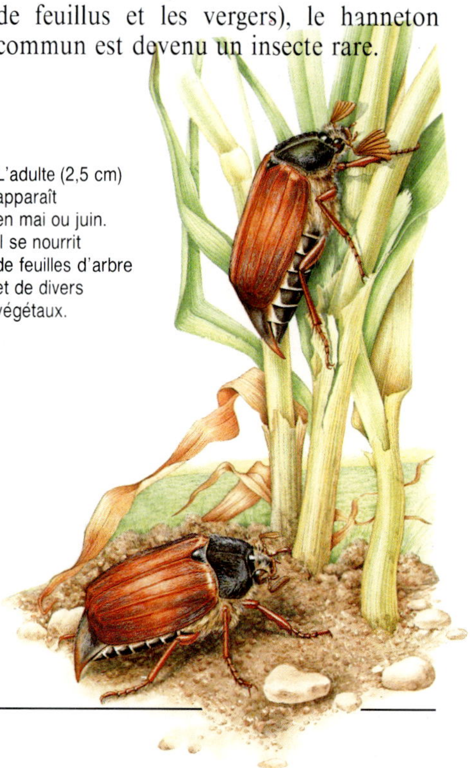

L'adulte (2,5 cm) apparaît en mai ou juin. Il se nourrit de feuilles d'arbre et de divers végétaux.

Chouette effraie

Tyto alba

Un rapace nocturne de 34 cm

Le mâle (ci-dessus) et la femelle sont pratiquement identiques, quoique cette dernière soit légèrement plus grisâtre.

Une silhouette blanche quittant silencieusement un clocher ou une grange est la vision la plus fréquente qu'offre la chouette effraie. Vue de près, elle révèle un plumage beige doré, finement perlé de gris sur le dos. Le dessous est blanc, ainsi que la face, en forme de cœur, marquée de grands yeux sombres. Surtout nocturne, l'effraie se nourrit principalement de petits rongeurs. Cependant, lors de l'élevage des jeunes, il arrive qu'elle se mette en chasse avant la tombée de la nuit.

Renard

Vulpes vulpes

L'œil vif et malin, le goupil fait preuve d'une grande faculté d'adaptation. Ce prédateur opportuniste se nourrit de toutes sortes de petits mammifères, mais aussi d'invertébrés et de fruits, et constitue des réserves de nourriture qu'il cache dans le sol. Il colonise pratiquement tous les milieux, y compris les banlieues des villes. Les renardes mettent bas, dans un terrier, une portée de quatre à six petits par an. Les adultes chassent surtout la nuit en effectuant de grands déplacements.

Ce carnivore mesure de 0,90 à 1,20 m.

Clyte commun

Clytus arietis

Le clyte commun est un petit longicorne de 0,6 à 1,5 cm de long. Ses élytres sont ornés de dessins noirs et jaunes qui imitent parfaitement le corps d'une guêpe, ce qui effraie les prédateurs. Ce clyte se rencontre de mai à juillet dans les jardins, les clairières ou en lisière de forêt sur les fleurs. Les adultes se nourrissent de pollen. Les larves creusent dans le bois d'arbres morts ou malades un réseau de galeries très ramifié qu'elles remplissent de copeaux, qui leur servent d'aliment. Elles sont souvent ramenées vers les jardins ou les caves avec les bûches qui brûleront dans les cheminées.

Crapaud commun

Bufo bufo

Solitaires la plus grande partie de l'année, les crapauds communs se rassemblent au printemps. Certaines mares de reproduction accueillent ainsi plus de dix mille individus en même temps.
Pour atteindre ces plans d'eau, distants parfois de plusieurs kilomètres de leur lieu d'hibernation, les crapauds effectuent de longues migrations, traversant les routes au péril de leur vie. Ils sont très attachés à la mare où ils sont nés et la retrouvent, même si on les déplace.

Pariétaire diffuse

Parietaria diffusa

Son nom vient du latin *paries,* qui signifie mur, paroi, car elle pousse généralement dans les fissures des murs. On la nomme également perce-muraille, casse-pierre ou herbe des murailles. Comme sa cousine l'ortie dioïque (voir p. 378), la pariétaire diffuse se développe dans les décombres et autres stations riches en azote des villes et villages. Mais ses feuilles, pourtant disposées de la même façon, ne possèdent pas de poils urticants. Elle eut autrefois de curieux usages : considérant qu'elle brisait les pierres, les herboristes la conseillaient pour détruire les calculs des reins et du foie ! Elle peut être également utilisée pour nettoyer les vitres, d'où son autre nom d'herbe à verre. La pariétaire diffuse est une plante vivace qui peut atteindre 50 cm de haut.

Fourmi d'Argentine

Iridomyrmex humilis

Les deux espèces font 2 mm de long.

Certaines espèces introduites ne survivent que grâce à la douceur des conditions de vie assurée par la présence des habitations. Ainsi, la fourmi d'Argentine, arrivée en 1918 sur la Côte d'Azur, occupe aujourd'hui les vergers et les jardins du littoral méditerranéen. Plus au nord, elle ne survit que dans les serres. La **fourmi du Pharaon, *Monomorium pharaonis*** (ci-contre), ne vit que dans les maisons et installe ses nids dans les fissures. Ces deux espèces causent parfois de gros dégâts.

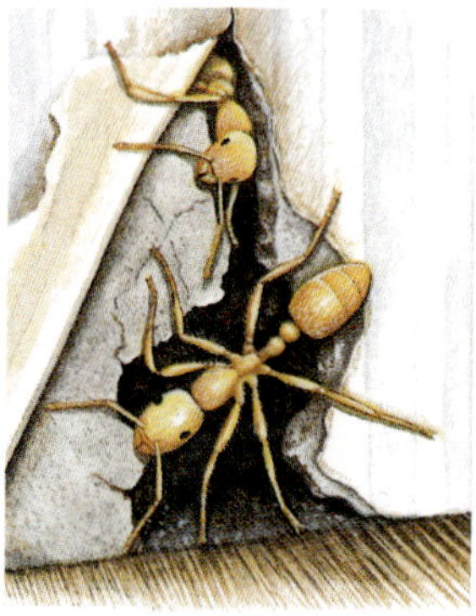

Mouche domestique

Musca domestica

La mouche domestique occupe les maisons et leurs alentours de juin à septembre. Elle ne pique ni ne mord, mais véhicule toutes sortes de microbes qu'elle dépose sur les aliments. Les œufs sont pondus dans les matières en décomposition, notamment le fumier. L'espèce est devenue cosmopolite, car elle a accompagné les hommes dans leurs déplacements. La **mouche bleue, *Calliphora vomitoria,*** au bourdonnement bruyant, se rencontre également dans les habitations. La femelle pond ses œufs sur la viande et le poisson, les asticots se nourrissant de chair morte.

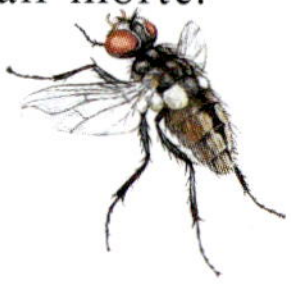

La mouche domestique (8 mm) se trouve partout où l'être humain est présent.

Le femelle de la mouche bleue pénètre dans les maisons pour pondre. Le mâle reste généralement dehors.

Paon du jour

Inachis io

Impossible à confondre avec un autre, ce papillon est l'un de nos plus beaux spécimens diurnes. Assez répandu, il vit dans des paysages ouverts fleuris, dont les prairies. Il fréquente également les parcs et les jardins des villes, où il butine les buddléias. L'hiver, il se réfugie dans les greniers, les arbres creux ou les grottes. Le paon du jour est généralement le premier messager du printemps. L'apparition du soleil et une température d'environ 12 °C lui permettent de sortir de sa léthargie hivernale. Malgré la rencontre des deux sexes au cours de la journée, l'accouplement proprement dit n'intervient que la nuit. La femelle, un peu plus grande que le mâle, pond de 50 à 200 œufs en gros amas. Les chenilles vivent en communauté sur les orties, qu'elles consomment.

Il se distingue par les quatre ocelles de ses ailes, dont deux seulement sont visibles au repos. Son envergure est de 6 cm.

Araignée sauteuse

Salticus scenicus

Elle mesure environ 5 mm de long.

Cette minuscule araignée vaut la peine d'être observée de près. Plutôt que de chasser à l'affût ou de tendre une toile, elle compte sur sa vélocité pour capturer ses proies. La vitesse de ses déplacements est telle qu'il est parfois difficile de la suivre du regard. Repérant ses proies à vue – ses yeux sont étonnamment grands par rapport à la taille de sa tête –, elle bondit sur elles en un éclair, accomplissant des bonds pouvant atteindre 10 cm de long. Elle chasse l'été, sur les murs ensoleillés.

Platane à feuilles d'érable

Platanus hybrida

Il semblerait que le premier platane à feuilles d'érable soit né en 1663 dans le jardin botanique d'Oxford, en Angleterre, par hybridation naturelle entre *P. orientalis* d'Asie Mineure et *P. occidentalis* d'Amérique du Nord, plantés côte à côte. Depuis, ce platane est répandu un peu partout dans le monde. Il supporte les élagages très sévères, résiste à la pollution de nos villes, ce qui a fait sa grande notoriété, et est capable de vivre pendant plusieurs siècles. Il peut atteindre 30 m de hauteur. Malheureusement, les platanes sont aujourd'hui attaqués par de dangereux champignons.

Les fruits mûrissent à l'automne.

Ses feuilles (25 cm de long sur 28 de large) sont les plus grandes du genre.

Ruines de Rome

Cymbalaria muralis

Les feuilles de cette plante vivace sont arrondies, longuement pétiolées, souvent pourpres en dessous, et ressemblent à celles du lierre. Les fleurs, d'un violet pâle, possèdent sur la lèvre inférieure deux taches jaunes conduisant au nectar. Ces taches attirent les insectes pollinisateurs, essentiellement des hyménoptères. Après la floraison, qui s'étale de mai à octobre, les pédoncules fructifères, recourbés en arrière, introduisent les fruits dans les fentes des murs. Ainsi, un certain nombre de graines vont germer sur les murs, dans les fissures et les anfractuosités rocheuses, où cette plante se complaît. Originaire des régions méditerranéennes, elle fut importée d'Italie au XVe siècle, d'où le nom de ruines de Rome, et s'est bien acclimatée aux régions plus nordiques.

Cette plante rampante peut s'étendre sur une longueur de 80 cm.

Les tiges s'enracinent de place en place.

Grillon domestique

Acheta domestica

Ce grillon, qui mesure de 1,5 à 2 cm, possède un corps cylindrique. Il est plus petit et plus gracieux que le grillon champêtre (voir p. 225). On le trouve en hiver dans les chaufferies, les dépôts d'ordures, les laboratoires, les granges et, parfois, dans les habitations car, très sensible au froid, il ne peut survivre à l'extérieur que l'été.
Durant les chaudes journées estivales, les mâles stridulent pendant des heures pour attirer une femelle. Après l'accouplement, la femelle dissimule ses œufs dans les anfractuosités des murs. Le grillon domestique est omnivore. Il se nourrit de miettes de pain, de farine, de parcelles de viande, de fruits et d'insectes morts.

Ses longues antennes lui servent à appréhender son environnement.

Pâturin annuel

Poa annua

Hauteur : 30 cm

Plante cosmopolite par excellence, on la retrouve partout où l'homme est présent. C'est une espèce polymorphe, variant du vert pâle au blanchâtre.
Le pâturin annuel pousse dans des milieux secs ou humides très divers, sur des sols lourds ou légers, et cela, pratiquement sur n'importe quel point du globe. Il peut fleurir toute l'année et produit des graines en nombre important, ce qui le fait perdurer et le rend particulièrement envahissant. Son pollen est allergisant.

Oreillard gris

Plecotus austriacus

Comme son cousin l'oreillard commun (voir p. 164), l'oreillard gris est caractérisé par ses grandes oreilles, qu'il replie au repos. Elles lui servent à capturer tous les insectes volants, mais aussi à détecter les proies posées ou non volantes. Ce chiroptère fréquente surtout les milieux ouverts et les zones cultivées. Il gîte plus souvent dans les bâtiments que l'oreillard commun, et particulièrement sous les toits, où il recherche une température élevée. Comme toutes les chauves-souris, il est protégé et ses colonies doivent être préservées.

L'envergure de ce chiroptère est de 25 à 29 cm.

Micocoulier

Celtis australis

Le micocoulier est un bel arbre à feuilles caduques, de 5 à 25 m de haut. Le tronc droit, peu élevé, possède une écorce lisse et grise. Bien que présent dans les villes et le long des routes comme arbre ornemental, on le trouve à l'état spontané dans des stations très localisées du Midi et de la Corse. C'est un arbre aux multiples usages. Son bois souple était autrefois utilisé dans la fabrication des fourches et autres outils agricoles. On en faisait également des manches de fouet très recherchés. Des racines et de l'écorce, on tirait du colorant jaune. Ses feuilles, astringentes, sont utilisées pour soigner les diarrhées et constituent un bon fourrage d'appoint pour le bétail.

Les fleurs, en général solitaires à l'aisselle des feuilles, apparaissent en avril, en même temps que les feuilles.

Diplotaxis des murailles

Diplotaxis muralis

Il mesure entre 15 et 30 cm.

C'est une plante annuelle ou bisannuelle, à tige un peu poilue, non ramifiée et parfois ligneuse en bas. Les feuilles, découpées, se groupent en rosette à la base. Le fruit, une silique cylindrique, forme toujours un angle avec la tige. Cette plante à fleurs jaunes est la seule crucifère, avec une espèce très voisine, *Diplotaxis tenuifolia,* à dégager une odeur désagréable lorsqu'on la froisse. Elle constitue une mauvaise herbe dans les champs. Elle est répandue au bord des chemins, dans les terrains vagues, sur des sols sableux. En ville, elle s'accroche aux vieux murs. Le diplotaxis des murailles est rare en plaine et sur les collines. La floraison s'étale de mai à octobre.

Tarente de Mauritanie

Tarentola mauritanica

La tarente de Mauritanie est un lézard typiquement méditerranéen. C'est le plus anthropophile de nos geckos. Bien qu'habitant aussi des biotopes naturels, elle fréquente la plupart des grandes agglomérations du Midi. Elle est surtout crépusculaire et nocturne. On peut facilement l'observer la nuit sur les murs, à proximité des éclairages publics, chassant les insectes attirés par la lumière. Elle pénètre aussi dans les maisons. Les doigts de la tarente, pourvus de lamelles adhésives, lui permettent de grimper sur les surfaces les plus lisses (les vitres, par exemple). Elle peut même se tenir au plafond.

Avec ses 13 cm de long, c'est le plus grand gecko de France.

Ortie dioïque

Urtica dioica

C'est une plante vivace, de 0,50 à 1,50 m, commune partout dans les lieux humides et frais. Elle suit l'homme et les déchets azotés dont il jalonne son passage. Velue, couverte de poils urticants, elle est crainte de tous les promeneurs... En dépit de cela, c'est une plante comestible – on en fait des potages –, médicinale, et, même, utilitaire : avec sa fibre, on peut fabriquer des tissus très solides.

Les poils urticants, creux et fragiles, libèrent de l'acide formique en se brisant.

Petite tortue

Aglais urticae

L'adulte (6,5 cm d'envergure) butine les fleurs de chardon.

La petite tortue est très commune. On la trouve dans les jardins, le long des lisières forestières et dans les lieux incultes, jusqu'à 3 000 m d'altitude. En France, les premiers papillons sortent de leur diapause hivernale dès avril-mai. L'espèce donne en général deux générations, la première de mi-juin à mi-juillet, la seconde d'août à mai. Les adultes hivernent à l'abri d'un arbre creux ou dans des bâtiments abandonnés. Les chenilles vivent sur les orties dioïques (ci-contre), dont elles se nourrissent, d'où le nom d'espèce du papillon.

Escargot petit-gris

Helix aspersa

Le petit-gris est sans doute le plus répandu et le mieux connu de nos gastéropodes terrestres. On le rencontre dans les jardins, même au cœur des villes, où il occasionne parfois des dégâts. Il est ramassé et consommé comme son cousin, l'escargot de Bourgogne (voir p. 154). Nocturne, il passe la journée dans une fissure. Les escargots sont hermaphrodites et se fécondent mutuellement. Ils pondent, dans la terre, une quarantaine d'œufs sphériques et blanchâtres. Au bout d'environ un mois, de minuscules escargots émergent du terrier.

La coquille (3-4 cm) comporte jusqu'à cinq bandes noires.

Robinier faux acacia

Robinia pseudoacacia

Les feuilles, caduques, portent une petite épine à leur extrémité.

Les fleurs, très parfumées, apparaissent en mai.

Le premier arbre de cette espèce fut planté en France en 1601 à Paris, place Dauphine, par Jean Robin, apothicaire des rois Henri III, Henri IV et Louis XIII, puis transplanté en 1635 au Jardin des Plantes, où il vit encore. Son nom de genre, *Robinia,* est d'ailleurs dédié à ce botaniste parisien. Le robinier faux acacia est un très bel arbre ornemental de 10 à 25 m de haut, aux fleurs blanches, odorantes et en grappes pendantes. Aujourd'hui planté et naturalisé dans toute l'Europe méditerranéenne, il compte plusieurs formes et variétés à fleurs blanches, jaunes, roses ou pourprées. C'est un bon arbre mellifère dont les fleurs sont fréquentées par les abeilles, qui produisent à partir de leur nectar le célèbre miel d'acacia.

Hémidactyle verruqueux

Hemidactylus turcicus

L'hémidactyle verruqueux est le plus rare de nos geckos. Il habite la Corse, les îles d'Hyères et quelques agglomérations de la Provence, du Languedoc et du Roussillon. Il ne s'éloigne jamais beaucoup de la mer. Curieusement, alors qu'on le rencontre essentiellement en milieu naturel sur l'île de Beauté, il est presque exclusivement lié aux habitations humaines sur le continent. Il habite alors les vieux quartiers de villes portuaires, qu'il a probablement colonisés après avoir été transporté involontairement par des bateaux. C'est d'ailleurs ainsi qu'il aurait atteint l'Amérique, où il est maintenant bien implanté.

Faucon crécerelle

Falco tinnunculus

Le faucon crécerelle est le plus commun de nos rapaces diurnes. De son vol stationnaire, dit en Saint-Esprit, il prospecte les cultures, les terrains vagues et le bord des autoroutes, en quête de souris et de campagnols. Les constructions humaines, y compris en centre-ville, lui procurent des sites de nidification tout aussi favorables que les corniches rocheuses.

Plusieurs couples hantent les tours de Notre-Dame de Paris et l'on peut, dès le mois de mars, observer les parades aériennes et les offrandes alimentaires du mâle à la femelle. Il continue souvent à la nourrir lorsqu'elle couve.

Le vol stationnaire du faucon crécerelle le distingue de tous les autres oiseaux de proie.

Le mâle (ci-dessus) est différent de la femelle. L'un et l'autre mesurent 34 cm.

La protection du patrimoine naturel

Durant des millénaires, l'action de l'homme sur l'évolution naturelle des espèces est restée marginale, les prélèvements limités qu'il effectuait ne bouleversant pas les grands équilibres naturels. Il n'en est plus ainsi depuis le début de notre siècle. L'influence négative de l'homme sur les espèces sauvages et leurs habitats s'est même accélérée de façon catastrophique ces trente dernières années.

Réagir et agir

Au-delà des accidents spectaculaires (pollutions, inondations...), qui se sont multipliés, les scientifiques et les protecteurs de

Les marées noires sont dramatiques pour de nombreux oiseaux marins.

la nature ont constaté, à partir des années 1960, un certain nombre d'évolutions négatives très significatives. Ce sont en particulier l'accélération de certaines atteintes graves portées à des écosystèmes jusqu'alors préservés, le grignotage progressif de l'habitat de certaines espèces, et le morcellement de leur répartition, la banalisation des biocénoses (associations d'espèces) due à la diminution de la diversité des espèces ou au remplacement par quelques espèces très opportunistes. Autant de changements insidieux qui affectent profondément la composition qualitative et quantitative de la faune et de la flore, c'est-à-dire les milieux naturels eux-mêmes.
En réaction à ce constat, la quasi-totalité des pays européens s'est dotée de lois-cadres de protection de la nature. Leur application a été placée sous la responsabilité d'administrations nationales et régionales, le plus souvent spécialement créées pour garantir la conservation de l'environnement. Les textes élaborés ont mis en avant la notion nouvelle de « responsabilité des États vis-à-vis de leur patrimoine naturel, au même titre que le patrimoine architectural, artistique ou culturel ». L'idée que ce patrimoine hérité de nos ancêtres doit être légué à nos enfants s'est ainsi progressivement imposée, particulièrement sous la pression des associations d'étude et de protection de la nature et des organisations internationales, gouvernementales ou non.

Les lois de protection de la nature

Le patrimoine naturel d'un pays est constitué d'une diversité biologique naturelle héritée du passé et remodelée par l'homme. La France est particulièrement gâtée dans ce domaine, puisque le territoire métropolitain est à lui seul concerné par quatre des six grandes régions biogéographiques présentes en Europe : les domaines atlantique, alpin, continental et méditerranéen (les deux derniers étant les domaines boréal et macaronésien). Notre pays abrite donc un très large échantillon de biocénoses et d'écosystèmes.
La mise en place en France d'une réglementation de protection commença surtout vers 1960, avec la loi sur les parcs nationaux, et fut marquée, en 1976, par la loi sur la protection de la nature. C'est sur cette dernière que repose la politique du ministère de l'Environnement, en particulier dans les domaines de la protection juridique des espèces menacées, de la création des réserves naturelles et de la réalisation d'études d'impact préalables aux grands aménagements.

Gérer le patrimoine

La nature et ses diverses composantes fonctionnent selon des équilibres fragiles. Dès lors que l'homme décide de protéger des espèces, des milieux ou des sites, il doit mettre en place des processus de gestion écologique pour y parvenir.
Il n'est ainsi plus pensable de créer un nouvel espace protégé, un parc national ou une réserve naturelle sans envisager dans le même temps les mesures de « gestion conservatoire » nécessaires pour maintenir

L'urbanisation galopante du littoral est une menace pour le patrimoine naturel.

dans cet espace les éléments du patrimoine naturel ayant justifié sa création. À titre d'exemple, prenons le cas des pelouses pâturées sur coteaux calcaires, qui abritent un cortège important d'orchidées sauvages et de lépidoptères très menacés. Si l'on interdit totalement le pâturage, le milieu se fermera en quelques années par le reboisement naturel en arbustes puis en arbres, qui

LES ESPÈCES FRANÇAISES PROTÉGÉES

Environ deux tiers des vertébrés français, que ce soient les espèces reproductrices ou celles qui traversent le territoire national sans s'y reproduire, sont protégés partiellement ou totalement. Selon les groupes, le pourcentage est variable : un tiers des poissons, la moitié des mammifères, les trois quarts des oiseaux et la quasi-totalité des reptiles et des amphibiens.
Dans le cas des invertébrés, les protections actuelles portent essentiellement sur les insectes : une centaine de papillons, mais aussi quelques libellules et sauterelles. Il faut ajouter à cela une soixantaine de mollusques terrestres et aquatiques (escargots, moules d'eau douce...) et quelques espèces marines.
La liste nationale de la flore protégée porte sur les plantes à fleurs et les fougères et concerne à peu près 10 % de la flore française. Les listes régionales, élaborées pour dix-huit des vingt-deux régions de la métropole, couvrent 30 % de la flore française, ce qui donne un total de 40 % des espèces végétales protégées. Dans les départements d'outre-mer, la protection concerne surtout les oiseaux et, dans une moindre mesure, les reptiles, amphibiens, mammifères et la flore.

Les passages à loutres peuvent faire baisser la mortalité de l'espèce de 75 %.

Le collier émetteur permet de suivre les espèces réintroduites, tel le lynx.

fera ainsi disparaître orchidées et papillons. Pour éviter cela, il faut combiner un maintien raisonné du pâturage et un entretien mécanique du site.

Il en est de même pour les espèces de grande faune les plus menacées, comme l'ours et les rapaces. Leurs populations, devenues très faibles, ont atteint un tel seuil de sensibilité que la protection juridique ne peut suffire. Il faut y ajouter des actions spécifiques, sous forme de plans de sauvetage, programmes de surveillance des nids, réintroductions... Leur réalisation s'appuie naturellement sur les organismes publics concernés, mais aussi très largement sur le dynamisme du monde associatif : associations nationales et régionales de protection de la nature, conservatoires du patrimoine naturel, etc.

LE SECRÉTARIAT DE LA FAUNE ET DE LA FLORE

Ce service scientifique et technique fut créé en 1979 par le ministère de l'Environnement, conjointement avec le Muséum national d'histoire naturelle, lui-même héritier du Jardin du roi, et né en 1793. Chargé de centraliser l'ensemble des informations sur le patrimoine naturel, le SFF coordonne un réseau national Faune-flore de quatre mille spécialistes, professionnels ou bénévoles, qui collecte les données des grands programmes d'espèces ou de zones naturelles. Toute l'information disponible est traitée dans une banque de données Fauna-Flora, sous forme d'inventaires ou de cartographie. Les résultats sont ensuite publiés auprès de la communauté scientifique et naturaliste, des administrations et gestionnaires de l'environnement et des organismes internationaux. À noter également, la réalisation des Livres rouges sur les espèces et les milieux menacés.

Le secrétariat de la Faune et de la Flore est donc un outil de recherche, de dialogue et d'aide à la décision. Il agit comme une interface entre l'acquisition des connaissances et l'action concertée, appliquée à la protection.

Centraliser les informations

La devise « connaître pour gérer et conserver » représente une des clés de l'efficacité des mesures de protection, tant dans leur conception que dans leur application. Pour remplir correctement leur rôle, les législateurs et les décideurs doivent donc disposer en permanence d'une information fiable et à jour. La production d'une telle synthèse est un travail de longue haleine puisqu'elle nécessite la collecte permanente de données par des réseaux spécialisés. Elle concerne actuellement un certain nombre d'organismes à statut public, comme l'Office national de la chasse, le Conseil supérieur de la pêche, l'Office national des forêts et les parcs nationaux. Mais la collecte de l'information sur les espèces et les zones de grand intérêt biologique repose surtout sur le milieu des naturalistes, bénévoles pour la plupart, composant le mouvement associatif, et sur quelques dizaines de chercheurs professionnels. Il est important de préciser à ce sujet que les priorités modernes en matière de recherche, très orientées vers la santé et la génétique, ont

provoqué depuis quelques décennies le déclin progressif des disciplines à caractère naturaliste. En conséquence, et paradoxalement, l'Université n'engendre plus suffisamment de spécialistes possédant les connaissances nécessaires pour gérer et conserver le patrimoine naturel.
C'est pour faciliter l'accès aux données collectées que fut créé le secrétariat de la Faune et de la Flore (voir encadré).

Croiser les protections d'espèces et de milieux

La sauvegarde du patrimoine doit être envisagée à la fois par le biais des milieux naturels et par celui des espèces. En effet, protéger seulement les milieux ne suffirait pas à sauver certaines espèces animales très mobiles ou de grande taille. Inversement, s'en tenir aux espèces seules, sans action sur leurs habitats, ne permettrait pas non plus de garantir la survie de la flore de petite taille, souvent difficile à identifier pour les non-spécialistes.
La protection des espèces, généralisée par la loi de 1976, repose sur des listes nationales et, dans le cas de la flore, sur des listes régionales complémentaires. Les premières concernent essentiellement les espèces de vertébrés les plus menacées et quelques groupes d'invertébrés faisant surtout l'objet de collections ou de collectes. Les secondes se rapportent plutôt à la flore supérieure. L'ensemble de cette faune et de cette flore protégées est réparti dans tous les types de milieux naturels français.
La réglementation sur les milieux naturels ne peut être dissociée des diverses législations applicables aux sites et monuments naturels, ainsi qu'aux paysages, telle la nouvelle loi « Paysages » de 1993. Leur conservation est cependant possible de façon plus directe par trois voies : les protections réglementaires, les acquisitions foncières et les protections contractuelles.
Les protections réglementaires concernent en France métropolitaine sept parcs nationaux, une bonne centaine de parcs naturels – auxquels il faut ajouter quatre-vingts réserves naturelles volontaires –, plus de trois cents arrêtés préfectoraux de conservation des biotopes et près de soixante-dix forêts de protection.
La maîtrise foncière permet à certains organismes de préserver des parts importantes de notre patrimoine naturel en procédant à leur acquisition. C'est le cas du Conservatoire de l'espace littoral et des rivages lacustres et des conservatoires régionaux d'espaces naturels, ces derniers étant des associations à statut privé. En outre, les conseils généraux peuvent utiliser la « taxe départementale des espaces naturels sensibles » pour acquérir et gérer des sites, paysages ou milieux de qualité.
Enfin, les protections contractuelles permettent à un particulier ou à une collectivité territoriale de passer un contrat avec l'État pour concilier activité économique et conservation des espèces et des milieux. C'est le cas des vingt-sept parcs naturels régionaux français.

Les zones humides sont trop souvent transformées en décharges sauvages.

À l'échelle internationale

L'Union européenne a élaboré deux directives communautaires importantes : la directive « Oiseaux » en 1979 et la directive « Faune-flore-habitats » en 1992, correspondant à des dispositions complémentaires des mesures nationales. Elles vont cependant nécessiter un remaniement de la législation française actuelle et conditionner très fortement la politique de protection des espèces et des milieux pour les quinze années à venir. Par ailleurs, la France participe également à divers programmes internationaux et conventions, qui ont pour objectif la sauvegarde du patrimoine naturel – en œuvrant pour que le XXIe siècle ne soit pas le siècle des disparitions massives d'espèces – et de la nature en général.

Glossaire

A

Abdomen. Partie postérieure des insectes, des crustacés et des araignées.
Acaule. Se dit d'une plante apparemment dépourvue de tige aérienne.
Achète. Ver dépourvu de soies.
Acide butyrique. Acide gras dû à la décomposition de l'amidon des végétaux par des bactéries qui vivent sans oxygène, en particulier dans l'intestin des coléoptères.
Adventice. En agriculture, mauvaise herbe qui se mêle aux espèces cultivées. On appelle aussi adventice une plante étrangère à une région donnée, dans laquelle elle a été volontairement introduite.
Akène. Fruit sec qui ne s'ouvre pas spontanément et contient le plus souvent une seule graine.
Alaire. Qui appartient à l'aile d'un oiseau.
Alevin. Très jeune poisson qui vient de sortir de l'œuf.
Alginates. Sels formés par l'acide alginique provenant des algues, et utilisés dans l'industrie textile et alimentaire.
Amphipode. Crustacé au corps comprimé latéralement.
Anatife. Crustacé marin fixé par un fort pédoncule sur le substrat.
Anémophile. Plante dont la pollinisation se réalise grâce au transport du pollen par le vent.
Annélides. Embranchement animal des vers annelés comme le ver de terre, ou lombric.
Antalgique. Substance capable de calmer la douleur.
Anthère. Terminaison renflée de l'étamine où se forment les grains de pollen.
Anthropophile. Qui vit dans un milieu habité par l'homme.
Apical. Situé au sommet, ou apex, ou à la pointe d'un organe.
Apocynacées. Famille de plantes dont les fleurs ont les pétales soudés à la base, comprenant la pervenche et le laurier-rose.
Apode. Animal dépourvu de pattes.
Aptère. Animal dépourvu d'ailes.
Arbuscule. Forme ressemblant à un petit arbre.
Arthropodes. Embranchement d'invertébrés groupant les animaux dont le corps comprend des pièces articulées.
Articles. Parties d'un appendice articulées les unes aux autres chez les arthropodes (crabes, scorpions, insectes...).
Ascidie. Petit animal marin en forme de sac, fixé sur les rochers, isolé ou en colonies.
Aubier. Nom donné aux couches extérieures du bois où circule la sève brute venant des racines. C'est le bois jeune.
Auriculé. Se dit d'une feuille munie d'appendices, prolongements du limbe qui rappellent des lobes d'oreille.
Autofécondation. Fécondation du pistil par le pollen d'une même fleur.

B

Barbillon. Filament olfactif ou gustatif placé au bord de la bouche de certains poissons.
Benthique. Organisme vivant sur le fond de la mer.
Biotope. Milieu occupé par une ou plusieurs communautés d'êtres vivants et ayant des caractéristiques écologiques précises (climat, sol, altitude...).
Bipenné. Qualifie l'antenne d'un insecte portant deux rangées d'appendices, qui rappellent les dents d'un peigne.
Biramé. Se dit de l'appendice d'un arthropode composé d'une partie unique à la base et de deux parties, ou rames, articulées à l'extrémité.
Bivalve. Mollusque dont le corps est enfermé dans deux valves calcifiées, mobiles autour d'une charnière.
Bogue. Enveloppe de la châtaigne et du marron couverte de piquants.
Bractée. Feuille modifiée à proximité d'une fleur ou d'une inflorescence. Elle peut être colorée et devenir décorative.
Branchie. Organe respiratoire d'un grand nombre d'animaux aquatiques.
Bryophyte. Plante dépourvue de fleurs et qui ne possède pas de vraies racines. Les bryophytes comprennent les mousses et les hépatiques.
Byssus. Faisceau de filaments résistants sécrétés par une glande de certains mollusques bivalves comme la moule. Il sert à fixer l'animal sur le substrat rocheux.

C

Caducifolié. À feuilles caduques.
Calcicole. Plante qui se plaît sur les terrains calcaires.
Calcifuge. Plante qui préfère les terrains pauvres en calcaire et pousse généralement sur les terrains siliceux.
Campanulé. En forme de cloche.
Capitule. Ensemble de petites fleurs groupées et serrées sur un renflement de la tige appelé réceptacle ; elles sont entourées d'une couronne de fleurs différentes, à corolle allongée en tube, et de bractées. L'ensemble fait penser à une fleur simple.
Capsule. 1. Partie terminale du sporogone, ou sporophyte, organe de reproduction des bryophytes. **2.** Membrane enveloppant les œufs de certains animaux aquatiques. **3.** Fruit sec s'ouvrant par un couvercle, par des petits trous ou par une fente transversale.
Carpelle. Organe reproducteur des plantes à fleurs renfermant les ovules, qui donneront les graines.
Carpophore. Appareil reproducteur du champignon, c'est-à-dire le champignon lui-même, opposé au mycélium, enfoui dans le sol.
Caryophyllacées. Famille de plantes à feuilles opposées et à tige comportant des nœuds, comme l'œillet.

Caryopse. Fruit sec à graine unique ne s'ouvrant pas par des fentes ou des pores, comme le grain de blé.
Caudal. Qui concerne la queue.
Cerque. Appendices sensitifs du dizième ou onzième segment de l'abdomen de certains insectes.
Chaton. Inflorescence en épi dense, généralement retombant, de fleurs le plus souvent unisexuées.
Chélicère. Appendice le plus antérieur des araignées, des scorpions et des acariens, servant à la préhension et pouvant être venimeux.
Chénopodiacées. Famille de plantes herbacées vivant de préférence sur des sols riches en sel et en nitrates.
Chiroptères. Ordre de mammifères pouvant voler grâce à la transformation de leurs membres antérieurs en ailes par allongement des doigts couverts d'une surface de peau. Exemple : les chauves-souris.
Chitine. Substance organique entrant dans la composition de la cuticule entourant les organes des arthropodes et constituant un squelette externe.
Chrysalide. Stade de la métamorphose d'un papillon pendant lequel l'animal est immobile et ne se nourrit pas. La chrysalide peut être enfermée dans un cocon de soie. La chrysalide s'appelle nymphe chez les autres insectes.
Cirre. Chacun des appendices fixateurs crochus des animaux parents de l'étoile de mer, comme la comatule. Chez les crustacés du groupe des balanes, les cirres sont de longs fouets dont les mouvements facilitent la capture des particules alimentaires.
Civelle. Jeunes anguilles arrivant à l'embouchure des cours d'eau qu'elles vont remonter.
Cladode. Tige aplatie ayant l'apparence d'une feuille et qui peut porter des feuilles ou des fleurs.
Cloaque. Débouché commun du tube digestif et des voies génitales et urinaires chez certains vertébrés (amphibiens, oiseaux...).
Cnidaires. Embranchement comprenant de petits animaux aquatiques, la plupart marins, parmi lesquels se trouvent les constructeurs de coraux.
Commensaux. Animaux d'espèces différentes vivant en association et partageant la même source de nourriture.
Convolvulacées. Famille de plantes dont la tige s'enroule autour d'un support et dont les pétales sont soudés, comme le liseron.
Coriace. Feuille dure à cuticule épaisse.
Corymbe. Inflorescence dont les pédoncules sont de plus en plus courts vers le haut de la tige, de telle sorte que les fleurs sont disposées selon un plan.
Coumarine. Substance odorante contenue dans certaines plantes, comme l'aspérule odorante.
Cupule. Petite coupe à la base de certains fruits, tel le gland du chêne.
Cuticule. **1.** Partie superficielle des tissus enveloppant le corps des insectes, qui contient une substance rigide, la chitine. **2.** Couche extérieure, résistante et imperméable, couvrant l'épiderme des feuilles et des tiges de certaines plantes.
Cymbale. Pièce de l'appareil sonore de certains insectes comme la cigale, située sur le premier segment de l'abdomen.
Cyme. Inflorescence où chaque axe floral se termine par une fleur et présente à la base de cette fleur un ou deux pédoncules porteurs d'une fleur se ramifiant de la même façon.

D

Décapode. Ordre de crustacés ayant cinq paires de pattes articulées sur le thorax.
Denticule. Petite dent.
Diapause. Arrêt du développement de l'œuf, de l'embryon, de la larve ou de l'imago chez les insectes.
Dichotome. Qui se divise en deux.
Dimorphisme sexuel. Aspect différent présenté par les mâles et les femelles d'une espèce, indépendamment des caractéristiques sexuelles principales.
Dioïque. Se dit d'une plante qui possède des fleurs mâles, à étamines, et des fleurs femelles, à pistil, sur des pieds différents.
Diptères. Ordre d'insectes présentant seulement deux ailes membraneuses, d'où leur nom, comme les mouches et les moustiques.
Distomatose. Maladie transmise par un ver plat parasite, telle la douve, qui vit sur les plantes aquatiques.
Drageon. Pousse provenant d'un bourgeon se développant sur une racine.
Drupe. Fruit, comme la cerise ou l'abricot, formé d'une partie charnue autour d'un ou de plusieurs noyaux à paroi dure lignifiée contenant une graine ou amande.
Dulçaquicole. Qualifie un organisme vivant dans les eaux douces.

E

Échinodermes. Animaux invertébrés marins caractérisés par leur symétrie rayonnée de base cinq, leur squelette externe de plaques calcaires ou de spicules, leur système interne de circulation d'eau faisant fonctionner leurs tentacules et leurs organes locomoteurs. Cet embranchement inclut les oursins, les étoiles de mer et les holothuries.
Écholocation. Mode d'orientation des chauves-souris, qui, pour repérer les obstacles, émettent des ultrasons dont l'écho réfléchi est capté par leurs oreilles.
Ectoparasite. Parasite vivant à la surface du corps d'un animal.
Élytre. Aile antérieure des coléoptères, dure et couvrant au repos l'aile postérieure.
Embrassante. Se dit d'une feuille dont la base du limbe enserre presque totalement la tige à son point d'insertion.
Endémique. Qualifie une plante ou un animal dont la répartition est limitée à une région.
Engainante. Se dit d'une feuille dont le limbe se prolonge en une gaine entourant complètement la tige jusqu'au nœud où s'insère la feuille.
Entière. Se dit d'une feuille dépourvue de dents dont le limbe est d'une seule pièce.

Entomophile. Qualifie la pollinisation réalisée grâce aux insectes qui transportent le pollen d'une fleur à l'autre.
Éperon. Dilatation d'un pétale, d'un sépale ou d'un tube floral, qui recueille souvent le nectar consommé par les insectes pollinisateurs.
Épi. Inflorescence sans pédoncule, insérée directement sur un axe allongé.
Épigé. Qui vit au-dessus du sol.
Épillet. Partie de l'inflorescence des graminées portant à sa base deux bractées, ou glumes. Les épillets sont disposés en épi ou en panicule.
Épizootie. Maladie infectieuse et contagieuse touchant les animaux.
Éruciforme. Qui a la forme d'une chenille.
Euryhalin. Qui tolère des variations importantes de la salinité de l'eau.
Évent. Ouverture nasale des cétacés.

F

Fasciculé. Se dit d'un système racinaire sans pivot central, réparti en faisceaux à partir du collet.
Flexueux. Courbé en zigzag.
Floricole. Qui vit sur les fleurs.
Foliacé. Qui a l'aspect d'une feuille.
Foliaire. Qui concerne les feuilles.
Follicule. Fruit sec à plusieurs graines, s'ouvrant à maturité par une seule fente, à la différence de la gousse, qui a deux fentes.
Frai. Ponte des œufs chez les poissons et leur fécondation par le mâle.
Fucacées. Famille d'algues brunes comprenant le fucus.

G

Galle. Excroissance sur une plante due à la présence d'une larve d'insecte.
Gastéropodes. Classe de mollusques possédant une coquille unique, conique, en spirale ou hélicoïdale, et auxquels un pied musculeux permet de ramper ou de se fixer sur le substrat. Ce nom est dû à l'existence du pied ventral.
Géophyte. Plante vivace qui passe l'hiver enfouie dans le sol à l'état de bulbe, rhizome ou tubercule.
Glabre. Dépourvu de poils.
Glauque. D'un vert bleuté.
Glomérule. Inflorescence très serrée aux pédoncules très courts, de forme presque sphérique.
Glume. Bractée propre aux épillets des graminées. Deux glumes enveloppent partiellement ou totalement l'épillet.
Glumelle. Bractée à la base de la fleur des graminées ; deux glumelles entourent la fleur.

H

Héliophile. Qui pousse de préférence dans les stations ensoleillées.
Hémiparasite. Plante qui parasite un hôte partiellement, en ne prélevant que l'eau, les sels minéraux et quelques vitamines ; l'hémiparasite est capable de réaliser la photosynthèse.
Hépatique. Plante faisant partie des bryophytes, qui ne possède ni racines, ni fleurs, ni vaisseaux conducteurs, mais une tige et un thalle.
Herbier. Fond sous-marin couvert de plantes comme les posidonies.
Hermaphrodite. Être vivant possédant des organes reproducteurs des deux sexes.
Homochromie. Identité de couleur entre un animal et le milieu dans lequel il vit, qui lui permet de se cacher de ses prédateurs.
Houppier. Ramure et feuillage d'un arbre au-dessus du fût.
Hyalin. Qui a l'aspect du verre.
Hydrofuge. Se dit d'une plante que l'on ne trouve jamais près de l'eau et des zones humides.
Hydrophobe. Qui n'est pas mouillé par l'eau.
Hydrophyte. Plante aquatique ou vivant dans un milieu très humide.

I

Imago. Insecte adulte, ou insecte parfait, qui a achevé sa métamorphose.
Imparipenné. Se dit d'une feuille à nombre impair de folioles, car il existe une foliole terminale.
Inflorescence. Groupe de fleurs.
Involucelle. Couronne de petites bractées entourant la base d'une ombelle.
Involucre. Ensemble de bractées, en collerette ou en spirale, qui forment une coupe autour d'un capitule.
Isopodes. Ordre de crustacés au corps aplati dorso-ventralement et qui ont sept paires de pattes semblables.

L

Labelle. Pétale inférieur de la fleur d'orchidée, qui peut être large, allongé et pendant.
Lagomorphes. Ordre de mammifères à longues oreilles et queue courte dont le nom est tiré du mot grec *lagôs,* lièvre.
Lancéolé. En forme de fer de lance.
Larve. Jeune animal, généralement invertébré, sortant de l'œuf et présentant de grandes différences avec la forme adulte de son espèce. Les larves planctoniques flottent sur l'eau dans le plancton.
Ligule. Languette membraneuse, plus ou moins longue, à la base du limbe des graminées ou des fleurs en tube qui couronnent un capitule.
Limbe. Partie plate et élargie d'une feuille, qui peut être entière ou découpée.
Limicole. Qui vit dans la vase.
Livrée. Aspect extérieur d'un animal. La livrée nuptiale est celle que revêtent temporairement des animaux au moment de la reproduction.
Lobé. Découpé en formes arrondies : pied lobé d'un mollusque ou feuille lobée...

M

Macaronésien. De Macaronésie, région englobant les Canaries, les Açores, Madère et les îles du Cap-Vert, et qui se distingue par une combi-

naison d'éléments méditérranéens, atlantiques et tropicaux.
Manteau. Membrane qui recouvre la masse viscérale des mollusques et dont la face externe secrète souvent une coquille.
Marcottage. Enracinement d'un rameau d'arbre traînant au sol. Ce processus est utilisé comme technique de bouturage.
Mélanique. Dont la peau, les poils ou les plumes ont une pigmentation noire ou plus foncée que celle des autres membres de l'espèce. C'est en quelque sorte le contraire d'albinos.
Mellifère. Qui produit du nectar utilisé par les abeilles pour faire du miel.
Métamère. Chacun des anneaux ou segments constitutifs d'animaux comme les vers annélides, les crustacés ou les insectes.
Métamorphose. Passage de l'état de larve à l'état adulte, avec changement de forme et de mode de vie.
Microlépidoptère. Papillon de très petites dimensions.
Miellat. Excréments sucrés des pucerons.
Mimétisme. Imitation par un animal de la forme ou de la couleur d'un autre animal ou du substrat sur lequel il se trouve.
Monogyne. Qui a un seul carpelle et une seule graine.
Mosaïculture. Art de composer des massifs, souvent géométriques, avec des plantes basses.
Multiplication végétative. Type de reproduction ne faisant pas intervenir les organes sexuels et engendrant une plante semblable à la plante-mère, par un stolon, rhizome ou tubercule. C'est ainsi que se reproduisent les graminées, le fraisier ou la pomme de terre.
Myriapodes. Classe d'animaux invertébrés au corps allongé portant de nombreuses paires de pattes.

N

Nécrophage. Qui se nourrit de cadavres.
Nectaire. Glande sécrétant du nectar, liquide sucré consommé par certains insectes.
Nectarifère. Qui porte un nectaire.
Néoténie. Persistance de l'état larvaire chez un animal, mais qui n'empêche pas celui-ci de se reproduire.
Névroptères. Ordre d'insectes possèdant deux paires d'ailes finement nervurées.
Nodosité. Excroissance sur les racines, principalement celles des légumineuses, provoquée par la présence de bactéries fixatrices d'azote.
Nodus. Nervure transversale sur le bord antérieur de l'aile des libellules.
Nymphose. Période de vie ralentie au cours de la métamorphose d'un insecte, où la larve se transforme en une nymphe qui deviendra un insecte parfait.

O

Obtus. Qui a un sommet arrondi (feuille ou foliole).
Ocelle. Tache ronde sur les ailes d'un papillon, les plumes d'un oiseau, etc.
Ocellé. Couvert d'ocelles.
Oligochètes. Classe de vers annélides caractérisée par la possession de soies peu nombreuses.
Ombelle. Inflorescence composée dans laquelle les pédoncules floraux ont une longueur sensiblement égale et partent du même point.
Ombiliqué. Muni d'une petite dépression ou d'un mamelon central.
Onglet. Partie inférieure étroite et allongée d'un pétale.
Onglon. Étui corné du sabot des mammifères ongulés, tels le bouquetin et le sanglier.
Oothèque. Capsule protectrice des œufs de certains insectes.
Opercule. 1. Pièce osseuse protégeant les branchies des poissons en arrière de la tête. **2.** Pièce calcaire, cornée ou membraneuse fermant le tube calcaire dans lequel se trouvent certains vers comme le serpule. **3.** Pièce cornée obturant la coquille de mollusques gastéropodes.
Ostiole. Étroite ouverture plus ou moins arrondie, comme celle qui laisse passer les spores lors de la fructification des champignons.
Ovipare. Qui pond des œufs dans lesquels les embryons se développent grâce aux réserves qui s'y trouvent.
Ovipositeur. Appendice servant à la ponte chez les insectes.
Oviscapte. Synonyme d'ovipositeur.
Ovovivipare. Qui donne naissance à des petits vivants après rupture de l'enveloppe de l'œuf dans l'organisme maternel.

P

Palais. Renflement de la base de la partie libre des pétales de certaines corolles irrégulières à pétales soudés, fermant plus ou moins la gorge de cette corolle.
Paléarctique. Se dit de la faune et de la flore vivant en Europe, en Sibérie, au Japon et dans le nord-est de la Chine.
Palléal. Concerne le manteau des mollusques.
Palpe. Appendice articulé sensoriel associé à la mandibule d'animaux comme les insectes et les crustacés.
Paludicole. Qui vit dans les marais.
Panicule. Inflorescence en grappes, pouvant comporter des grappes de grappes ou des grappes d'épillets.
Parapode. Appendice latéral des segments de certains vers, sur lequel s'insèrent des soies.
Parasite. Animal ou plante qui vit aux dépens d'un autre organisme en se nourrissant plus ou moins complètement de sa substance. Inversement, une plante épiphyte vit sur une autre sans la parasiter.
Parthénogénèse. Mode de reproduction chez certains insectes, les œufs se développant sans avoir été fécondés.
Pauciflore. Qui ne porte qu'un petit nombre de fleurs.
Pectoral. Qualifie les nageoires antérieures des poissons.
Pédicelle. Sorte de petite tige très fine.
Pédoncule. Ramification de la tige portant une fleur ou une inflorescence, qui sont alors dites pédonculées.

Pélagique. Qui vit dans la haute mer, en eau profonde.
Pelvien. Qualifie les nageoires abdominales des poissons.
Périanthe. Ensemble des enveloppes florales, sépales du calice et pétales de la corolle.
Périthèce. Enveloppe abritant les cellules contenant les spores de certains champignons.
Pétiole. Partie étroite de la feuille qui la relie à la tige.
Phéromone. Sécrétion glandulaire externe produite par un animal et détectée par un individu de la même espèce. Ce message chimique est généralement d'ordre sexuel.
Photosynthèse. Processus par lequel les végétaux fixent le carbone du gaz carbonique de l'air en utilisant l'énergie fournie par la lumière, qu'ils captent grâce à la chlorophylle.
Phragmites. Roseau à grandes tiges.
Phytophage. Animal qui se nourrit de matières végétales.
Phytoplancton. Partie du plancton constituée de plantes, la partie formée d'animaux étant le zooplancton.
Pinnule. Segment d'une feuille de fougère.
Pionnier. Se dit d'un type de végétation qui s'installe en premier dans un nouvel habitat.
Plancton. Ensemble des êtres vivants flottant sur l'eau de mer ou sur l'eau douce. Certains animaux n'en font partie qu'au début de leur vie : ce sont les larves planctoniques.
Plécoptères. Ordre d'insectes vivant au bord de l'eau au stade adulte et dans l'eau au stade larvaire.
Podétion. Formation en colonne, avec des branches ramifiées, du thalle qui porte les fructifications chez certains lichens.
Polymorphe. Qui se présente sous des aspects divers.
Polype. Minuscule animal marin appartenant au groupe des cnidaires et dont le corps mou, fixé sur le substrat, sécrète généralement une enveloppe chitineuse ou calcaire. Certains polypes vivent isolés, d'autres en colonies.
Polyphage. Qui se nourrit d'aliments divers.
Pronotum. Plaque dorsale du premier segment du thorax des insectes.
Protractile. Qualifie une trompe d'insecte qui peut être étirée vers l'avant.
Pruineux. Qui est recouvert d'un enduit poudreux blanchâtre.
Pubescent. Qui est recouvert de poils courts et simples.
Pullulation. Très rapide augmentation du nombre d'individus d'une espèce.
Pupe. Nymphe de diptère.

R

Rachis. Pétiole des frondes de fougère.
Radicant. Se dit d'une tige qui émet des racines au niveau des nœuds.
Radula. Pièce masticatrice des gastéropodes en forme de ruban, garnie de petites dents cornées et qui fonctionne à la façon d'une râpe.
Rayon. Baguette cartilagineuse ou osseuse qui soutient la partie périphérique de la nageoire des poissons.
Rhizoïde. Longue cellule formant un poil absorbant qui s'enfonce dans le support et fonctionne comme une racine chez certains végétaux, telles les hépatiques et les bryophytes.
Rhizome. Tige souterraine d'où partent des racines et des tiges aériennes.
Ripisylve. Forêt située au bord d'un cours d'eau ou d'un plan d'eau.
Roselière. Surface couverte de roseaux au bord d'un étang ou dans un marais.
Rostre. 1. Pièce pointue de l'appareil buccal piqueur-suceur de certains insectes. **2.** Partie saillante placée en avant de la tête de certains poissons.
Rudéral. Qui pousse dans les décombres.

S

Sac vitellin. Voir **Vitellin.**
Sac vocal. Diverticule du larynx servant de caisse de résonance chez quelques animaux, par exemple les mâles de certains amphibiens.
Saprophyte. Plante qui se nourrit de substances organiques en décomposition.
Sarmenteux. Dont la tige est longue, flexible et grimpante.
Schorre. Partie haute d'une vasière littorale recouverte seulement à marée haute et colonisée par la végétation.
Scorpioïde. En forme de queue de scorpion. Une cyme scorpioïde porte à la base de chaque fleur un seul rameau latéral, toujours du même côté.
Sempervirent. Qui ne perd pas ses feuilles d'un seul coup, mais de façon progressive. Une plante sempervirente est toujours verte.
Sessile. Dépourvu de pétiole ou de pédoncule.
Siphon. Tube servant à la circulation de l'eau chez les mollusques bivalves. Le siphon inhalant aspire l'eau, le siphon exhalant l'expulse.
Slikke. Partie basse d'une vasière littorale formée de vase molle, dépourvue de végétation.
Spadice. Inflorescence entourée d'une grande bractée appelée spathe.
Spermatophore. Dispositif permettant de véhiculer le sperme dans l'organisme femelle.
Sphaigne. Mousse des marais dont la décomposition forme la tourbe.
Spicule. Aiguille calcaire ou siliceuse constitutive du squelette d'animaux comme les éponges.
Spore. Cellule assurant la reproduction des champignons, mousses, fougères...
Spumeux. Couvert d'écume.
Squelette dermique. Plaques osseuses recouvrant le corps.
Station. Habitat d'une espèce.
Stigmate. 1. Partie supérieure du pistil qui reçoit les grains de pollen. **2.** Orifice respiratoire des insectes faisant communiquer la trachée et le milieu extérieur.
Stipe. 1. Axe principal des algues reliant le thalle aux crampons, qui le fixent aux rochers. **2.** Tige d'une fougère.
Stolon. Tige rampante capable de s'enraciner ou de produire une nouvelle plante.
Stridulation. Émission de sons stridents due au frottement de deux organes rugueux, comme les élytres du grillon.

Subadulte. Presque adulte.
Substrat. Support sur lequel se trouvent un végétal ou un animal.
Succulent. Se dit des feuilles et des tiges riches en eau. Le nom provient du mot suc, qui qualifiait autrefois les liquides organiques.
Suçoir. Organe de fixation et de nutrition de certaines plantes qui absorbe la sève de la plante support.
Sylvicole. Qui pousse dans les forêts.
Symbiose. Association permanente de deux organismes dont chacun bénéficie de l'activité de l'autre.

T

Talweg. Voir **Thalweg.**
Tarière. Organe de ponte en forme de pointe permettant à certains insectes femelles de percer ou de creuser le substrat pour y déposer leurs œufs.
Tarse. 1. Segment mobile de la patte de certains insectes comprenant plusieurs articles, à l'extrémité du tibia. **2.** Os de la partie postérieure du pied des vertébrés.
Taxon. Groupe d'êtres vivants rangés dans une classification.
Tégument. Enveloppe externe d'un animal.
Tépale. Pièce florale dont on ne peut dire s'il s'agit d'un pétale ou d'un sépale.
Terpénique. Concernant les terpènes, substances odorantes contenues dans les huiles essentielles des fleurs.
Têtard. Larve des amphibiens aquatiques dont la tête et le tronc forment une masse globuleuse, et qui respire par des branchies.
Thalle. Ensemble des tissus végétaux des algues, des champignons et de certaines bryophytes. On ne peut y distinguer de feuilles, tiges ou racines, ni de vaisseaux conducteurs.
Thalweg. Ligne joignant les points les plus bas d'une vallée.
Thermophile. Qui prospère dans un milieu où la température est élevée.
Tubéreux. Se dit d'un organe végétal renflé par accumulation de réserves.
Turbidité. Teneur de l'eau en boues ou particules qui la rendent trouble.
Turion. Jeune tige issue de la souche des plantes vivaces, mais dont les parties aériennes meurent chaque automne.

U-Z

Urticant. Qui pique comme une ortie.
Verticille. Ensemble de feuilles ou de fleurs insérées en cercle au même niveau de la tige.
Vésicant. Qui fait apparaître des ampoules sur la peau.
Vésicule. Organe creux servant de flotteur à certaines plantes.
Vésiculeux. Se dit de poils renflés comme des vésicules.
Vibrisse. Long poil tactile particulier à certains mammifères.
Vitellin (sac). Enveloppe qui entoure le vitellus des œufs.
Vitellus. Réserve nutritive de l'œuf.
Vivipare. Qui donne naissance à des petits sans enveloppe, à l'inverse de l'ovipare, qui pond des œufs.
Volubile. Qui s'enroule autour d'un support, comme la tige grimpante d'un liseron.
Zooplancton. Partie du plancton constituée d'animaux, la partie formée de plantes étant le phytoplancton.

Index

Les chiffres en gras renvoient à une espèce (ou à son ou ses surnoms) faisant l'objet d'un article ou y figurant.
Les chiffres en maigre renvoient à une espèce faisant déjà l'objet d'un article et citée dans un autre.

A

B

M

N

O

T

U

V

X - Z

Crédits photographiques

Abréviations : h : haut, m : milieu, b : bas, g : gauche, d : droite.

Couverture : DIAP/J.-P. Langeland.

P. 10h : JACANA/A. Le Toquin ; 10mg : JACANA/K. Amsler ; 10md : COLIBRI/C. Guihard ; 10b : BIOS/D. Heuclin ; 10-11 : EXPLORER/F. Rouquet ; 11hg : JACANA/A. Rainon ; 11hd : BIOS/J. Mayet ; 11b : PETZOLD ; 12-13 : EXPLORER/F. Rouquet ; 12 : PETZOLD ; 86hg : BIOS/J.-Y. Grospas ; 86hd : JACANA/H. Berthoule ; 86b : JACANA/W. Layer ; 86-87 : EXPLORER/P. Wysocki ; 87h : BIOS/G. Lopez ; 87mg : SUNSET/FLPA ; 87md : JACANA/L. Lacoste ; 87b : BIOS/J.-C. Bacle ; 88-89 : EXPLORER/P. Wysocki ; 88h : DIAF/Pratt-Pries ; 88b : BIOS/J.-P. Delobelle ; 89h : BIOS/Y. Noto-Campanella ; 89b : RAPHO/Rega ; 146h : JACANA/M. Danegger ; 146m : BIOS/J.-M. Prevot ; 146b : BIOS/M. Bureau ; 146-147 : SCOPE/J. Guillard ; 147h : COLIBRI/J.-L. Paumard ; 147mg : BIOS/C. Guihard ; 147md : BIOS/T. Lafranchis ; 147b : COLIBRI/S. Bonneau ; 148h : EXPLORER/P. Wysocki ; 148b : JACANA/A. Le Toquin ; 148-149 : SCOPE/J. Guillard ; 149h : EXPLORER/J.-P. Nacivet ; 149b : JACANA/M. Viard ; 214h : BIOS/Y. Noto-Campanella ; 214m : JACANA/P. Pilloud ; 214b : BIOS/D. HEUCLIN ; 214-215 : DIAF/G. Gsell ; 215h : JACANA/C. et M. Moiton ; 215bg : BIOS/H. Klein ; 215bd : JACANA/H. Chaumeton ; 216h : BIOS/G. Lopez ; 216b : EXPLORER/R. Volot ; 216-217 : DIAF/G. Gsell ; 217h : PETZOLD ; 217b : BIOS/G. Lopez ; 278h : JACANA/E. Dragesco ; 278bg : JACANA/F. Gohier ; 278bd : BIOS/C. Thouvenin ; 278-279 : SCOPE/A. Fournier ; 279h : SUNSET/Boyard ; 279m : JACANA/J.-L. Lemoigne ; 279b : BIOS/Wildlife ; 280 : EXPLORER/F. Gohier ; 280-281 : SCOPE/A. Fournier ; 326h : JACANA/P. Lorne ; 326mg : JACANA/P. Bourges ; 326md : BIOS/C. Guihard ; 326b : JACANA/G. Sommer ; 326-327 : DIAF/D. Thierry ; 327h : BIOS/F. Marquez ; 327bg : BIOS/Wildlife ; 327bd : BIOS/J.-M. Prevot ; 328 : JERRICAN/Lerosey ; 328-329 : DIAF/D. Thierry ; 329h : BIOS/H. Chelle ; 329b : PETZOLD ; 358h : JACANA/M. Colas ; 358m : BIOS/H. Klein ; 358b : BIOS/Y. Noto-Campanella ; 358-359 : SCOPE/J.-L. Barde ; 359h : BIOS/D. Heuclin ; 359bg : BIOS/R. Cavignaux ; 359bd : BIOS/F. Marquez ; 360h : SCOPE/J.-D. Sudres ; 360b : SCOPE/J. Guillard ; 360-361 : SCOPE/J.-L. Barde ; 361 : PIX/Dusart ; 380 : EXPLORER/P. Leroux ; 381h : BIOS/M. Gunther ; 381b : BIOS/C. Sourd ; 382 : BIOS/B. Renevey ; 383 : BIOS/D. Heuclin.

Illustrateurs

ANTOINE BRUNET : *pages* 224 Épeire fasciée, Vipérine pourpre ; 225 Andrène (d'après *Insectes d'Europe occidentale,* de Michael Chinery, Ed. Arthaud) ; 226 Stipe pennée, Scolie hirsute ; 227 Carotte sauvage ; 241 Jason ; 248 Anthaxie magyare ; 249 Bombyx disparate ; 250 Faucheur épineux, Rhinocéros ; 255 Gesse noire, Pomatias élégant ; 294 Cuivré de la bistorte ; 295 *Chrysotribax hispanicus,* Calamagrostis faux roseau, Scille lis-jacinthe ; 364 Poisson d'argent.

DOMINIQUE GALL : *pages* 140 Fadet des tourbières ; 270 Arisarum; 271 Argiope lobée, Punaise verte à front jaune ; 272 Blatte marginée ; 273 Termite à pattes jaunes, Barbot ; 290 Nacré de la canneberge ; 293 Moiré des Sudètes, Trèfle des Alpes ; 322 Porte-queue de Corse ; 323 Benoîte des montagnes, Impératoire ; 338 Saxifrage des ombrages ; 339 Casside marquée.

PHILIPPE GAUSSENT : *pages* 282 Rumex à feuilles de gouet ; 283 Tabac des Vosges ; 284 Asaret ; 286 *Hygrocarabus variolosus ;* 287 Polypode dryoptère ; 288 Saxifrage paniculée, Gentiane jaune ; 289 Gesse printanière ; 298 Monochame ; 299 Isabelle ; 336 Érèbe gorge ; 343 Écrevisse de Californie, Bryum écarlate ; 347 Stramoine ; 351 Lejeunea serpolet ; 352 Genévrier de Sabine ; 353 Hispe hirsute ; 355 Punaise grisâtre ; 356 Digitaire sanguine ; 357 Téléphore brun.

FLORENCE GUIRAUD : *pages* 44 *Codium fragile, Codium bursa, Lithophyllum lichenoides ;* 45 Acétabulaire de Méditerranée ; 70 Gambusie, Aphanius de Corse, *Theba pisana ;* 71 Mulet-porc ; 137 Gesse des marais ; 161 Limace marginée ; 186 Mante religieuse ; 189 Seslérie bleue, Cladonie endive ; 198 Avoine ; 199 Seigle ; 201 Sarrasin ; 228 Scolopendre, Mante testacée ; 230 Poliste gauloise, Grillon d'Italie, Araignée cinabre ; 231 Ophrys jaune ; 266 Fourmilion longicorne, Ergate forgeron ; 267 Astragale de Montpellier, Ophrys à grandes fleurs, Rhysse persuasive (d'après *Insectes d'Europe occidentale,* de Michael Chinery, Ed. Arthaud) ; 312 Chardon des Pyrénées, Colchique des Pyrénées, Iris des Pyrénées ; 313 Cristivomer ; 367 Tortule des murailles.

YVES LARVOR : *pages* 40 *Lithothamnion calcareum,* Castagnole, Oursin diadième ; 41 Girelle gracieuse, Corail rouge, Gorgone blanche ; 150 Grand capricorne ; 159 Hachette.

NATHALIE LOCOSTE : *pages* 13 Schéma de l'étagement littoral ; 19 *Asparagospis armata ;* 42 *Cystoseira stricta,* mérou noir ; 43 Datte de mer, *Padina pavonica,* Rascasse brune, Éponge « de toilette » ; 46 *Verrucaria symbalana,* Crabe marbré ; 47 Euphorbe petit pin, Goëland leucophée ; 62 Alouette calandrelle ; 72 *Bactra robustana,* Ruppie maritime ; 73 Scirpe maritime, Artémia ; 246 Calycotome épineux, Cigale rouge, Grand fourmilion ; 247 Mygale maçonne, Phasme commun ; 268 Bruyère à balais, Cigale commune ; 274 Rosier toujours vert, Sylvain azuré ; 275 Clausilie à deux dents ; 276 Lonicera de Toscane, Muscari à toupet, *Eupotosia affinis ;* 281 Schéma de l'étagement montagnard ; 316 Apollon ; 320 Immortelle des frimas ; 321 Genévrier nain, Livèche de Corse.

JEAN-MARC PARISELLE : *pages* 55 Bousier, Hanneton foulon ; 60 Queue-de-lièvre, Scarite géant, Lis mathiole ; 61 Sporobole des sables, Euphorbe des dunes, Scarabée sacré ; 76 Sympétrum méridional ; 77 Canne de Provence, Moustique ; 218 Trigonelle de Montpellier, Ascalaphe commun ; 219 Centaurée chausse-trape ; 220 Criquet migrateur, Chardon tomenteux ; 238 Scorpion languedocien, Empuse commune ; 239 Ciste de Montpellier ; 264 Mélique très petite, Ciste à feuilles de sauge ; 265 Coccinelle ocellée ; 324 Potentille à petites fleurs ; 325 Nacré tyrrhénien, Aulne odorant, Prénanthe pourpre ; 331 Noctuelle verseuse, Doradille verte ; 332 Iule unicolore, Hydrobie ; 333 *Schistostega pennata,* Campode ; 334 Crevette cavernicole, Araignée meta, Gammare des fontaines ; 335 Coléoptères souterrains, Faux scorpion ; 340 Semi-apollon, Hirondelle des rochers ; 341 Érèbe de montagne.

MICHEL SINIER : *pages* 20 Vieille ; 28 Cymodocée, Sparaillon ; 29 Posidonie, Crevette verte, Sublet ; 30 Scorpion de mer ; 95 Lentilles d'eau ; 102 Poisson-chat ; 117 Callitriche ; 119 Vallisnérie ; 122 Apron ; 234 Chêne kermès ; 242 Blatte livide, Gloméris à taches fauves ; 244 Éphippigère des vignes ; 245 Ségestrie florentine ; 308 Vératre blanc, Daboecie cantabrique ; 309 Forficule de Bonelli, Carabe resplendissant ; 318 Pensée à deux fleurs, Saxifrage à feuilles rondes, Truite à grosses taches ; 319 *Ocydromus praestus.*

JEAN-LOUIS VERDIER : *pages* 58 *Philocheras monocanthus ;* 64 *Palaemonetes varians ;* 74 Serpule ; 81 *Paragnathia formica ;* 83 *Corophium volutator ;* 222 Criquet printanier, Machile à trois épines, Échinops à tête ronde ; 232 Veuve noire, Saga aux longues pattes ; 233 Scorpion à queue jaune ; 238 Flambé ; 258 Leuzée conifère ; 259 Bombyx du pin ; 261 Processionnaire du pin ; 262 Cigale de l'orne ; 263 Uroctée de Durand ; 300 Hypne cimière ; 301 *Milax rusticus ;* 302 Aulne vert, *Anonconotus alpinus ;* 303 *Oreocarabus hostensis ;* 304 Saumon de fontaine ; 306 Salamandre de Lanza ; 307 *Anechura bipunctata ;* 310 *Semilimax pyrenaicus ;* 311 Rosalie des Alpes ; 314 *Arcyptera fusca,* Polystic en forme de lance ; 344 Écrevisse américaine ; 345 Petit hydrophile ; 349 Érèbe pluto.

Le GUIDE ILLUSTRÉ DE LA NATURE EN FRANCE
est publié par Sélection du Reader's Digest.

Photocomposition : CRG, Paris
Photogravure : Team Color, Bagneux
Impression et reliure : Rotolito Lombarda, Milan

PREMIÈRE ÉDITION
Achevé d'imprimer : mars 1995
Dépôt légal en France : avril 1995

IMPRIMÉ EN ITALIE
Printed in Italy